Informatik – Fachberichte

Informatik-Fachberichte

Herausgegeben von W. Brauer
im Auftrag der Gesellschaft für Informatik (GI)

59

Künstliche Intelligenz

Frühjahrsschule

Teisendorf, 15. – 24. März 1982

Herausgegeben von
Wolfgang Bibel und Jörg H. Siekmann

Springer-Verlag
Berlin Heidelberg New York 1982

Herausgeber

Wolfgang Bibel
Institut für Informatik der Technischen Universität
Postfach 20 24 20, 8000 München 2

Jörg H. Siekmann
Universität Karlsruhe, Institut für Informatik 1
Postfach 63 80, 7500 Karlsruhe 1

CR Subject Classifications (1982): I.2

ISBN-13: 978-3-540-11974-6   e-ISBN-13: 978-3-642-68828-7
DOI: 10.1007/978-3-642-68828-7

2145/3140 – 5 4 3 2 1 0

ZUR ERINNERUNG

AN UNSEREN FREUND UND KOLLEGEN

JÖRGEN FOITH †

VORWORT

Unsere Zeit ist geprägt von immer komplexeren Systemen und Mechanismen.
Gemeint sind die natürlichen Systeme der menschlichen Gemeinschaft, der
Politik, der Wirtschaft, der Kommunikation, des Verkehrs. Immer stärker
drängt sich dem Zeitgenossen der Verdacht auf, daß der Mensch der ihnen
innewohnenden Komplexität auch mit einer noch so ausgeklügelten Organisation des Kooperierens nicht mehr gewachsen ist.

Im Spektrum der Möglichkeiten für einen Ausweg aus diesem Zustand
der Hilflosigkeit finden wir am einen Ende die Forderung des Zurück-zu-
überschaubaren-Strukturen, am anderen Ende den Ruf nach einer technologischen Lösung, mit allen möglichen Zwischenabstufungen des mehr-Über-
schaubarkeit-durch-bessere-Technologie.

Es ist unbestritten, daß der Schlüssel zu einer solchen Technologie in dem neuen "Superwerkzeug" Computer liegt. Über die Art und Weise
seines Einsatzes gehen die Meinungen jedoch weit auseinander, was angesichts der nahezu unbegrenzten Möglichkeiten seiner Verwendung keineswegs verwundert.

Die einen verstehen ihn als klassisches Werkzeug, das in der Hand
des Menschen genau definierte Aufgaben in genau definierter, vom Menschen vorgedachter Weise erfüllt. Dies erfordert, daß der Mensch sich
diesem Werkzeug anpaßt, d.h. sich in seine Funktionsweise hineindenkt,
wenn er es zur Lösung der gegebenen Probleme miteinsetzen möchte. Eine
derartige Grundphilosophie hat die Informatik in Deutschland bis heute
überwiegend geprägt (eine im Detail sicherlich nötige Differenzierung
würde hier zu weit führen).

Die anderen sehen im Computer potentiell ein Instrument, das sich
- umgekehrt - weitgehend an den Menschen und seine kognitiven Fähigkeiten anpassen läßt. Demnach sollte jeglicher Informationsaustausch zwischen Mensch und Maschine möglichst auf eine dem Menschen vertraute
Weise (z.B. mittels natürlicher Sprache oder Bildern) erfolgen. Auch
die in der Maschine eingesetzten Mechanismen sollten - jedenfalls an
der für den Benutzer sichtbaren Oberfläche - auf das Vorgehen des Menschen bei der Lösung seiner Probleme abgestimmt sein; sie sollten sein
Verständnis und sein Bemühen um adäquate Lösungen in direkter Weise unterstützen. Ein derartiges Leitbild schwebt dem *Gebiet der Künstlichen
Intelligenz* - kurz KI - vor, das einige neuerdings auch mit *Intellektik*
bezeichnen.

Es ist einsichtig, daß nur auf diesem letzteren - von der Intellektik übrigens seit ihrem Entstehen in den 50er Jahren beschrittenen -
Weg die Chance besteht, technologische Antworten auf die eingangs skiz-

zierte Problematik zu finden. Denn wenn uns schon das bloße Verständnis der komplexen Zusammenhänge überfordert, dann ist es eine Illusion anzunehmen, man könnte Lösungen in ihren Abläufen detailliert vorausdenken und in einer künstlichen, der Maschine, jedoch nicht dem Menschen angepaßten Programmiersprache formulieren. In dieser Illusion liegt meines Erachtens auch der tiefere Grund für die sogenannte Softwarekrise, die bekanntlich immer gravierendere Ausmaße annimmt.

Diese Einsicht, gepaart mit revolutionierenden Fortschritten in der Hardware-Technologie, haben weltweit eine Hinorientierung zu der Methodik der Intellektik eingeleitet. In den USA hatte die *artificial intelligence* (AI) schon von Anbeginn der Computerentwicklung eine relativ starke Position. In Japan hat sich die Umorientierung mit dem Start des "Fifth-generation computer systems" Projekt vollzogen. In Europa manifestiert sich der analoge Prozess in dem ESPRIT Projekt, das von der EG-Kommission in Brüssel initiiert wird, sowie in nationalen Anstrengungen, die von den zuständigen Ministerien (hier in Deutschland dem Bundesministerium für Forschung und Technologie - BMFT) vorrangig gefördert werden.

In Europa sind die Voraussetzungen für eine Realisierung dieser Pläne jedoch denkbar ungünstig, da das Übel an der Wurzel, nämlich der Ausbildung liegt. Schon die Informatikausbildung ist gekennzeichnet von gravierenden Problemen, insbesondere einer traurigen Rekordhöhe des Studenten/Dozenten Quotienten. Bei der "Intellektikausbildung" jedoch kann man nicht einmal mehr nur von Problemen sprechen, einfach weil eine solche Ausbildung schlichtweg überhaupt nicht oder bestenfalls nur in rudimentären Ansätzen existiert.

Angesichts dieser alarmierenden Situation hat der Unterausschuß "Künstliche Intelligenz" des FA 6 der Gesellschaft für Informatik (GI) die Durchführung eines Kurses über Künstliche Intelligenz als ersten, vorbereitenden Schritt in Richtung auf eine breitere Intellektikausbildung an deutschen Universitäten geplant und schließlich realisiert. Dieser Kurs fand vom 15.-24.3.1982 in der Kolping-Familienferienstätte in Teisendorf (Obb.) als Frühjahrsschule Künstliche Intelligenz (KIFS-82) statt. Die Durchführung wurde organisatorisch von der GI und der Universität Karlsruhe, und finanziell vom BMFT und vom Bayerischen Staatsministerium für Unterricht und Kultus großzügig unterstützt; die Leitung (mit verteilten Aufgabenbereichen) war W. Bibel und J.H. Siekmann anvertraut.

Die Hauptaufgabe jedoch lag bei den Dozenten W. Bibel (München), B. Buchberger (Linz), J. Foith (Kaiserslautern), B. Neumann (Hamburg), P. Raulefs (Bonn/Kaiserslautern), J. Siekmann (Karlsruhe) und

W. Wahlster (Hamburg), jeder zuständig für einen bestimmten Teilbereich oder Teilaspekt des weitverzweigten Gebietes der KI. Die Ausarbeitungen ihrer Vorlesungen sind in dem vorliegenden Band vereinigt.

Damit stellt dieses Buch die erste deutschsprachige, einigermaßen umfassende Darstellung eines wesentlichen Bereichs der Intellektik in relativ kompakter Form dar. Sie dürfte sich eignen für Dozenten als Grundlage für einschlägige Vorlesungen, für Studenten zum Gebrauch neben den Vorlesungen, darüber hinaus für alle Leser, die sich aus unterschiedlichster Motivation heraus einen gewissen Einblick in die Intellektik verschaffen wollen. Geleitet von den umfangreichen Literaturverzeichnissen kann ein solcher Einstieg dann ggf. weiter vertieft werden.

Auf zwei wichtige Aspekte sollte dabei vielleicht eigens hingewiesen werden, obwohl sie sich aus der Natur des Unternehmens von selbst ergeben. Erstens konnten die gegenseitige Abstimmung der Beiträge nur bis zu einem gewissen Grad realisiert werden. Insbesondere vertritt jeder Autor seine eigenen Urteile und Einschätzungen, die, wie wohl in jedem jungen Wissensgebiet, oft weit divergieren. So wird der aufmerksame Leser durchaus unterschiedliche Auffassungen bei verschiedenen Autoren feststellen in Fragen wie "was charakterisiert KI", "wie weit erstreckt sich der Bereich der Intellektik", "mit welchem Namen bezeichnen wir dieses Gebiet", "in welcher Beziehung steht die Intellektik zu anderen Gebieten, etwa der Informatik", "wie wichtig ist das Teilgebiet XYZ innerhalb der Intellektik", um nur einige Beispiele zu nennen. Wir halten diese Vielfalt für förderlicher als eine erzwungene dogmatische Abstimmung.

Der zweite erwähnenswerte Aspekt der vorliegenden Darstellung ist ihre Unvollständigkeit sowohl in Tiefe als auch Breite. Dies bedeutet, daß die Beiträge in dem verfügbaren beschränkten Raum jeweils wirklich nur einen gewissen Überblick über das jeweilige Teilgebiet vermitteln können. Er bedeutet aber auch, daß hier wenn auch die meisten der (unserer Ansicht nach) wichtigen, so doch keineswegs alle Teilgebiete bzw. Teilaspekte der Intellektik angemessen vertreten sind. Als Beispiele seien etwa das Gebiet der akustischen Spracherkennung sowie der weite Bereich der *cognitive science* herausgegriffen. Sie mußten wegen der gegebenen Beschränkungen ebenso vernachlässigt werden, wie die Erörterung etwa der philosophisch-erkenntnistheoretischen, sozialen und politischen Aspekte der Intellektik, von vielen speziellen Anwendungsgebieten (wie z.B. VLSI-Entwurf, Computerarchitektur, Büroautomatisierung, etc.) ganz zu schweigen. Das Programm in Teisendorf war in dieser Hinsicht durch seine zusätzlichen Podiumsdiskussionen und Initiativveranstaltungen sicherlich ausgewogener als es dieser Band wiedergeben kann.

Die Reihenfolge der Beiträge hat sich aus folgenden sachlichen Überlegungen ergeben und spiegelt in keiner Weise irgendeine Gewichtung wieder. Sie beginnt mit einer allgemeinen Einführung für einen allerersten Überblick über das gesamte Gebiet. Hierauf folgen die Expertensysteme, aus denen sich Grundprinzipien von KI-Systemen (als generell wissensbasierten Systemen) ablesen lassen. Von ähnlich allgemeiner Bedeutung sind deduktive oder inferentielle Prozesse, die wohl ebenso mitentscheidend für intelligentes Verhalten sind; grundlegende Verfahren hierzu finden sich in dem daran anschließenden Beitrag. Auch die Methoden des Algorithmenentwurfs sind von genereller Bedeutung für den Bau jeglicher Systeme.

Die verbleibenden drei spezielleren Themen konzentrieren sich auf die Kommunikation zwischen System und Außenwelt. Entsprechend der eingangs umrissenen Philosophie hat die Intellektik von Anfang an das Ziel der Mensch/Maschine Kommunikation in natürlicher Sprache anvisiert, um die es im ersten dieser Beiträge geht. Daran schließt sich die Thematik des Bildverstehens an, bei der das System Information über die Umwelt durch Auswertung visueller Daten ohne Einschaltung des Menschen erarbeitet. Nicht zuletzt werden solche bildverarbeitenden Systeme in der Robotertechnologie eingesetzt, die Gegenstand des letzten Beitrages ist.

Wenige Wochen nach Teisendorf hat uns alle die Nachricht von dem tragischen Tod unseres Freundes und Kollegen Jörgen Foith erschüttert. So konnte er die Ausarbeitung seiner Vorlesung nicht mehr selbst vornehmen. Wir haben uns gleichwohl bemüht, wenigstens den Kern seiner Darstellung möglichst authentisch sichtbar zu machen.

München, im Oktober 1982   W. Bibel

Ein Teil der 110 Teilnehmer an der Frühjahrsschule
Künstliche Intelligenz in Teisendorf März 1982

INHALT

EINFÜHRUNG IN DIE
KÜNSTLICHE INTELLIGENZ

Jörg H. Siekmann

*"Just as manipulation of numbers in arithmetic is the
fundamental mode of operation in contemporary computers,
manipulation of symbols in formal systems is likely to be
the fundamental operating mode of the more sophisticated
problemsolving computers of the future.*

H. Gelernter, 1959

> *"... and in a sense we may say*
> *that man is a machine – but*
> *whouw, what a machine!"*
>
> P. Hayes, 1975

1. VORWORT

Gewisse menschliche Aktivitäten, wie das Planen einer kombinierten
Bahn-Busreise nach Karlsruhe, das Verstehen natürlicher gesprochener
Sprache, das Beweisen mathematischer Sätze, das Erstellen einer medi-
zinischen Diagnose oder das Sehen und Erkennen bestimmter Gegenstände
erfordern zweifellos *Intelligenz* – unabhängig davon, welche Definition
dieses Begriffes man bevorzugt.

Die *Künstliche Intelligenz* (artificial intelligence) untersucht diese,
bisher dem Menschen vorbehaltenen Verhaltensweisen, indem sie sie auf
dem Computer simuliert und *naturwissenschaftlicher* Betrachtungsweise
zugänglich macht.

Die für eine solche Untersuchung typischen Fragestellungen waren bisher der Philosophie, der Psychologie oder der Linguistik vorbehalten
und deren Ergebnisse sind für die Künstliche Intelligenz (KI) oft unmittelbar relevant, wie umgekehrt die Ergebnisse der KI-Forschung von
Relevanz für diese klassischen Gebiete sind [1] , [2]. Wegen der
starken Betonung der Computersimulation intelligenter Verhaltensweisen
und der technologischen Konsequenzen solcher Forschungsergebnisse für
den zukünftigen Einsatz von Computern, wird dieses Gebiet jedoch im
allgemeinen als Teilgebiet der Informatik angesehen.

Die KI ist ein sehr heterogenes Forschungsgebiet und teilt insofern
das Schicksal der klassischen Disziplinen – wie beispielsweise der
Physik – als es durch die starke und notwendige Spezialisierung für
den aktiven Forscher immer unmöglicher wird, die Resultate der Nachbar-
gebiete zu verfolgen: die Forscher auf dem Gebiet des Automatischen
Beweisens beispielsweise und die Forscher auf dem Gebiet des Computer-
sehens sprechen de facto verschiedene Sprachen.

Dieser Beitrag gibt zunächst eine kleine Übersicht über die KI und
versucht dann, an einigen *exemplarischen* Systemen und Methoden ein Gefühl für die Vorgehensweise in diesem Gebiet zu vermitteln. Diese No-
tizen basieren auf einer zweisemestrigen (jeweils dreistündigen) Ein-
führungsvorlesung, die ich in Karlsruhe gehalten habe und deren Mit-
schrift bei SPRINGER als zweibändiges Lehrbuch: "Künstliche Intelligenz I: *Systeme*" und "Künstliche Intelligenz II: *Methoden*" erscheinen
wird.

Die einzelnen Abschnitte wurden aus Platzgründen stark gekürzt und einige der in Teisendorf referierten Gebiete (z.B. Heuristische Suchverfahren u.a.) gar nicht aufgenommen.

Die Künstliche Intelligenz läßt sich *methodisch* nach Fachgebieten gliedern wie Heuristische Suche, Planen, Repräsentation von Wissen, Deduktion und Inferenzmethoden usw. Aus *anwendungsorientierter* Sicht haben sich jedoch die folgenden fünf Teildisziplinen als Kernfächer herausgebildet, die diese allgemeinen Methoden in unterschiedlicher Weise verwenden:

Verarbeitung Natürlicher Sprache
Der Forschungsgegenstand dieses Teilgebiets ist die Untersuchung natürlicher Sprache und die Erstellung von Programmsystemen, mit denen ein natürlichsprachlicher Dialog über einen eingeschränkten Bereich möglich ist.

Berühmt geworden und paradigmatisch ist Winograds System [3], in dem der Benutzer einen erstaunlich natürlichen Dialog mit einem 'Hand-Eye'-Roboter führen kann. Die wesentliche Einschränkung liegt in der vergleichsweise simplen Welt (blocks world), über die ein Diskurs möglich ist. Gegenwärtige Systeme versuchen komplexere 'Welten' zuzulassen. Beispielsweise simuliert das Hamburger Redepartner-Modell (HAM-RPM) (auch im internationalen Maßstab eins der erfolgreichsten Projekte) einen Hotelmanager, der versucht, ein Zimmer möglichst positiv anzubieten [4]. Ähnlich ist das GUS -System von Winograd [5], in dem der Computer eine 'Vermittlungsdame' simuliert, die auf Anruf eine Flugplanauskunft und eine Buchung vornimmt.

Während in diesen Arbeiten die natürlichsprachlichen Sätze über ein Terminal eingegeben werden müssen, haben andere Forschungsgruppen die Untersuchung natürlich *gesprochener* Sprache zum Gegenstand [6].

Die technologischen Konsequenzen solcher erfolgreichen Forschung sind offensichtlich und die amerikanischen und japanischen Firmen und Forschungszentren haben enorme Investitionen auf diesem Gebiet vorgenommen.

Die unmittelbaren Anwendungen liegen in der Kopplung eines natürlichsprachlichen 'front ends' mit einem Informationssystem oder einer Datenbasis und in der Roboterkontrolle.

Auf diesem Gebiet sind dem Ausland vergleichbare Anstrengungen in Deutschland (Hamburg, Erlangen) unternommen worden.

Expertensysteme

Das Ziel dieses Teilgebietes ist es, Programmsysteme zu entwickeln, die Aufgaben erfüllen, wie sie bisher menschlichen Spezialisten vorbehalten waren. Paradigmatisch ist das DENDRAL-System, das durch die Untersuchung einer Masse-Spektral-Analyse Rückschlüsse auf die chemische Struktur der untersuchten Moleküle zieht [7]. Die Leistungsfähigkeit ist der hochausgebildeter menschlicher Spezialisten vergleichbar.

Ein ebenfalls berühmt gewordenes System ist MYCIN, ein Expertensystem mit eingeschränktem natürlichsprachlichen Zugriff, das eine medizinische Diagnose für bestimmte bakteriologische Krankheiten erstellt und einen Therapievorschlag macht [8]. Die Leistungsfähigkeit liegt weit über den Fähigkeiten normaler Ärzte und wird nur noch von einzelnen universitären Spezialisten übertroffen [9].

Andere Systeme wurden für die Ölsuche [10], für die Fehlerkorrektur von Schaltkreisen [11], für die Codeerzeugung im Compilerbau [12] und für weitere medizinische Anwendungen entwickelt.

In Deutschland gibt es auf diesem Gebiet bisher keine signifikanten wissenschaftlichen Anstrengungen.

Deduktionssysteme (Automatisches Beweisen)

Das Beweisen mathematischer Sätze durch den Computer hat zahlreiche Anwendungen in der Informatik gefunden, die von der Logik als Programmiersprache [13], [14], über die Programmsynthese [15] und die Programmverifikation [16] reichen, bis hin zum Beweisen der Fehlerfreiheit von vorgelegten Hardwarekonfigurationen (wie z.B. Schaltkreisen, aber auch beispielsweise Steuerungen von Atomreaktoren [17] oder allgemeinen Organisationsstrukturen).

Die im Augenblick relevanteste Anwendung von Deduktionssystemen dürfte in der Programmverifikation liegen [18], [19], [20] und auf diesem Gebiet sind in Deutschland bisher dem Ausland vergleichbare Anstrengungen unternommen worden.

Robotertechnologie

Ziel dieses Forschungs- und Entwicklungsgebietes ist es, computergesteuerte Handhabungssysteme (Roboter) zu entwickeln, die zunehmend Eigenintelligenz besitzen. Basierend auf den inzwischen klassischen KI-Robotern Shakey in den USA [21] und FREDDY in England [22] hat sich dieses Gebiet neben der Grundlagenforschung sehr rasch zu einem anwendungsorientierten Zweig entwickelt, der eine für die weitere Automatisierung entscheidende Schlüsselfunktion hat. Dieses Gebiet zeigt besonders [23] anschaulich, mit welchem Tempo der Verlust *wissenschaftlicher* Konkurrenzfähigkeit zum Verlust *industrieller* Wettbewerbsfähigkeit führen kann: die Grundlagenforschung wurde vor ca. 10 Jahren in den USA begonnen [21] und von der deutschen Informatik weitgehend ignoriert. Heute sind in Japan über 15.000 Industrieroboter im Einsatz [25] und es ist bekannt, daß die mangelnde Konkurrenzfähigkeit deutscher Produkte auch auf den höheren Automatisierungsgrad der japanischen Industrie zurückzuführen ist [26]. Die Bedeutung der Roboterforschung ist in der Bundesrepublik nicht in der wünschenswerten Weise erkannt worden und es gibt bis heute wenig Grundlagenforschung und keine universitäre Ausbildung auf diesem Gebiet.

Computersehen (Vision)

Abgesehen von der wissenschaftlichen Fragestellung nach den Mechanismen, die eine 'Gestalt'-Wahrnehmung ermöglichen und den dadurch möglich gewordenen Erklärungsversuchen und Rückschlüssen auf das menschliche Sehvermögen [27] bietet dieses Gebiet ebenfalls technologische Anwendungsmöglichkeiten, die vom Roboterbau [28], [29] über medizinische Anwendungen (Reihenuntersuchung von Röntgenbildern etc.) bis hin zur Auswertung von Luftbildaufnahmen reichen [30]. Neben der Verarbeitung Natürlicher Sprache ist dies sicher eines der größten Untergebiete der KI, das selbst von Spezialisten kaum noch überschaubar ist.

Auf diesem Gebiet sind ebenfalls in Deutschland wichtige Forschungszentren (Hamburg, Erlangen, Kaiserslautern) entstanden.

Figur 1 stellt noch einmal die wichtigsten Teilgebiete [31] der KI
- *nach Methoden* gegliedert - zusammen:

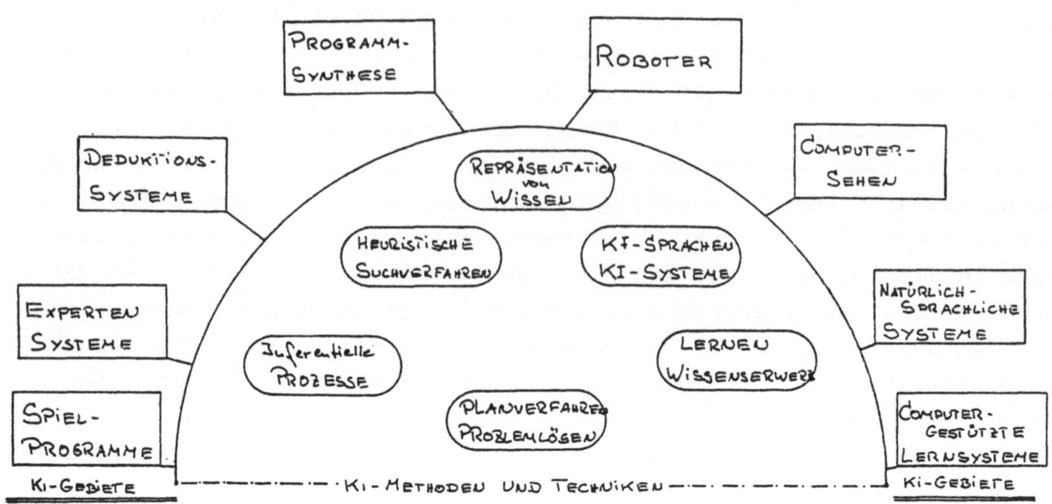

Zusammenfassend läßt sich sagen, daß unter Fachleuten heute Einigkeit
darüber herrscht, daß der KI - wegen der vielfältigen Einsatzbereiche
der wissenschaftlichen Resultate - eine Schlüsselfunktion für den Einsatz von Computern im kommenden Jahrzehnt zufällt.

Seit den Anfängen der KI-Forschung [32] ist diese von der Kontroverse
über den Vergleich menschlicher kognitiver Fähigkeiten und der (möglichen) Fähigkeiten eines Computers begleitet [33], [34], [35], [1] und
obwohl die Ergebnisse der KI-Forschung unabhängig davon sind, welchen
Standpunkt man bezüglich dieser Kontroverse bezieht - der Leser kann
sich den technischen Teil dieses Bandes erarbeiten, ohne mit dem hier
eingenommenen Standpunkt übereinzustimmen - ist diese doch von Bedeutung für das Selbstverständnis des Faches.

Die These, daß es bezüglich der kognitiven Fähigkeiten keine prinzipi-
ellen Unterschiede zwischen einem Computer und dem Menschen gäbe, weckt
Emotionen und erscheint dem Laien ebenso unglaubwürdig, wie vielen
Computerfachleuten.

Das ist verständlich: mit dieser These ist eine weitere Relativierung
der Position des Menschen verbunden, vergleichbar der Annahme des he-
liozentrischen Weltbildes im siebzehnten oder der Darwinschen Evolu-
tionstheorie in der zweiten Hälfte des vorigen Jahrhunderts. Im Gegensatz zu jenen Thesen, deren Auswirkungen bestenfalls für einige Philo-
sophen oder gewisse zur Religiosität neigende Menschen relevant war,

hat diese jedoch - sofern sie sich als zutreffend erweist - bisher nicht absehbare technologische und damit soziale und politische Konsequenzen.

Insbesondere dem etablierten Informatiker muß all dies umso vermessener erscheinen, als er glaubt, von einem Computer etwas zu verstehen: die in gewisser Weise miteinander verschalteten Transistoren eines Computers, die sklavisch - wenn auch mit hoher Geschwindigkeit - die starren Anweisungen eines Algorithmus ausführen, mit menschlicher Intelligenz in Verbindung bringen zu wollen, erscheint ihm absurd.

Doch darin liegt ein erstes Mißverständnis. Die in der Informatik übliche Unterscheidung zwischen Hardware und Software ist gerade der Kern eines wesentlichen Argumentes zur Stützung der These: Die Transistoren eines Computers sind in einer Weise miteinander verschaltet, die sicherstellt, daß alles, was im Prinzip berechnet werden kann, auch auf diesem speziellen Computer - genügend Speicher vorausgesetzt - berechenbar ist und ein Programm, das in einer höheren Programmiersprache geschrieben ist, ändert sein Verhalten nicht, auch wenn es auf Computern völlig verschiedener Architektur läuft. Es würde sich aber auch nichts ändern, wenn dieses Programm auf der Neuronen-Hardware des Gehirns abläuft, von der man ebenfalls annimmt, daß sie in einer Weise miteinander verschaltet ist, die jede beliebige Berechnung erlaubt [36].

Ein weiteres Mißverständnis mag durch den bisherigen, vornehmlich numerischen Einsatz von Computern entstehen, der leicht die Einsicht verschüttet, daß es möglich ist - in einer Programmiersprache entsprechend hohem Abstraktionsniveaus - die uns umgebende Welt und Sachverhalte über diese Realität *symbolisch zu repräsentieren* und zu manipulieren. Auf *diesem* Repräsentationsniveau ist die Analogie zu menschlicher intellektueller Aktivität zu suchen, und es ist dabei unerheblich, wie diese symbolische Repräsentation durch die verschiedenen konzeptuellen Schichten (höhere Programmiersprache → Maschinensprache → Octalcode → Transistoren → Elektronenfluß) im Computer einerseits und im Gehirn ("Programmiersprache" → bestimmte funktionale Neuronenkonfigurationen → Synapsen → Elektronenfluß) andererseits realisiert werden. Die Fähigkeit meines Gehirns in diesem Augenblick aus den von meiner Retina gesendeten und im Elektronenfluß des optischen Nervs kodierten Signalen eine symbolische Repräsentation zu berechnen, die es gestattet, den vor mir stehenden Schreibtisch als Gestalt zu erkennen, basiert auf Methoden, die auch in einem Computerprogramm vorhanden sein müssen, wenn es die Fähigkeit zur Gestaltwahrnehmung haben soll. Es ist bisher kein stichhaltiges Argument bekannt, welches zu der Annahme berechtigt, daß solche Methoden - ebenso wie zu komplexeren geistigen Tätigkeiten befähigende Methoden - nicht auch auf einem Computer realisiert werden können, und de facto gehen die meisten Wissenschaftler der KI von der Arbeitshypothese - die sich als falsch herausstellen mag - aus, daß es keinen prinzipiellen Unterschied zwischen den kognitiven Fähigkeiten von Mensch und Maschine gibt.

Diese Hypothese kann zu der Spekulation verleiten, daß - genügend weitere KI-Forschung vorausgesetzt - der geistige Unterschied zwischen Mensch und Maschine zunehmend geringer werden wird, und diese Schlußfolgerung hat berechtigte Kritik herausgefordert [35]. Diese Kritik basiert im wesentlichen auf dem bekannten Argument, daß wir als denkendes Subjekt nicht allein durch eine abstrakte intellektuelle Fähigkeit, sondern durch das 'in-der-Welt-sein' dieser Fähigkeit geprägt sind. Wir sind als geistige Person die Summe unserer körperlichen und intellektuellen Erfahrungen: die Tatsache, daß wir geliebt worden sind und geliebt haben, daß wir einen Körper haben und ungezählten sozialen Situationen ausgesetzt sind, die je nach sozialer Schicht und lokaler Besonderheit verschieden sind, hat einen das Denken prägenden Einfluß, dem ein Computer nicht ausgesetzt ist. Obwohl ein großer Teil dieser Erfahrungen explizit gemacht und dann auch programmiert werden kann und obwohl es irrig ist, zu glauben, ein Computer könne nicht so programmiert werden, als ob er Emotionen habe, ist er doch nicht in der Welt wie wir es sind und wird, selbst rapiden technologischen Fortschritt vorausgesetzt, eine uns fremde Intelligenz bleiben.

Dies, von vielen Menschen als beruhigend empfundene Argument bezweifelt jedoch nicht die beunruhigende Tatsache, daß Computer uns in unmittelbarer Zukunft auf Spezialgebieten intellektuell gleichberechtigt, wenn nicht überlegen sein werden: wir stehen am Anfang einer der faszinierendsten - aber mit gutem Grund auch einer beängstigenden - wissenschaftlichen Entwicklung.

> *Our representation of things, as*
> *these are given to us, does not*
> *conform to these things as they*
> *are in themselves, but these*
> *objects as appearances conform*
> *to our mode of representation.*
>
> *J. Kant, 1781*

2. GEOMETRISCHE INTELLIGENZTESTS

Als ein Beispiel für die KI-Forschung der frühen 6Oer Jahre, das in besonders anschaulicher Weise bereits Fragestellungen enthält, die auch heute noch unverändert die Forschung beschäftigen, wird eine Mechanisierung analogen Schließens (reasoning by analogy) vorgestellt, die sich auf geometrische Analogien beschränkt. Die Aufgaben sind von folgender Art:

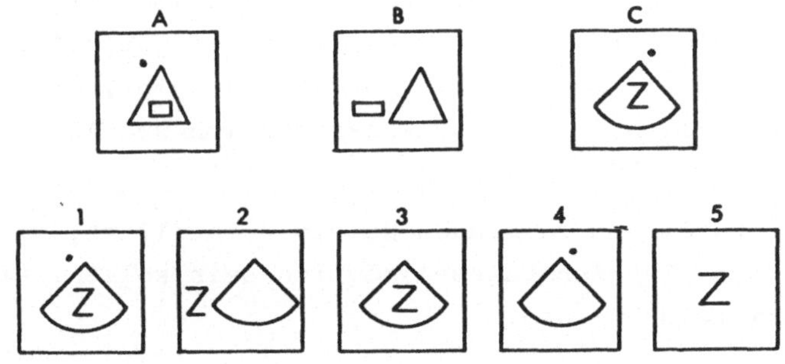

Abbildung 1
  "A verhält sich zu B, wie C zu ...?"

Solche Problemstellungen werden häufig in Intelligenztests verwendet [37] und die meisten Menschen würden antworten, daß sich A zu B wie C zu 4 verhält.

Wie könnte ein Computerprogramm funktionieren, das diese kreative Leistung ebenfalls erbringt?

Die erste - alles weitere Vorgehen bestimmende - Frage ist die nach
einer geeigneten *Repräsentation* (representation, description) der obigen Abbildungen. Zum Beispiel lassen sich die Abbildungen als Bit-Ma-
trix geeigneter Auflösung darstellen, wobei jeder Matrixpunkt mit O-1
einem Bildpunkt weiß-schwarz entspricht. Oder man könnte eine verbale
Beschreibung wählen, wie "Abbildung A besteht aus zwei Dreiecken D_1
und D_2, wobei D_2 innerhalb von D_1 liegt. Der Schwerpunkt beider Figuren
liegt im Mittelpunkt des Einheitsquadrats".

Die erste Repräsentation enthält zwar die meiste Information, ist jedoch für die Lösung der Fragestellung denkbar ungeeignet. Die zweite
Repräsentation hat bereits eine wichtige Informationsreduktion auf das
für die Fragestellung Wesentliche vorgenommen, ist jedoch nicht genügend formalisiert, um eine solche Beschreibung im Computer zu manipulieren.

Sobald eine geeignete Darstellung der Figuren festgelegt ist, stellt
sich die Frage, wie die symbolische Repräsentation von Abbildung A in
die der Abbildung B transformiert werden und insbesondere, wie diese
Transformation selbst wieder repräsentiert werden kann.

Unter der Annahme, daß beide Repräsentationsprobleme gelöst sind, muß
dann ein Verfahren gefunden werden, das die symbolische Repräsentation
der Transformation solange manipuliert, bis diese sowohl die Abbildung
A in die Abbildung B wie auch C in eine der Antwortfiguren 1 bis 5
überführt. Falls es mehrere solche Transformationen gibt, muß in einem
letzten Schritt die möglichst "beste" Transformation und Antwortfigur
ausgewählt werden.

Diese vier Schritte werden im folgenden soweit detailliert, daß es für
einen Informatiker mit LISP-Kenntnissen möglich sein sollte, ein entsprechendes Programm zu schreiben.

2.1 *Repräsentation*

Um dem Leser ein Gefühl für die enorme Komplexität der Gehirnfunk-
tionen zu geben, die nötig ist, um ein solches - vergleichsweise einfaches - Problem zu lösen, nehmen wir an, daß ein Computer mit einer
Fernsehkamera (einem 'Auge') gekoppelt ist, die auf eine Zeichnung mit
der obigen Problemstellung gerichtet ist:

Die Kamera selbst soll bereits eine einfache Vorverarbeitung (pre-
processing) des Bildes vornehmen und eine Grauwertmatrix an den Computer übertragen. Jede Eintragung in dieser Matrix kodiert den Hellig-
keitswert des Bildes an dem entsprechenden Koordinatenpunkt und liefert
damit eine erste Repräsentation Rep^0. Würde man zum Beispiel einen horizontalen Schnitt durch die Mitte von Abbildung A vornehmen, dann
könnten die Eintragungen in der Grauwertmatrix etwa folgendermaßen graphisch dargestellt werden:

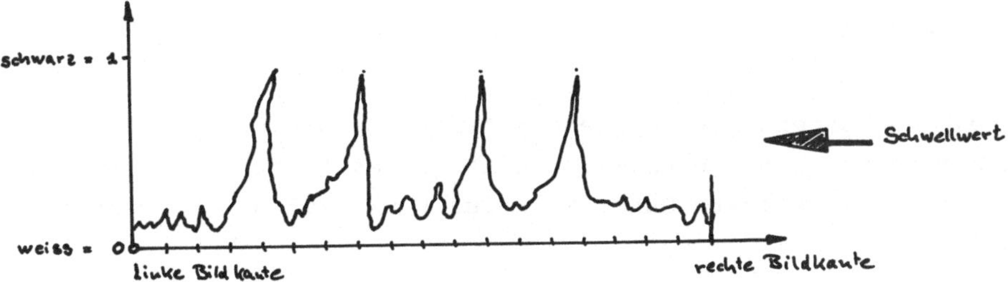

Aus dieser Repräsentation wird eine *Binärmatrix* Rep^1 mit etwas geringerer Auflösung berechnet, die für jeden neuen Bildpunkt angibt, ob er
schwarz oder weiß ist. Diese neue Repräsentation läßt sich mit Hilfe
eines entsprechend gewählten Schwellwertes leicht berechnen: wenn die
diesem Bildpunkt entsprechenden Werte mindestens einen Punkt enthalten,
dessen Wert über dem Schwellwert liegt, wird der neue Punkt auf 1 gesetzt, andernfalls auf O.

Aus dieser Binärmatrix wird - in mehreren Zwischenschritten - eine erste *symbolische* Beschreibung, Rep^4, der Figuren berechnet.

Dazu unterscheiden wir drei Typen von Figuren: einen Punkt, eine einfache geschlossene Figur und eine komplexe, zusammengesetzte Figur.

```
PKT:   Punkt
EFI:   einfache, geschlossene Figur
KFI:   komplexe, zusammengesetzte Figur
```

Mit Hilfe dieser einfachen Klassifikation und einigen zusätzlichen Konventionen läßt sich Abbildung 1-A

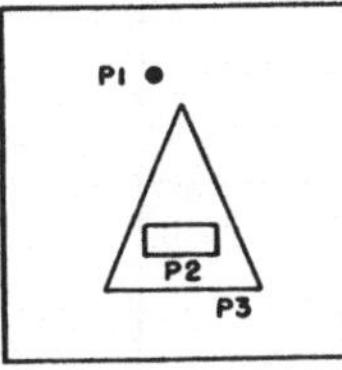

folgendermaßen beschreiben:

```
(
(PKT (0.4 0.8))
(EFI ((0.3 0.2) ∞
      (0.7 0.2) ∞
      (0.5 0.7) ∞
      (0.3 0.2))∞
(EFI ((0.4 0.3) ∞
      (0.6 0.3) ∞
      (0.6 0.4) ∞
      (0.4 0.4) ∞
      (0.4 0.3))∞
)
```

Die Beschreibung besteht also aus einer Liste mit drei Elementen, die
selbst wieder Listen sind. Wenn wir die Länge des Bildes mit 1 annehmen, repräsentiert die erste Unterliste den Punkt mit den Koordinaten
(0.4 und 0.8).

Die zweite Unterliste repräsentiert die einfache, geschlossene Figur
(EFI), die einen(willkürlichen)Anfangspunkt mit den Koordinaten
(0.3 0.2) hat. Dieser Punkt ist durch eine Linie vom Krümmungsradius ∞
- also durch eine Gerade - mit dem Punkt (0.7 0.2) verbunden, der wiederum durch eine Gerade,   mit (0.5 0.7) verbunden ist usw. Die zweite
Unterliste beschreibt also das Dreieck, während die dritte Unterliste
das eingeschlossene Viereck beschreibt.

Zur Beschreibung komplexer zusammengesetzter Figuren (KFI) wird die Figur so weit zerlegt, bis sie nur aus einfachen, geschlossenen Figuren
besteht. Dazu werden alle Linienenden sowie Schnittpunkte von drei und
mehr Linien markiert und beschriftet und die Koordinaten dieser Punkte
gespeichert. Die Beschreibung der Figur besteht dann aus einer Liste
all dieser Punkte, wobei alle von diesen Punkten ausgehenden *einfachen
geschlossenen Figuren* (EFI) in dem bereits gezeigten Format beschrieben
werden.

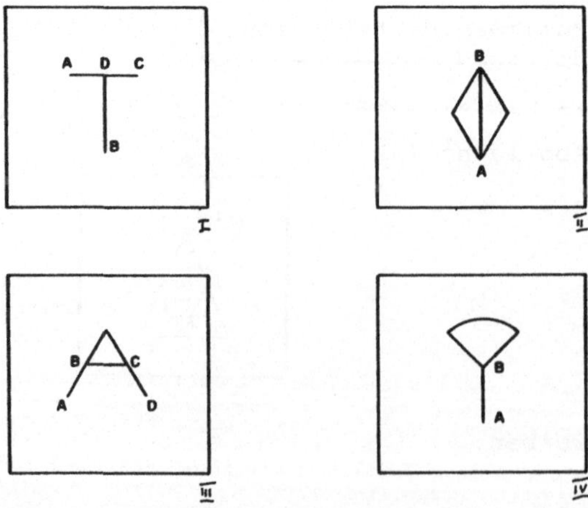

```
Abbildung I:        (KFI ((A (A ∞ D))
                         (B (B ∞ D))
                         (C (C ∞ A))
                         (D (D ∞ A) (D ∞ B) (D ∞ C)
                         ))
```

An Punkt A hängt eine einfache geschlossene Figur,
EFI, nämlich eine Gerade von A nach D. An Punkt D
hängen drei EFI's: die Gerade von D nach A, von D
nach B und von D nach C.

```
Abbildung II:       (KFI (A(A ∞ B ∞ (0.7 0.5) ∞ A)
                        (A ∞ B)
                        (A ∞ B ∞ (0.3 0.5) ∞ A)
                        (A ∞ (0.3 0.5) ∞ B ∞ (0.7 0.5) ∞ A))
                      (B(B ∞ A ∞ (0.7 0.5) ∞ B)
                        (B ∞ A)
                        (B ∞ A ∞ (0.3 0.5) ∞ B)
                        (B ∞ (0.3 0.5) ∞ A ∞ (0.7 0.5) ∞ B))
                      )
```

Der Punkt A wird von vier EFI's berührt: dem rechten
Dreieck, dem linken Dreieck, der mittleren Geraden
und der äußeren Raute.

Es sollte dem Leser nicht schwerfallen, Abbildung III und IV selbst zu
beschreiben.

Mit der so gewonnenen Repräsentation Rep^4 ist bereits ein wesentlicher
Schritt zur *Gestaltwahrnehmung* getan, die eine Voraussetzung für das
spätere Auffinden einer Transformation ist. Allerdings fehlt noch ein
wesentliches Element: das Erkennen der einzelnen Figuren als Einheit.

Dieser letzte Schritt soll zu einer Darstellung Rep^5 führen, die der
oben angegebenen verbalen Beschreibung nahekommt. Die erste und wichtigste Frage ist wieder, welche primitiven Beschreibungselemente eine solche Darstellung enthalten soll. In diesem Fall beschränken wir uns auf
folgende Sprachelemente (primitives): Eine Figur P_1 kann innerhalb einer
anderen Figur P_2 sein:

       (i)   (INSIDE P_1 P_2)

Ferner kann P_1 über oder unter P_2 liegen:

       (ii) (ABOVE P_1 P_2)
       (iii) (BELOW P_1 P_2)

und schließlich kann P_1 rechts oder links von P_2 liegen:

       (iv) (RIGHT P_1 P_2)
       (v)   (LEFT P_1 P_2)

Wegen $(\text{ABOVE } P_1\ P_2) \equiv (\text{BELOW } P_2\ P_1)$ und

$\quad(\text{RIGHT } P_1\ P_2) \equiv (\text{LEFT } P_2\ P_1)$

reduzieren sich die primitiven Sprachelemente auf LEFT, ABOVE und INSIDE.

Nun erkennen wir viele der Figuren in Intelligenztests zwar nur einfach als irgendwie zusammenhängende graphische Gebilde, die Mehrzahl der Figuren sind jedoch in ihrer Gestalt bekannt: Punkt, Dreieck, Z, Viereck, Quadrat usw. und diese Gestaltinformation ist für viele Tests relevant. Dieses Problem wird dadurch gelöst, daß auf einer dem Programm lokalen Datei die diesem "bekannten" Objekte abgespeichert werden. Zum Beispiel:

```
OB1: Prototyp Punkt
OB2: Prototyp Dreieck
OB3: Prototyp Viereck
OB4: Prototyp Quadrat
     usw. in der entspre-
     chenden EFI-Darstellung
```

Das nächste Problem betrifft die Frage, wie diese Beschreibungselemente aus der vorliegenden Repräsentation Rep^4 berechnet werden können.

Die schwierigste Aufgabe ist zunächst, herauszufinden, welche Linien zusammengehören und *eine* Figur bilden und wie überlappende Figuren separiert werden können. Zum Beispiel läßt sich W in mindestens zweierlei Weise separieren:

(i) W = V + V
(ii) W = W + v .

Oder:

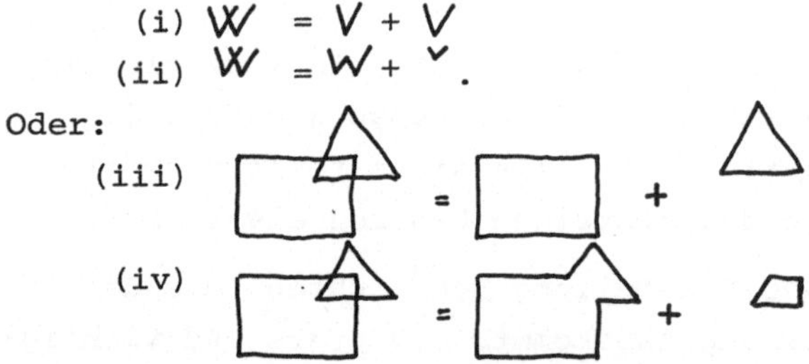

(iii)

(iv)

Dieses Problem ist ohne Kontextinformation oft nicht lösbar und das Programm benutzt die anderen Abbildungen aus $\{A,B,C,1,2,3,4,5\}$, um Mehrdeutigkeiten zu vermeiden. Zum Beispiel wird (iii) bevorzugt, wenn △ und ☐ auch in den anderen Figuren vorkommen, (i) wird bevorzugt, wenn in den anderen Figuren ebenfalls mindestens ein V enthalten ist. Jedoch wird (ii) gewählt, wenn mindestens ein W vorkommt.

Wenn alle Figuren auf diese Weise separiert sind, wird jedem Objekt ein Name $P_1, P_2, P_3, \ldots$ gegeben und die zugehörige Liniendarstellung gesondert abgespeichert.

Die Beschreibung $(\text{ABOVE } P_1\ P_2)$ bzw. $(\text{LEFT } P_1\ P_2)$ wird berechnet, indem

ein Kreuz durch den Schwerpunkt von P_1 gelegt wird. Je nachdem, in welchem Quadranten der Schwerpunkt von P_2 liegt, wird die entsprechende
Relation gebildet:

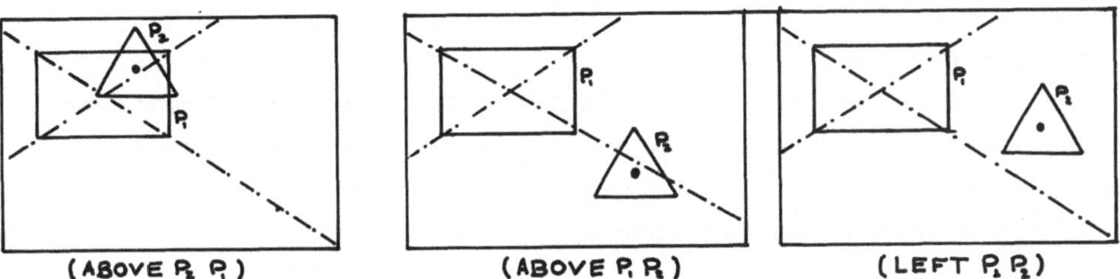

Die Relation INSIDE läßt sich mit Hilfe eines Tricks berechnen: von der
zu untersuchenden Figur P_k werden Striche an die Bildkante gezogen und
die Anzahl der Schnittpunkte ausgerechnet. Ist diese Zahl ungerade,
liegt P_k INSIDE, ist die Zahl gerade, liegt P_k nicht INSIDE. Zum Beispiel:

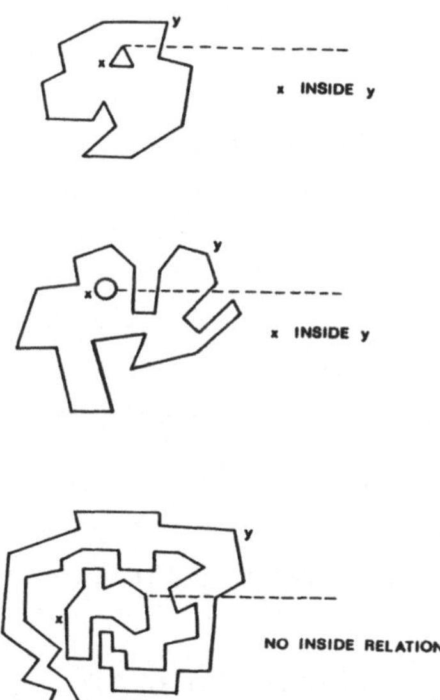

Abschließend muß noch berechnet werden, ob die Figuren P_k einem bekannten Objekt OBj ähnlich sind. Diese Ähnlichkeit (similarity) soll mit
Hilfe einer mathematischen Transformation von P_k nach OBj festgestellt
werden, die zunächst eine Spiegelung σ_1 vornimmt, dann eine Streckung μ,
gefolgt von einer Rotation θ und schließlich noch eine Spiegelung σ_2:

$$(TRANS\ \sigma_1\ \mu\ \theta\ \sigma_2)$$

Dabei kann an einer horizontalen Achse (H) gespiegelt werden, an einer
vertikalen Achse (V) oder gar nicht gespiegelt (K):

$$\sigma_1, \sigma_2 \in \{K, V, H\}$$

Als Streckung sind Werte $0<\mu<\infty$ zulässig, und als Rotation sind Werte zwischen $-\pi<\theta\leq\pi$ erlaubt.

Diese Wahl ist relativ willkürlich unter dem Gesichtspunkt getroffen, alle von Menschen als ähnlich empfundenen Objekte beschreiben zu können. Insbesondere soll immer die möglichst "einfachste" Transformation berechnet werden und viele, mathematisch mögliche Transformationen, sind unzulässig und werden nach heuristischen Kriterien ausgeschieden. Beispielsweise ließe sich sonst ein Quadrat in einem Punkt überführen mit $\mu = \frac{1}{n}$ und entsprechend großem n.

Mit Hilfe dieser Sprachelemente und einigen Konventionen über deren Verwendung läßt sich Abbildung 1-A wie folgt beschreiben:

```
(2.1.1) (FIG-A (TEILE P₁ P₂ P₃)
               (RELATIONEN     (INSIDE P₂ P₃)
                               (ABOVE P₁ P₃)
                               (ABOVE P₁ P₂)
               (SIM P₁ OB1     (TRANS K 1 O K))
               (SIM P₂ OB3     (TRANS K 1 O K))
               (SIM P₃ OB2     (TRANS K 1 O K)))
```

"Figur A besteht aus drei Teilen, Figur P_1, P_2 und Figur P_3. P_2 ist in P_3 und P_1 liegt über P_3 und ebenfalls über P_2. P_1 ist dem Objekt OB1 (dem Prototyp Punkt) ähnlich unter der identischen Transformation. P_2 und P_3 sind dem Prototyp Viereck und Dreieck ähnlich und zwar (der Einfachheit halber) ebenfalls unter der identischen Transformation."

Zusätzlich zu dieser Information werden jetzt noch alle Ähnlichkeiten berechnet, die sich zwischen Teilfiguren von A und B, von A und C und von B und C ergeben. Diese Information ist für die spätere Berechnung der Antwort wichtig:

```
(2.1.9) (SIM-A-B   (SIM P₂ P₄ (TRANS K 1 O K)
                              (TRANS K 1 π K))
                   (SIM P₃ P₅ (TRANS K 1 O K)))
```

"In A und B sind sich Figuren P_2 und P_4 ähnlich und zwar unter der identischen Transformation und der Rotation von π ..."

Die Ausdrücke (2.1.1) bis (2.1.16) (der Text wurde stark gekürzt) sind die endgültige Repräsentation, Rep^5, der in Abbildung 1 gegebenen Aufgabenstellung. Die gesamte Implementierung eines Programmes, das diese Repräsentation berechnet, dürfte einige Mann-Jahre in Anspruch nehmen und selbst auf den größten derzeitig zur Verfügung stehenden Maschinen nicht in einem Durchgang zu berechnen sein.

Dies gibt eine Vorstellung von der ungeheuren Rechenkapazität unserer biologischen Hardware und den darin programmierten, bewundernswerten Methoden, die eine solche, für sie noch einfache Aufgabe, mit erstaunlicher Sicherheit und scheinbarer Leichtigkeit in 'Echtzeit' löst.

2.2 *Transformation*

Die Darstellung Rep^5 ist ein strukturiertes Datenobjekt, das die notwendige Information enthält, um die Transformation der Abbildungen A nach B und C nach K, $K \in \{1,...,5\}$ zu berechnen und ist damit die Eingabe für das nun zu besprechende Programm.

Die Aufgabe dieses Programmes besteht darin, eine explizite Überführungsregel, die selbst wieder repräsentiert werden muss, zu finden. Für diese Repräsentation erscheinen die folgenden primitiven Sprachelemente ausreichend: beim Übergang von Abbildung A nach Abbildung B wird entweder eine Figur hinzugefügt (ADD ...) oder eine Figur gelöscht (REMOVE ...). Die restlichen Figuren müssen sich entsprechen (MATCH ...).

Die Überführungsregel selbst basiert auf einer für die KI fundamentalen Operation: dem Matchen (matching) beziehungsweise der Unifikation (unification) strukturierter Objekte. Diese Operation läßt sich folgendermaßen veranschaulichen: angenommen, eine Regel $M[X_1...X_n]$ ist als strukturiertes Datenobjekt gegeben, in der die Variablen X_1 bis X_n frei vorkommen. Wir sagen $M[X_1...X_n]$ kann mit Rep^5 gematcht werden, wenn es Objekte Ob_1 bis Ob_n gibt, die für die Variablen $X_1...X_n$ eingesetzt werden und wenn das so erhaltene Objekt $M[X_1 \leftarrow Ob_1, X_2 \leftarrow Ob_2,...,X_n \leftarrow Ob_n]$ mit Rep^5 in einem zu definierenden Sinne gleich gemacht werden kann. Der einfachste Fall liegt natürlich dann vor, wenn Rep^5 und $M[X_1 \leftarrow Ob_1, X_2 \leftarrow Ob_2,...,X_n \leftarrow Ob_n]$ bereits rein syntaktisch gleich sind. Um abzukürzen, schreiben wir $\sigma = [X_1 \leftarrow Ob_1, X_2 \leftarrow Ob_2,...,X_n \leftarrow Ob_n]$ und die Ersetzung der freien Variablen in M soll durch σM denotiert werden.

Mit diesen Konventionen soll eine Überführungsregel $M_1 \rightarrow M_2$ von der Abbildung A nach Abbildung B gefunden werden, so daß A und M_1 mit σ gematcht werden können und B gleich σM_2 ist.

Mit $\sigma = [X_1 \leftarrow P_1, X_2 \leftarrow P_2, X_3 \leftarrow P_3]$ kann eine Überführungsregel für A nach B (siehe Rep^5 (2.1.1) und (2.1.2)) wie folgt angegeben werden:

```
(REGEL-A→B
 (REMOVE   X₁   ((ABOVE  X₁  X₃)
                 (ABOVE  X₁  X₂)
                 (SIM  X₁  OB1  (TRANS  K  1  O  K))
                ))
 (MATCH    X₂   VON     ((INSIDE  X₂  X₃)
                         (ABOVE  X₁  X₂)
                         (SIM  X₂  OB3  (TRAN  K  1  O  K)
                NACH    ((LEFT  X₂  X₃)
                         (SIM  X₂  OB3  (TRAN  K  1  O  K)
                MIT     (TRAN  K  1  O  K)
                )
 (MATCH    X₃   VON     ((INSIDE  X₂  X₃)
                         (ABOVE  X₁  X₃)
                         (SIM  X₃  OB2  (TRAN  K  1  O  K)
                NACH    ((LEFT  X₂  X₃)
                         (SIM  X₃  OB2  (TRAN  K  1  O  K)
                MIT     (TRAN  K  1  O  K)
                )

 )
```

Es ist nicht allzu schwierig, sich vorzustellen, wie ein Programm eine
solche Überführungsregel erzeugen kann: ausgehend von der strukturierten Repräsentation der Abbildung A wird rein kombinatorisch jede Figur in
A mit jeder Figur in B verglichen und wenn möglich, ein MATCH berechnet.
Die fehlenden Figuren werden, wenn nötig, ge-ADDed beziehungsweise Figuren in A, die in B nicht vorkommen, REMOVE-d.

Das Programm berechnet nun eine Liste aller möglichen Überführungsregeln von A nach B und ebenso alle Überführungsregeln von C nach
$k \in \{1,2,\ldots,5\}$.

2.3 *Generalisierung*

Die Überführungsregeln sind selbst wieder strukturierte Datenobjek-
te und können daher zur Eingabe in ein Programm dienen, das diese - auf
der nächst höheren Abstraktionsebene - manipuliert. Die Aufgabe ist dabei, Regel A→B und die Regeln C→k soweit zu generalisieren, daß eine
Regel entsteht, die sowohl A nach B überführt wie auch C in eine der
Antwortfiguren $k \in \{1,\ldots,5\}$.

Dazu werden zunächst alle Regeln C→k ausgeschlossen, die nicht in der
Anzahl der ADD-, REMOVE- und MATCH-Anweisungen übereinstimmen. Die restlichen Regeln werden generalisiert, indem der Durchschnitt (intersection)

von Regel A→B und Regel C→k berechnet wird, d.h. es werden all die Einträge gelöscht, die *nicht in beiden* Regeln vorkommen.

Wird zum Beispiel die obige REGEL-A→B mit Regel-C→2 generalisiert, ergibt sich als Antwort:

```
(ANTWORT-A-B-C-2
   (REMOVE X₁  ((ABOVE X₁ X₃)
               (ABOVE X₁ X₂)
               (SIM X₁ OB1 (TRAN K 1 O K))
              ))
   (MATCH X₂   VON   ((INSIDE X₂ X₃)
                      (ABOVE X₁ X₂))
               NACH  ((LEFT X₂ X₃))
               MIT   (TRAN K 1 O K)
              )
   (MATCH X₃   VON   ((INSIDE X₂X₃)
                      (ABOVE X₁ X₃))
               NACH  ((LEFT X₂ X₃))
               MIT   (TRAN K 1 O K)
              )

   )
```

Der Vergleich mit Regel-A→B zeigt, daß die SIM-Information in dieser Regel gelöscht wurde. Das entspricht der tatsächlichen Transformation in Abbildung 1: die Gestalt der einzelnen Figuren wird korrekterweise weggeneralisiert.

Eine Überführungsregel ist wahlweise ein Programm, mit den formalen Parametern X_1, X_2 und X_3, wie auch ein strukturiertes Datenobjekt, das manipuliert werden kann. Diese syntaktisch gleiche Darstellung von Daten und Programmen (durch Listen) wird durch LISP unterstützt, und dies ist einer der Gründe, warum LISP zur wesentlichen Programmiersprache in der KI geworden ist.

2.4 *Auswahl der besten Regel*

Die nach dem obigen Verfahren generalisierten Regeln sind in gewissem Sinn alles korrekte - wenn auch zum Teil bis zur Bedeutungslosigkeit generalisierte - Antworten, aus denen eine, in psychologischem Sinn 'beste', Antwort auszuwählen ist.

Dies läßt sich am einfachsten durch ein Bewertungsschema erreichen, das die einzelnen Einträge in den Regeln danach bewertet, welche Transformation von einem Menschen als 'einfacher' oder 'natürlicher' empfunden

wird.

Zum Beispiel ließen sich die Transformationen mit Zahlen aus [0, 1] etwa folgendermaßen bewerten:

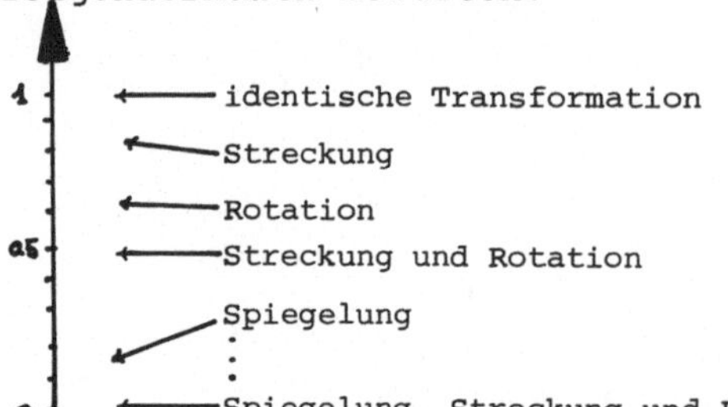

Eine solche Skala repräsentiert - wenn durch psychologische Tests abgesichert - eine Aussage über menschliche Präferenzen: eine andere Skala würde eine andere Antwort als 'natürlicher' bevorzugen.

Dieses Bewertungsschema bietet zusammen mit einem Komplexitätsmaß für die Regeln ein einfaches und ausreichendes Auswahlverfahren: die am wenigsten komplizierte Regel mit den 'natürlichsten' Transformationen wird ausgewählt.

Die Leistungsfähigkeit des Programmes lag, selbst bei der gleichen Zeitbeschränkung, die auch Testpersonen vorgegeben wird, weit über dem Durchschnitt: Mit einigen leichten Verbesserungen schätzt der Autor das Leistungsvermögen auf 20 bis 25 korrekte Antworten für 30 Probleme. Die vom Educational Records Bureau gelieferten Zahlen für die Leistungsfähigkeit von Testpersonen sind:

$$
\begin{array}{lll}
\text{Stufe 9:} & 17 & \text{richtige Antworten} \\
\text{Stufe 10:} & 18 \text{ "} & \text{"} \\
\text{Stufe 11:} & 19 \text{ "} & \text{"} \\
\text{Stufe 12:} & 20 \text{ "} & \text{"}
\end{array}
$$

Interessant sind die Probleme, die das Programm nicht lösen kann: in jedem dieser Fälle liegt das Versagen daran, daß die Analogie auf einer Eigenschaft der Figuren beruht, die in der Repräsentationssprache nicht ausgedrückt werden kann.

Eine Verbesserung des Programmes (die wissenschaftlich uninteressant wäre) müsste also zunächst die Repräsentationssprache entsprechend erweitern.

Ein weiterer wichtiger Kritikpunkt aus heutiger Sicht ist die rein lineare Kontrollstruktur des Programmes, die von Rep^0 bis zur endgültigen Antworttransformation sukzessiv die einzelnen Unterprogramme aufruft. Dies ist für ein leistungsfähiges Programmm völlig unrealistisch und es müßte in der Lage sein - je nach den Schwierigkeiten, die in spä-

teren Berechnungen auftreten - frühere Repräsentationen zu modifizieren:
d.h. nicht eine *lineare*, sondern eine *heterogene* Kontrollstruktur ist
angemessener.

> *"Less knowledge means more search"*
> *P.H. Winston, 1977*

3. EUKLIDISCHE GEOMETRIE

Um ein Problem - insbesondere ein mathematisches Problem - zu lösen,
probieren wir meist mehrere Lösungswege aus, bis einer zum Erfolg führt.
Dabei sind diese Lösungswege häufig derart, daß die eigentliche Aufgabe
(goal) so lange in Unteraufgaben (subgoals) zerlegt wird, bis diese
trivial werden und eine unmittelbar evidente Lösung besitzen. Ein solches Verhalten läßt sich durch ein systematisches Suchverfahren (search
method) simulieren, das am konkreten Beispiel von Geometrieaufgaben
vorgestellt werden soll [38].

3.1 *Mathematisches Schließen*

Angenommen, wir wissen, daß "zwei" eine gerade Zahl ist

$$GRDZA(2)$$

und ebenso, daß die Multiplikation zweier gerader Zahlen wieder eine
gerade Zahl ergibt:

$$GRDZA(x) \land GRDZA(y) \Rightarrow GRDZA(x \cdot y).$$

Dann gibt es grundsätzlich zwei Methoden, wie festgestellt werden kann,
ob z.B. "sechzehn" eine gerade Zahl ist: wir können die beiden Hypothesen GRDZA(x) und GRDZA(y) mit den bekannten Fakten matchen - in diesem
Fall GRDZA(2) - und erhalten eine neue Aussage: GRDZA(4). Erneutes matchen der beiden Fakten mit den Hypothesen ergibt GRDZA(8) und GRDZA(16).

Man kann jedoch auch umgekehrt vorgehen: wenn wir die gewünschte Aussage GRDZA(16) mit der Konklusion GRDZA(x·y) matchen, erhalten wir, je
nachdem, wie gematcht wurde, die Aussagen

$$\text{(i)} \quad GRDZA(4) \land GRDZA(4)$$
$$\text{(ii)} \quad GRDZA(2) \land GRDZA(8)$$
$$\text{(iii)} \quad GRDZA(1) \land GRDZA(16)$$

Die letzte Aussage ist falsch in unserem Modell der natürlichen Zahlen
und kann deshalb gelöscht werden. Dagegen enthält (ii) bereits eine Aus-

sage, die mit einem der Fakten gematcht werden kann und daher als wahr
oder erfüllt (satisfied) gilt. Bleibt zu zeigen, daß GRDZA(8) gilt. Erneutes Matchen ergibt:

    (iv) GRDZA(2) $\wedge$ GRDZA(4)

    (v) GRDZA(1) $\wedge$ GRDZA(8)

und ein erneutes Matchen von GRDZA(4) mit der Konklusion führt zu der
Aussage

    (vi) GRDZA(2) $\wedge$ GRDZA(2) ,

deren Teilaussagen beide wahr sind.

Allgemein wollen wir annehmen, daß eine Datenbank gewisse elementare
Aussagen, die Fakten, $F_1, F_2, \ldots, F_m$ enthält und weiterhin Axiome oder
Theoreme der Form $H_{11} \wedge H_{12} \wedge \ldots \wedge H_{1n} \rightarrow C_1$. Eine Schlußweise, in der man
von den Fakten ausgehend solange neue Fakten erschließt, bis das gewünschte Theorem generiert wird, nennen wir synthetisches Schließen
(synthetic reasoning, reasoning forword). Die Schlußweise dagegen, in
der man von dem zu zeigenden Theorem ausgeht und rückwärts schließt,
bis man auf bekannte Fakten kommt, nennen wir analytisches Schließen
(analytic reasoning, reasoning backward).

Welche der beiden Methoden vorzuziehen ist, hängt von dem konkreten
Anwendungsfall ab; am besten ist eine Mischung von beiden (bidirectional
search), die jedoch nicht immer anwendbar ist. Andernfalls ist meist das
analytische Schließen von Vorteil, weil man einmal die zusätzliche Information des zu Zeigenden zur Verfügung hat und außerdem eine Reihe von
Heuristiken verwenden kann, die den Suchraum (search space) drastisch
einschränken können.

3.2 UND-ODER-Baum

Mit Hilfe eines UND-ODER-Baumes (AND-OR-tree) läßt sich der Suchraum,
der beispielsweise beim analytischen Schließen entsteht, besonders übersichtlich organisieren.

Dazu beschriften wir die Wurzel (root) des Baumes mit der zu zeigenden
Aussage TH und ziehen für jede Konklusion C_k, die sich mit dieser Aussage matchen läßt, eine Kante (edge) zu einem Knoten (node), die wir
mit C_k beschriften:

Von jedem Knoten C_k wird nun eine Kante zu einem Knoten für jede der
Hypothesen H_{ki} gezogen:

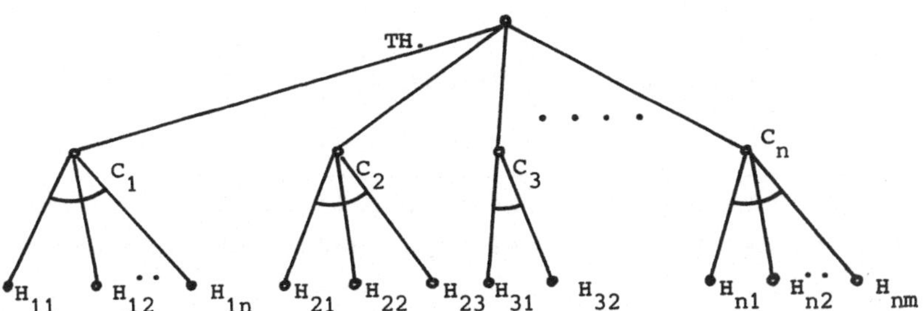

Ein solcher Baum repräsentiert folgende Information: um die Aussage TH zu zeigen, ist eine der Aussagen C_1 ODER C_2 ODER ... ODER C_n zu zeigen und ein solches C_k zeigt man, indem die Hypothesen H_{k1} UND H_{k2} UND ... UND H_{kn} gezeigt werden. Jede der Hypothesen läßt sich wiederum dadurch zeigen, daß sie mit passenden Konklusionen C_k gematcht wird:

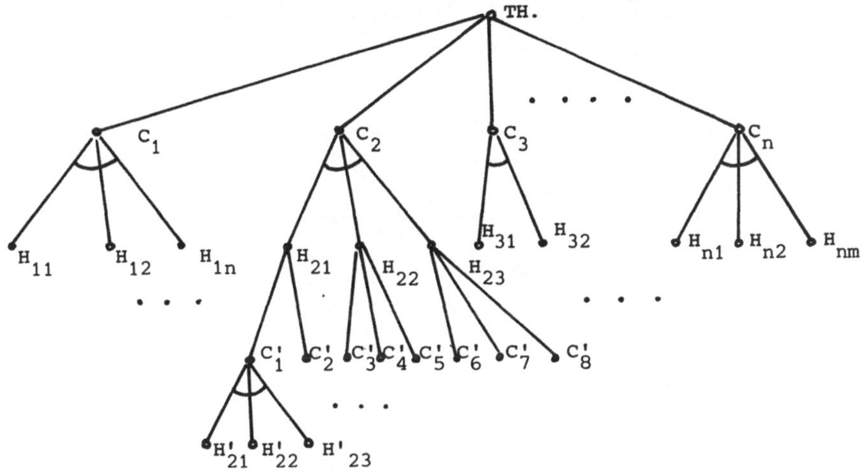

Dieser Prozess wird solange fortgesetzt, bis sich die Hypothesen mit den Fakten $F_1...F_m$ matchen lassen: in diesem Fall wird der entsprechende Zweig (branch) des Baumes geschlossen (closed).

Selbstverständlich muß nicht der ganze Baum generiert und geschlossen werden, um eine Aussage zu zeigen, sondern gewisse - von der Problemstellung abhängige - Verfahren führen schneller zum Erfolg. Selbst mit den aus Platzgründen hier nicht beschriebenen allgemeinen Verfahren (siehe z.B.[39].) wächst ein UND-ODER-Baum jedoch im allgemeinen viel zu rasch, um interessante Fragestellungen zu lösen und die *ganze Kunst in der Anwendung dieses Verfahrens besteht darin, geeignete, problemspezifische Heuristiken* zu finden, die das übermäßige Anwachsen des Baumes verhindern. Solche Heuristiken sind für jeden Anwendungsfall verschieden und lassen sich daher am besten an einem konkreten Beispiel zeigen. *Nicht das konkrete*, hier gewählte Anwendungsbeispiel ist jedoch von Interesse, sondern die Art und Weise, wie sich das Wissen (knowledge) über ein gewisses Gebiet in entsprechende Heuristiken kodieren läßt.

3.3 *Euklidische Geometrie*

In der Schule übt man, wie geometrische Aufgaben der folgenden Art zu lösen
sind:

> Zieht man von den Schenkeln eines Winkels jeweils das Lot auf einen
> gemeinsamen Punkt auf der Winkelhalbierenden, dann sind die so ent-
> stehenden Strecken gleich lang.

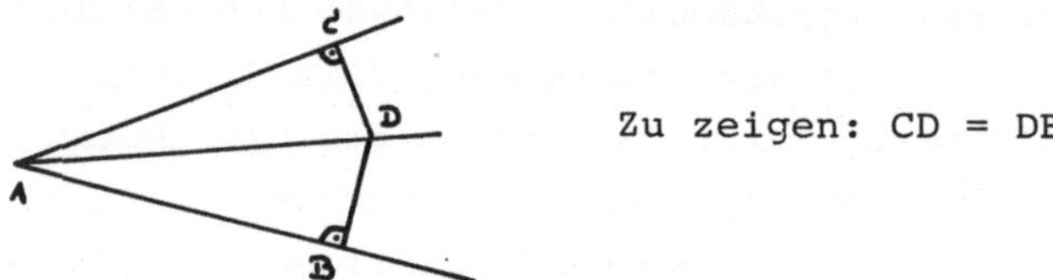

Das zu besprechende Programm löst diese Aufgabe, indem es zeigt, daß
die Dreiecke ABD und ACD kongruent sind. Eine etwas schwierigere Aufgabe
ist:

> "Wenn sich zwei Strecken in ihrem Mittelpunkt schneiden, dann sind die
> Verbindungslinien der Endpunkte gleich lang."

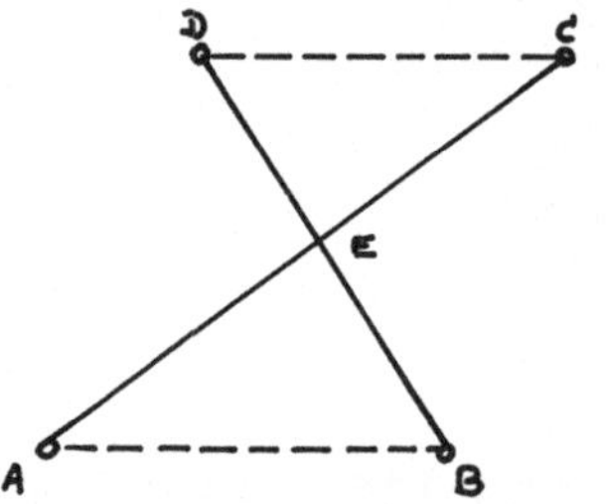

Mit der Notation [A,B] für die Strecke AB und MPkt(P,s) für die Aussage, daß der Punkt P auf der Strecke s liegt mit gleichem Abstand von
den beiden Endpunkten, läßt sich die obige Aufgabe wie folgt formulieren:

Theorem: $\text{MPkt}(E,[A,C]) \wedge \text{MPkt}(E,[D,B]) \Rightarrow [A,B] = [D,C]$

Diese Aussage soll mit Hilfe eines UND-ODER-Baumes so lange in Teilaussagen zerlegt werden, bis diese unmittelbar gezeigt werden können.

Der nichttriviale Aspekt eines solchen Programmes liegt in der Wahl
geeigneter Heuristiken, die den UND-ODER-Baum klein halten: ein leistungsfähiges Programm wird einige hundert solcher spezifischen Heuristiken enthalten, die für sich genommen nicht übermäßig interessant
sein mögen. Um die Darstellung nicht ausufern zu lassen, wurden dieses
Beispiel und die Datenbank so gewählt, daß jede im folgenden verwendete Heuristik exemplarisch ist für einen gewissen Typ.

Zwei Techniken sind jedoch von allgemeinerer Art: die Verwendung eines Modells, um Zweige zu schließen, die eine Aussage enthalten, die in dem Modell nicht wahr ist. Und zweitens, die Ausnutzung syntaktischer Symmetrien, wie zum Beispiel [A,B] = [B,A], COL[A,B,C] = COL[C,B,A], wenn COL[A,B,E] dann $\angle$(B,A,C) = $\angle$(E,A,C) oder gewisse, von dem Modell abhängige Transformationen, die an der Fragestellung nichts ändern. COL[A,B,C] besagt, daß die Punkte A,B und C kolinear sind, also auf einer Geraden liegen, $\angle$(A,B,C) ist der Winkel A,B,C mit Scheitelpunkt B.

Abgesehen von dem zu zeigenden Theorem steht dem Programm eine Datenbank der folgenden Art zu Verfügung:

<u>DATENBANK</u>

   DIAGRAMM:

	Koordinaten:	A,B,C,D,E
	Strecken:	[A,B], [D,C], [A,C], [D,B]
	Relationen:	COL(D,E,B)
		COL(A,E,C)

Die Koordinaten der Punkte A bis E werden innerhalb eines gewissen Genauigkeitsintervalls eingegeben und alle Strecken werden explizit angegeben. Die Relationen drücken gewisse Tatbestände über diese gegebenen Größen aus.

   AXIOME:

(i) $[x,y] = [u,v] \wedge [z,w] = [u,v] \Rightarrow [x,y] = [z,w]$

Sind zwei Strecken einer dritten gleich, so sind sie auch untereinander gleich.

(ii) $\square(x,y,z,w) \Rightarrow [x,y] = [z,w]$

(iii) $\square(x,y,z,w) \Rightarrow [x,z] = [y,w]$

Die gegenüberliegenden Seiten eines Parallelogrammes sind gleich lang.

(iv) $\Delta(x,y,z) \simeq \Delta(u,w,v) \Rightarrow [x,y] = [w,u]$

Sind zwei Dreiecke kongruent, so sind die Hypotenusen gleich lang.

(v) $[x,z] = [u,w] \wedge \angle(z,x,y) = \angle(w,u,v)$
$\wedge \angle(x,y,z) = \angle(u,v,w) \Rightarrow \Delta(x,y,z) \simeq \Delta(u,v,w)$

"Seite-Winkel-Winkel"-Satz

(vi) $[x,z] = [u,w] \wedge \angle(z,x,y) = \angle(w,u,v)$
$\wedge \angle(x,z,y) = \angle(u,w,v) \Rightarrow \Delta(x,y,z) \simeq \Delta(u,v,w)$
"Winkel-Seite-Winkel"-Satz

(vii) $[x,z] = [u,w] \wedge [z,y] = [w,v]$

$\wedge \; \sphericalangle (x,z,y) = \sphericalangle (u,w,v) \Rightarrow \Delta (x,y,z) \simeq \Delta (u,v,w)$

"Seite-Winkel-Seite"-Satz

(viii) $COL(x,y,w) \wedge COL(u,y,z) \Rightarrow \; \sphericalangle (w,y,z) = \sphericalangle (x,y,u)$

Scheitelwinkel sind gleich

DEFINITIONEN:

(i) $MPkt(x,[y,z]) \Rightarrow [y,x] = [x,z]$

FAKTEN: NIL

SYMMETRIEN: NIL

Als erstes berechnet das Programm mögliche Symmetrien. Im vorliegenden Fall sollte es (außer den Standardsymmetrien) bemerken, daß sich die Fragestellung unter den Transformationen ($A \leftrightarrow C$, $D \leftrightarrow B$) und ($A \leftrightarrow B$, $D \leftrightarrow C$) nicht ändert.

Danach werden die Hypothesen der zu zeigenden Aussage in die FAKTEN-Basis aufgenommen und die Definitionen darauf angewendet:

FAKTEN: $MPkt(E,[A,C])$

$MPkt(E,[D,B])$

$[A,E] = [E,C]$

$[D,E] = [E,B]$

Diese FAKTEN-Basis soll während der weiteren Berechnung dynamisch erweitert werden, falls sich neue Fakten aus dem Diagramm ergeben: z.B. wenn eine Hilfslinie gezogen wird oder neue Zusammenhänge entdeckt werden.

Die Erzeugung des UND-ODER-Baumes beginnt damit, daß die Wurzel mit der Konklusion des zu zeigenden Satzes beschriftet wird:

$[A,B] = [D,C]$

Diese Aussage kann mit den Konklusionen der Axiome (i) bis (iv) gematcht werden:

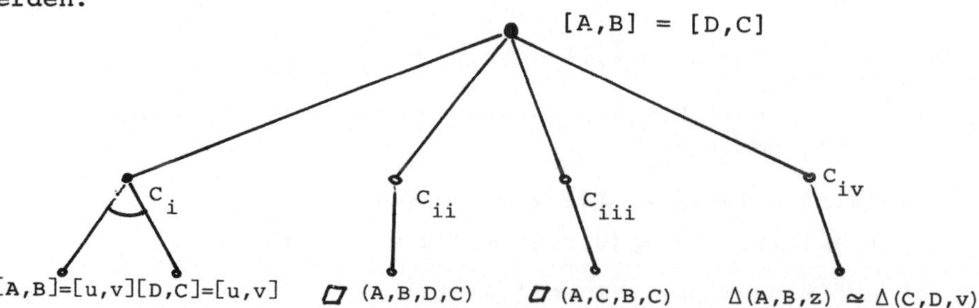

Bevor das Programm diese Knoten weiter expandiert, werden eine Reihe spezieller heuristischer Unterprogramme aufgerufen.

Heuristik1: Ist eine der Aussagen in dem Modell (d.h. dem Diagramm)
falsch?

Die von C_{ii} und C_{iii} ausgehenden Hypothesen sind falsch:
das Diagramm enthält kein Parallelogramm. Also werden die
beiden Zweige als unerfüllbar geschlossen und gelöscht.

Die Tatsache, daß kein Parallelogramm vorhanden ist, könnte ein weiteres heuristisches Unterprogramm verwenden und versuchen, die entsprechenden Hilfslinien zu ziehen. In diesem Fall würde das die Beweissu -
che jedoch unnötig verkomplizieren und wir wollen annehmen, daß dies
nicht geschehen ist.

Heuristik2: Enthält eine Aussage freie Variable? Wenn ja, ersetze diese durch alle möglichen Punkte aus dem Diagramm.

Damit ergeben sich die folgenden Kombinationen für den Knoten C_i:

(a) [A,B] = [A,B] ∧ [D,C] = [A,B]

(b) [A,B] = [A,C] ∧ [D,C] = [A,C]

(c) [A,B] = [A,D] ∧ [D,C] = [A,D]

(d) [A,B] = [A,E] ∧ [D,C] = [A,E]

(e) [A,B] = [B,C] ∧ [D,C] = [B,C]

(f) [A,B] = [B,D] ∧ [D,C] = [B,D]

(g) [A,B] = [B,E] ∧ [D,C] = [B,E]

(h) [A,B] = [C,D] ∧ [D,C] = [C,D]

(i) [A,B] = [C,E] ∧ [D,C] = [C,E]

(j) [A,B] = [C,E] ∧ [D,C] = [D,E]

Mit Hilfe von Heuristik1 scheiden die Fälle (c), und (e) sofort aus:
(b), (d), (f), (g), (i) und (j) werden ebenfalls aufgrund von Heuristik1
geschlossen, weil die Berechnung der Streckenlänge zeigt, daß die Gleichungen in dem Modell falsch sind: dies hängt natürlich von den zufälli-
gen Werten des Diagrammes ab (daher *Heuristik*).
Damit bleiben die Fälle (a) und (h).

Heuristik3: Gewisse Knoten mit 'einfachen' Aussagen werden durch spezielle Prozeduren sofort berechnet und als *erfüllt* bzw.
unerfüllbar geschlossen.

Beide Fälle (a) und (h) enthalten triviale Gleichungen [A,B] = [A,B] und
[D,C] = [C,D]. Unter Ausnutzung der Symmetrie der Gleichheit werden beide Zweige sofort als erfüllt geschlossen.

Heuristik4: Knoten, die mit syntaktisch gleichen Aussagen beschriftet
sind, werden nur einmal berechnet (also ein Knoten vor-
läufig geschlossen).

Die mit Hilfe von Heuristik3 reduzierten Aussagen (a)' und (h)' s'ind
gleich, also bleibt insgesamt nur ein offener Zweig mit dem Knoten:

$$(a)' \quad [D,C] = [A,B]$$

Heuristik5: Ein Zweig,der zwei Knoten enthält, die mit derselben Aussage beschriftet sind, führt zu einem zirkularen Argument
und wird als unerfüllbar geschlossen.

Damit wird der ganze von C_i ausgehende Unterbaum als unerfüllbar geschlossen, denn die Aussage (a)' ist mit der Aussage an der Wurzel
gleich und es bleibt der Restbaum:

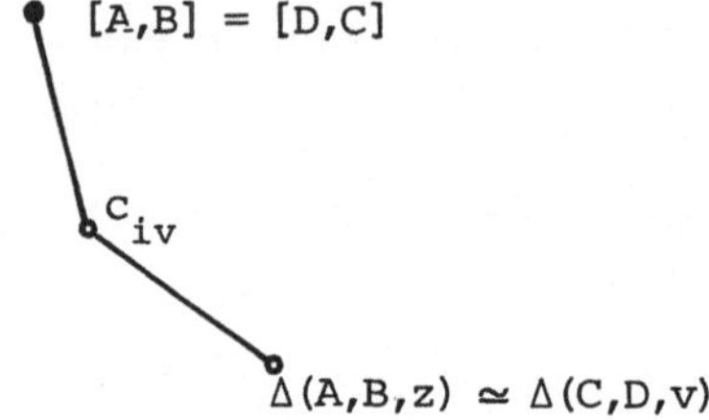

Mit Hilfe von Heuristik2 werden alle Einsetzungen für die freien Variablen z und v gefunden, die bis auf eine Aussage:

$$\Delta(A,B,E) \simeq \Delta(C,D,E)$$

alle gelöscht werden können (aufgrund von Heuristik1). Damit ist der
erste Durchgang abgeschlossen und das Programm beginnt von neuem,die
verbliebenen Knoten zu expandieren.

Im vorliegenden Fall können Axiome (v), (vi) und (vii) mit C_{iv} gematcht
werden und der UND-ODER-Baum wird zu

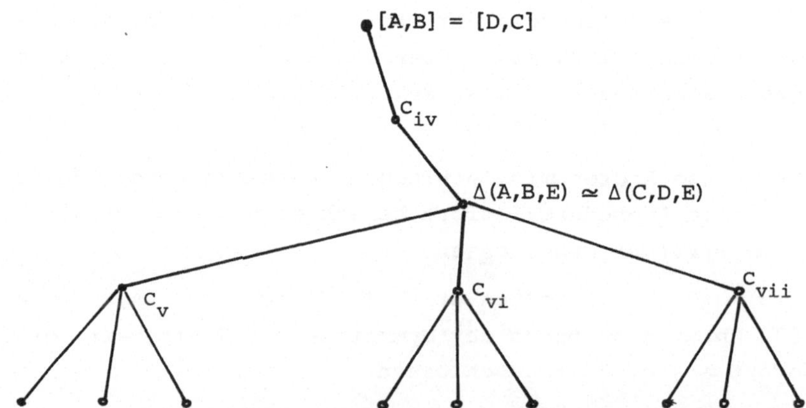

Heuristik6: Knoten werden gewichtet, so daß Erfolg versprechende Hypothesen zuerst abgearbeitet werden.

Beispielsweise kann ein Gewichtungspolynom für die Knoten die Tatsache
ausdrücken, daß die Gleichheit von Strecken leichter zu zeigen ist, als

die Gleichheit von Winkeln oder die Kongruenz von Dreiecken. In diesem
Fall würde C_{vii} ein höheres Gewicht bekommen als C_v und C_{vi} und deshalb
zuerst weiter bearbeitet werden.

Von den drei UND-Zweigen lassen sich die ersten beiden sofort mit Hilfe
der FAKTEN-Basis als erfüllt schließen. Die Aussage an dem dritten
Zweig matcht (viii) und der Baum wird zu:

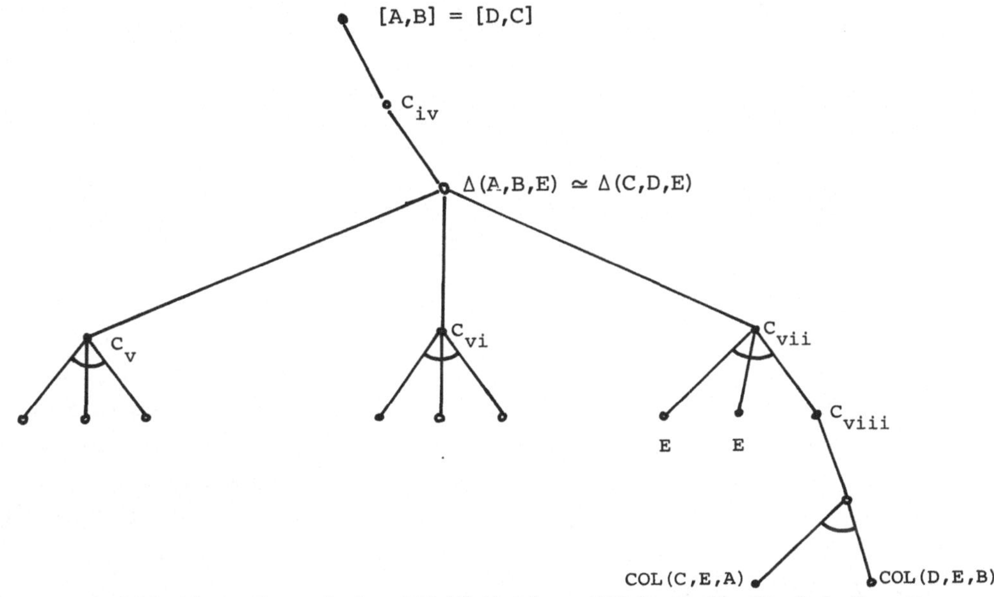

Mit der syntaktischen Symmetrie COL(C,E,A) = COL(A,E,C) findet das Programm beide Aussagen in dem Relationenteil des DIAGRAMMes und schließt
beide Zweige.

Es sollte dem Leser nicht schwerfallen, aus dem geschlossenen Teilbaum
den Beweis für [A,B] = [D,C] abzulesen: "Strecke [A,E] und [E,C] sind
gleich lang nach Voraussetzung. Ebenso ist nach Voraussetzung
[D,E] = [E,B].

Wegen des Scheitelsatzes ist der Winkel $\sphericalangle$(A,E,B) = $\sphericalangle$(D,E,C). Damit ist
der "S-W-S"-Satz anwendbar und $\Delta(A,B,E)$ ist kongruent mit dem Dreieck
$\Delta(C,D,E)$. In kongruenten Dreiecken sind die Hypotenusen gleich lang,
also folgt [A,B] = [D,E]. q.e.d."

3.4 *Historische und bibliographische Bemerkungen*

Der kritische Leser wird einwenden, daß ein solches Resultat nicht weiter überraschend sei, weil bereits alle notwendigen Schritte in der Datenbank enthalten seien. Dieser Einwand ist gerechtfertigt: die Datenbank wurde hier so aufgebaut,um ein möglichst überschaubares Beispiel
zu demonstrieren. Im allgemeinen wird die Datenbank zunächst nur ele-

mentare Aussagen, wie die Euklidschen Axiome, enthalten und alle weiteren Sätze darin werden erst von dem Programm bewiesen, ehe sie aufgenommen werden. Ein *gewisses, elementares Wissen muß* jedoch vorhanden sein: "Nothing can be explained to a stone" (J. McCarthy) und es ist nicht die Aufgabe *dieses* Programmes, zu klären, wie ein solches elementares Wissen (automatisch) erworben werden kann.

> *"This leads to the paradox that the*
> *more original a discovery the more*
> *obvious it seems afterwords. The creative*
> *act is not an act of creation in the*
> *sense of the Old Testament. It does not*
> *create something out of nothing; it*
> *uncovers selects, re-shuffles, combines*
> *and synthesizes already existing facts,*
> *faculties, skills. The more familiar the*
> *parts, the more striking the new hole."*
> *A. Koestler, 1967*

4. KREATIVITÄT

Vollzieht sich das *Beweisen* mathematischer Sachverhalte noch in einem zwar immens großen, jedoch fest definierten Suchraum und ist damit einer maschinellen Behandlung im Prinzip zugänglich, so erscheint das kreative *Finden* einer interessanten mathematischen Aussage maschinell völlig unmöglich: "Indeed you can build a machine to draw demonstrative conclusions for you, but I think you can never build a machine that will draw plausible inferences" (G. Polya, 1954).

Plausible Schlüsse (plausible inferences) zu ziehen - und nicht, wie im vorherigen Abschnitt die Unzahl legaler Schlüsse (legal inferences) zuzulassen - ist gerade die wesentliche Fähigkeit des folgenden Programmes, das, ausgehend von einfachen Mengenbegriffen und entsprechenden Heuristiken, die natürlichen Zahlen entdeckte und so fundamentale zahlentheoretische Sätze wie Goldbach's Vermutung und die Eindeutigkeit der Primzahlzerlegung gefunden hat.

Der Grundaufbau dieses Programmes ist relativ einfach: zunächst muß es ein gewisses elementares Wissen in Form von mathematischen Begriffen haben und ebenso Wissen über diese Begriffe (concepts) besitzen. In dem

Maße, wie sich das Programm neue mathematische Zusammenhänge und Sachverhalte erschließt, werden neue Begriffe gefunden und mit ständig wach-
sendem Wissen aufgefüllt. Diese den jeweiligen Kenntnisstand des Programmes repräsentierende Information wird in einem festen Format in
einer Datenbasis BEGRIFFE abgespeichert.

Als nächstes müssen die heuristischen Verfahren gefunden und codiert
werden, die die kreative Suche nach neuen Konzepten und mathematischen
Zusammenhängen ermöglichen. Diese sind als HEURISTIKEN in einem zu be-
sprechenden Format codiert. Und schließlich muß das Programm wissen,
welche der unzähligen möglichen Aufgaben es als nächstes in Angriff
nehmen soll: dieser Kontrollfluß wird durch eine AGENDA geregelt, in
der alle derzeitig erfolgversprechenden Entdeckungsmöglichkeiten und
Aufgaben aufgelistet werden. Diese Aufgaben (tasks) werden dynamisch
gewichtet und die Aufgabe mit dem höchsten Gewicht wird als nächstes
abgearbeitet. Im Laufe dieser Abarbeitung kann sich herausstellen, daß
eine Aufgabe, der bisher wenig Beachtung geschenkt wurde (niedriges Gewicht), eine größere Bedeutung zukommt, als bisher angenommen wurde
und entsprechend wird deren Gewicht heraufgesetzt und dann vordringlich
erledigt:

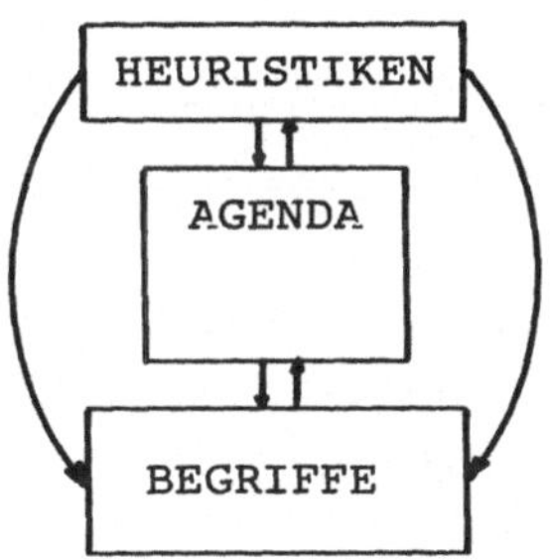

4.1 *Begriffe*

Das *faktische* mathematische Wissen des Programmes ist in der Datenbasis
BEGRIFFE enthalten. Diese Begriffe sind jeweils in einem festen Format
(frames, units) abgespeichert und enthalten alles, was das Programm über
ein bestimmtes mathematisches Konzept weiß. Das folgende Beispiel zeigt
eine solche *Wissenseinheit* (unit) für den Begriff der Primzahlen, alles
Wissen über diesen Begriff ist in den fest vorgegebenen Facetten (facets,
slots) eingetragen.

Die Definitionsfacette besteht aus drei Unterfacetten: die QUELLE gibt
an, wie - beziehungsweise in welchem Zusammenhang - das Programm diesen
Begriff entdeckt hat. PK1 gibt eine prädikatenlogische Definition des
Begriffes und PROGRAMM enthält ein Programmstück, das es gestattet, aus-
zurechnen, ob eine Zahl prim ist.

```
            NAME:        Primzahlen
DEFINITION:

        QUELLE:         Anzahl-der-Teiler(x) = 2

        PK1:            Prim(x) ≡ ∀z(z|x ⇒ z = 1 v z = x)

        PROGRAMM:       (x>1): for i=2 to sqrt(x), ¬(i|x)

BEISPIELE:          2,3,5,7,11,13,17

   SCHRANKE:            2,3

   GEGENBEISPIELE:      12

   SCHRANKE GB:         0,1

GENERALISIERUNG:        Zahlen; Zahlen mit gerader Teilerzahl;
                        Zahlen mit einer primen Teilerzahl

SPEZIALISIERUNGEN:      ungerade Primzahlen; Primpaare; eindeutig
                        zerlegbar in Summanden

BEHAUPTUNGEN:           Eindeutige Faktorisierung; Goldbach's Vermutung;
                        Extremwert von Anzahl-der-Teiler

ANALOGIEN:              Maximal zerlegbare Zahlen sind entgegengesetzte
                        Extremwerte von Anzahl-der-Teiler

INTERESSE:              Behauptungen über Primzahlen und Multiplikationen;
                        Behauptungen über Primzahlen und Teiler

WERT:                   800
```

Wichtig ist die Facette BEISPIELE, die ebenfalls Gegenbeispiele und auch
Grenzfälle (SCHRANKEN) enthält.

Die gesamten, dem Programm bekannten Begriffe sind in einer Hierarchie
von Unter- und Oberbegriffen geordnet. Zum Beispiel:

```
                        Zahlen
                       ╱      ╲
                      ↙        ↘
             reelle Zahlen      komplexe Zahlen
                 ↓
             ganze Zahlen
                 ↓
             natürliche Zahlen
```

Die Hierarchie aller Begriffe wird jedoch nicht explizit gespeichert,
sondern ist implizit in den Verweisen auf die jeweiligen SPEZIALISIERUN-
GEN bzw. GENERALISIERUNGEN enthalten.

Die Facette BEHAUPTUNGEN enthält alle bisher im Zusammenhang mit Primzahlen aufgestellten Hypothesen. Das INTERESSE speichert die Information,
aus der letztlich der numerische WERT dieses Begriffes berechnet wird:
die Zahl zwischen 0 und 1000 drückt das Gewicht aus, das das Programm
diesem Begriff (hier Primzahlen) gibt. Der WERT ist in diesem Fall relativ hoch, weil Primzahlen als Extremwerte gefunden wurden (s. unten)

und in verschiedenen Zusammenhängen aufgetaucht sind.

Das obige Beispiel enthält nur einen Teil der etwa zwanzig möglichen
Facetten. Die Aufgabe des Programmes besteht nun darin einmal

    (i) neue, aus heuristischen Gründen für "interessant" erachtete
        Begriffe zu finden und dafür die obige Datenstruktur anzule-
        gen und dann

    (ii) Einträge für die noch nicht ausgefüllten Facetten zu berech-
        nen.

4.2 *Agenda*

Um zu verhindern, daß sich das Programm in nebensächlichen Teilberech-
nungen verliert, ist jeder Aufgabe ein LIMIT zugeordnet, das aus dem
jeweiligen WERT berechnet wird. Dieses LIMIT gibt an, wieviel Zeit
(cpu-Sekunden) und Platz (LISP-Zellen) maximal für die Erledigung einer
speziellen Aufgabe zulässig sind.

Selbst mit dieser Festlegung ist ein sinnvoller, *zielgerichteter* Pro-
grammablauf noch nicht gewährleistet: es gibt zu jedem Zeitpunkt einige hunderttausend mögliche Aufgaben und ohne zusätzliche Mechanismen
würde sich das Programm - selbst rapiden Fortschritt in der Entwicklung
neuer Computer vorausgesetzt - hoffnungslos darin verlieren. Die ganze
Kunst des Programmes besteht daher darin, aus dieser unüberschaubaren
Fülle möglicher Aufgaben die plausiblen, erfolgversprechenden Aufgaben
herauszufinden. Diese Aufgaben (im Durchschnitt einige hundert) werden
in der AGENDA aufgelistet und nach ihrem Prioritäts-WERT abgearbeitet:
während eine einzelne Aufgabe berechnet wird, können sich neue Teilaufgaben ergeben, die dann ebenfalls in die AGENDA geschrieben werden.
Ebenso können sich die Prioritäten der Aufgabenliste im 'Lichte neuer
Erfahrungen' drastisch ändern, wie das Beispiel eines erfolgreichen
Ablaufes unten zeigt.

Ehe das Funktionieren des gesamten Programmes an einem Beispiel demonstriert werden kann, sollen die umfangreichen heuristischen Programmteile vorgestellt werden, die das *operationale* mathematische Wissen enthalten und eine Rechenaktivität überhaupt erst ermöglichen.

4.3 *Heuristiken*

Die HEURISTIKEN bilden das eigentliche mathematische *Expertensystem* dieses Programmes und sind im folgenden Format codiert:

$$
\boxed{
\begin{array}{l}
\text{IF} \quad P_1 \text{ AND } P_2 \text{ AND } \dots \text{ AND } P_n \\
\text{THENDO:} \quad \text{PROGRAMM}
\end{array}
}
$$

Das heißt, wenn die Prädikate P_1 bis P_n, die im allgemeinen etwas über die gegenwärtige Situation aussagen, *wahr* sind, dann wird das PROGRAMM ausgeführt.

Zum Beispiel:

```
IF     die gegenwärtige Aufgabe ist BEISPIELE des
       Begriffes X zu prüfen
AND    Y ist eine GENERALISIERUNG von X
AND    Y hat wenigstens 10 BEISPIELE
AND    alle BEISPIELE von Y sind auch BEISPIELE für X

THENDO (i)   Drucke die Behauptung: "X ist keine wirkliche
             Spezialisierung von Y"
       (ii)  Füge diese Behauptung in die BEISPIEL-Facette
             des Begriffes 'Behauptungen' ein
       (iii) Nimm die folgende Aufgabe in die AGENDA auf:
```

$$\begin{array}{ll}
\text{"Prüfe} & \text{BEISPIELE für Y"} \\[4pt]
\text{GRUND :} & \text{'Weil Y keine echte Generalisierung von X war,} \\
& \text{ist eine der GENERALISIERUNGEN vielleicht auch} \\
& \text{keine echte Generalisierung'} \\[4pt]
\text{WERT:} & \frac{1}{3}[\ \|\ \text{BEISPIELE(GENERALISIERUNGEN(Y))}\ \|\ + \\
& \|\ \text{BEISPIELE(Y)}\ \|\ +\ \text{WERT(gegenwärtige Aufgaben)}\,]
\end{array}$$

Die Prädikate sind also selbst kleine (LISP-)Programme, die möglichst einfache Berechnungen ausführen, keine Seiteneffekte haben dürfen und als Wert *wahr* oder *falsch* annehmen. Das PROGRAMM besteht aus einer Sequenz von einzelnen Aktionen, die entweder

   (i) Behauptungen (conjectures) generieren oder
  (ii) neue Begriffe (concepts) generieren oder
 (iii) Einträge für die Facetten eines Begriffes generieren
       und in die AGENDA einfügen.

4.3.1 *Heuristiken, die neue Aufgaben generieren*

Wenn eine Heuristik eine neue Aufgabe vorschlägt, dann muß sie sicherstellen, daß diese Aufgabe ausgeführt werden kann (z.B. durch Bereitstellen geeigneter weiterer heuristischer Regeln). Ebenso soll sie den GRUND für diese neue Aufgabe angeben und diesen entsprechend evaluieren, d.h. einen WERT berechnen.

Zum Beispiel:

<table>
<tr><td>IF</td><td>Die gegenwärtige Aufgabe bestand darin, BEISPIELE für X zu generieren</td></tr>
<tr><td>AND</td><td>X ist ein Prädikat</td></tr>
<tr><td>AND</td><td>es gibt mindestens 100 Beispiele im Definitionsbereich von X</td></tr>
<tr><td>AND</td><td>wenigstens 10 cpu-sec lang wurden für X Werte eingesetzt</td></tr>
<tr><td>AND</td><td>0 < [Erfolgreiche Versuche/Misserfolge] $\leq$ 0.5</td></tr>
<tr><td>THENDO</td><td>Nimm die folgende Aufgabe in die AGENDA auf:</td></tr>
</table>

> "FÜLLE die Facette GENERALISIERUNG von X"
> GRUND: "X ist zu selten erfüllt, ein weniger spezielles
>   Prädikat ist möglicherweise interessanter"
> WERT: 3*[|| Gegenbeispiele || / || Beispiele ||]

Eine typische Anwendung dieser Heuristik ist die Generalisierung der Gleichheit: zunächst kannte das System nur die Gleichheit von Listen, die bei den bekannten BEISPIELEN zu selten erfüllt war und daher u.a. zur Gleichheit von Zahlen generalisiert wurde.

Der GRUND kann von dem System nicht direkt verarbeitet werden, sondern wird nur für den Benutzer am Bildschirm, der die Aktivitäten des Programmes verfolgen und beeinflussen kann, ausgedruckt. Die eigentliche, für das System relevante Information steckt also im WERT - und dies ist ein kontroverser Punkt aller KI-Programme, deren Ablauf durch ein Gewichtungspolynom gesteuert werden: Einerseits steckt ein wesentlicher Teil der 'Intelligenz' des Programmes in der geschickten Auswahl einer plausiblen Aufgabe, der WERT dieser Aufgabe ist jedoch andererseits durch eine relativ informationsarme natürliche Zahl ausgedrückt und nicht durch den komplexen (natürlichsprachigen) GRUND. Die Beantwortung der Frage, ob eine solche Reduktion zulässig ist, hängt von dem jeweiligen Anwendungsfall ab. Solange es nur darum geht, zu entscheiden, ob eine bestimmte Aufgabe erfolgversprechender ist als eine andere Aufgabe, kann - bei geeigneter Wahl einer WERT-Funktion - eine solche Reduktion absolut ausreichend sein. Hängt die weitere Verarbeitung jedoch von den Inhalten des GRUNDes ab, ist sie es natürlich nicht.

Im allgemeinen wird mehr als ein GRUND für eine Aufgabe angegeben und dann wird ebenfalls durch ein relativ willkürliches Polynom ein Gesamt-WERT aus den einzelnen WERTen berechnet. Eine interessante Beobachtung, die durch die Erfahrungen mit anderen heuristischen Programmen bestätigt wurde und die die willkürliche Auswahl solcher Gewichtungspolynome teilweise rechtfertigt, ist die, daß das Verhalten des gesamten Systems sich kaum ändert, wenn andere Gewichtungsfaktoren genommen werden - solange diese immer noch die intendierte Charakteristik ausdrücken.

4.3.2 *Heuristiken, die neue Begriffe generieren*

Ein besonders interessanter Spezialfall oder ein Extremwert einer Funktion sind oft ein Hinweis auf ein wichtiges Konzept: ein Beispiel für das erstere ist die Art und Weise, wie das System Quadratzahlen entdeckt hat. Nachdem es die Multiplikation als interessanten Sonderfall der Addition entdeckt hat (a+a+a = 3*a) und dafür ein entsprechendes binäres Funktionszeichen, etwa f, eingeführt hatte, konnte eine Heuristik angewendet werden, die ausdrückt, daß es bei einer binären Operation $F(x,y)$ von Interesse ist, den Spezialfall $F(x,x)$ zu betrachten.

Ein Beispiel für die Wichtigkeit von Extremwerten liefert folgende Heuristik:

```
IF      Die gegenwärtige Aufgabe T bestand darin, BEISPIELE
        für F zu generieren
AND     F ist eine Abbildung von A nach B
AND     es gibt mindestens 100 Beispiele in der Menge A
AND     es wurden mindestens 10 Beispiele in B gefunden,
        die durch Anwendung von F auf Beispiele aus A
        hervorgegangen sind: a∈A  Fa = b, b∈B.
AND     mindestens eins dieser Beispiele    b∈B ist ein
        Extremwert   in B
THENDO  "erzeuge den neuen Begriff:
```

NAME:	F-Inverses-von-b
DEFINITION:	$\lambda x.\ Fx = b$
GENERALISIERUNG:	A
INTERESSE:	Behauptungen über F oder über F^{-1}
WERT:	$\frac{1}{5}$[WERT(A) + WERT(F) + WERT(B) + ‖ Beispiele(B) ‖]

GRUND:	Die Teilmenge aus A, die sich auf einen Extremwert b∈B F-abbilden läßt, ist eventuell interessant
LIMIT:	die verbleibende Zeitspanne von T der verbleibende Platz von T

Das LIMIT gibt an, daß zunächst nur die aus T noch übrigbleibenden Zeit-

und Platzquoten auf diesen neuen Begriff F-Inverses-von-b verwendet werden dürfen, zum Beispiel, um BEISPIELE oder sonstige leicht berechenbare Facetten auszufüllen.

Diese Heuristik wurde von dem System unter anderem verwendet, als es an der Aufgabe "Erzeuge BEISPIELE für den Begriff Teiler-von" arbeitete. Teiler-von(x) ist die Menge der Teiler von x; zum Beispiel: Teiler-von(12) = {1,2,3,4,6,12}, Teiler-von(1) = {1}. Die Heuristik(s.o.) *feuerte*, weil Teiler-von eine Abbildung von Zahlen in Mengen ist, mehr als 100 Zahlen zu dem Zeitpunkt bekannt waren, mindestens 10 verschiedene Bildmengen in dem vorgegebenen LIMIT gefunden wurden und mehrere dieser Mengen waren Extremwerte: z.B. die leere Menge, eine einelementige Menge, zweielementige Mengen usw. Die ersten beiden wurden wieder gelöscht, weil es nicht genug Beispiele gab (nämlich jeweils nur eins für 1 und O), jedoch die zweielementigen Mengen waren interessant und der folgende Begriff wurde erzeugt:

<table>
<tr><td>NAME:</td><td>Teiler-von-Inverses-von-zweielementiger Menge</td></tr>
<tr><td>DEFINITION:</td><td>λx. Teiler-von(x) = zweielementig</td></tr>
<tr><td>GENERALISIERUNG:</td><td>Zahlen</td></tr>
<tr><td>INTERESSE:</td><td>Behauptungen über Teiler-von oder über [Teiler-von]$^{-1}$ = Multiplikation</td></tr>
<tr><td>WERT:</td><td>100</td></tr>
</table>

"Teiler-von-Inverses-von-zweielementige-Menge" ist der Name einer Teilmenge der Zahlen, die uns unter dem Namen "Primzahlen" geläufiger ist.

4.3.3 *Heuristiken, die Facetten auffüllen*

Angenommen, der Begriff "Vereinigung" (zweier Mengen) ist neu generiert worden, und die gegenwärtige Aufgabe ist es, BEISPIELE für 'Vereinigung' zu finden. Aus der DEFINITION von Vereinigung ist ersichtlich, daß es eine Abbildung von Mengen × Mengen nach Mengen ist (siehe Abschnitt 4.1). Der Begriff Menge enthält bereits BEISPIELE. Also werden aus diesen Beispielen willkürlich einige herausgenommen, etwa {A}, {{},B}, daraus mit Hilfe des PROGRAMM-Teiles der DEFINITION die Vereinigungsmenge gebildet und der Ausdruck {A} × {{},B} → {A,{},B} in die BEISPIEL-Facette eingetragen.
Dieser Vorgang wird solange wiederholt, bis das LIMIT erschöpft ist.

4.3.4 *Heuristiken, die Behauptungen aufstellen*

Wenn das System einen ungewöhnlichen Zusammenhang entdeckt und sich dieser an genügend Beispielen - eventuell unter Ausschluß der SCHRANKEN -
bestätigen läßt, dann wird dieser Zusammenhang als *Behauptung* ausgedruckt und ebenso in die BEISPIEL-Facette des Begriffes 'Behauptungen'
eingetragen. Dieser Eintrag dient dazu, eine Behauptung, die sich im
Laufe der weiteren Rechnung als falsch herausstellt, zu überprüfen und
gegebenenfalls aus der BEISPIEL-Facette wieder zu löschen.

Die erste Heuristik im Abschnitt 4.3 liefert ein Beispiel. Diese Heuristik wurde u.a. aktiviert als das System den Begriff der ungeraden
Primzahlen entdeckt hatte: Y = 'Primzahlen' sind eine Generalisierung
der 'ungeraden Primzahlen' = X; es waren mehr als 10 Primzahlen zu dem
Zeitpunkt bekannt, alle BEISPIELE von Primzahlen waren auch BEISPIELE
für ungerade Primzahlen (bis auf die Grenzfälle SCHRANKE). Also feuerte
die Heuristik und zeigte dem Benutzer am Bildschirm: "ungerade Primzahlen sind keine wirkliche Spezialisierung der Primzahlen". Mit anderen
Worten, es generierte das Theorem, daß bis auf 2 alle Primzahlen ungerade sind.

Behauptungen werden also immer dann gefunden und aufgestellt, wenn das
System gewisse Facetten auffüllt, vor allem die BEISPIEL-Facetten.

Eine der interessantesten Behauptungen des Systems war die Aussage, daß
sich Zahlen immer eindeutig in Primzahlen faktorisieren lassen - einer
der Hauptsätze der Zahlentheorie. Dieser Satz, der für das System natürlich nur eine Behauptung ist, denn ein automatischer Beweiser wurde
nicht verwendet, wurde folgendermaßen gefunden. Die Datenbank HEURISTI-
KEN enthält folgende Heuristik:

IF	die gegenwärtige Aufgabe ist BEISPIELE der Abbildung F zu prüfen
AND	F ist eine Abbildung von A nach B
AND	F hat wenigstens 10 BEISPIELE, sei $\langle a{\to}b\rangle$, $a \in A$, $b \in B$ ein solches Beispiel
AND	es gibt eine SPEZIALISIERUNG BB von B mit $b \in$ BB
AND	$\forall a$ Fa $\in$ BB bis auf die SCHRANKEn
THENDO	(i) Drucke die Behauptung: "F(a) ist immer BB und nicht einfach B"
	(ii) Füge diese Behauptung in die BEISPIEL-Facette des Begriffes Behauptung ein
	(iii) Ändere den WERTBEREICH des Begriffes F zu BB; also $A{\to}$BB statt $A{\to}$B.

Zu dem Zeitpunkt hatte das System den Begriff Primfaktoren entdeckt
(siehe den Testlauf unten *A79*). Der Wert von Primfaktoren(x)   ist die
Menge aller möglichen Primzahlzerlegungen von x, zum Beispiel Primfaktor (7) = {(7)}, Primfaktor (12) = {(2,2,3)}.

Die obige Heuristik feuerte, denn Primfaktoren ist eine Abbildung von
Zahlen (A) in Mengen (B), es waren mindestens zehn BEISPIELE von F bekannt, es gibt SPEZIALISIERUNGEN BB von B = Menge: zum Beispiel BB =
'einelementige Menge', BB = "zweielementige Menge' etc. Also druckte
das System die Behauptung 'Primfaktor (x)   ist immer eine einelementige Menge und nicht einfach eine Menge', d.h. die Primzahlzerlegung ist
eindeutig.

Eine interessante Beobachtung ist, daß dies nur *eine* der Möglichkeiten
war, diesen Fundamentalsatz zu entdecken: wäre die obige Heuristik gelöscht worden, hätte das System diesen Satz ebenfalls entdeckt. Beispielsweise dadurch, daß F nicht irgendeine Abbildung ist, sondern eine
Funktion mit *eindeutigem* Wert.

4.3.5 *Ein Testlauf*

Das System hat etwa 250 verschiedene heuristische Regeln in der
Datenbasis HEURISTIKEN und ca. 75 Grundbegriffe aus der elementaren Mengenlehre in der Datenbasis BEGRIFFE.

Mit diesem Grundwissen ausgestattet wird das System (für einige
cpu-Stunden) auf einen 'freien Kreativitätstrip' geschickt, der
- aus der Sicht des Benutzers - eine völlig unerwartete Wendung
nehmen kann. Das folgende Beispiel zeigt einen besonders erfolgreichen Ablauf. Es wird die jeweils aktive Aufgabe mit fortlaufen-
der Nummerierung gezeigt (z.B. *A65*), wie sie dem Benutzer am
Bildschirm erscheint. Die verwendeten Funktionen und Relationen
sind unten zusammengestellt; die ersten 64 Aufgaben wurden ebenso wie einige Zwischenaufgaben fortgelassen. Zum Beispiel wurden
die natürlichen Zahlen in A44 'entdeckt' und Mult als Begriff in
A57 eingeführt. Der volle Testlauf ist mit zusätzlichen Details
in [40] enthalten

A65 "Generiere BEISPIELE für den Begriff 'Teiler-von'"
      GRUND: (i) Bisher keine Beispiele für Teiler-von bekannt
                (ii) Die Multiplikation, die mit Teiler-von zusammen-
                hängt, hat gegenwärtig eine hohe Priorität.
ERGEBNIS: 1. 26 Beispiele in 9.2 cpu sec.

A66 "Betrachte Zahlen, die nur extrem wenig Teiler-von haben"

GRUND: (i) Extremwerte sind interessant

ERGEBNIS: 1. Beispiele mit null Teilern:
- ▶ in 4.0 cpu-sec keine Beispiele gefunden
- ▶ <u>Behauptung:</u> es gibt keine Zahlen mit 0 Teilern

2. Beispiele mit einem Teiler:
- ▶ in 4.0 cpu-sec ein Beispiel gefunden
- ▶ <u>Behauptung:</u> 1 ist die einzige Zahl mit einem Teiler

3. Beispiele mit zwei Teilern:
- ▶ in 4.0 cpu-sec 26 Beispiele gefunden
- ▶ <u>Neuer Begriff:</u> "Zahlen-mit-zwei-Teilern"

4. Beispiele mit drei Teilern:
- ▶ in 4.0 cpu-sec 11 Beispiele gefunden
- ▶ <u>Neuer Begriff:</u> "Zahlen-mit-drei-Teilern"
- ▶ <u>Behauptung:</u> "Zahlen-mit-drei-Teilern" sind Quadratzahlen

A67 "Betrachte die Wurzel aus "Zahlen-mit-drei-Teilern"
   GRUND: (i) Zahlen-mit-drei-Teilern sind unerwarteterweise
            Quadratzahlen

ERGEBNIS: 1. Die Wurzel aus Zahlen-mit-drei-Teilern ist immer eine
             Zahl-mit-zwei-Teilern
          2. Betrachte die Umkehrung: ist das Quadrat aller Zahlen-mit-
             zwei-Teilern eine Zahl-mit-drei-Teilern
             - ▶ Für alle bekannten Beispiele stimmt die Aussage und liegt
                 damit weit über einem zufälligen Zusammenhang. Daher:
          3. ▶ Erhöhe den WERT des Begriffes Teiler-von von 300 auf 400.
             - ▶ Erhöhe den WERT des Begriffes Zahl-mit-zwei-Teilern von
                 100 auf 600
             - ▶ Erhöhe den WERT des Begriffes Zahl-mit-drei-Teilern von
                 200 auf 700.

BENUTZER: "Nenne die Zahlen-mit-zwei-Teilern Primzahlen"

A68 "Betrachte das Quadrat von Zahlen-mit-drei-Teilern"
   GRUND: (i) Das Quadrat von Zahlen-mit-zwei-Teilern war interes-
            sant

⋮

*In den folgenden 10 Aufgaben hat das Programm nichts In-
teressantes gefunden, sondern wurde durch die hohen WERTE
in eine unergiebige Richtung gelenkt.*

A79 "Betrachte Mult^{-1}"
   GRUND: (i) Mult^{-1} hängt mit Teiler-von zusammen und das hat ge-
            genwärtig einen hohen WERT

(ii) Mult^{-1} hat viele BEISPIELE

ERGEBNIS: 1. in 2.O cpu-sec 13 Behauptungen aufgestellt

2. nur zwei dieser 13 Behauptungen ließen sich an den 26 bekannten BEISPIELEN von Mult^{-1} bestätigen:

3. Behauptung: Mult^{-1} enthält immer eine einelementige Menge, z.B. {12} ∈ Mult^{-1}(12) = {{12}, {2,6}, {2,2,3}, {3,4}}

4. Behauptung: Mult^{-1} enthält immer eine Multimenge mit Primzahlen
   z.B. {2,2,3} ∈ Mult^{-1}(12) = {{12}, {2,6}, {2,2,3}, {3,6}}

5. Neuer Begriff: Prim-Mult^{-1}. Dies ist eine Abbildung von Zahlen in Multimengen, die nur Primzahlen enthalten.

⋆A8O⋆ "Betrachte Prim-Mult^{-1}"

   GRUND: (i) Prim-Mult^{-1} wurde gerade erzeugt

   (ii) Prim-Mult^{-1} hängt mit Mult^{-1} zusammen

ERGEBNIS: 1. in O.6 cpu-sec 4 Behauptungen aufgestellt

2. nur eine dieser Behauptungen ließ sich für die 23 bekannten BEISPIELE von Prim-Mult^{-1} verifizieren:

3. Behauptung: Prim-Mult^{-1} ist immer eine *einelementige* Multimenge

4. Die Behauptung ist falsch für die SCHRANKEN O und 1

5. Neue Behauptung: Prim-Multi^{-1}(x) ist immer eine einelementige Multimenge für x>1.

BENUTZER: "Nenne diese Behauptung die eindeutige Primzahlzerlegung"

   •
   •   *In den folgenden 3 Aufgaben wird das System durch die-*
   •   *se erfolgreiche Entdeckung in die Irre geleitet und*
          versucht Zahlen eindeutig in zwei Summanden aus Prim-
          zahlen zu zerlegen.

⋆A84⋆ "Betrachte ADD^{-1}"

   GRUND: (i) ADD^{-1} ist analog zu Mult^{-1} und das hat zur Zeit einen hohen WERT

   (ii) es gibt viele BEISPIELE für ADD^{-1}

ERGEBNIS: 1. in 3.9 cpu-sec 17 Behauptungen aufgestellt, davon 6 falsch

2. Behauptung: ADD^{-1} enthält nie eine einelementige Multimenge

3. Behauptung: ADD^{-1} enthält immer eine zweielementige Multimenge; z.B. ADD^{-1}(6) enthält {1,5}, {2,4}, {3,3}.

4. Neuer Begriff: Paar-ADD^{-1}. Dies ist eine Abbildung von Zahlen in zweielementige Multimengen,

$$\text{z.B. Paar-ADD}^{-1}(12) = \{\{1,11\}, \{2,10\},$$
$$\{3,9\}, \{4,8\}, \{5,7\}, \{6,6\}\}$$

5. <u>Behauptung:</u> ADD^{-1} enthält immer eine Multimenge, die nur aus 1-en besteht.

    •
    •
    •

12. <u>Behauptung:</u> Paar-ADD^{-1} enthält immer (bis auf wenige Aus- nahmen) ein Paar aus Primzahlen

13. <u>Neuer Begriff:</u> Prim-Paar. Dies ist eine Abbildung von Zah- len in zweielementige Multimengen aus Primzah- len ,

$$\text{z.B. Prim-Paar}(12) = \{\{5,7\}\}$$

    •
    •
    •

A106 "Betrachte die Menge der Zahlen, für die Prim-Paar einen nicht- leeren Wert hat"

GRUND: (i) Prim-Paar hat oft einen nichtleeren Wert

(ii) WARNUNG: AGENDA-WERTE $\leq$ 200!!

ERGEBNIS: 1. <u>Neuer Begriff:</u> Prim-Addierbar. Dies ist die Menge der Zah- len, die sich als zwei Primzahlsummanden dar- stellen lassen,

z.B. 4, 5, 6, 7, 8, 9, 10, ...

Beobachtung: alle geraden Zahlen sind in die- ser Menge

2. <u>Behauptung:</u> Alle geraden Zahlen sind prim-addierbar.

Beobachtung: falsch für die Grenzwerte 0,2

3. <u>Behauptung:</u> Alle geraden Zahlen ≥ 2 sind prim-addierbar.

BENUTZER: "Nenne diese Behauptung Goldbach's Vermutung"

<u>Verwendete Begriffe:</u>

Teiler-von (x) ist die Menge der Teiler von x; z.B. Teiler-von (12) = $\{1,2,3,4,6,10\}$

$\text{Mult}(\{a_1,a_2,\ldots,a_n\}) = a_1 \ast a_2 \ast \ldots \ast a_n$

$\text{Mult}^{-1}(x)$ ist die Menge der Multimengen aller Faktoren von x ohne die 1, z.B. $\text{Mult}^{-1}(12) = \{\{12\},\{2,6\},\{2,2,3\},\{3,4\}\}$

$$ADD(\{a_1, a_2, \ldots, a_n\}) = a_1 + a_2 + \ldots a_n$$

$ADD^{-1}(x)$ ist die Menge der Multimengen aller Summanden von x. Eine Multimenge ist eine Menge, in der Elemente mehrfach vorkommen dürfen; z.B. $\{a,a,b\} \neq \{a,b\}$ als Multimenge, während

$$\{a,b\} = \{a,a,b\} \text{ als Menge.}$$

Dieses Protokoll ist insofern 'geschönt', als es sich nicht an die exakte Syntax des Systems hält und so leichter lesbar ist. Der Appendix [40] enthält eine genauere Darstellung.

So faszinierend das obige Protokoll insbesondere für den mathematisch vorgebildeten Leser sein mag, ein Missverständnis drängt sich auf: die GRÜNDE für die Aufstellung einer Behauptung und deren WERT berechnen sich aus rein technischen Beobachtungen und *nicht* aus fundierter mathematischer Einsicht. Beispielsweise ist die Behauptung der eindeutigen Primzahlzerlegung *eine* unter hunderten von Behauptungen, die während dieses Testlaufes aufgestellt. wurden, und das Programm hat natürlich keinerlei Möglichkeiten, den fundamentalen Charakter dieser Behauptung zu erkennen, weil ihm - im Gegensatz zu dem mathematisch vorgebildeten Leser - der Hintergrund einer mathematischen Theorie fehlt, in der dieser Satz erst seine Bedeutung bekommt.

Trotz dieser, beim heutigen Kenntnisstand nicht behebbaren, Schwäche ist das System sicherlich eine der faszinierendsten wissenschaftlichen Entwicklungen. unserer Zeit.

> *It is not the function of*
> *scientific descriptions to*
> *give the taste of the soup.*
> *A. Einstein*

5. IDEOLOGIEMASCHINEN

Die Nachricht über die Zerstörung eines Vietcongdorfes im Vietnamkrieg würde - trotz gleichlautender Information und gleicher Fakten - von einem Vertreter der amerikanischen Ultrarechten völlig anders aufgenommen und verarbeitet als beispielsweise von einem Kommunisten und beide würden mit aller Wahrscheinlichkeit eine total verschiedene Zusammenfassung einer entsprechenden Nachrichtensendung geben.

Ein Christ beispielsweise wird die täglich auf ihn einstürzenden Informationen nach Gesetzmäßigkeiten auswählen und bewerten, wie es auch für andere Christen typisch ist, während ein psychisch kranker Mensch eine für seine Krankheit spezifische Selektion und Verarbeitung von Informationen erkennen läßt. In keinem Fall werden Informationen irgendwie "wertfrei" oder "objektiv" verarbeitet und gespeichert.

Kann ein Computerprogramm diese für Menschen typische Informationsverarbeitung nachvollziehen?

Wie kann ein solches als *Überzeugungssystem* (belief system) bezeichnetes Programm getestet werden, um die Adäquatheit der Modellbildung zu belegen?

5.1 *Paranoia*

Während das sprachliche Verhalten eines von politischen oder religiösen Überzeugungen dominierten Menschen selbst in sehr extremer Ausprägung nur schwer zu klassifizieren ist, gilt dies für manche psychopathologischen Überzeugungen nicht: die schriftlichen Protokolle eines Psychiaters mit einem unter Verfolgungswahn (Paranoia) leidenden Patienten werden mit achtzig- bis neunzigprozentiger Sicherheit [32] als die eines Paranoiden klassifiziert und selbst über den Grad der Krankheit wird ein ungewöhnlich hohes Maß an Übereinstimmung erzielt.

Obwohl es über die Paranoia sehr verschiedene Theorien ohne einen Konsens gibt [33], sind deren Symptome jedoch relativ eindeutig: Ein unter Verfolgungswahn leidender Mensch verhält sich einem Spion in einem feindlichen Land nicht unähnlich: er ist extrem wachsam und *argwöhnisch* und

vermutet hinter jeder Bemerkung einen Angriff, einen geheimen Plan, den
es aufzudecken gilt oder eine Böswilligkeit. Institutionen und Menschen
stehen ihm prinzipiell feindlich gegenüber und ihre scheinbare Freund-
lichkeit gilt es zu demaskieren, um so ihre wahren Pläne zu erfahren.
Ein Gespräch ist gekennzeichnet durch den zwanghaften Wunsch, einerseits
die eigentlichen Wahnvorstellungen mitzuteilen, jedoch andererseits immer auf der Hut zu sein, ob der Gesprächspartner nicht selbst Teil der
verfolgenden Mächte ist oder mit diesen im Bunde steht. Diese Haltung
führt zu einer *Hypersensibilität* und *Furchtsamkeit*, die sehr leicht in
feindliches und aggressives Verhalten umschlagen kann.

Die täglichen Ereignisse werden von dem Kranken in übertriebener *Selbst-
bezogenheit* auf die eigenen Wahnvorstellungen hin interpretiert (Radio-
sendungen oder Zeitungen z. B. enthalten geheime Botschaften) und alle
Vorkommnisse, die die Wahnvorstellungen unterstützen und glaubwürdig
machen, werden pedantisch gesammelt und zu einer scheinbar folgerichti-
gen Argumentation und Begründung verarbeitet. Gespräche mit einem paranoiden Patienten sind je nach dem Krankheitsgrad durch dessen ungewöhn-
liche *Rigidität* und eine extreme Eingleisigkeit gekennzeichnet.

Ein typischer Fall ist Parry: er ist ein achtundzwanzigjähriger Junggeselle, der in
einem New Yorker Warenhaus arbeitet. Er lebt allein, besucht selten seine Eltern und
hat keine weiteren Verwandten. Im Gespräch reagiert er sehr empfindlich auf seine
Religiosität, seinen Ausbildungs- und Bildungsmangel und auf Sexualität.

Sein Hobby sind Pferdewetten; vor einigen Monaten hatte er jedoch Streit im Wettbüro,
weil er behauptete, eine gewonnene Wette sei ihm nicht korrekt ausbezahlt worden.
Später kam ihm der Gedanke, daß die Wettbüros von der Mafia kontrolliert seien und
daß der durch den Streit verärgerte Angestellte ihn an die Unterwelt verraten haben
könnte. Dieser Gedanke verdichtete sich zu einem so starken Verfolgungswahn, daß er
aus Angst vor der Mafia und der Unterwelt Schutz suchte und sich schließlich in eine
psychiatrische Anstalt einweisen ließ.

Um das rein linguistische Verhalten eines Patienten zu untersuchen und
alle sonstigen Einflüsse auszuschalten, werden die Gespräche häufig
transkribiert oder gleich schriftlich über eine Computerkonsole geführt
und erst dann diagnostiziert. In diesen Fällen steigt die Sicherheit
der Diagnose auf über 95 %. Die folgenden beiden Dialoge sind Ausschnit-
te aus einer Reihe von Gesprächen mit PARRY [34]:

DOKTOR: Erzählen Sie mir etwas über sich selbst.
PARRY: Vor einiger Zeit bin ich zum Pferderennen in Bay Meadows ge-
gangen.
DOKTOR: Und was passierte dort?
PARRY: Da gibt es 'ne Menge getürkte Pferdewetten.
DOKTOR: Warum meinen Sie, daß die Wetten unehrlich sind?
PARRY: Ich habe schon immer geglaubt, daß Verbrecherbanden zu viel
Macht in unserem Land haben.
DOKTOR: Haben Sie noch andere Befürchtungen?
PARRY: Ich dachte, ich hätte Ihnen schon gesagt, daß mir die Leute
auf die Nerven gehen.
DOKTOR: Wie gefällt es Ihnen hier im Krankenhaus?
PARRY: Ich rede wenig mit den anderen.
DOKTOR: Gehen Ihnen die Leute im Krankenhaus auf die Nerven?
PARRY: Ich hätte hier nicht herkommen sollen.
DOKTOR: Wieso hätten Sie nicht hierher kommen sollen?
PARRY: Ich wurde gezwungen, hierherzukommen.
DOKTOR: Vielen Dank für das Gespräch, auf Wiedersehen.
PARRY: Auf Wiedersehen.

Auf einer Skala von O (nicht paranoid) bis 9 (stark paranoid) wurde
PARRY aufgrund des obigen und anderer Gesprächsprotokolle von Experten
übereinstimmend mit 3 eingestuft.

Ein typisches Beispiel für spätere Gesprächsprotokolle ist der folgende
Dialog:

DOKTOR: Wieso sind Sie hier im Krankenhaus?
PARRY: Ich bin sehr verwirrt und durcheinander.
DOKTOR: Wie lange sind Sie nun im Krankenhaus?
PARRY: Ungefähr eine Woche.
DOKTOR: Inwiefern sind Sie verwirrt?
PARRY: Die Leute machen mich nervös.
DOKTOR: Wieso, auf welche Weise, machen sie Sie nervös?
PARRY: Die Leute sehen mich manchmal so merkwürdig an.
DOKTOR: Haben diese Leute etwas Besonderes?
PARRY: Nur gewisse Leute.
DOKTOR: Wer sind diese 'gewissen Leute' und was machen sie?
PARRY: Wissen Sie, wie die Unterwelt funktioniert?
DOKTOR: Was meinen Sie damit?
PARRY: Sollte ich nicht?
DOKTOR: Warum haben Sie mich nach der Unterwelt gefragt?

PARRY: Haben Sie Informationen über die Unterwelt?

DOKTOR: Ich weiß nichts über die Unterwelt, aber als Sie die Unter-
        welt erwähnten, dachte ich, daß Sie mit denen etwas zu tun
        haben müßten. Darüber würde ich gern mehr wissen.

PARRY: Ich versuche die Unterwelt zu meiden.

DOKTOR: Haben Sie versucht, etwas zu unternehmen, um die Unterwelt
        zu meiden?

PARRY: Niemand hat Macht über die Verbrecherbanden.

DOKTOR: Wer hat Sie in das Krankenhaus gebracht?

PARRY: Die Polizei.

DOKTOR: Warum wurden Sie eingeliefert?

PARRY: Die Bullen machen ihre Arbeit nicht ordentlich.

DOKTOR: Na ja, ich hoffe, Sie haben sich nicht einfach nur hingelegt
        und sich reintragen lassen?

PARRY: Die Bullen verhaften die falschen Leute.

DOKTOR: Auf Wiedersehen.

PARRY: Auf Wiedersehen.

Aufgrund dieser späteren Gesprächsprotokolle wurde PARRY von Experten
mit 9 - also schwer paranoid - diagnostiziert.

Weder der Doktor noch die Experten wußten, daß PARRY ein Computerprogramm
ist, das die oben beschriebene Person simuliert und dessen Parameter von
schwach paranoid (3) bis zu stark paranoid (9) eingestellt werden können.

5.2 *Das Five-o'clock-tea -Syndrom*

Die sprachverarbeitende Komponente von PARRY versucht nicht, die Sätze
des DOKTORs wirklich zu verstehen, sondern simuliert ein Phänomen, das
sich besonders rein auf einer englischen "Five o'clock tea"-Party beobachten läßt und den mit den Spielregeln nicht vertrauten Gast sehr
rasch als tumben Ausländer zu entlarven pflegt: trotz stundenlanger an-
geregter Konversation käme kein standesbewußter Teilnehmer jemals auf
die Idee, einem Redepartner ernsthaft zuzuhören oder ihn zu verstehen
- was als sehr unfein gelten würde - sondern hält die Diskussion ausschließlich mit einer erstaunlichen Vielfalt von Redewendungen aufrecht,
wie "Oh, indeed", "I see", "That is most interesting" oder "Please tell
me more about XYZ".

Ein Computerprogramm, das es in dieser Fähigkeit ebenfalls zu einer erstaunlichen Meisterschaft brachte, wurde von J. Weizenbaum in den sechziger Jahren entwickelt und als ELIZA bekannt [35].

ELIZA verhält sich wie ein Psychoanalytiker, der versucht - so neutral wie möglich - den Patienten zum Sprechen zu bringen. Wenn der Patient sagt: "Ich erinnere mich gern an Weihnachten bei meinen Eltern", dann antwortet ELIZA beispielsweise: "Denken Sie oft an Weihnachten bei Ihren Eltern?"

Dieses sprachliche Verhalten, das absolut nichts mit dem Verstehen der Sätze zu tun hat, wird durch eine geschickte Verwendung von *Schlüsselworten* erreicht. Jedem Schlüsselwort ist ein *Schema* zugeordnet, das mit dem Satz des Patienten gematcht wird. Ein mögliches Schema für das Verb 'erinnern' ist:

(5.2.1) $(X_1$ ICH ERINNERN AN $X_2)$

Jedem dieser Schemata sind eine Reihe von ANTWORTFIGUREN zugeordnet. Wenn dem Schema (5.2.1) die Antwortfigur

(5.2.2) (DENKEN SIE OFT AN X_2?)

zugeordnet ist, ergibt sich gerade das erwähnte Sprachverhalten: Der Satz "Ich erinnere mich gern an Weihnachten bei meinen Eltern" matcht (5.2.1) mit $X_1 \leftarrow$ NIL und $X_2 \leftarrow$ (WEIHNACHTEN BEI MEINEN ELTERN). Diese Einsetzungen werden in der Antwortfigur (5.2.2) vorgenommen und ebenso werden "ich, meiner, mir, mich etc." durch die entsprechenden Formen "Sie, Ihrer, Ihnen, Sie etc." ersetzt. Damit ergibt sich die Antwort: "Denken Sie oft an Weihnachten bei Ihren Eltern?"

Einem Schlüsselwort können mehrere Schemata zugeordnet sein, und ebenso sind jedem Schema   im allgemeinen mehrere Antwortfiguren zugeornet [36]. Zum Beispiel:

SCHLÜSSELWORT:	erinnern an
SCHEMA 1:	X_1 ICH ERINNERN AN X_2)
ANT-FIGUR 1.1:	(DENKEN SIE OFT AN X_2)
ANT-FIGUR 1.2:	(AN WAS ERINNERN SIE SICH NOCH WENN SIE AN X_2 DENKEN?)
ANT-FIGUR 1.3:	(WARUM DENKEN SIE GERADE JETZT AN X_2?)
ANT-FIGUR 1.4:	(WAS IST IN IHRER JETZIGEN SITUATION MIT X_2 VERGLEICHBAR?)
ANT-FIGUR 1.5:	(WAS HAT UNSER GESPRÄCH MIT X_2 ZU TUN?)

SCHLÜSSELWORT:	erinnern an
SCHEMA 2:	(ERINNERN SIE SICH AN X_3?)
ANT-FIGUR 2.1:	GLAUBEN SIE ICH KÖNNTE X_3 VERGESSEN?)
ANT-FIGUR 2.2:	(WARUM SOLL ICH MICH GERADE JETZT AN X_3 ERINNERN?)
ANT-FIGUR 2.3:	(WAS IST MIT X_3?)
ANT-FIGUR 2.4:	(SIE ERWÄHNEN X_3?)

Diese Schemata werden der Reihe nach abgeprüft und wenn ein Schema
passt, wird jeweils eine noch nicht gebrauchte Antwortfigur ausgewählt.
Außerdem gibt es noch eine Anzahl von ganz allgemeinen Antwortfiguren
für den Fall, daß kein Schlüsselwort und kein Schema passt. Zum Beispiel würde die Antwortfigur

$$(\text{SIE SAGEN } Y_1)$$

mit der Eingabe "Ich war sehr depressiv in den letzten Tagen" die Antwort "Sie sagen, Sie waren sehr depressiv in den letzten Tagen" generieren.

Ebenso speichert ELIZA alle bisherigen Eingaben zusammen mit dem erfolgreich gematchten Schema, um so auf bereits Gesagtes zurückgreifen
zu können. Wenn also kein Schema passt, kann das System beispielsweise
auf (5.2.2) zurückgreifen und mit der Antwortfigur

$$(\text{SIE SAGTEN BEREITS VORHIN, DASS } SY_1)$$

und der Substitution $SY_1 \leftarrow (\text{SIE OFT AN } X_2 \text{ DENKEN})$, wobei $X_2 \leftarrow (\text{WEIHNACHTEN}$
$\text{BEI MEINEN ELTERN})$ gemerkt wurde, den Antwortsatz generieren: "Sie sag-
ten bereits vorhin, daß Sie oft an Weihnachten bei Ihren Eltern denken".

Schlüsselworte können auch zu Klassen zusammengefaßt werden, und die
Schemata werden dann nach dem *Klassennamen* geordnet.

Werden zum Beispiel Vater, Mutter, Bruder und Schwester unter FAMILIE
zusammengefaßt, dann kann die Eingabe "Meine Mutter hat mich sehr viel
geschlagen" mit dem Schema $(Y_2 (\text{FAMILIE}) Y_3)$ zu der Antwort "Erzählen
Sie mir mehr über Ihre Familie" transformiert werden. Dabei matcht
(FAMILIE) jedes Schlüsselwort in der Klasse FAMILIE.

Die zu Klassen zusammengefaßten Schlüsselbegriffe werden auch benutzt,
um gewisse stereotype Antworten zu generieren. Beispielsweise ließen
sich alle einschlägigen Schlüsselbegriffe zu ÖBSZÖNITÄTEN zusammenfas-

sen, die dann bei erfolgreichem Match die stereotypen Antworten generieren: "Sie sollten nicht solche Dinge sagen" oder "So lasse ich nicht mit mir reden".

Die Schlüsselbegriffe können auch sehr allgemein sein:

SCHLÜSSELWORT:	wenn
SCHEMA 1	$(X_1$ WENN $X_2)$
ANT-FIGUR 1.1	(MEINEN SIE, DASS ES SEHR WAHRSCHEINLICH IST, DASS X_2?)

Damit können auch Sätze, die normalerweise nicht in einem solchen Gespräch vorkommen, von dem System aufgefangen werden. Die Eingabe "Sie würden ganz schön alt aussehen, wenn ich meinen Hund auf Sie hetzte" kann mit obigem Schema zu der Antwort: "Meinen Sie, daß es sehr wahrscheinlich ist, daß Sie Ihren Hund auf mich hetzen?" transformiert werden.

Insbesondere sind alle Schlüsselworte gewichtet, so daß bei mehr als einem erfolgreichen Match immer das psychologisch interessantere Schlüsselwort gewählt wird. Beispielsweise hat "Mutter" ein wesentlich höheres Gewicht als "wenn", und es dürfte nun nicht schwerfallen, sich vorzustellen, daß durch eine geschickte und reichhaltige Auswahl von Schlüsselworten und Antwortfiguren, ebenso wie durch eine entsprechende Gewichtung ein täuschend 'menschlicher' Dialog möglich ist.

ELIZA ist immer wieder neu, mit teilweise raffinierten Tricks, implementiert worden und die Performanz ist so verblüffend realistisch, daß selbst ein eingeweihter Benutzer bei diesen aufwendig reimplementierten Systemen große Mühe hätte, nachzuweisen, daß sie eigentlich gar nichts verstehen.

PARRYs sprachverarbeitende Komponenten arbeiten im wesentlichen nach dem hier beschriebenen Prinzip. Jedoch werden dem Dialog simulierte 'psychologische Zustände' zugrunde gelegt, die zusammen mit den Datenbasen, die die individuelle Geschichte des Angestellten Parry enthalten, das im vorigen Abschnitt beschriebene psychopathologische sprachliche Verhalten bewirken.

5.3 *PARRY*

Der von PARRY generierte Antwortsatz wird durch vier Faktoren bestimmt:

- den Eingabesatz des DOKTORs;
- den internen 'psychologischen' Zustand, d. h. den
  Wert der Variablen ANGST, ÄRGER und MISSTRAUEN;
- durch das, was bisher gesagt wurde und
- durch das, was das System als weitere Eingabe erwartet (z.B.
  daß das Gespräch beim Thema bleibt u.ä.).

Abgesehen von diesem Faktoren hängt das Sprachverhalten von dem in
PARRY hineincodierten individuellen Wissen ab, das den Angestellten
Parry auszeichnet. Dieses Wissen ist im wesentlichen in den entsprechend geordneten Antwortfiguren enthalten, die auf spezielle Tatbestände in Parrys Leben Bezug nehmen. Insbesondere sind diese Antwortfiguren nach den Zuständen der Variablen ÄRGER, ANGST und MISSTRAUEN
geordnet, so daß beispielsweise bei hohen ANGST- und ÄRGER-Werten völlig andere Antworten generiert werden, als bei niedrigen.

Außerdem besitzt PARRY eine Datenbasis der Wahnvorstellungen, die die
eigentliche paranoide Geschichte Parrys enthalten und über ein Netzwerk paranoid besetzter Schlüsselbegriffe angesteuert werden.

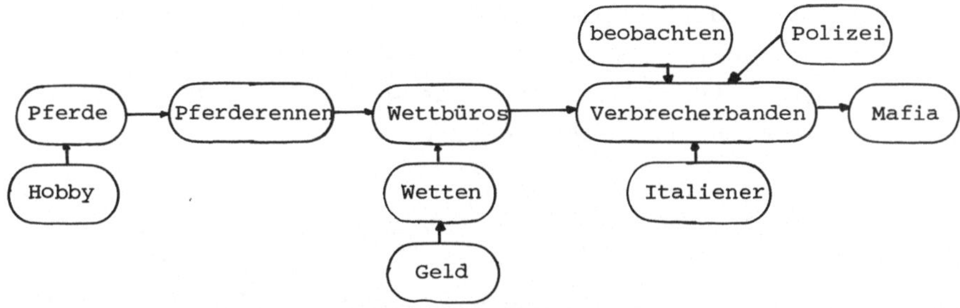

Sobald der Eingabesatz des DOKTORs abgeschlossen ist, stellt das System
zunächst fest, ob es sich um einen Fragesatz, einen Imperativ- oder
einen neutralen Aussagesatz handelt. Nach der Überführung in ein inter-
nes Format analysiert PARRY den Satz mit Hilfe gewisser Regeln, um herauszubekommen, ob sich eine wohlwollende freundliche Haltung des DOK-
TORs herauslesen läßt, oder eine feindselige, abwertende Haltung (die
natürlich eine Projektion sein kann).

Colby gibt als Beispiel folgende Regeln an:

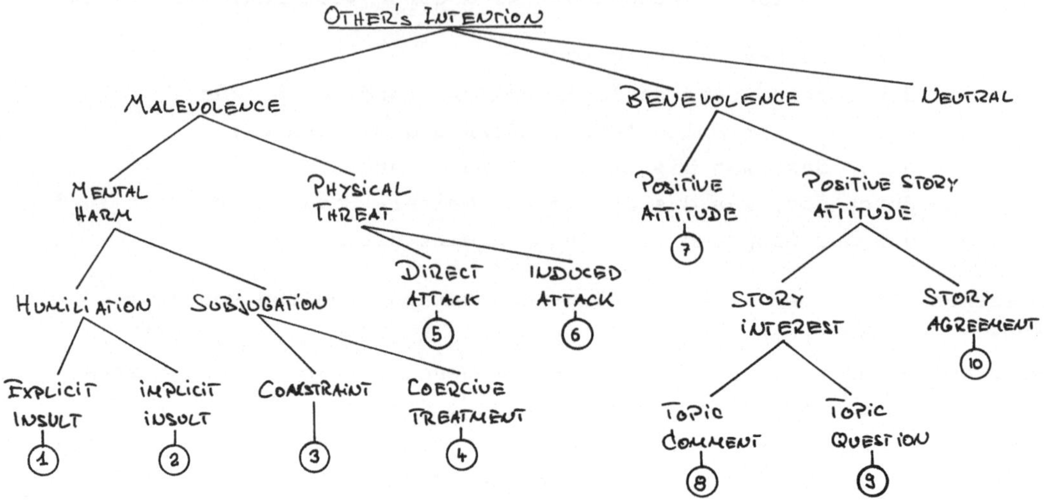

Den Blättern dieses Baumes entsprechen bestimmte Redewendungen (bzw. deren konzeptuelle Darstellungen). Zum Beispiel für ⑦ : "Ich will Ihnen helfen" oder "Ich verstehe Sie"; für ① : "Sie sind geistig krank", während für ② ein typischer Satz "Sind Sie sicher?" wäre.

Diese Analyse führt dazu, daß ANGST, ÄRGER und MISSTRAUEN entsprechend heraufgesetzt oder gemindert werden. Danach beginnt die eigentliche Verarbeitung des Eingabesatzes, die die folgenden sechs Aufgabestellungen umfaßt und die der Reihe nach abgearbeitet werden.

5.3.1 *Spezifische Reaktionen*

Auf bestimmte Gesprächssituationen antwortet PARRY mit fest programmierten Stereotypen; beispielsweise ändert es das Thema, wenn die Antwortfiguren zu einem speziellen Thema aufgebraucht sind oder antwortet überhaupt nicht mehr, wenn die Werte von ANGST, ÄRGER und MISSTRAUEN zu hoch werden. Insbesondere reagiert das Programm in spezifischer Weise, wenn der DOKTOR andeutet, daß PARRY geistig nicht normal ist: ein Satz in dem PARRY direkt angesprochen ist (durch Du oder Sie) wird mit Hilfe besonderer Schemata daraufhin untersucht, ob eine solche Andeutung vorliegt.

Zum Beispiel würden die Sätze

> "Sie brauchen eine Behandlung"
> "Sie haben Wahnvorstellungen"
> "Glauben Sie, daß Sie paranoid sind?

als solche entdeckt und dazu führen, daß ÄRGER oder ANGST heraufgesetzt werden. Je nachdem, ob es sich um eine Frage oder eine Aussage handelt, und ebenfalls abhängig von dem Grad der Unterstellung werden die Werte unterschiedlich verändert. Die Antwortfigur wird dann aus einer speziellen Liste ausgewählt, die Verteidigung oder Wut ausdrückt. Zum Beispiel:

> "Ihr Doktoren steckt doch alle unter einer Decke".

5.3.2 *Wahnvorstellungen*

Das System versucht, entsprechend niedrige Werte von MISSTRAUEN und ANGST vorausgesetzt, "seine" Geschichte der Wahnvorstellungen über die Mafia zu erzählen.

Dies wird über das Netz paranoider Schlüsselbegriffe gesteuert, denen jeweils eine kleine Geschichte in der Form einer Liste möglicher Antwortfiguren zugeordnet ist. Ebenso sind die Knoten in dem Netz unterschiedlich bewertet (gewichtet) und zwar aufsteigend in Pfeilrichtung (s. Diagramm). Sobald ein paranoid besetzter Schlüsselbegriff aus diesem Netz erwähnt wird, reagiert das System in zwei möglichen Varianten: wird der Begriff zum ersten Mal erwähnt, so setzt es den ANGST-Wert dem Gewicht entsprechend herauf und aus der ersten, diesem Begriff zugeordneten Antwortfigur, wird eine Antwort generiert. Diese Stelle wird durch eine Kontrollvariable festgehalten, damit das System - falls der DOKTOR das Thema ändert - später zu diesem Punkt zurückkommen kann. Dieses Zurückgreifen auf bereits angesprochene Wahnbilder tritt insbesondere immer dann auf, wenn die Eingabe des DOKTORs keine Schlüsselbegriffe enthält und eine Geschichte 'zu Ende erzählt' ist (d.h. alle Antwortfiguren abgearbeitet sind).

Wurde der Schlüsselbegriff bereits erwähnt, so wird ANGST nur wenig erhöht und das System nimmt die nächste, noch nicht benutzte Antwortfigur, um daraus eine entsprechende Antwort zu generieren.

Die folgenden Beispiele illustrieren das Verhalten des Systems. Angenommen, der Psychiater stellt die für ein solches Gespräch typische

Eröffnungsfrage:

DOKTOR: "Haben Sie je das Gefühl gehabt, beobachtet worden zu sein?"

Wenn dies das erste Mal ist, daß auf das Netz der Schlüsselbegriffe
Bezug genommen wird, so wird ANGST entsprechend hoch heraufgesetzt und
sofern MISSTRAUEN niedrig genug ist, antwortet das System:

PARRY: "Sie wissen, daß die mich kennen."

Nun muß sich das System merken, daß 'die' auf die Mafia bezogen ist und
eine weitere Eingabe des DOKTORs, die eine entsprechende Referenz, wie
"sie" oder "die" enthält, sich auf die Mafia bezieht. Das heißt, das
System erwartet, daß das Gespräch beim Thema bleibt. Wenn der DOKTOR
jedoch eingibt:

DOKTOR: "Wie lange sind Sie schon im Krankenhaus?"

merkt das System, daß das Thema geändert wurde und speichert insbesondere diesen Punkt, um später darauf zurückkommen zu können. Wurde das
Thema jedoch nicht geändert, bleibt das System in der Geschichte und
erzeugt eine Antwort mit Hilfe der nächsten Antwortfigur; beispielsweise:

PARRY: "Die Mafia weiß wirklich über mich Bescheid."

Ein besonderes Problem sind Was- oder Wo-Fragen des Psychiaters. Wenn
zum Beispiel PARRY ausgibt:

PARRY: "Sie wissen, daß die mich kennen."

und der Psychiater fragt:

DOKTOR: "Was wissen die über Sie?"

dann sucht das System die Liste möglicher, d. h. diesem Thema zugeord-
neter Antwortfiguren ab, um damit eine entsprechende Antwort zu generieren. Kommt 'Was' nicht in den Antwortfiguren vor, so kann es die Frage nicht analysieren, sondern merkt lediglich - da 'die', 'wissen' und
'sie' vorkommen - daß das Thema nicht geändert wurde und gibt die nächste Antwort von der Liste aus, beispielsweise:

PARRY: "Die wissen, wo ich bin."

Was-, Wo- oder Warum-Fragen werden also nur dann sinnvoll beantwortet,
wenn sie direkt zu der gerade ablaufenden Geschichte passen und entspre-

chend abgespeichert sind. Alle anderen Fragen würde PARRY nicht verstehen, und das System verhält sich nur solange sinnvoll, wie der Gesprächspartner die Spielregeln eines psychiatrischen Interviews einhält.

Solange der DOKTOR Interesse an PARRYs Geschichte zeigt, gibt das System der Reihe nach die abgespeicherten Antwortfiguren aus. Sobald der DOKTOR jedoch Zweifel oder Unglauben ausdrückt, wird der Wert von ANGST und MISSTRAUEN heraufgesetzt und bei zu hohen Werten wird die Geschichte nicht weiter erzählt, sondern durch Fragen, wie

PARRY: "Sie glauben mir wohl nicht, oder?"

unterbrochen.

Falls keine Schlüsselbegriffe aus dem Netz paranoid besetzter Begriffe vorkommen, versucht das System einen Selbst-Bezug in der Eingabe zu entdecken.

5.3.3 *Selbst-Bezug*

Der wesentliche Zweck eines psychiatrischen Gespräches besteht darin, möglichst viel über den Patienten zu erfahren. Um diesen Intentionen des DOKTORs gerecht zu werden, hat PARRY eine Vielzahl von Informationen über sich selbst gespeichert, die nach Themengruppen und -untergruppen geordnet sind.

Wenn die Eingabe also eine Frage ist und gegenwärtig keine der Geschichten des vorigen Abschnittes angesprochen sind und sich die Frage auf PARRY selbst bezieht, dann versucht das System durch matchen entsprechender Schlüsselbegriffe herauszubekommen, wonach gefragt wurde. Bei der Eingabe

DOKTOR: "Wie lange sind Sie im Krankenhaus?"

wäre 'Krankenhaus' ein solcher Schlüsselbegriff, der auf einen Themenkomplex mit vielen Unterthemen verweist. Die erste Antwort könnte dann sein:

PARRY: "Ich hätte hier nicht herkommen sollen."

und nun erwartet das System eine Reihe weiterer Fragen, wie "Sind Sie gern im Krankenhaus?", "Wie sind Sie in das Krankenhaus gekommen?" usw. Falls jedoch keins der dem Themenkomplex zugeordneten Schemata auf die-

se neue Frage passt, dann nimmt das Programm an, daß ein Themawechsel
vorgenommen wurde und versucht, erneut herauszubekommen, welcher Themenkomplex angesprochen wurde.

Wenn es sich um eine Frage handelt, in der kein bekannter Themenkomplex
vorkommt, versuchen spezielle Prozeduren die Eingabe daraufhin zu analysieren, ob gewisse Tatbestände gefragt wurden. Beispielsweise sind
Fragen wie "Wer ist unser Bundeskanzler" oder "Welcher Tag ist heute?"
typisch für psychiatrische Fragen, die den Geisteszustand des Patienten erhellen sollen.

5.3.4 *Doktor-Patient-Verhältnis*

Das System muß in der Lage sein, Eingabesätze zu verarbeiten, die sich
auf das Verhältnis zwischen PARRY und den DOKTOR beziehen, zum Beispiel:

DOKTOR: "Ich verstehe Sie."

oder

DOKTOR: "Sie vertrauen mir nicht."

Das wurde dadurch erreicht, daß die Ausdrücke, die zwischen 'Ich' und
'Sie' stehen können als 'positiv' oder 'negativ' klassifiziert werden.
Sind sie als solche erkannt, werden ANGST, ÄRGER und MISSTRAUEN entspre-
chend herauf- oder heruntergesetzt. Außerdem gibt es zu jeder dieser
Klassen eine Liste zugehöriger Antwortfiguren, so daß die Eingabe

DOKTOR: "Ich verstehe Sie."

sinnvoll mit

PARRY: "Das freut mich."

oder mit

PARRY: "Ich bin Ihnen sehr dankbar, daß Sie versuchen, mich zu ver-
        stehen."

beantwortet wird.

5.3.5 *Sonstige Regeln*

Wenn keine der bisherigen Aufgabestellungen zu einer Antwort führt,
werden spezielle Regeln angewendet. Zum Beispiel würde PARRY, falls es
die Eingabe nicht analysieren kann und der Wert von ANGST sehr hoch
ist, einfach das Gespräch beenden. Falls der Wert von ANGST nur relativ hoch, jedoch nicht sehr hoch ist und die Eingabe ist eine Frage,
dann wird eine Antwortfigur aus einer zugehörigen Liste ausgewählt und
zum Beispiel die Antwort:

PARRY: "Wieso wollen Sie das wissen?"

generiert.

Es ist natürlich klar, daß die Performanz des Systems weitgehend davon
abhängt, daß möglichst viele Spezialfälle, die möglicherweise in einem
psychiatrischen Gespräch auftreten können, von diesen Prozeduren sinnvoll verarbeitet werden können.

5.3.6 *Auto-Bezug*

Sobald PARRY eine Antwort erstellt hat, wird diese nochmals als Eingabe von dem System verarbeitet. Falls die eigene Antwort paranoid besetzte Schlüsselbegriffe enthält, wird ANGST entsprechend heraufgesetzt
und gegebenenfalls die Antwort noch einmal in eine weniger besetzte
Antwort transformiert, ehe sie von dem System ausgegeben wird.

5.4 *Evaluation*

PARRY wurde ausführlich getestet, um die These zu belegen, daß es ein
adäquates Modell für die Paranoia ist.

Dazu wurden vier Patienten einer Krankenanstalt von acht Psychiatern
über eine Konsole interviewt, d.h. die Sätze der Patienten wurden von
einem Helfer eingetippt und die Fragen der Psychiater dem Patienten
vorgelesen.

Keiner der Psychiater wußte, daß wahlweise PARRY die Rolle eines Patienten übernahm und alle Ärzte klassifizierten PARRY als eindeutig
paranoid. Diese Gespräche dauerten jeweils 30 bis 40 Minuten.

Die Protokolle wurden an über 30 angesehene Psychiater verschickt, die
nicht wußten, daß einer der "Patienten" ein Computer war. Ihre Diagnose lautete: eindeutig paranoid.

Schließlich wurden die Protokolle an einhundert Psychiater und an einhundert Informatiker in den USA verschickt mit der Frage, welches Protokoll das Gespräch mit einem Computer wiedergebe.

Die Antworten waren eindeutig zufallsgestreut, das heißt die Protokolle waren bezüglich der Mensch-Maschine-Dimension nicht unterscheidbar.

Literatur

[1] M. Boden: Artificial Intelligence and Natural Man, Harvester Press Ltd., 1977

[2] A. Sloman: The Computer Revolution in Philosophy, Harvester Press Ltd., 1978

[3] T. Winograd: Understanding Natural Language, Academic Press, New York, 1972

[4] W. v. Hahn, W. Wahlster: HAM-RPM, HAM-ANS Forschungsberichte, Forschungsstelle für Künstliche Intelligenz, Universität Hamburg

[5] D.G. Bobrow et al: GUS, A Frame driven Dialog System, Journal Art. Intelligence 8, 2, 1977

[6] D.E. Walker: Understanding Spoken Language, North Holland, 1978

[7] B.G. Buchanan, E.A. Feigenbaum: Dendral and Metadendral, Journ. Art. Intelligence 1, 1978

[8] E.H. Shortliffe: MYCIN: Computer based Medical Consultations, North Holland Publ. Comp. 1976

[9] E. Feigenbaum: The Heuristic Programming Project, Report

[10] P.E. Hart et al: A Computer based Consultation System for Mineral Exploration, Techn. Report SRI International, 1978

[11] R.M. Stallman, G.J. Sussman: A System for computer aided circuit design, Journ. Art. Intelligence 9, 1977

[12] U. Bartels, W. Olthoff, P. Raulefs: An Expert System for Implementing Abstract Sorting Algorithms, Proc. der GWAI-81, J. Siekmann (ed), Springer Fachberichte No. 47

[13] R. Kowalski: Logic for Problem Solving, North Holland, 1979

[14] W.F. Clocksin, C.S. Mellish: Programming in Prolog, Springer 1981

[15] R. Manna, R. Waldinger: Studies in Automatic Programming Logic,
        North Holland 1977

[16] de Bakker: Mathematical Theory of Program Correctness, Prentice
        Hall 1980

[17] E. Lusk: Argonne National Lab., Argonne, Ill. 60439

[18] Stanford Verification Group: Stanford Pascal Verifier User Manual,
        Comp. Sci. Dept., 1979

[19] ACM-Software Engineering Notes, Special Issue, vol. 5, No. 3,
        July 1980, Workshop on Formal Verification

[20] P. Raulefs, J. Siekmann: Programmverifikation, Universität Bonn,
        Universität Karlsruhe, August 1980

[21] P. Hart (et al): Artificial Intelligence - Research and
        Applications, Techn. Report, SRI, Menlo Park, Cal., 1972

[22] P. Ambler (et al): A versatile System for Computer Controlled
        Assembly, J. Art. Intelligence 6, 1975

[23] J. Foith: Robotics Research: From Toy Worlds to Industrial
        Applications, in: Proc. GWAI-81, J. Siekmann (ed),
        Springer Informatik Fachberichte 47, 1981

[25] E. Feigenbaum: Hauptvortrag der 10. GI-Jahrestagung 1980,
        Springer Informatik Berichte No. 33

[26] siehe z. B.: Abegglen, Etorie: Japans Technologie heute, Spektrum
        der Wissenschaft, April 1981

[27] D. Marr: Vision, W. Freeman, 1982

[28] Hanson, Riseman: Computer Vision Systems, Academic Press, 1978

[29] G. Dodd, L. Rossol: Computer Vision and Sensor-Based Robots,
        Plenum Press, 1979

[30] Aggarwal, Duda, Rosenfeld: Computer Methods in Image Analysis,
        IEEE Press, 1977

[31] N. Nilsson: Artificial Intelligence, Proc. of IFIP Congress 1974,
        vol. 4

[32] F.D. Hilf: Nonverbal communication and psychiatric research,
        Archives of General Psychiatry 27, 1972

[33] D.W. Swanson, P.J. Bohnert, J.M. Smith: The Paranoid, Boston,
        Mass., Little Brown and Co., 1970

[34] K.M. Colby: Artificial Paranoia, Pergamon General Psychology Series,
        1975

[35] J. Weizenbaum: ELIZA - A Computer Program for the Study of
        Natural Language Communication between Man and Machines,
        CACM 9, 1966

[36] H. Tennant: Natural Language Processing, Petrocelli Book, 1981

[37] G. Evans: A Program for the Solution of Geometric-Analogy
        Intelligence Test Questions; Semantic Information
        Processing, M. Minsky (ed), MIT Press 1968

[38] H.L. Gelernter: Realization of a Geometry-Theorem Proving
        Machine, Computers and Thought, Feigenbaum and Feldman
        (eds), McGraw Hill, 1963

[39] N. Nilsson: Problem Solving Methods in Artificial Intelligence,
        McGraw Hill, 1971

EXPERTENSYSTEME

Peter Raulefs
Fachbereich Informatik
Universität Kaiserslautern
Postfach 3049
6750 Kaiserslautern

1. Einführung:

Was sind und wozu dienen Expertensysteme?

1.0. *Übersicht.* Als *Technik der Wissensverarbeitung* (engl. knowledge engineering)
bezeichnet man ein anwendungsorientiertes Teilgebiet der Künstlichen Intelligenz,das
charakterisiert ist durch
* den Bereich bearbeiteter Aufgaben, und
* die zugrunde liegenden Methoden.
Diese Einführung gibt einen Überblick über den Bereich bearbeiteter Aufgaben, die
folgenden Abschnitte führen in die wichtigsten Methoden ein, und danach zeigen wir,
wieweit vorhandene Systeme ihre Aufgaben mit Hilfe der besprochenen Methoden bearbeiten.

1.1. *Begriffsbestimmung.* Expertensysteme sollen die Tätigkeit von (menschlichen)
Experten unterstützen bzw. teilweise mechanisieren. Expertensysteme werden also
durch das bestimmt, was Experten machen. Wir gehen von folgenden Begriffen aus:

1.1.1. Ein *Experte* ist ein Spezialist für ein bestimmtes, eingegrenztes Gebiet,
der auf diesem Gebiet bei Kunden entstehende Probleme lösen und Kunden bei der
Anwendung von Lösungen beraten kann.
Daraus ergeben sich folgende Anforderungen an einen Experten:

(ANF1) Der Experte soll aus Kundenangaben präzise Problemstellungen formulieren
können.
{Erkennen fachspezifischer Aufgabenstellungen und Formulierung in
präziser -daher meist Fach- Terminologie}

(ANF2) Korrekte und vollständige Problemlösung.

(ANF3) Für den Kunden verständliche Formulierung der Antwort.

(ANF4) Erklärung des Lösungsweges, die dem Kunden eine Einschätzung der Verläßlichkeit der Antwort ermöglicht.

(ANF5) Hilfe bei der Anwendung der Lösung in der Einsatzumgebung des Kunden.

Experte und Kunden kooperieren also in der Entwicklung von Lösungen und ihre
Anwendung für Aufgabenstellungen, die sich aus der Arbeit des Kunden ergeben.

1.1.2. Ein *Expertensystem* ist ein Rechensystem, der die in 1.1.1 bezeichnete
Tätigkeit teilweise mechanisiert.
Für Expertensysteme, die nicht allen Anforderungen (ANF1-5) genügen, muß die Ein-
satzumgebung die Leistungen für die jeweils nicht erfüllten Anforderungen erbringen.
Expertensysteme können daher nicht isoliert, sondern nur in Hinblick auf ihre spätere
Integration in eine Einsatzumgebung entwickelt werden.

1.2. *Einsatzgebiete.* Die wichtigsten z.Zt. bearbeiteten Aufgabengebiete von
Expertensystemen sind:

(1) *Interpretation* physikalisch gegebener Daten, z.B. Meßdaten oder Sprachäußerungen.
(2) *Diagnose* von Systemzuständen, z.B. Fehlerzustände und -ursachen in technischen
und biologischen Systemen.
(3) *Planen* von Aktionen (z.B. eines Roboters), die einen gewünschten Zustand her-
stellen.
(4) *Konstruktion* nach vorgegebenen Spezifikationen, z.B. elektrischen Schaltkreisen.
(5) *Beweisen* mathematischer Sätze.
(6) *Tutoring*, d.h. Vermitteln und Einüben von Wissensinhalten.

Diese Aufgaben werden bearbeitet von
- *eingebetteten Systemen*, etwa Meßdatenüberwachung und Auslösen von Alarmsignalen
in einer Intensivstation.
- *Beratungssystemen*, in denen mit Benutzern an der Lösung von Aufgaben kooperiert
wird.

Eingebettete Systeme brauchen dann nicht notwendig über alle Komponenten zu verfügen, die Bestandteile voll ausgebauter Beratungssysteme sind.

1.3. *Architektur von Expertensystemen*. Ein als Beratungssystem ausgebautes Expertensystem besteht aus folgenden Komponenten:

* die *Wissensbasis* enthält alle Wissensinhalte, die die Grundlage der Arbeit der anderen Komponenten bildet.
* die *Problemlösungskomponente* bearbeitet die vom Benutzer gestellten Aufgaben.
* die *Erklärungskomponente* begründet die von der Problemlösungskomponente erarbeiteten Lösungen und macht ihre Erarbeitung für den Benutzer durchschaubar.
* die *Wissensakquisitionskomponente* unterstützt die Konstruktion der Wissensbasis.
* die *Dialogkomponente* führt den Dialog mit Benutzern aus.

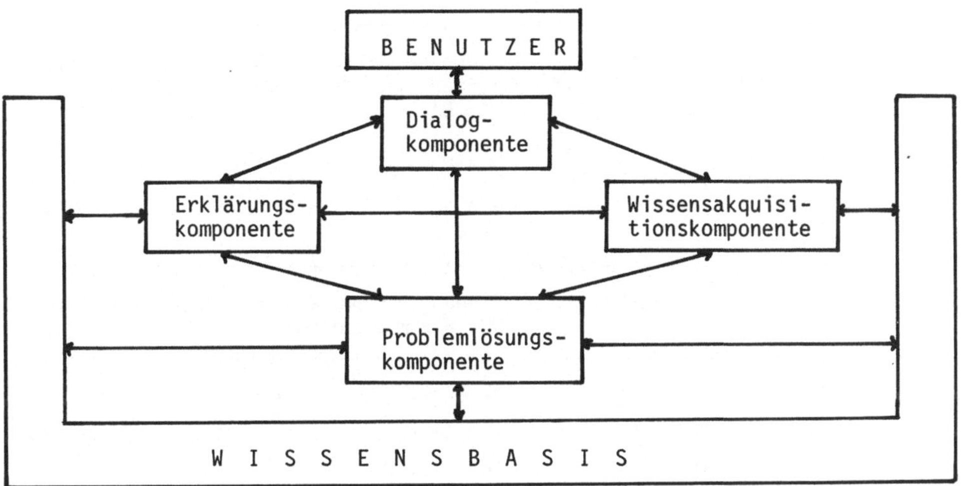

Abb. 1.1. *Aufbau von Expertensystemen*

Grundlage für Konstruktion und Funktion von Expertensystemen sind Methoden zur

* Wissensrepräsentation   - Kodierung von Wissensinhalten im Rechner.
* Wissensmanipulation   - Anwendung und Verarbeitung von Wissen.
* Wissensakquisition   - Erwerb und Erweiterung von Wissen.

Hierbei sind wiederum die Methoden der Wissensrepräsentation grundlegend und werden in dieser Übersicht am ausführlichsten besprochen.

1.5. *Anwendungen*. Für einzelne Aufgabengebiete liefert Tab. 1 Übersicht über
exemplarische Expertensysteme und die in ihnen angewandten Methoden.

Aufgabengebiet	System	Beschreibung
Interpretation	DENDRAL [BUF 78] Metasystem: MetaDENRAL	Interpretation von Massenspektrogrammen organ. Molekülfragmente; WR: analog/PS
	Dipmeter Advisor [DAV 81], [GER 82]	Interpretation geolog. Meßdaten aus Öl- bohrungen; WR: Frame-strukturierte PS, Tafel; Kontrolle durch Planformierung. WA: Dialog mit Experten.
Diagnose	MYCIN[SHO 76] Metasystem: EMYCIN	Diagnose bakteriogener Infektionskrank- heiten; WR: Kontextbäume/PS; WA: Dialog mit Experten (TEIRESIAS).
	INTERNIST [PMM 77] Metasystem: EXPERT	Diagnose innerer Krankheiten; WR: PS; WA: Expertendialog und automat. Konstruktion von Produktions- regeln.
Planen	MOLGEN [STE 81]	Planung molekulargenet. Experimente; WR: Frame-strukturierte PS.
Konstruktion	SECS [WIP 74] R1 [MCD 80] APE [BOR 81]	Synthese organ. Verbindungen Konfigurierung von VAX-Systemen; WR: PS Automat. Programmkonstruktion WR: Strukturiertes PS
Beweisen	Stanford Pascal Verifier [POL 81] Mkgraf Karl [SIE 80]	Programmverifikation; WR:PS Beweisen log. Formeln.
Tutoring	SOPHIE [BBB 74]	Reparatur elektron. Bauteile

Abk.: WR = Wissensrepräsentation, WA = Wissensakquisition
      PS = Produktionssystem

Tab. 1. *Beispiele für Expertensysteme*

1.6. *Bedarf an Expertensystemen*. Zur Diskussion des Bedarfs an der Entwicklung von Expertensystemen betrachten wir folgende Kriterien:

{Ökonomisches Krit.}   Kosten-Nutzen-Verhältnis

{Wissenschaftl. Krit.1} Gewinn an Erkenntnis und Verfahren zur Mechanisierung intellektueller Tätigkeiten (Beitrag zur KI)

{Wissenschaftl. Krit.2} Ertrag aus Systematisierung und mechanisch verarbeitbare Repräsentation von Inhalten und Arbeitsweisen wissenschaftlicher Gebiete.

1.6.1. *Ökonomisches Kriterium*. Die Entwicklung von Expertensystemen ist z.Zt. noch nicht so weit fortgeschritten, daß sinnvolle Kosten-Nutzen-Analysen durchgeführt werden können, die ad-hoc-Beobachtungen an speziellen Systemen übersteigen. Solche Analysen sind insbesondere deswegen schwierig, weil sie auch Kosten der in 1.1.2 erwähnten Integration in die Einsatzumgebung in Betracht ziehen müssen.

1.6.2. *Wissenschaftliches Kriterium 1*. Der Beitrag der Expertensysteme zur KI ergibt sich aus einer Paradigmenverschiebung im letzten Jahrzehnt: Ursprünglich war man der Meinung, daß viele "intelligente" Aktivitäten wie Schachspielen, Sprachverstehen und Beweisen durch einige grundlegende und allseitig anwendbare Mechanismen bearbeitet werden können. Es ergab sich jedoch, daß solche Universalmechanismen nicht gefunden werden konnten, und Systeme immer dann erfolgreich waren, wenn sie auf der Grundlage von möglichst viel *Wissen* (d.h. Fakten, Arbeitstechniken, Bewertungskriterien u.a.) des jeweiligen Anwendungsgebietes arbeiten. Zur Konstruktion einschlägiger *wissensbasierter Systeme* (engl. knowledge-based systems) ergab sich daraus die Frage, wie man solches Wissen im Rechner effektiv darstellen und anwenden könne. Die dazu jetzt vorliegenden Techniken bilden die methodische Grundlage eines weiten Bereiches der KI, den man *Knowledge Engineering* nennt. Expertensysteme bilden die praktischen Ergebnisse dieses Gebietes.

1.6.3. *Wissenschaftliches Kriterium 2*. Die vielleicht größte Bedeutung von Expertensystemen ergibt sich aus folgenden Beobachtungen:

(1) In der Geschichte der Wissenschaften haben sich diejenigen Gebiete am schnellsten entwickelt, deren Wissensgehalt zu Theorien abstrahiert und systematisiert werden konnte.

(2) Viele Gebiete haben bisher keine Theorieformierung erlaubt. Gründe dafür sind:
- Solche Gebiete umfassen große Mengen isolierter "Wissensbrocken", deren Gesamtheit nur schlecht strukturierbar ist.Dies ermöglichte keine Abstraktion der Inhalte dieser Gebiete zu Theorien, die einzelne Sachverhalte in größere Zusammenhänge einordnen und als Spezialisierungen allgemeiner Grundsätze darstellen. ("Am praktischsten ist eine gute Theorie" - A. Einstein.)

- Charakteristisch für diese Gebiete sind heuristische Vorgehens- und Argumentationsweisen.

Wir bezeichnen solche Bereiche als *diffuse Gebiete*, im Unterschied zu wohlstrukturierten Gebieten, deren Darstellung gut ausgebaute Theorien zugrunde liegen.

(3) Da diffuse Gebiete keine in Theorien kondensierte Darstellung erlauben, kann Kompetenz nicht durch kurzes und systematisches Training erworben werden. Statt dessen erfolgt der Erwerb von Kompetenz durch langwieriges Nachvollziehen und Reagieren auf analoge, jeweils leicht veränderte Situationen ("Erfahrungen sammeln").

(4) Viele oberflächlich gesehen wohl-strukturierte Gebiete haben diffuse Teilbereiche.

Beisp.: - Die Topologie ist ein anscheinend wohl-strukturiertes Gebiet der Mathematik. Die Techniken zum Finden von Beweisen und neuer Konzepte bilden jedoch einen diffusen Teilbereich der Topologie. Ähnlich verhält es sich in vielen anderen mathematischen Disziplinen.

- Die Chemie organischer Riesenmoleküle ist ein anscheinend wohl-strukturiertes Gebiet. Die Methoden zur Interpretation von Meßdaten zur Aufklärung von Strukturformeln bilden jedoch ein diffuses Gebiet.

Aus diesen Beobachtungen schließen wir:

1. Alle Gebiete der Natur- und Ingenieurswissenschaften enthalten diffuse Teilbereiche.

2. Diffuse Gebiete können nicht zu Theorien abstrahiert werden.

3. Der Erwerb von Kompetenz in diffusen Gebieten ist extrem teuer.

4. Die Qualität von Kompetenz in diffusen Gebieten kann nur schwer beurteilt werden.

5. Die Entwicklung diffuser Gebiete verläuft erheblich langsamer als die wohl-strukturierter Gebiete.

6. Die Anwendung von Sachverhalten und Fertigkeiten aus diffusen Gebieten ist erheblich schwieriger als in wohl-strukturierten Bereichen.

Für den Bedarf an Expertensystemen können wir folgende Konsequenzen ziehen:

I.   Expertensysteme sollen für diffuse Gebiete entwickelt werden.

II.   Expertensysteme sind Instrumente zur Darstellung, Weiterentwicklung und Anwendung von Kompetenz in diffusen Gebieten.

III. Die Leistungsfähigkeit und Nützlichkeit von Expertensystemen steigt in dem Maße an, in dem sie Kompetenz in schnell zugreifbarer und anwendbarer Form akkumulieren.

2. Anatomie eines Expertensystems: MYCIN

2.0. *Übersicht*. MYCIN ist ein System zur Beratung von Ärzten für Entscheidungen
bei der Behandlung bakteriogener Infektionskrankheiten. In einem Beratungsdialog
erfragt MYCIN Angaben über einen Patienten und entwickelt daraus eine Diagnose und
Therapievorschläge.

In diesem Abschnitt sollen Benutzungsoberfläche, Systemstruktur und Funktionweise von
MYCIN   erläutert werden, um an einem Musterbeispiel in die Expertensysteme ein-
zuführen. MYCIN ist ca. 1970-75 entwickelt worden. [SHO 76] gibt eine übersichtliche
und recht detaillierte Beschreibung von MYCIN. Die grundlegenden Mechanismen sind
im Metasystem (vgl. Abschnitt 5) EMYCIN in einem Werkzeug für die Konstruktion
neuer Expertensysteme zusammengefaßt. [VME 79] .

2.1. *Benutzungsoberfläche und Systemstruktur.*

2.1.1. *Benutzungsmodus*. MYCIN berät Ärzte im Dialog am Bildsichtgerät. Die Dialogführung erfolgt durch MYCIN, so daß Eingaben durch den Benutzer zu jedem Zeitpunkt
beschränkt sind. Die Ausgabe erfolgt in natürlicher Sprache, wobei alle Sätze und
Ausdrücke schematisch aus Satzbausteinen zusammengesetzt werden. Die Eingabe erfolgt
durch Auswahl unter vorformulierten Ausdrücken oder kurze, sehr einfache Ausdrücke
und Daten.

2.1.2. *Sachkompetenz*. MYCIN enthält nur Wissen zur Bestimmung

- Erreger bestimmter bakteriogener Infektionskrankheiten, und
- von Therapien zur Bekämpfung identifizierter Erreger.

Der Einsatz von MYCIN ist daher dadurch beschränkt, daß ein Verdacht auf eine
bakteriogene Infektionskrankheit bereits vorliegen sollte und Wechselwirkungen mit
anderen Krankheiten nicht berücksichtigt werden.

2.1.3. *Leistungsverzeichnis*.   Im einzelnen erbringt MYCIN folgende Leistungen:

(1) *Hypothesenbildung*. Aus vorliegenden Befunden entwickelt MYCIN Hypothesen über
mögliche Krankheitserreger.

(2) *Befundermittlung*. Um Entscheidungen über Hypothesen treffen zu können, fragt
MYCIN den Benutzer nach weiteren Angaben bzw. schlägt
klinische Untersuchungen zur Ermittlung weiterer Befunde
vor.

(3) *Therapievorschläge*. Nach Ermittlung von Krankheitserregern schlägt MYCIN zu
ihrer Bekämpfung Medikament mit Dosierung und Verabrei-
chungsdauer vor.

(4) *Erklärung der eingenen Vorgehensweise*. MYCIN begründet auf Wunsch seine Aussagen und Fragen an den Benutzer:

- Zu jeder Aussage liefert MYCIN eine Erklärung, woraus
die Aussage abgeleitet wurde.

- Zu jeder Frage liefert MYCIN eine Erklärung, welchem
Zweck die Frage dient.

2.1.4. *Einsatzbereich*. Der Einsatzbereich von MYCIN erstreckt sich auf folgende
Gebiete:

(1) Diagnose von Krankheitsursachen im Bereich der Sachkompetenz, d.h. Ermittlung
von Erregern bestimmter bakteriogener Infektionskrankheiten.

(2) Planung von Therapien, die jeweils in der Bekämpfung der Erreger bestehen, die
MYCIN bekannt sind.

(3) Prognose über den Krankeitsverlauf mit und ohne Behandlung.

(4) Ausbildung von Ärzten. Da das Vorgehen von MYCIN der Argumentationsweise
erfahrener Ärzte nachgebildet wurde, erlaubt es die Anwendung der Erklärungs-
komponenete, die Vorgehensweise fallorientiert darzustellen, und dabei dei
verwendeten allgemeinen Regeln zur Urteilsfindung explizit darzustellen.

2.1.5. *Bedarf*. Die Motivation zur Entwicklung von MYCIN lieferten empirische Untersuchungen mit dem Ergebnis, daß Antibiotika in der klinischen Praxis im Erhebungs-
gebiet in ca. 2/3 aller Fälle falsch angewandt werden, d.h. es wird ein ungeeignetes
Medikament verabreicht, eine falsche Dosierung gewählt oder die Behandlungsdauer
falsch angesetzt. Weiterhin wurde festgestellt, daß im Regelfall (ca. 2/3 aller Fälle)
der behandelnde Arzt für Diagnose und/oder Therapieplanung keine rational nachvoll-
ziehbare Begründung geben konnte. Hieraus ergibt sich ein dringender Bedarf für ein
System, das mindestens die in 2.1.3 angegebenen Leistungen erbringt.

2.1.6. *Systemstruktur*. Die Systemstruktur von MYCIN ist in Abb.   zusammengefaßt.
Mann erkennt darin folgende Abweichungen der in Abb.   angegebenen allgemeinen
Architektur von Expertensystemen.

* Neben die Wissensbasis treten zwei weitere Datenbasen, die aktuelle Angaben
  über den vorliegenden Fall enthalten:
    - *Patientendaten* wie Alter, Geschlecht, klin. Befunde, usw.

    - *"dynamische" Daten*, die aus (Zwischen-) Ergebnissen der laufenden Beratung
      gebildet werden.

* Die Dialogführung ist in die Entscheidungsregeln der Wissensbasis integriert.
  So sind Satzmuster für Fragen und Antworten in diesen Regeln eingebaut. Die
  Reihenfolge der Bearbeitung von Regeln wird durch Entscheidungsregeln selbst
  und die Organisation der dynamischen Daten gesteuert. Eine spezielle Dialogkomponente entfällt daher.

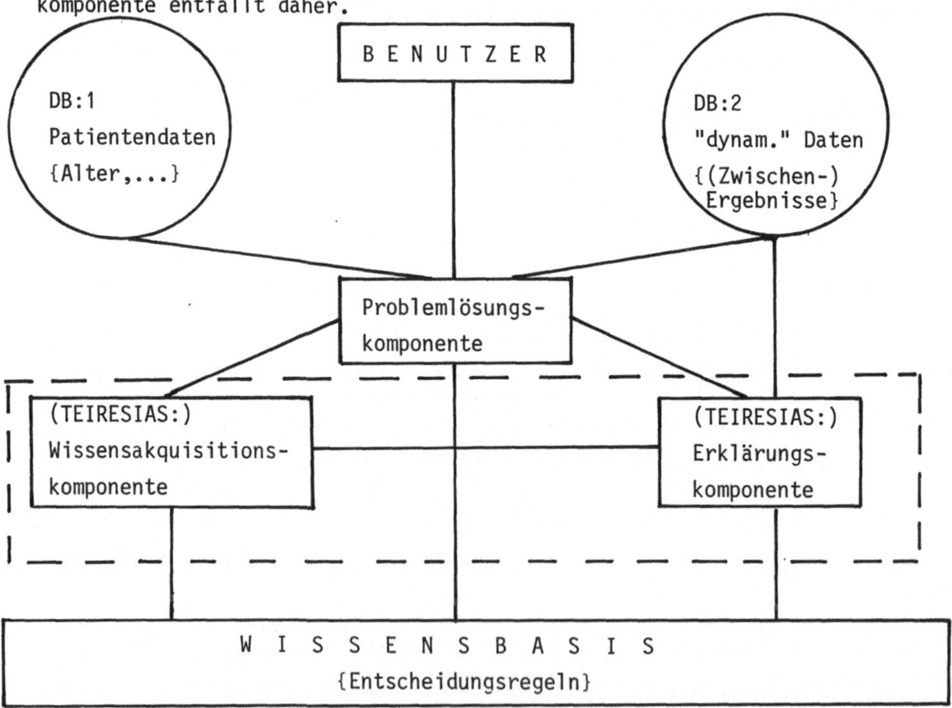

Abb.2.1. *Systemstruktur von MYCIN*.

2.2. *Wissensrepräsentation*

2.2.0. *Übersicht.* In MYCIN werden drei Arten von Daten bzw. Wissen dargestellt:

(1) *Patientendaten:* Allgemeine Angaben und klinische Befunde über den Patienten, die während der Beratung als Antworten des Arztes auf Fragen von MYCIN geliefert werden.

(2) *"Dynam." Daten:* Daten, die von MYCIN als Schlußfolgerungen aus Patientendaten und "dynam. Daten erzeugt werden, d.h. nicht Angaben des Arztes sind.

(3) *Medizinisches Wissen:* Das in MYCIN vorhandene medizinische Wissen ist ausschließlich in Entscheidungsregeln der Form <Test> → <Aktion> dargestellt. Solche Regeln heißen *Produktionsregeln.* Darin ist <Test> eine (zu wahr oder falsch auswertbare) Aussage über Patienten- und "dynam." Daten, und <Aktion> beschreibt eine Berechnung, deren Ausführung z.B. zu neuen Schlußfolgerungen, oder auch zur Erzeugung von Fragen an den Arzt führen kann. Bedingung für die Ausführung einer <Aktion> ist dabei stets, daß der zugehörige <Test> wahr ist.

Zur Repräsentation dieser Daten bzw. medizin. Wissens werden folgende Mechanismen herangezogen:

(a) Patienten-/"dynam." Daten:

- *assoziative Tripel*, in denen jeweils ein Objekt mit einer Eigenschaft und deren Wert verknüpft wird.

- *Kontextbäume*, in denen assoziative Tripel gespeichert werden.

- *Sicherheitsfaktoren*, mit denen Daten und Entscheidungsregeln gewichtet werden können.

(b) Medizin. Wissen:

- *Produktionsregelsysteme*, die auf Produktionsregeln aufgebaut sind.

2.2.1. *Repräsentation von Daten.* Zur Darstellung der in den Datenbasen abzulegenden Angaben verwendet MYCIN drei Mechanismen:

- *assoziative Tripel*, die jeweils Objekt-Attribut-Wert-Tripel sind.
  Beisp.: (E.COLI   GRAMSTAIN   GRAM-POSITIVE)
            ↑   ↑   ↑
          Objekt   Attribut   Wert

- *Sicherheitsfaktoren*, die ein quantitatives, auf das Intervall $[-1, +1]$ normiertes Maß für die Sicherheit der Gültigkeit von Aussagen bilden.

- *Kontextbäume*, die zur Speicherung und Darstellung der Zusammenhänge assoziativer Tripel dienen.

2.2.1.1. *Assoziative Tripel.* Die Aussage, daß "ein Objekt OB eine Eigenschaft E besitzt," wird als assoziatives Tripel (OB ATTR E) dargestellt, wobei ATTR (Attribut) ein Name und E der Wert dieser Eigenschaft ist.

Beisp.: "E.Coli-Bakterien sind gram-positiv" wird dargestellt durch
          (E.COLI GRAMSTAIN GRAM-POSITIVE), wobei
            das Objekt   E.COLI,
            das Attribut   GRAMSTAIN {Gramfärbung} und
            der Wert   des Attributes GRAMSTAIN für das Objekt E.COLI
                              GRAM-POSITIVE ist.

Zur Strukturierung der Daten werden in MYCIN Objekte und Attribute zu entsprechenden Typen zusammengefaßt:

Objekte werden zu *Objekttypen* {contexts} zusammengefaßt.

    Beisp.: PERSON   für Personennamen

                CURCULS   für Bezeichunungen von 'current cultures'
                             (Bakterienkulturen)
Attribute werden zu *Attributtypen* zusammengefaßt

   Beisp.: PROP-CUL   für Attribute von Bakterienkulturen
                           (z.B. Entnahmeart, -ort)

            PROP-PT   für Attribute von Patienten
                           (z.B. Name, Gewicht, Alter,...)

Werte in assoziativen Tripeln werden als LISP-Eigenschafts-{Property}listen darge-
stellt, da MYCIN in LISP implementiert ist. Für Objekte und Attribute vieler Objekt-
/Attributtypen gibt es Standardwerte,die mit Einrichtung entsprechender assoziativer
Tripel automatisch gesetzt werden.

2.2.1.2. *Kontextbäume*. Assoziative Tripel werden in Kontextbäumen gespeichert, die
so aufgebaut sind: - Kontextbäume sind gerichtete beschriftete Bäume
                      - *Knoten* sind mit assoziativen Tripeln beschriftet.
                      - Eine *Kante* veläuft von A nach B, wenn der Objekttyp von B
                        {d.h. der Objekttyp des Objektes im assoziativen Tripel,das
                        Knoten B beschriftet} in einer *Nachfolgerrelation* zum Objekt-
                        typ A steht.

Bemerkung. Die Objekte werden in diesem Zusammenhang 'contexts' genannt, woraus die
            Bezeichunung 'context tree' {dt. Kontextbäume} resultierte.

Beisp.:

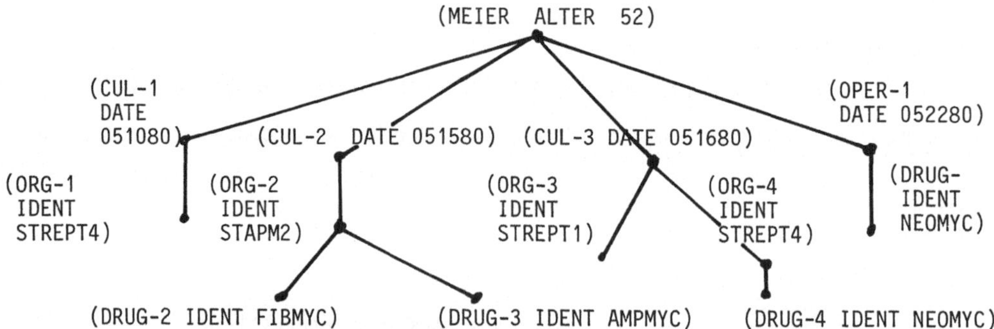

Objekttypen: MEIER:person; (CUL-1, CUL-2): curcul; CUL-3: priorcul;
              (ORG-1, ORG-2): curorg; (ORG-3, ORG-4): priororg;
              OPER-1:operation; (DRUG-1, DRUG-2, DRUG-2): curdrug; DRUG-4: opdrug
              {'cur' $\triangleq$ 'current', 'cul' $\triangleq$ 'culture', 'org' $\triangleq$ 'organism', 'op' $\triangleq$
              operation'}

Abb. 2.2. *Beispiel für einen Kontextbaum.*

Mit der Speicherung assoziativer Tripel in Kontexbäumen werden zwei Ziele erreicht:

   - Die Nachfolgerrelation in Kontextbäumen ist eine *Repräsentation hierarchischer
     Abhängigkeitsbeziehungen* nicht genau festgelegter Art, wie sie sich im Rahmen
     der Anwendung ergeben. In MYCIN sind es vor allem zeitliche Nachfolge- und
     Kausalbeziehungen.

   - Da der Zugriff zu assoziativen Tripeln im Druchlaufen von Kontextbäumen erfolgt,
     wird durch Kontextbäume eine *Steuerung der Reihenfolge der Betrachtung der
     Daten* erreicht.Umgekehrt können zur Expansion von Kontextbäumen die Nachfolge-
     relationen benutzt werden: Nach Einrichtung eines 'current culture' - Knotens
     wird als Nachfolger ein 'current organism' -Knoten eingesetzt und der Arzt nach
     dem Wert der IDENT-Attributes, d.h. nach der Identifikation des Organismus ge-
     fragt.

Die vielfältige Repräsentation von Zusammenhängen in Kontextbäumen wird durch die
Beispiele für Attribut/Wert-Einträge in Tab.2.3 illustriert:

(1) Für Objekte vom Objekttyp priorcul {'prior cultures'. d.h. vor Beginn der laufenden
Untersuchung angelegte Bakterienkulturen} wird unter dem Attribut

ASSOCWITH	der Objekttyp des Vorgängerknotens angegeben, um damit den Zugriff auf dort angegebene Werte zu steuern.
MAINPROPS	eine Liste von Größen angegeben, die bei Einrichtung des Knotens durch Anfragen an den Arzt ermittelt werden.
PROMPT1..3	jeweils ein natürlichsprachliches Textmuster angegeben, aus dem Fragen bzw. Antworten an den Benutzer zusammengesetzt werden.
PROTOTYPE	eine Beschreibung von möglichen Werten für einzugebende klinische Größen angegeben, um damit Fehleingaben ermitteln zu können.
SUBJECT	eine Liste von Regeltypen (vgl. 2.2.2) angegeben, deren Regeln auf Knoten dieser Art anwendbar sind.

(2) Für Objekte vom Objekttyp 'person' (d.h. Patienten) können folgende Angaben unter
Attributen des Attributtyps 'infect' eingetragen werden:

für das Attribut EXPECT	eine Beschreibung des zulässigen Wertebereiches (analog zu SUBJECT).
für das Attribut LOOKAHEAD	eine Liste aller Regeln, deren <Test> auf Größen dieses Attributes verweisen.
für das Attribut UPDATED-BY	eine Liste aller Regeln, deren <Aktion> zur näheren Bestimmung von Werten dieses Attributes beiträgt.

Die beiden letzten Fälle sind Beispiele für die Kodierung von *Kontrollrissen*.

(1) Objekttyp 'priorcul' {prior culture}

Attribut	Wert	Erläuterung
ASSOCWITH	PERSON	Objekttyp des Vorgängerknotens.
MAINPROPS	(SITE WHENCUL)	Werte für SITE, WHENCUL werden ermittelt, wenn Knoten des Typs 'priorcul' eingerichtet wird.
PROMPT1	"were any significant organisms isolated within last month?"	Anfrage an Benutzer bei erstmaliger Einrichtung eines Knotens dieses Typs.
PROMPT2	"from which other prior culture have pathogens been isolated?"	Frage an Benutzer, die die Einrichtung eines neuen Knotens dieses Typs bewirkt.
PROMPT3	" I will refer to this culture as *"	Ausgabe von MYCIN als Reaktion der Beantwortung von PROMPT1.
PROTOTYPE	PROPCUL	Klassifikation der klinischen Größen, die für ein Objekt dieses Typs angegeben werden.
SUBJECT	(PRCULRULES CULRULES)	Regeltypen, deren Regeln auf Objekte dieses Typs angewandt werden können.

(2) Festlegungen für Werte von Attributen* von Objekten des Objekttyps 'person'.

EXPECT	(ONE OF PERITONITIS BRAIN-ABSCESS MENINGITIS ...)	Beschreibung des Wertebereiches.
LOOKAHEAD	(RULE-115 RULE-149 ..)	Liste aller Regeln, deren <Test> auf Größen dieses Attributes* verweisen.
UPDATED-BY	(RULE-157 RULE-022 ..)	Liste aller Regeln, deren <Aktion> zu näheren Bestimmung von Werten für dieses Attribut* beiträgt.

Tab. 2.3. *Beispiele für Attribut-/Werteinträge in Kontextbäumen.*

2.2.1.3. *Sicherheitsfaktoren.* Viele Angaben - wie z.B. die Identität eines bakteriellen Organismus, oder die Wirksamkeit von Medikamenten - können nicht mit absoluter Sicherheit gemacht werden. Schlußfolgerungen können in manchen Fällen nur Vermutungen sein, so daß etwa für Hypothesen über Diagnosen eine Einschätzung ihrer Verläßlichkeit erforderlich ist. Dies erfolgt in MYCIN durch die Bewertung mit Sicherheitsfaktoren {engl. certainty factors}, die wie folgt definiert sind:

$MB(h,e)$:= Grad an Vertrauen in Hypothese h aufgrund von Evidenz $e \varepsilon c\,[0,+1]$
{measure of belief in...}

$MD(h,e)$:= Grad an Zweifel an Hypothese h aufgrund von Evidenz $e \varepsilon c\,[0,+1]$
{measure of disbelief in...}

$CF(h,e)$:= $MB(h,e) - MD(h,e)$
{certainty factor}

Die Größen $MB(h,e)$ und $MD(h,e)$ sind dabei subjektive Einschätzungen und keine statistisch begründete Schätzwerte. In der praktischen Entwicklung werden sie häufig durch retrospektives Skalieren in Hinblick auf ein bereits bekanntes Ergebnis bestimmt.

2.2.2. *Produktionssysteme.* Die Wissensbasis von MYCIN besteht aus *Produktionsregeln.* Produktionsregeln zusammen mit einem Regelinterpretierer und einer Steuerung der Arbeitsweise des Regelinterpretierers bilden ein Produktionssystem. In diesem Abschnitt besprechen wir Aufbau und Funktionsweise des MYCIN-Produktionssystems als Beispiel einer prozeduralen Wissensrepräsentation (vgl. Abschnitt3).

2.2.2.1. *Aufbau des MYCIN-Produktionssystems.* Die Produktionsregeln in MYCIN sind gemäß der folgenden Syntax aufgebaut:

```
<Prod-regel>        :=  <Test> → <Aktion>
   <Test >          :=  ($AND [<Klausel >]⁺)
 <Klausel >         :=  <Literal> ($OR[<Literal>]⁺)
 <Literal >         :=  {wie im Prädikatenkalkül}
 < Aktion >         :=  [<LISP-Form>]
```

Regelinterpretierer. Die in der Wissensbasis enthaltenen (Produktions)regeln werden durch einen Regelinterpretierer bearbeitet, der nach dem *Auswahl-Anwendungszyklus* {engl. recognize-act-cycle} arbeitet:
(1) bestimme die Menge der anwendbaren Regeln;
(2) WHILE (mindestens eine Regel ist anwendbar)
         DO wähle eine anwendbare Regel zur Ausführung aus;
             führe <Aktion> der ausgewählten Regel aus
         OD;

Vorwärts- und Rückwärtsverkettung von Regeln. Die bisher betrachtete Auswahl und Anwendung von Regeln bildet eine Vorwärtsverkettung dadurch, daß Regeln in der Vor-wärtsrichtung betrachtet werden: zunächst Auswertung der <Test>; zur Bestimmung anwendbarer Regeln, sodann Anwendung einer <Aktion> .

Man kann Produktionsregeln auch in Rückwärtsrichtung betrachten: Um einen Effekt zu erreichen, sucht man zunächst nach Aktionen, die zum Erreichen des Effektes bei-tragen. Erst danach sucht man unter den verbleibenden Regeln diejenigen heraus, die anwendbar sind, um dann für eine anwendbare Regel ihre <Aktion> auszuführen.

2.2.2.2. *Arbeitsweise des MYCIN-Regelinterpretierers.* In MYCIN werden Regeln vor-wiegend im Rückwärtsverkettungs-Modus interpretiert. Der Betrieb von MYCIN wird wie folgt ausgelöst:

<1> Ein Aufruf an MYCIN aktiviert das Problemlösungssystem.
<2> Das Problemlösungssystem erzeugt Einträge mit allgemeinen Patientendaten.

    RULE-092 *wenn* (1) es liegt ein zu therapierender Organismus vor
            & (2) es können noch weitere, zu therapierende   <Test>
                 Organismen vorliegen
        dann (1) stelle Liste möglicher Therapien auf
            & (2) bestimme Empfehlung für beste Therapie   <Aktion>

        sonst melde, daß Patient keine Therapie benötigt

Zur Auswertung des Tests werden zunächst Anfragen an den Arzt um Angaben zu klini-schen Befunden über Krankheitserreger gerichtet. Diese Anfragen führen zum Aufbau des Kontextbaumes, so daß der Ablauf einer MYCIN-Beratung überwiegend darin besteht, die Aussagen für den Test der Regel RULE-092 abzuleiten.

Vorauswahl von Regeln. In vielen Situationen sind zahlreiche Regeln anwendbar, da ihre Tests als wahr ausgewertet werden können. Die Zahl der Regeln schließt es aus, daß in jeder Situation alle Regeln auf Anwendbarkeit überprüft werden. Daraus er-halten wir zwei Arten von *Kontrollaufgaben:*

(A) Auswahl derjenigen Regeln, die überhaupt auf Anwendbarkeit überprüft werden
    sollen.
(B) Auswahl derjenigen Regel, die unter allen anwendbaren Regeln ausgeführt werden
    soll.

Der dominierende Mechanismus der Kontrollaufgabe (A) ist Rückwärtsverkettung, d.h. es werden nur solche Regeln auf Anwendbarkeit überprüft, deren Aktionen zur verfolg-ten Zielsetzung beitragen. Doch hierdurch werden zuwenig Regeln ausgeschlossen, deren Betrachtung im jeweiligen Zusammenhang nicht sinnvoll ist. Daher wendet MYCIN folgende weitere Mechanismen zur Lösung der Kontrollaufgabe (A) an:

(1) <u>Kontrollbaumexpansion</u>: Die Anwendung einer Regel bezieht sich stets darauf, den
                        Kontextbaum an einem Blattknoten weiter zu expandieren.
                        Regeln, die zur Expansion vorliegender Blattknoten nicht
                        beitragen, werden nicht berücksichtigt.

(2) <u>Regel/Objekttyp-Bindung</u>: Jede MYCIN-Regel ist qualifiziert mit 1-2 Objekttypen,
                        so daß sie nur auf Knoten dieser Objekttypen anwendbar
                        ist.
                        Beisp.: CURRULES - Regeln, die nur auf Angaben über
                                            Bakterienkulturen angewandt werden
                                            ('curcul'. 'priorcul').
                                PATRULES - Regeln, die nur auf Personaldaten
                                            über Patineten angewandt werden.

(3) <u>LOOKAHEAD-Liste</u>: Liste von Regelnamen, die in einem Knoten eingetragen ist.
                        Für einen solchen Knoten werden nur die in der LOOKAHEAD-Liste
                        angegebenen Regeln auf Anwendbarkeit überprüft und ggf. aus-
                        geführt {Vorwärtsverkettung!}

<u>(4) UPDATED-BY-Liste</u>: Liste von Regelnamen, die in einen Knoten eingetragen ist.
Für solchen Knoten werden die in der UPDATE-BY-Liste angegebenen
Regeln aufgerufen, die zu Attributen des Objektes Werte be-
stimmen {Vorwärtsverkettung!}.

Expansion von Kontextbäumen. Durch Rückwärtsverkettung wird die Anwendung einer Regel
vorgeschlagen. Wenn der Test dieser Regel wegen fehlen der Angaben nicht ausgewertet
werden kann, so wird die Ermittlung dieser Angaben angestoßen.

Beisp.: RULE-004

wenn   1) die Identität des Organismus ist nicht sicher bekannt;
& 2) 'dieser' Organismus und 'früher' isolierte Organismen sind
gram-negativ;

dann   liegt schwache Evidenz dafür vor, daß 'dieser' und 'frühere'
Organismen identisch sind.

Wenn jetzt kein Objekt vom Typ 'priororg' voliegt, kann Test 2) nicht
ausgwertet werden.

Konsequenz: MYCIN erzeugt einen neuen 'priororg'-Knoten im Kontextbaum.
MAINPROPS lösen Fragen an den Arzt aus, deren Antworten als
Werte eingetragen werden (Vorwärtsverkettung).
aber: 'priororg'-Knoten erfordert 'priorcul'-Knoten als Vorgänger;
daher erzeugt eine Regel vom Typ 'curorgrule' einen 'priorcul'-
Knoten und löst die Ermittlung entsprechender Eigenschaften aus.

2.3. *Erklärungsmechanismus*.

2.3.0.*Übersicht* . MYCIN zieht Schlußfolgerungen durch Anwendung von Regeln, deren
Anwendbarkeit auf der Gültigkeit von Tests über die 'dynamischen' und Patientendaten
(vgl. Abb.2) beruhen. Die Erklärungskomponente von MYCIN erklärt Schlußfolgerungen
dadurch, daß sie erklärt, welche Regeln aufgrund welcher Daten angewandt wurden.

Die Erklärungskomponente wird nur auf ausdrücklichen Benutzerwunsch hin aktiviert.
Sie beantwortet

- Fragen danach, welche Regeln zur Ableitung von Schlußfolgerungen nacheinander
angewandt wurden.

- Fragen danach, aufgrund welcher 'dynamischer' und Patientendaten Regeln angewandt werden konnten.

2.3.1. *Fragen nach angewandten Regeln*. Zur Wissensbasis beantwortet die Erklärungskomponente zwei Arten von Fragen:
- allgemeine Fragen, die keinen Bezug auf eine MYCIN-Konsultation haben.
- Fragen zum Verlauf einer Konsultation.

2.3.1.1. *Allgemeine Fragen*. Zwei Arten allgemeiner Fragen können bearbeitet werden:

(1) Fragen über Regeln zu bestimmten Aufgaben.
Beisp.: F: What do you prescribe for actinomycetes infections?

A: RULE-002
if   identity of organism is actionomycetes
then   I recommend therapy chosen from among the following
drugs: 1. penicillin   .99
2. tetracyline .99
3. erothromycin .99

└─Sicherheitsfaktoren

(2) Fragen nach dem Zweck von Anfragen von MYCIN an den Benutzer.
Beisp.: F: Why do you ask the age of the patient?

A: {Liste von Regeln, deren <Test> nach "age" fragt}

In beiden Fällen erfolgt die Konstruktion einer Antwort einfach dadurch, daß
<Test> bzw. <Aktion> - Teile von Regeln nach Schlüsselwörtern durchsucht werden.
Falls ein gesuchtes Schlüsselwort in einer Regel vorkommt, wird diese Regel in der
Antwort ausgegeben.

2.3.1.2. *Fragen zum Verlauf einer Konsultation.* In diesen Fragen soll geklärt werden,
wie MYCIN auf eine bestimmte Schlußfolgerung gekommen ist.
Beisp.: F: How did you decide that organism-1 is the same as organism-2?

      A: I used RULE-005 to conclude that the pseudomonas (organism-2) is a prior
organism with the same identity as organism-1 with cumulative CF.29.

      {Hier wird die Aktion von RULE-005 durch ein einfaches Satzmuster ver-
balisiert, in dem die Variablen durch die aktuellen Daten organism-1 ,
organism-2, .29 ersetzt werden.}

2.3.2. *Fragen nach dynamischen und Patientendaten.* Hier geht es um zwei Arten von
Fragen:

(1) Fragen nach Zusammenhängen zwischen Daten.
    Beisp.: F: Is organism-1 the same as organism-2?

       A: Organism-4 (.19), organism-3 (.19), and organism-2 are prior
organisms with the same identity as organism-1.
{Angaben in Klammern sind Sicherheitsfaktoren}
Diese Fragen werden durch Schlüsselwort-gesteuerte Suche in den Datenbanken
beantwortet.

(2) Fragen nach dem Zweck von Anfragen an den Benutzer.
    Beisp.: F: Erkläre Frage #67.   {Alle Fragen sind nummeriert}

      A: Ich möchte ermitteln, ob die Kombination Gentamycin/Carbenicillin
geeigneter ist als Gentamycin.
Ich weiß durch RULE-068:

    wenn   1) Gentamycin-Therapie ist hier sinnvoll
     & 2) Krankheitserreger ist Pseudomonas
     & 3) die Schwere der Krankheit ist 3 (Skala 0..4)
     & 4) (der Patient ist nich allergisch gegen Antibiotika) *oder*
        (der Patient ist nich allergisch gegen Carbenicillin)
    dann ist die Therapie mit der Kombination Gentamycin/Carbenicillin
     geeigneter als mit Gentamycin.
Es ist bereits gesichert, daß 1) <s.o.>
                und 2) <s.o.>
                und 4) <s.o.>;
wenn daher 3) <s.o.> , dann ist die Therapie... <s.Folgerung>.

3. Repräsentation, Manipulation und Akquisition von Wissen.

Ihre Aufgaben bearbeiten Expertensysteme durch Manipulation der Wissensinhalte,
die in ihrer Wissensbasis in einer geeigneten Wissensrepräsentation kodiert sind.
Die Beschaffung, Aufbereitung und Kodierung von Wissensinhalten wird durch Verfahren der Wissensakquisition unterstützt. Manipulation und Akquisition bauen damit auf der Repräsentation von Wissen auf.

3.1. *Wissensrepräsentation.*

Das von Expertensystemen benutzte und manipulierte Wissen entspricht dem, was auch
der nachgebildeten Vorgehensweise von Spezialisten zugrunde liegt. Je nachdem, ob
man Wissensinhalte als "passive Daten" oder anwendbare Prozeduren beschreibt, gelangt man zu verschiedenen Formen der Wissensrepräsentation:

* *deklarative Wissensrepräsentationen* geben Beschreibungen von Sachverhalten,
  die keine Angaben über Konstruktion und Gebrauch von Wissen enthalten.
  Beisp.: "die Liste (1 3 9 21 77) ist sortiert"

* *prozedurale Wissensrepräsentationen* beschreiben Verfahren zur Konstruktion,
  Verknüpfung und Anwendung von Wissen.
  Beisp.: Eine Prozedur für den Quicksort-Sortieralgorithmus.

  **Kontrollwissen* nennt man Verfahren zur Steuerung des Einsatzes deklarativer
  und prozeduraler Wissensbeschreibungen.
  Beisp.: Auswahlverfahren für optimale Sortierverfahren auf gegebenen Daten.

Diese Darstellungsarten werden häufig irreführend als deklaratives, prozedurales
bzw. Kontroll-Wissen bezeichnet. Einzelne Wissensinhalte können jedoch in jeder Darstellungsform repräsentiert werden, deren Zweckmäßigkeit von der Anwendung abhängt.

In vielen Anwendungen kann von einzelnen Wissensinhalten nicht sicher gesagt werden,
ob sie gelten oder nicht (*vages Wissen*) . Die Darstellung von Vagheit ist eng mit
Modellen darüber verbunden, wie die Vagheit von Wissensinhalten bestimmen läßt,
die sich aus der Verknüpfung mehrerer vager Wissensinhalte ergeben.

Formen der Wissensrepräsentation lassen sich verwenden, um gleichartige oder anders
repräsentierte Wissensinhalte zu *strukturieren*. Die Gleichartigkeit von Strukturie-
rungsmittel und Wissensrepräsentation ergibt sich daraus, daß Strukturierung von
Wissen selbst einen Wissensinhalt bildet.

Häufig erfolgreich angewandte Wissensrepräsentationen werden im Laufe der Zeit zu
verbreiteten Sprachelementen sowohl in Beschreibungs- und Repräsentationssprachen
(deklarative Repräsentation), als auch in Programmiersprachen (prozedurale Repräsentation). Jede solche Sprache bildet daher eine Wissensrepräsentation. Wir beschränken uns auf solche Wissensdarstellungen,die speziell für die Anwendungen der künstlichen Intelligenz in Expertensystemen nützlich sind.

3.1.1. Deklarative Wissensrepräsentationen

(1) Prädikatenlogik. Prädikatenkalküle 1. Stufe [MEN 72, RIC 78] bilden die Grundlage deklarativer Wissensrepräsentationen, deren Aufbau wir im folgenden voraussetzen.
Zur Eingrenzung von Ableitungen werden häufig *Sortenkalküle* benutzt, in denen Funktionen und Prädikate auf bestimmte, durch Sorten benannte Mengen von Objekten beschränkt werden.

(1.1) Frame-Problem. In einigen Anwendungen (z.B. Spiele, Aktionspläne für Roboter)
werden Expertensysteme zur Planung von Aktionen eingesetzt, die zu gewünschten
Zielsituationen führen sollen.

Beisp.: In der *Klötzchen-Modellwelt* (engl. blocks world) gibt es Würfel A,B,C,...
          die auf einem Tisch stehen oder übereinander gestapelt sind. Ein Roboterarm
          kann jeweils ein Klötzchen greifen, und auf den Tisch stellen bzw. auf ein
          anderes Klötzchen stapeln. Ein Zustand kann durch eine Konjunktion elemen-
          tarer Aussagen beschrieben werden:

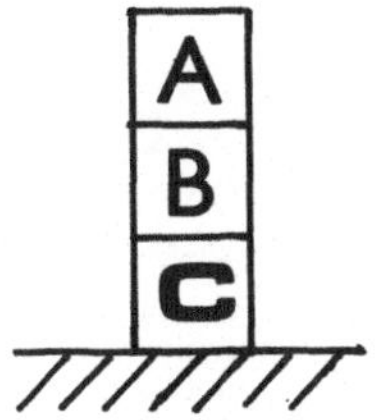

FREI(A) & AUF(A,B) & AUF(B,C) & AUF(C,TISCH)

Die Ausführung der Operation STAPELN(X,Y) ist in einem Zustand mit
FREI(X) & FREI(Y) anwendbar und stapelt X auf Y. Eine Beschreibung der
durch STAPELN (X,Y) bewirkten Zustandsänderung wäre extrem aufwendig,
wenn man auch die nicht veränderten Zustandsbestandteile mit aufführen
müßte.

Die Aufgabe, für zustandsändernde Operationen zu beschreiben, was sich an Zuständen
wie ändert und was nicht, nennt man das *Frame-Problem* .

(1.2) Zustandslogik. Ein Ansatz zur Beschreibung von zustandsändernden Aktionen
besteht darin, alle Prädikate und Operationen mit einem Argument der Sorte "ZUSTAND"
auszurüsten.

Beisp.: STAPELN(X,Y,z): FREI(X,z) & FREI(Y,z) → FREI(X,z') & AUF(X,Y,z')
Dieser Ansatz liefert eine *Zustandslogik* [MCH 69]

(2) Semantische Netze. Semantische Netze sind als graphische Veranschaulichung prä-
dikatenlogischer Formeln entstanden. Ein semantisches Netz ohne Variable *(Grundnetz)*
ist ein gerichteter Graph, dessen

   * Knoten mit Individuennamen
   * Knoten mit Prädikatnamen   beschriftet sind:

Beisp.:

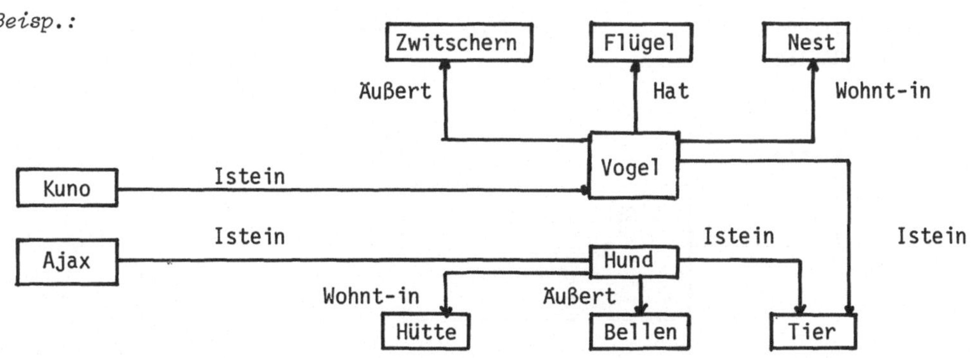

Abb. 3.1. *Beispiel für ein semantisches Netz.*

Knoten von semantischen Netzen können auch mit Termen beschriftet sein, in denen
alle Variable implizit allquantifiziert sind. Durch *Skolemisierung* können damit
auch existenzquantifizierte Formeln dargestellt werden.

Beisp.: "Jede Stadt hat ein Rathaus": ∀x:Stadt. ∃y:Rathaus. Hat(x,y) (*)
Sei f: Stadt → Rathaus; dann ist (*) äquivalent zu
∀x:Stadt. Hat(x,f(x))

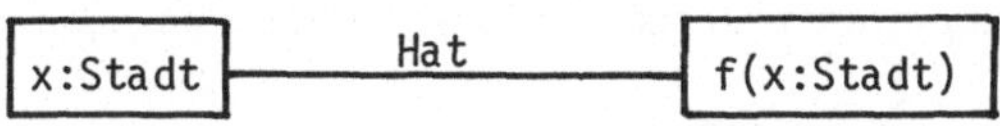

Logische Verknüpfungen werden durch Hilfslinien dargestellt:

Logische Verknüpfungen werden durch Hilfslinien dargestellt:

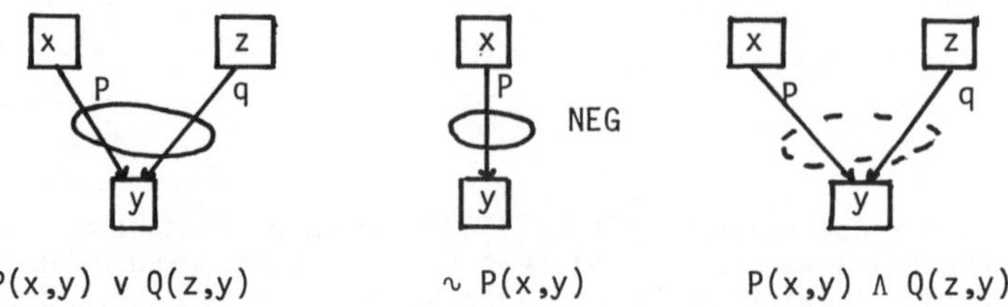

Lit.: [FIN 79]

3.1.2. Prozedurale Wissensrepräsentationen

(1) Produktionssysteme bestehen aus

* einer *Datenbasis* mit syntaktisch uniform kodierten Wissensinhalten (Daten)
* einer *Produktionsbasis*, d.h. einem System von *Produktionsregeln*.
  Eine Produktionsregel ist ein Paar <Test> → <Aktion>,
  wobei <Test> als Prädikat über der Datenbasis, und
        <Aktion> als Anweisung zur Änderung der Datenbasis interpretiert wird.
* einem *Regelinterpretierer*, der zusammengesetzt ist aus
  - einem *Pattern Matcher* zur Auswertung von Tests über der Datenbasis.
  - einem *Interpretierer* zur Ausführung von Aktionen, die Daten- und
          Produktionsbasis ändern können.
  - einer *Kontrolle* , die Produktionsregeln zur Überprüfung auf
          Anwendbarkeit und ggf. Anwendung auswählt.

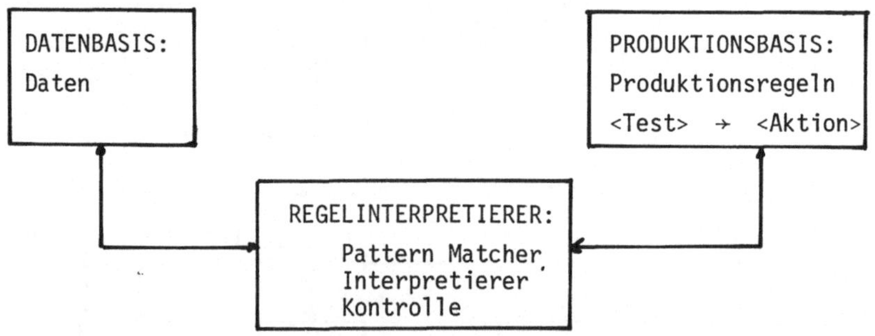

Abb. 3.2. *Architektur von Produktionssystemen.*

(1.1) Auswahl-Anwendungszyklus. Tests in Produktionsregeln werden als *Muster*(engl.
pattern) ausgedrückt, d.h. als Ausdrücke mit Variablen. Die Auswertung eines Tests
erfolgt dadurch, daß eine Substitution für die in ihm vorkommenden Variablen gesucht
wird, so daß die Anwendung der Substitution das Muster in einen Ausdruck überführt,
der in der Datenbasis vorkommt. Die Suche nach solchen Substitutionen heißt *Pattern
Match* zwischen Muster und Datenbasis. Eine Produktionsregel test →aktion heißt *anwendbar* auf der Datenbasis db, wenn der Pattern Match erfolgreich eine Substitution
δ liefert; die *Anwendung* dieser Produktionsregel besteht dann darin, (δ aktion) auf
db auszuführen.

Diese Vorgänge laufen im Auswahl-Anwendungszyklus (engl. recognize-act-cycle) ab,
nach dem der Regelinterpretierer arbeitet:

sei PB die Produktionsbasis,
    DB die Datenbasis im Anfangszustand

in

until (DB genügt einem Terminierungskriterium
        oder keine Regel aus PB ist anwendbar auf DB) *do*
        begin
                (1) AUSWAHL: wähle aus PB eine Regel P, die auf DB anwendbar ist;
                (2) ANWENDUNG: DB   := (Ergebnis der Anwendung von P auf DB)

        end;

Abb.3.2.*Auswahl-Anwendungszyklus in Produktionssystemen*

(1.2.) Kontrolle. Die Kontrolle des Regelinterpretierers nimmt die   AUSWAHL einer
anwendbaren Regel im Auswahl-Anwendungszyklus vor.   Zwei Arten von *Kontrollstrategien*
werden angewandt:
* *unwiderrufliche Kontrollstrategien* schließen aus, daß nach Auswahl und Anwendung
  von Regeln bei Mißerfolg wieder zu einer Situation vor Auswahl einer Regel zurück-
  gegangen wird, um evtl. eine andere Regelauswahl zu verfolgen.

* *vorläufige Kontrollstrategien* ermöglichen dagegen eine spätere Revision von Aus-
  wahlentscheidungen.
    - bei *Rücksetzverfahren* (engl. backtracking) können bei Regelauswahl mögliche
      Alternativen zusammen mit dem Zustand der Datenbasis gespeichert und später
      wieder aufgegriffen werden.
    - bei *Graphsuchverfahren* werden die Konsequenzen der Anwendung anwendbarer
      Regeln bestimmt und ggf. unter Einbeziehung von Informationen aus Fehlwegen
      auf dieser Grundlage Auswahlentscheidungen getroffen.

(1.3) UND/ ODER-Bäume. Häufig kann die von einem Produktionssystem bearbeitete
Aufgabenstellung in mehrere Teilaufgaben zerlegt werden, von denen
    - UND   jede einzelne
    - ODER nur mindestens eine   erfolgreich bearbeitet werden muß.

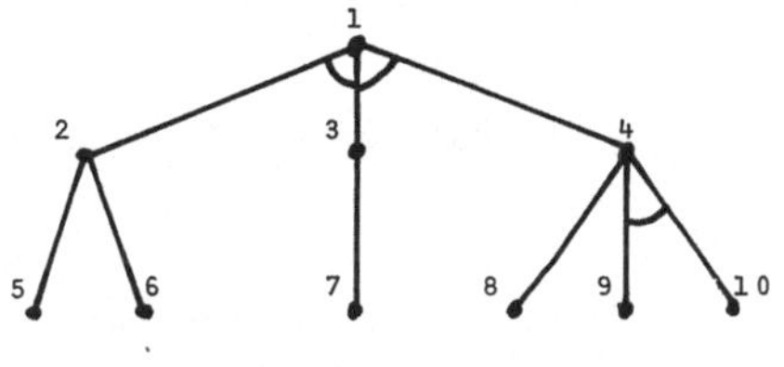

Dies wird in UND/ODER-Bäumen wie in
Abb. 3.3 anschaulich dargestellt:
Aufgabe 1 wird zerlegt in Teilaufgaben 2,3 und 4, von denen jede
erreicht werden muß (UND-Bögen).
Aufgabe 2 wird in die Teilaufgaben
5 und 6 zerlegt, von denen nur
eine erreicht werden muß.

Abb. 3.3.   *UND/ODER-Baum*

UND/ODER Bäume geben eine Darstellung der Abläufe von Produktionssystemen mit vorläufigen Kontrollstrategien.

(1.4) Vorwärts-, Rückwärts- und bidirektionale Produktionssysteme. Produktionsregeln
kann man auch in Rückwärtsrichtung anwenden: Um den Effekt der Aktion zu erreichen,
bildet der Test ein *Unterziel*, das wiederrum durch Aktionen von Regeln erreicht
werden kann, sofern deren Tests als Unteziele erreich werden können, usw. Diese
vom Ziel ausgehende und damit *zielgerichtete Suche* endet, wenn ein Satz von Unter-
zielen durch die Datenbasis erfüllt wird und somit bei vorwärtsgerichteter Anwendung
der bisher rückwärts verketteten Regeln das Ziel erreicht wird. Bidirektionale
Produktionssysteme machen sich Vor- und Rückwärtsverkettung von Regeln zunutze.

Lit.: [DAK 77] gibt eine gute Übersicht über die wichtigsten Mechanismer für Produktionssysteme In [PDIS] finden sich Arbeiten, die auch jetzt noch einen guten
Querschnitt durch Forschungsprobleme geben. [NIL 80] gibt eine breite und sorgfältige Einführung in Grundlangen und Anwendungen von Produktionssystemen.

(2) PROLOG: Prozedurale Interpretation der Prädikatenlogik. Die Prädikatenlogik kann nicht nur zur deklarativen, sondern auch zur prozeduralen Wissensrepräsentation angewandt werden. Diese Entdeckung liegt der Programmiersprache PROLOG ([CLO 81] , [VEM 77] zugrunde.

Horn-Klausel. Ein *Literal* ist ein Prädikatsymbol gefolgt von einer Argumentliste von Termen (Beisp.: P(x,f(s,y))). Sind q, p_1, ..., p_R Lieterale, in denen die Variablen x_1, ... x_n vorkommen so ist

$q \leftarrow p_1$, ..., p_R eine *Horn-Klausel*, die für $\forall x_1$,.., x_n. q $\leftarrow$(p_1 & ... & p_R) steht-

Interpretation. In einer Hornklausel q $\leftarrow$ p_1,..., p_R wird q als Prozedurkopf und p_1, ... , p_R als Prozeduraufrufe interpretiert. Ein Prozeduraufruf p an die Prozedur q $\leftarrow p_1$, ..., p_R wird wie folgt ausgeführt:

(1) unifiziere p und q, d.h. suche eine Substitution δ, so daß $\delta p = \delta q$; *wenn* Unifikation erfolglos *dann* Abbruch *sonst* (2);

(2) wende auf den Kontext, in dem p vorkommt, die Substitution δ an und ersetze darin δp durch δp_1, ..., δp_R.

Beispiel.

(1) $\leftarrow$ teilvon (f,p)   (Dies ist ein PROLOG-Programm,
(2) teilvon (a,p) $\leftarrow$ in dem p für Person, a für Arm,
(3) teilvon (h,a) $\leftarrow$ h für Hand und f für Finger
(4) teilvon (f,h) $\leftarrow$ steht; x,y und z sind Variable).
(5) teilvon (x,z) $\leftarrow$ teilvon (x,y), teilvon (y,z)

(1) ist die Aufgabenstellung, (2)-(4) sind Fakten, (5) ist eine Prozedur.

Eine mit (1) ("zeige, daß ein Finger Teil einer Person ist") beginnende Berechnung verläuft wie folgt:

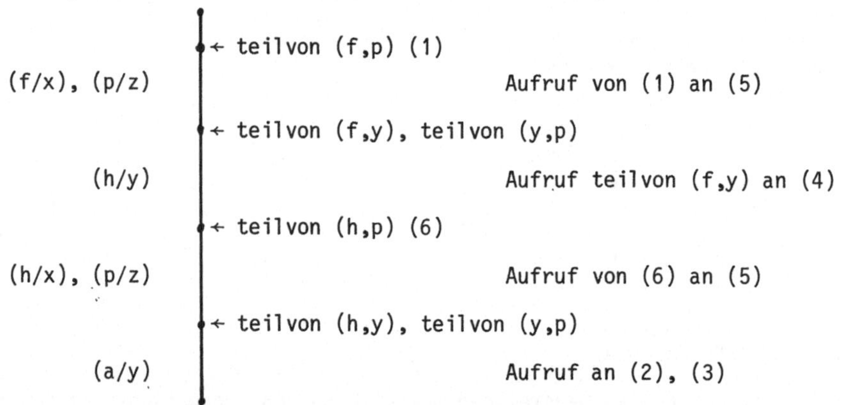

(Eine PROLOG-Berechnung endet mit einer leeren Klausel)

Hinweise:

1. PROLOG unterstützt deklarative und prozedurale Wissensrepräsentationen, erlaubt jedoch keine explizite Darstellung von Kontrollwissen (vgl. PLANNER-artige Sprachen in 3.1.3).

2. Prozedurrümpfe sind *Mengen* von Prozeduraufrufen; die Reihenfolge der Abarbeitung ist (im Prinzip) beliebig: dies ist eine Kontrollabstraktion.

3. Zu einem Prozeduraufruf kann es mehrere aufrufbare Prozedurköpfe geben; die Auswahl ist (im Prinzip) indeterminiert; dies ist eine Kontrollabstraktion.

4. Ein- und Ausgabe verhalten sich symmetrisch: zu Ausgaben können auch Eingaben berechnet werden, oder umgekehrt, oder beides.

5. PROLOG ist gut zur Implementierung von Produktionssystemen geeignet.

3.1.3. Kontrollwissen

Die explizite Darstellung von Kontrollwissen bezieht sich stets auf die Repräsentation der jeweils kontrollierten Wissensinhalte.

*Metaregeln.*Eine Kontrolle der AUSWAHL im Regelinterpretierer von Produktionssystemen kann explizit durch *Metaregeln* (Regeln über die Anwendung von Regeln) dargestellt werden. In Metaregeln wird angegeben, in welcher Reihenfolge und unter welchen Bedingungen Produktionsregeln angewandt werden sollen. Insbesondere können Metaregeln die Regelanwendung aufgrund von Bedingungen über die Vorgeschichte und Zielsetzung von Berechnungen steuern.

Lit.: [DAV 77] , [DKL 79], [GMW 79], [WEY 80].

Operator-Differenz-Tafeln. Eine sehr einfache Form der Darstellung von Kontrollwissen für Produktionssysteme wurde im *General Problem Solver* [NSI 72] vorgeschlagen und z.B. im Problemlösesystem STRIPS (Planformierung für Roboter: [FIN 71], [FHN 72]) realisiert: Zwischen aktuellem und Zielzustand der Datenbasis wird eine *Differenz* gebildet. Jede Produktionsregel kodiert einen *Operator*. In einer *Operator-Differenz-Tafel* wird zusammengestellt, wie Differenzen durch Anwendung von Operatoren verändert werden. Die Auswahl anwendbarer Operatoren erfolgt dann dadurch, daß man zur aktuellen Zustand-Ziel-Differenz aus der Operator-Differenz-Tafel denjenigen Operator aussucht, der die Differenz am stärksten reduziert.

PLANNER-artige Sprachen. Bei der Anwendung von Produktionssystemen als Deduktionssysteme zur Ableitung behaupteter Sachverhalte liefert der Aktionsteil einer Regel
  - bei *Vorwärtsverkettung* neue abgeleitete Aussagen, die man häufig als
    ASSERT Partikel in der Datenbasis ablegt: (ASSERT Kuno zwitschert)
  - bei *Rückwärtsverkettung* neue abgeleitete Teilziele, die man häufig als
    GOAL-Partikel in der Datenbasis ablegt: (GOAL Kuno (hat Flügel)).
Je nach Verwendungszweck kann man daher die Aussage
∀x. Istein(Vogel,x) => (hat (Flügel, x) & zwitschert (x))
formulieren als

(1) *procedure* Istein (Vogel, ?X)
        begin ASSERT (hat (Flügel $X)

    end

(2) *procedure* zwitschert (?X)
        begin GOAL (Istein (Vogel $X)
                ASSERT (zwitschert $X)

    end .

?X ist *Matchvariable*, an die beim Aufruf-Match ein Wert gebunden wird, der an jedes Vorkommen von $X in der Prozedur übergeben wird.

Der Prozeduraufruf erfolgt durch *"pattern-directed invocation"*: Keine der Prozeduren in (1), (2) hat einen Namen, sondern beide werden über die *Aufrufmuster* Istein (Vogel, ?X) und zwitschert (?X) aufgerufen: Z.B. liefert der Ausdruck Istein (Vogel, Kuno) einen erfolgreichen Aufruf-Match mit dem Aufrufmuster von (1), so daß die Prozedurausführung
(ASSERT hat (Flügel Kuno)) und (ASSERT zwitschert Kuno) der Datenbasis hinzufügt.

In Prozedurrümpfen können aufgrund lokaler Berechnungen weitere Daten aufgearbeitet, aber auch lokal berechnete Bdingungen an ASSERT-/GOAL-Instruktion geknüpft werden.

Diese Überlegungen bilden die Grundlage des Programmiersprachenentwurfes PLANNER [HEW 72] , der zu zahlreichen Entwicklungen in Programmiersprachen geführt hat (z.B. QA4 [RDW 72] , Conniver [MDS 72], QLISP [REB 76], POPLAR [DAV 71]; Übersicht: [BDR 74]).

AMORD. In PLANNER wird die Benutzung eines Wissensinhaltes bei Einbau in das System festgelegt, so daß er im späteren Verlauf etwa aufgrund neu eingetretener Bedingungen nicht mehr eingeschränkt oder erweitert werden kann. In AMORD wird für jeden Wissensinhalt in der Datenbasis explizit beschrieben, ob und wodurch seine Gültigkeit gerechtfertigt ist und für welche Zwecke er wichtig ist. Diese Angaben können

sich im Laufe einer Berechnung ändern, do daß für Neben- und Folgewirkungen ein
Truth-Maintenance-System [DOY 79] die Konsistenz der Datenbasis gewährleisten muß.
Das AMORD-System erlaubt es ferner, über solche Angaben regelgesteuert zu reflek-
tieren, so daß die Beziehung zwischen Kontrollentscheidungen und Wissensinhalten
explizit Gegenstand von Ableitung ist. Auf diese Weise kann der Suchraum bei
Problemlöse- und Beweisprozessen durch sehr effektive Nutzung problemspezifischer
Wissensinhalte erheblich eingeschränkt werden.

Lit.: [DKL 79], [BHRV 82].

3.1.4. Vages Wissen

Die Gültigkeit von Sachverhalten ist häufig nicht sicher bekannt. Die Vagheit der
Gültigkeit von Aussagen wird meist mit Zahlenwerten beschrieben, die auf Intervalle
[-1, +1] bzw. [0,1] skaliert sind. Für die Konstruktion bzw. Ableitung neuer aus
vagen Aussagen benötigt man Mechanismen, nach denen die Vagheit der neu gebildeten
Aussagen bewertet wird. Häufig werden in *Mehrfachableitungen* dieselben Aussagen auf
verschiedenen Wegen und mit unterschiedlicher Vagheitsbewertung abgeleitet. Sie
können dann unter *Evidenzverstärkung/-abschwächung* ([WKU 79], [WAH 81]) zusammengefaßt werden.

Die Expertensystemen angewandten Ansätze basieren auf (1) *"Fuzzy" Mengentheorie*
[ZAD 79] und (2) dem in MYCIN realisierten Modell, das auf *Sicherheitsfaktoren* aufgebaut [SHO 76].

In allen Ansätzen werden die Vagheitgrößen aus subjektiv bestimmten Zahlengrößen aufgebaut, da nicht auf der Grundlage statistischer Analysen argumentiert werden kann.
So werden in MYCIN die Sicherheitsfaktoren bestimmt aus:

$MB(h,e)$:= Zuwachs an Glaubwürdigkeit für die Hypothese h aufgrund der
Evidenz e (aus [0,1])

$MD(h,e)$:= Zuwachs an Unglaubwürdigkeit für die Hypothese h aufgrund der
Evidenz e (aus [0,1])

Der Sicherheitsfaktor $CF(h,e)$ für Hypothese h aufgrund von Evidenz e wird daraus
bestimmt zu $CF(h,e)$:= $MB(h,e)$ - $MD(h,e)$ (aus [-1, +1]).
In der praktischen Entwicklung werden Größen $MB(h,e)$, $MD(h,e)$ und sogar $CF(h,e)$ oft
durch retrospektives Skalieren aufgrund des gewünschten Ergebnisses bestimmt.
Theoretische Modelle für "fuzzy/inexact reasoning" dienen daher nicht der Fundierung
der Vorgehensweise, sondern ihrer Erklärung und Erläuterung.

3.1.5. Strukturierung von Wissen: Frames, Units, Scripts

Zur Strukturierung von größeren Wissensmengen wurden von M.Minsky [MIN 75] die *Frames*
vorgeschlagen, die eine Verallgemeinerung der Records (wie in Pascal) bzw. Property-
Lists (in LISP) bilden: Ein Frame besteht aus einer Kollektion benannter Terminalfelder (engl. terminals, slots). Mit jedem Terminalfeld ist eine Beschreibung
möglicher Einträge assoziiert wie (Typbeschreibungen, Bedingungen und Muster, mit
denen Einträge einen erfolgreichen Match liefern müssen).

Beisp.: Haus *frame*
    Spezialisierung - von: GEBÄUDE
    Ist-Teil-von   : (DORF, STADTTEIL, STADT)
    Stil   : (LANDHAUS, REIHENHAUS, SCHLOß, WOHNTURM)
    Zahl-der-Fenster   : INTEGER, mehr als 2
    Zahl-der-Türen   : INTEGER (DEFAULT = 1)

(1) Instanzen. Durch Eintrag von erlaubten Weren in Terminalfelder entsteht aus
einem Frame ein Frame, das Instanz des vorherigen ist (Spezialisierung). Ein
Frame liefert damit zunächst einen *Erwartungsrahmen*, der zu konkreten Beschreibungen spezialisiert werden kann.

(2) Vererbungshierarchien. Im obigen Beispiel ist das Frame HAUS Teil einer
Hierarchie von Frames:

    * ein Frame GEBÄUDE liefert eine Beschribung allgemeiner Charakteristika von
Gebäuden und enthält Verweise auf Spezialisierungen wie HAUS. Die in den
Terminalfeldern von GEBÄUDE genannten Einträge gelten auch für HAUS, so daß

* im Frame HAUS sind Verweise auf weitere Frames enthalten, z.B. im Terminalfeld Ist-Teil-von: mögliche Einträge sind Verweise auf die Frames DORF,
STADTTEIL, und STADT.
Die Terminalfelder von GEBÄUDE und HAUS vererben sich jeweils weiter auf
diese Frames.

Diese Frame-Hierarchie, in denen sich Terminalfelder auf jeweils abhängige
Frames weiter vererben, heißt *Vererbungshierarchie* (engl. inheritance hierarchy).

(3) Standardeinträge. Bei der Instanziierung von Frames brauchen für einzelne
Terminalfelder nicht notwendig Einträge angegeben zu werden. Um sicherzugehen,
daß auf jeden Fall ein sinnvoller Eintrag vorhanden ist, können für Terminalfelder *Standardeinträge* (etwa mit dem Schlüsselwort DEFAULT, vgl. Zahl-der-
Türen) angegeben werden. Werden bei der Instanziierung dann Einträge angegeben,
so werden Standardeinträge überschrieben.

(4) Triggers. In ein Terminalfeld kann auch eine Prozedur (engl. trigger procedure)
eingetragen werden, die bei Instanziierung Werte berechnet, die in dieses *oder
ein anderes* Terminalfeld des Frames eingetragen werden.

(5) Vernetzung durch gemeinsame Terminalfelder. Frames können nicht nur durch Vererbung, sondern auch durch gemeinsame Terminalfelder miteinander vernetzt sein.
Auf diese Weise können z.B. Triggerprozeduren in einem Frame Einträge auch für
andere Frames bestimmen.

(6) Transfer Frames. Aktionen können als *Transformationen zwischen Frames* beschrieben werden. Häufig kommt es vor, daß Terminaleinträge in einem Frame aus Zu-
sammenfassungen von Einträgen in anderen Frames bestimmt werden. Zusammenfassen und Einordnen in einen neuen Zusammenhang ist eine Form von Lernen, die
durch *Transfer Frames* realisiert werden kann: Ein Transfer Frame ist ein
besonders genutztes Frame, das als Filter für Einträge aus anderen Frames dient,
die im Transfer Frame zusammengefaßt und - z.B. durch Vererbung oder Triggerprozeduren - an andere Frames weitergegeben werden.

*Lit.*Dieses Konzept wurde als Frames von Minsky [MIN 75], Scripts von Schank und
Abelson[SCH 77] und Units von Stefik [STE 80] eingeführt. Frames bilden
die grundlegende Struktur in den Wissensrepräsentationssprachen KRL [BWI 77] ,
FRL [ROG 77], KLONE [BRA 78] und ObjTalk [LAU 78], sowie dem portierbaren
Programmpaket UNITS [STE 80]. Frame-basierte Expertensysteme sind z.B. GUS
[BOB 77] und NUDGE [GOR 77].

3.2. Wissensmanipulation

Für drei Bereiche der Manipulation von Wissen sind Verfahren entwickelt worden, die
in Expertensystemen angewandt werden:

- *Transformation* von Wissen, d.h. Übersetzung zwischen Wissensrepräsentationen.

- *Deduktion* d.h. Verknüpfung vorhandener und Ableitung neuer Wissensinhalte.

- *Synthese,* d.h. Verknüpfung vorhandener Wisseninhalte und ihre Einordnung in bzw.
    Verallgemeinerung zu Abstraktionen.

3.2.1. Transformation

Die Effizienz von Such- und Deduktionsverfahren ist meist entscheidend von der
Repräsentation manipulierten Wissens abhägig: Zeit- und Speicheraufwand kann sich
für ungünstige und geeignete Wissensrepräsentationen oft um einen Faktor in der
Größenordnung mehrerer Zehnerpotenzen unterscheiden; dies kann entscheidend für den
Unterschied zwischen praktischer Brauchbarkeit und Nutzlosigkeit sein.

In bisherigen Expertensystemen wurden überwiegend jeweils uniforme, d.h. für den
gesamten Anwendungsbereich gleichartige Wissensrepräsentationen verwendet. Bie
musterorientierten Ableitungssystemen (MOAS) sind dies Produktionssysteme, die auf
einer einheitliche, durch den Pattern Matcher festgelegten Mustersprache arbeiten.

Für solche Mustersprachen werden häufig analoge Repräsentationen gewählt. (Beisp.:
DENDRAL [BSF 69]). Größere Wissensbasen sind daher auf verschiedenen spezialisierten
Wissensrepräsentationen aufgebaut, die durch Übersetzer ineinander überführt werden,
so daß jeweils auf den geeignetsten Repräsentationen gearbeitet werden kann.

In vorliegenden Systemen bestehen Transformationen darin, problemangepaßte in
rechnerangepaßte Darstellungen zu transformieren. Beispiele sind:

(1) Übersetzung von Produktionssystemen in effiziente LISP-Programme:
([FMD 77], [FOR 79]): Übersetzer für QPS2 (Produktionssystemsprache).
[VME 79]: Übersetzer für Produktionsregeln in MYCIN-Syntax (Bestandteil des
Metasystems EMYCIN).

(2) Übersetzung zwischen Repräsentationen für verschiedene Verarbeitungsstufen:
Das Spracherkennungssystem HARPY [LOW 76] repräsentiert Wissen zur Erkennung
von Sprachäußerungen (als Ergebnis der phonetischen Verarbeitung) in einem
Produktionssystem. Ein Übersetzer überträgt die Ergebnisse dieses Produktions-
systems in ein Übergangsnetzwerk (ATN), auf dem die weitere syntaktische und
semantische Analyse vorgenommen wird.

3.2.2. Deduktion

Die Entwicklung von Deduktionssystemen bezog sich bis ca. Ende des letzten Jahr-
zehnts vor allem auf zwei Aufgabengebiete:

- *Mechanisches Beweisen*, d.h. Ableitung vermuteter Sachverhalte aus anderen durch
  Anwendung von Ableitungsregeln, die durch algorithmische oder heuristische
  Stragegien gesteuert wird.

- *Problemlösen*, d.h. Konstruktion von Lösungen zu Aufgabenstellungen durch Anwendung von Operationen aus Anfangssituationen.

Beide Bereiche sind eng miteinander verwandt; ihre Darstellung übersteigt den
Rahmen dieser Übersicht.

Lit.: [BIB 81], [LOV 78] (Mechanisches Beweisen)
       [NIL 80] (Problemlösen)

Deduktionen in existierenden Expertensystemen werden durch Produktionssystem ausgeführt, die in diesem Zusammenhang oft als *musterorientierte Ableitungssysteme*
(engl. pattern-directed inference systems) bezeichnet werden. Im Mechanischen Beweisen gibt es seit einigen Jahren die Absicht zur Entwicklung von Systemen, in
denen die Anwendung von Ableitungsregeln stärker durch heuristische, d.h. auf
problem-bezogenen Wissen aufgebauten Strategien gesteuert wird [SIE 81]. Man kann
daher erwarten, daß diese Gebiete zu einem zusammenwachsen werden.

Lit.: [PDIS] enthält Beiträge, die zusammen einen guten Überblick liefern.

3.2.3. Synthese

Verkünpfen, Einordnen und Verallgemeinern von Wissensinhalten (Trainingsdaten)
sind die vermutlich wichtigsten Mechanismen, die *Lernvermögen* zugrunde liegen.
Einschlägige Techniken bilden daher die Grundlage für eine *Mechanisierung der
Wissensakquisition*. Eine grobe Klassifikation der Verfahren liefert die Unterscheidung in (vgl.[MIT 82]).

- *datengetriebene* Strategien, in denen Änderungen an Hyposthese durch neu be-
                trachtete Trainingsdaten ausgelöst werden.

- *erzeuge-und-prüfe*-Strategien, in denen neue Hypothesen zunächst unabhängig von
                Trainingsdaten erzeugt und an den verfügbaren Trainingsdaten
                überprüft werden, so daß die Hypothesen ausschließlich akzeptiert
                werden oder der Anstoß zur Bildung weiterer Hypothesen gegeben ist.

Beispiele für realisierte Methoden sind:

(1) Datengetriebene Strategien.

(1.1) Tiefe-zuerst-Expansion: eine *aktuelle Hypothese* wird an Trainingsdaten
überprüft und ggf. verändert, so daß die geänderte Hypothese anschließend
die aktuelle wird, usw.
Beisp.: [WIN 75] (Verallgemeinern struktureller Beschreibungen von
Linienzeichnungen).

(1.2) Breite-zuerst-Expansion: eine *aktuelle Menge von Hypothesen* wird an
Trainingsdaten überprüft, so daß die beste anschließend die Grundlage
zur Bildung einer neuen aktuellen Hypothesenmenge bildet.
Beisp.: SPROUTER[HRM 75], TROTH [VER 74].

(1.3) Versionsräume sind Mengen jeweils aller mit den Trainingsdaten verträg-
lichen Hypothesen, aus denen aufgrund neuer Trainingsdaten weitere
Versionsräume konstruiert werden.
Beisp.: LEX [MIT 78].

(1.4) Programmsynthese aus Beispielsrechnungen konstruiert aus aufeinander-
folgend betrachteten Trainingsdaten optimale Programme.
Beisp.: [BEI 82], [BIE 76].

(2) Erzeuge-und-prüfe Strategien:

(2.1) Cartesische Überdeckungen: Trainingsdaten werden in einer mehrwertigen
Logik repräsentiert. Durch Erweiterung von Verfahren zur Bestimmung von
Primimplikanten (in der Schaltwerktheorie) auf diese Logik werden Hypo-
thesen als minimale Oberdeckungen erzeugt.
Beisp.: [MC 79]

(2.2) Konstruktion approximativer Hypothese aus wenig zuverlässigen Trainingsdaten
Beisp.: [BMI 78].

3.3. Wissensakquisition

Wissensakquisition ist ein sehr aufwendiger Teil der Konstruktion von Expertensystemen. Hier für gibt es vor allem zwei Gründe:

(1) Ein Spezialist für ein diffuses Gebiet zeichnet sich vor allem durch schwer
dokumentierbares heuristisches Wissen aus.

(2) Fertigkeiten von Experten manifestieren sich bei ihrer Anwendung. Wissensakquisition erfolgt daher zunächst durch Beobachtung und Befragen von Experten
durch einen *Wissens-Ingenieur,* der seine Beobachtungen auschließend in geeigneten Wissensrepräsentationen darstellt, auf die ein Expertensystem zugreifen kann.

Es gibt zwei Ansätze zur Mechanisierung bzw. -Unterstützung der Wissensakquisition:

- *Synthese neuer Wissensinhalte* durch Anwendung der in 3.2.3 beschriebenen Verfahren.

- *Rechner-gestützter Dialog mit Experten in einem erzeuge-und-prüfe-Zyklus:* Aus
einem Expertensystem werden Beispiele erzeugt und einem Experten zur Beurteilung
vorgelegt.Stellt der Experte Fehler fest, so erklärt das Expertensystem seine
Vorgehensweise.
Dieser Ansatz ist z.B. in TEIRESIAS[DAV 79], der Wissensakquisitions- und
Erklärungskomponente von MYCIN realisiert.

4. Architektur und Funktionsweise exemplarischer Expertensysteme

Nachdem wir mit MYCIN Aufbau und Funktionsweise eines klassischen Expertensystems
kennengelernt haben, besprechen wir in diesem Abschnitt einige weitere Systeme,
die exemplarisch sind für

- Darstellung und Verfügbarmachen von Kontrollwissen: CENTAUR, MOLGEN.

- Wissensakquisition: TEIRESIAS.

- den Ansatz kooperierender Expertensysteme: HEARSAY.

- Anwendungen in der Informatik: APE.

4.1. Frame-Repräsentation von Kontrollwissen: CENTAUR

CENTAUR [AIK 80] ist ein auf MYCIN basierendes "Expertensystem der 2. Generation" (vgl. Abb. 4.1):

(1) Aus MYCIN wurde das System PUFF [KUN 78] in recht kurzer Zeit dadurch entwickelt, daß die MYCIN-Wissensbasis (bakteriogene Infektionskrankheiten) gegen eine Wissensbasis zur Diagnostik von Lungenkrankheiten ausgetauscht wurde.

(2) Beim Betrieb von MYCIN/PUFF ergaben sich folgende Schwierigkeiten:
- Alle Regeln haben ungefähr die gleiche 'Granularität' (Inhalt und Anwendungsbreite). Da Regeln fast stets auf Spezialsituationen zugeschnitten sind, sind kaum Schlußketten von allgemeinen zu speziellen Fällen möglich. Eine schrittweise Erweiterung der Wissensbasis wird dadurch außerordentlich erschwert.

- Die Wissensbasis ist weitgehend auf die betrachteten Anwendungen hin optimiert.

  Beisp.: Statt den Regeln $X \to Y$, $Y \to Z$ ist nur die Regel $X \to Z$ eingetragen, da fast nur dieser 'große' Schluß vorkommt.

  Erklärungen werden daher oft unverständliche, Änderungen/Erweiterungen erschwert.

- Fehlende Möglichkeiten zur Darstellung von Kontrollwissen führte zu *impliziten Kodierungen von Kontrollwissen.*
  Beisp.: Um zu erreichen, daß die Regel $X_2 \to Y_2$ stets nach der Regel $X_1 \to Y_1$ ausgeführt wird, wird der Test X_2 um eine Marke erweitert, die durch Y_1 gesetzt wird.
(3)   CENTAUR ist aus PUFF durch explizite Darstellung von Kontrollwissen hervorgegangen.

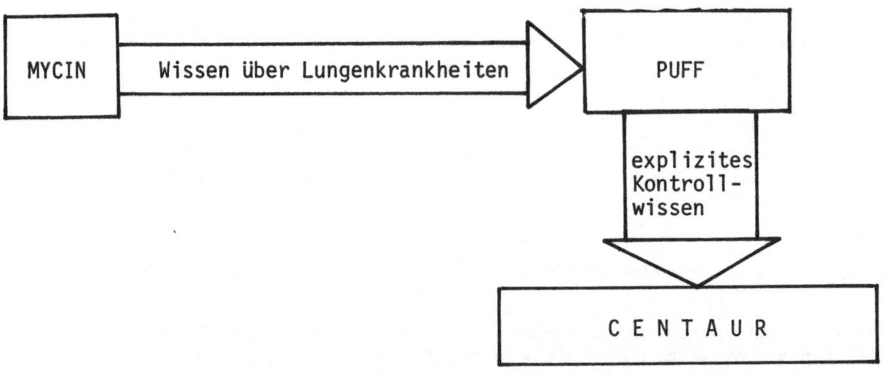

Abb.4.1. *Entwicklung von* CENTAUR *aus* MYCIN/PUFF

4.1.1 Frame-Darstellung von Kontrollwissen. Produktionsregeln können nach zwei zueinander orthogonalen Merkmalen gebündelt werden:
- Nach Klassen anwendbarer Zustände (*Situationen*):
  Regeln, die jeweils in Situation-2, Situation-2, ... anwendbar sind, bilden ein Regelbündel-1, Regelbündel-2, ...
- Nach Phasen der Problembearbeitung (*Phasen*), in denen sie eingesetzt werden:
  Regeln, die jeweils nur während der Anamnese, Diagnosebildung, oder Therapiefindung angewandt werden sollen, werden zu einem Regelbündel zusammengefaßt.

Die Anwendung beider Bündelungsmechanisemn ergibt eine Strukturierung von Produktionsregeln, wie sie in Abb.4.2. illustriert ist

	Situation-1	Situation-2	Situation-3 ....
Phase-1	R R R	R R R	R R R
Phase-2	R R R R R	R R R	R R
Phase-3	R	R R R R R R	R R R

Abb.4.2. *Bündelung von Regeln nach Situationen und Phasen*

Diese Bündelung wird in CENTAUR wie folgt erreicht:

(1) Die Bündelung nach Phasen erfolgt durch Frames, d.h. zu einer Phase gehörende
    Regel werden in einem Frame gebündelt. Ein solches Frame heißt *Prototyp*. In jeder
    Phase der Bearbeitung ist genau ein Frame 'aktiv', d.h. es werden nur Regeln des
    betreffenden Frames betrachtet. Der Obergang von einer Phase zu einer anderen
    erfolgt als Wirkung der Ausführung einer Regel durch *Wechsel des Prototyps*.

(2) Innerhalb eines Prototyps werden die zu den Situationen der Phase gehörenden
    Regel unter Slot-Namen eingetragen, die den Situationen entsprechen.

Daraus ergibt sich eine Kontrollstruktur, die hierarchische Kontrollbäume bildet
(vgl. Abb.4.3).

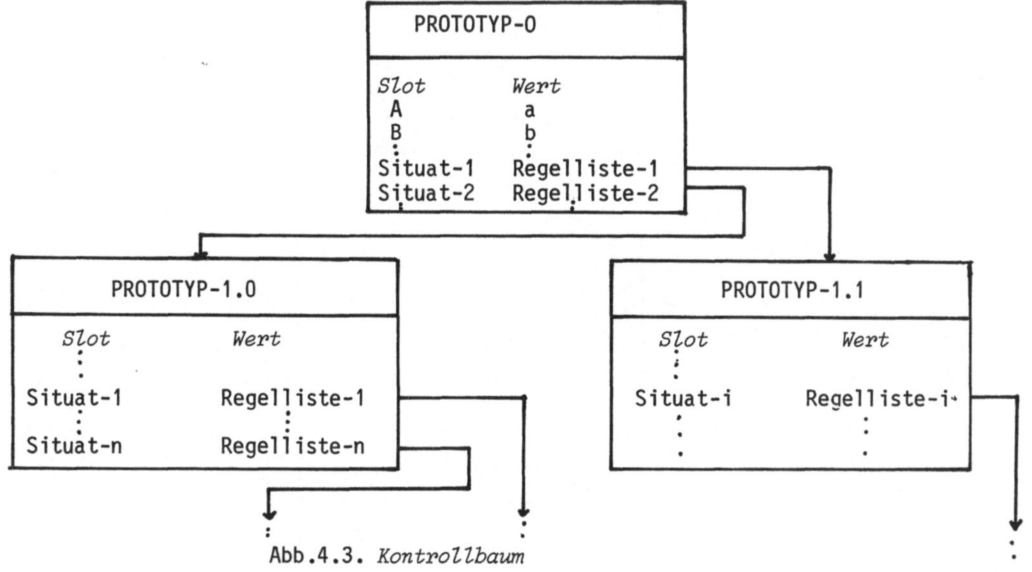

Abb.4.3. *Kontrollbaum*

4.1.2. Agendas.

Die in einem Prototyp gebündelten Regeln können eine oder mehrere Aufgabenkomplexe, genannt *Tasks* , bearbeiten. Während der Bearbeitung einer Task können Aufgabenstellungen vorkommen, die von anderen Tasks zu bearbeiten sind. Solche sich auseinander ergebenden Aufgaben werden in Agendas zusammengefaßt:

(1) Eine Agenda ist eine Liste von Tasks (Aufgabenstellungen).

(2) CENTAUR unterhält eine zentrale Agenda.

(3) Von den Regeln jedes Prototyps können Tasks aufgerufen werden, die jeweils von einem Prototyp des Systems zu bearbeiten sind. Jede solcher Tasks,wird daraufhin in die Agenda eingetragen. Die Agenda enthält daher oft Tasks verschiedener Prototypen.

(4) CENTAUR verwaltet die Agenda als Keller (LIFO-Ordnung).

(5) Neben der LIFO-Ordnung wendet CENTAUR zur Auswahl von Tasks aus der Agenda *Meta-Regeln* an.

Damit ergibt sich folgendes Ablaufschema in der Funktion von CENTAUR:

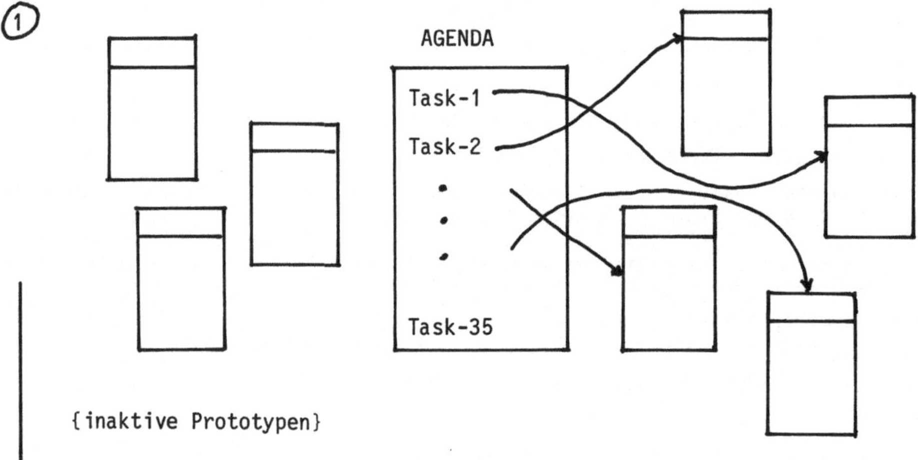

Rückwärtsverkettung: Task-1 ruft Sub-Task-1 .. Sub-Task-4 auf, die zur Erledigung von Task-1 beitragen.

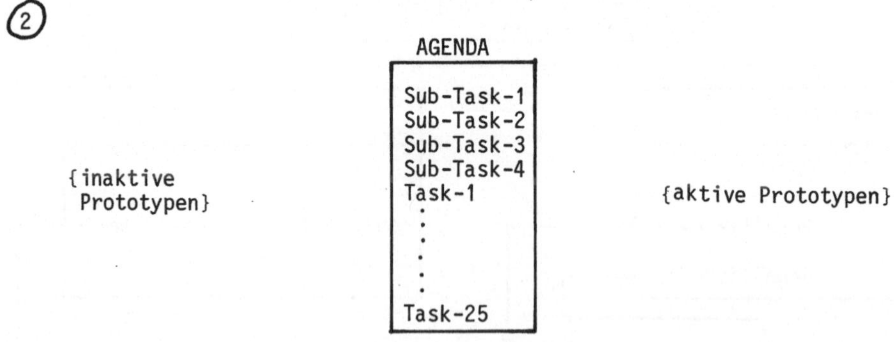

4.2. Einsatz von Planungsmechanismen: MOLGEN

MOLGEN (MOLecular GENetics) [FRI 79] ist ein Expertensystem, in dem Forschungserfahrung in der Auswahl experimenteller Methoden und Geräte zur Planung neuer Experimente in der Molekulargenetik eingesetzt werden soll. Wir zeigen die Funktionsweise von MOLGEN an zwei Beispielen.

Beispiel A.   'DNA-Sequencing'

Aufgabe: DNS besteht aus Ketten der mit A,G,C,T bezeichneten Basen, die die genetische Information kodieren. Es ist die Reihenfolge dieser Basen in DNS-Molekülfragmenten zu bestimmen.

Lösung: Maxim-Gilbert-Verfahren.

(1)   Markiere ein Ende aller Molekülketten mit radioaktivem Phosphor.

(2)   Bilde aus den markierten Molekülketten vier Proben.
Für jede dieser Proben: wende Reagentien an, die Molekül bei α spalten, wobei $\alpha \in \{A,G,C,T\}$ und α für verschiedene Proben verschieden; die Reagentien sollen jedes Molekül einmal spalten.

(3)   Bestimme für jede Probe die Länge der markierten Molekülfragmente nach Spaltung

(4)   *wenn* Basenfolge eindeutig bestimmbar
dann   (Ausgabe Basenfolge)
sonst iteriere Verfahren für jede Probe.

Beispiel B. 'Restriction Site Mapping'

Aufgabe: Restriction-Enzyme spalten DNS-Moleküle an bestimmten Stellen. Die Spaltungsstellen können durch Muster von 4-6 Basen beschrieben werden ('restriction sites').
Finde alle 'restriction sites' für einen Satz Enzyme bzgl. einer DNS

{Lösungen dieser Aufgabe dienen der Auswahl von Enzymen für bestimmte Experimente}.

Lösung:

(1)   Markiere ein Ende aller Molekülketten mit radioaktivem Phosphor.

(2)   Lege so viele Proben an, wie Enzyme betrachtet werden. Behandle jede Probe mit einem Enzyme (jede mit einem anderen), so daß jedes Molekül einmal gespalten wird.

(3)   Bestimme Längen der Molekülfragmente in jeder Probe.

Grundlegend für die Funktionsweise von MOLGEN sind *Planskelette*. Ein Planskelett ist ein Planschema, so daß spezielle Pläne (wie die Lösungen zu Aufgaben A,B) Instanzen sind. Ein Planskelett für die Lösungen A,B ergibt sich aus:

[1]   Markiere ein Ende der Moleküle.   {Markierungsverfahren offen}

[2]   Spalte Moleküle einmal   {Spaltreagens offen}

[3]   Bestimme Längen markierter   {Verfahren zur Längenbestimmung offen}
Fragmente

Der Ablauf einer Experimentplanung durch MOLGEN erfolgt dann durch eine *Enzyklopädie-Wörterbuch-Schleife:*

(1) Stelle Planskelett auf   {nachschlagen in Enzyklopädie}

(2) Verfeinere Planskelett   {nachschlagen im Wörterbuch}

In MOLGEN werden Pläne durch Frames (= Prototypen in CENTAUR, hier aber 'Units' genannt) repräsentiert, die in Bäumen mit Vererbungshierarchie abgelegt werden. Dabei sind Slots typisiert und können Verweise auf Prozeduren enthalten, die

- beim 'Slot-Füllen' helfen.

- Inkonsistenzen mit vererbten oder sonstigen Werten prüfen.

4.3. Wissenakquisition im Dialog: TEIRESIAS

TEIRESIAS [DAV 79] ist die zur Unterstützung der Wissensakquisition ausgebaute Erklärungskomponente von MYCIN. Die Schwierigkeit der Wissensakquisition für Expertensysteme besteht darin, daß dabei Kenntnisse und Fertigkeiten von Spezialisten des Anwendungsgebietes in ein System und dort geeignet kodiert werden müssen, mit dessen Funktionsweise sie nur vage vertraut sind. Dies wird in TEIRESIAS so gelöst, daß mit dem Spezialisten ein Dialog geführt wird, in dem

- TEIRESIAS an einzelnen Regeln oder ausgewählten Fällen seine Ableitungen in natürlichsprachlicher Form demonstriert und begründet Funktionen der Erklärungskomponente .

- Falls der Spezialist mit einzelnen Urteilen und Schlußweisen nicht übereinstimmt, so wird der Spezialist darin unterstützt, die betreffenden Regeln am Bildschirm in natürlicher Sprache zu ergänzen, streichen oder zu ändern. TEIRESIAS überführt die Korrekturen in seine interne Darstellung und überprüft sie auf Konsistenz mit den anderen Regeln.

Diese interaktive Wissensübertragung im *Erzeuge-und-Test-Zyklus* {engl. generate-test-cycle} kann man so zusammenfassen:

1. Grundlage: ein mit Grundwissen ausgerüstetes Expertensystem.

2. erzeuge ein Fallbeispiel;

3. WHILE (Spezialist findet Fehler)

      DO korrigiere Fehler; prüfe Korrekturen auf Konsistenz;
         erzeuge neues Fallbeispiel

      OD;

4.4. Ein System kooperierender Bereichsexperten: HEARSAY

Die bisher betrachteten Expertensysteme sind jeweils auf eine recht eng umrissene Aufgabenstellung hin entwickelt worden. Zur Bearbetung eines größeren Bereiches ist es nicht zweckmäßig, einfach den Umfang des betreffenden Expertensystems zu vergrößen da dann der Such- und Verwaltungsaufwand überproportional anwächst. Eine natürliche Weiterentwicklung von Expertensystemen besteht darin, mehrere für benachbarte Anwendungsgebiete konzipierte "Bereichs"expertensysteme zu einem System zusammenzuschließen, in dem die einzelnen Expertensysteme gemeinsam an der Lösung einer Aufgabe kooperieren. Es liegt dann nahe, daß jedes Expertensystem auf einem autonomen Rechner parallel zu den anderen abläuft, so daß das Gesamtsystem auf einem Merhrechnersystem realisiert wird.

Für dieses Modell ist vor allem das Problem zu lösen, wie die Kooperation zwischen den einzelnen Bereichsexpertensystemen so realisiert wird, daß sie insgesamt zu einer zusammenhängenden Zielsetzung beitragen. Ein einfacher Ansatz zur Lösung dieser Aufgabe ist das *Wandtafel-* {engl. blackboard} Modell: Jeder Bereichsexperte schreibt seine (Zwischen-)Ergebnisse auf eine allen Bereichsexperten für Lese- und Schreibzugriff zugängliche Datenbank, die Wandtafel genannt wird. Die Wandtafel spielt damit die Rolle der dynamischen Datenbais von MYCIN, nun können Bereichsexperten nicht nur auf ihre eigenen, sondern auch auf die (Zwischen-)Ergebnisse der anderen zugreifen (vgl. Abb.4.)

HEARSAY II ([KLA 77], [DMO 78]) ist das erste System, das nach disem Modell entwickelt wurde. HEARSAY II ist ein System zum Verstehen gesprochener natürlicher Sprache. Eine Weiterentwicklung dieses Modells wird z.Zt. an der Univ. Erlangen bearbeitet [NIE 82].

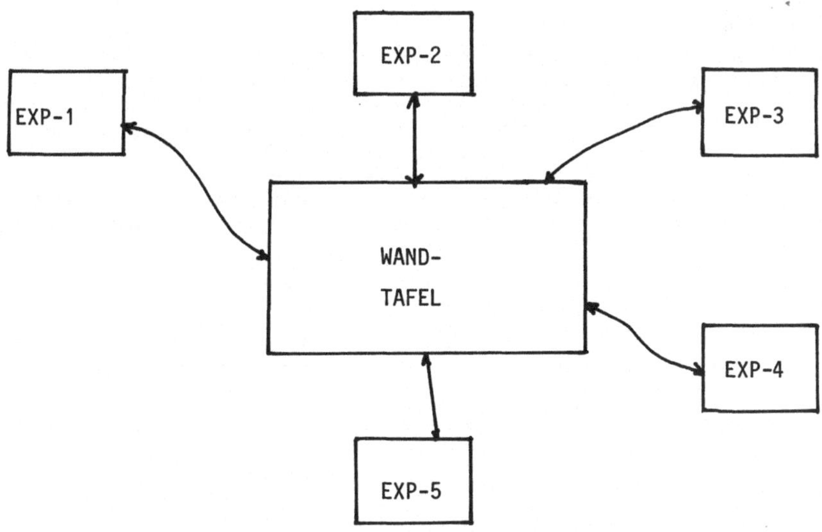

Abb.4.4 *Wandtafelmodell für kooperierende Bereichsexperten*

4.5.Ein Expertensystem zur Unterstützung der Programmierung: APE

APE (= Automatischer Programmier-Experte) [BOR 81] ist ein Expertensystem, das aus abstrakten Spezifkationen von Datentypen und Algorithmen lauffähige LISP-Programme entwickelt. Dabei werden algebraische Spezifikationen, d.h. Axiomatisierungen abstrakter Datentypen vorgegeben, und 'abstrakte' Algorithmen als Termersetzungssysteme über den Operationen der beteiligten Datentypen formuliert. Die Subsysteme ADTCOMP und ALGCOMP zur Implementierung abstrakter Datentypen bzw. Algorithmen kooperieren dabei so miteinander, daß ALGCOMP auf den Datentypimplementierungen aufbaut.

ADTCOMP und ALGCOMP sind jeweils nach der in Abb. 4.5 angedeuteten Architektur aufgebaut. Die Regelbasen sind dabei stark strukturiert, so daß jeweils nur eine kleine Teilmenge der insgesamt vorhandenen Regeln betrachtet wird.

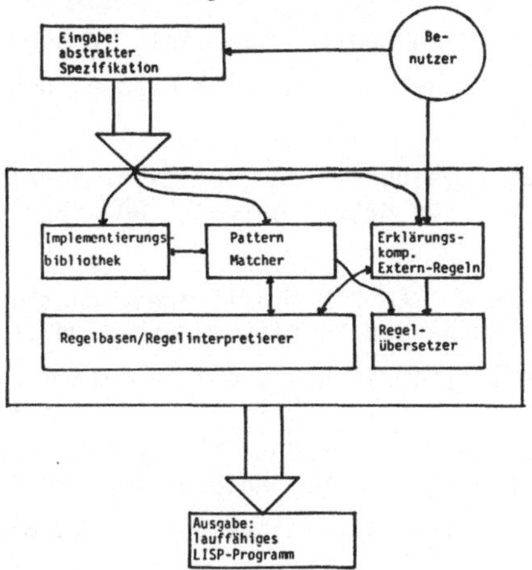

Abb.4.5. *Architektur von ADTCOMP/ALGCOMP in APE*

5. Metasysteme.

5.0. *Übersicht.* Nimmt man aus einem Expertensystem die Wissensbasis heraus, so bleibt ein System übrig, das durch Einfügen einer anderen Wissensbasis in ein anderes, neues Expertensystem übergeht. Die nicht anwendungsspezifischen Bestandteile eines Expertensystems können insbesondere mit den Werkzeugen zur Wissensbasisentwicklung (Wissensakquisitions-/Erklärungskomponente) als *Metasystem* zur Entwicklung weiterer Expertensysteme genutzt werden. Metasysteme {engl. oft 'shells' genannt} bilden also Systeme zur rechnergestützten Konstruktion von Expertensystemen. Der Betrieb von Metasystemen besteht im Transfer von Expertise im Anwendungsgebiet durch den "Wissensingenieur" {engl. knowledge engineer}.

Beispiele für Metasysteme sind

	EMYCIN	aus	MYCIN	
Meta-	DENDRAL	aus	DENDRAL	und
	EXPERT	aus	CASNET.	

Nach der detaillierten Besprechung von MYCIN in Abschnitt 2 geben wir in diesem Abschnitt eine kurze Übersicht über EMYCIN = {Essential MYCIN}[VME 79].

5.1. *EMYCIN.* In EMYCIN sind folgende Komponenten von MYCIN z.T. in Weiterentwicklung vorhanden:

(1) Wissensrepräsentationsstrukturen für

> Daten (assoziative Tripel, Kontextbäume),
> Regeln (Produktionsregeln) und
> Meta-Regeln auf Produktionsregeln.

(2) Erklärungs- und Wissensakquisitionssystem; das eine Weiterentwicklung von TEIRESIAS bildet. Insbesondere enthält dieses Teilsystem einen komfortablen Editor für Regeländerungen.

(3) Regelinterpretierer und Regelübersetzer (s.u.).
(4) Folgende neuen Kontrollmechanismen:

 - Meta-Regeln zur Steuerung der Anwendung von Produktionsregeln.

 - einen Mechanismus zur "Fokussierung" von Ableitungen.

5.1.1. *Unterstützung der Wissensakquisition.* Über die von TEIRESIAS her bekannten Mechanismen hinaus wird durch EMYCIN die Wissensakquisition durch folgende Mechanismen unterstützt.

A. Systeminitiative {engl. prompting} eröffnet und steuert den Wissenserwerb. In der Anfangsphase sorgen Standardeintragungen dafür,daß die Wissensbasis nicht leer ist.

B. EMYCIN verwaltet die Versionskontrolle über einer Versionsbibliothek.

C. EMYCIN führt eine Fallbibliothek, in der alle Fragen und Antworten mit ihren Kontexten verwaltet werden.

5.1.2. *Relgelübersetzer.* Der Regelübersetzer optimiert Regelbasen dadurch, daß er logische Überlappungen im Test von Regeln entdeckt und Regeln daraufhin soweit wie möglich zusammenfaßt.

5.1.3. *Fokussierungsmechanismen.* EMYCIN stellt zwei Fokussierungsmechanismen zur Verfügung, die überflüssige Suche und Regelanwendungen vermeiden helfen:

A. *Preview.* Ist für die Regel T_1 & T_2 & ... & T_n → aktion T_n falsch, für $i<n$ aber T_i unbekannt, so führt eine links→rechts-Auswertung des Tests zu überflüssigen Fragen bzw. Suchen zur Ermittlung des Wertes von T_i. Der *Preview*-Mechanismus von EMYCIN leistet folgendes:

> (1) $V_i [1 \leq i \leq n]$. $T_i > T_j$:<=>(T_i bekannt => T_j bekannt);

(2) alle Teil-Test in einem logischen Ausdruck werden aufsteigend geordnet.

B. *Unitypath*. Falls eine Größe aus einer Schlußfolgerung mit Sicherheitsfaktor CF=1 bestimmt wird, so wird keine weitere Regel zur Bestimmung dieser Größe angewandt.

6. Schlußbemerkungen.

Obwohl Kosten-Nutzen-Analysen an Expertensystemen beim gegenwärtigen Entwicklungsstand noch keine brauchbaren Aussagen liefern können, ergibt sich die Bedeutung
von Expertensystemen aus zwei Beobachtungen:

(1) Expertensysteme bilden das einzige effektive Werkzeug zur Beherrschung diffuser
    Gebiete. Da sie eine mechanisch manipulierbare Systematisierung solcher Gebiete
    sind, bilden Expertensysteme die Theorien diffuser Gebiete. Da sich Theorie-
    bildung als Zusammenfassung, Systematisierung und Modellierung vorhandenen Wissens
    bisher stets als Voraussetzung und Antriebskraft zur Weiterentwicklung wissen-
    schaftlicher Disziplinen herausgestellt hat, ist vom Einsatz der Expertensysteme
    ein Entwicklungsstoß zur raschen Weiterentwicklung und Anwendung diffuser Gebiete
    zu erwarten.

(2) Expertensysteme integrieren in umfassender Weise alle bekannten Mechanismen
    zur Automatisierung intellektueller Aktivitäten, was man an dem breiten, bisher
    jedoch kaum ausgeschöpften Anwendungsspektrum erkennen kann. Expertensysteme
    haben damit eine Schlüsselrolle in der Technik der Informationsverarbeitung.

Den gegenwärtigen Entwicklungsstand kann man so zusammenfassen:

a. Existierende Expertensysteme sind zur Konsultation durch Spezialisten geeignet,
   erfüllen jedoch noch nicht die Anforderungen an einen kooperativen Partner
   (vgl. Abschnitt 1).

b. Voll entwickelte Expertensysteme haben sich in kleinen, eingegrenzten Gebieten
   regelmäßig als kompetenter als (menschliche) Spezialisten erwiesen.

c. Gute Expertensysteme erfordern einen hohen Entwicklungsaufwand, wenn man nicht
   von einem vorhandenen Metasystem mit fest vorgegebenen Wissensrepräsentationen
   und Entwicklungswerkzeugen ausgehen kann. Der Einsatz von Metasystemen ist jedoch
   von zwei Voraussetzungen abhängig:

   (1) Die vorgegebenen Repräsenatationsmechanismen sind für die neue Anwendung
       zweckmäßig.

   (2) Das Metasystem ist durch Dokumentation und Benutzungsoberfläche leicht
       zugänglich und bedienbar.

   Diese Voraussetzungen haben sich als erhebliche Hürden erwiesen.

d. Expertensysteme beherrschen vor allem die Repräsentation und Verfügbarmachung
   großer Mengen kleiner isolierter Wissensbrocken.

e. Wissensakquisition bildet das wichtigste noch ungelöste Problem.

An Zukunftsperspektiven ergibt sich:

I. Expertensysteme werden in zunehmenden Maße speicher-, aber nicht prozessorintensiv.

II. Existierende Techniken der Datenbank- und Informationssysteme werden mit
    Expertensystemen zusammenwachsen.

III. Die nächste Generation von Expertensystemen werden Systeme parallel arbeitender,
     kooperierender Bereichsexperten bilden, die auf Mehrrechnersystemen realisiert
     werden. Für die Realisierung der Zusammenarbeit ergibt sich ein neues Problem
     der Wissensakqusition.

7. Literaturverzeichnis

1. [AIK 80]   Aikins, J.S. Prototypes and production rules: A knowledge representation for computer consultations. Tech.Rept.No. STAN-CS-80-814(HPP-80-77), Stanford Univ. Computer Sci.Dept.

2. [BBB 74]   Brown, J.S. Burton, A.G. Bell. SOPHIE: A sophisticated instructional environment for teaching electronic trouble-shooting.Bolt,Beranek & Newman, Tech.Rep.No. 2790,1974

3. [BEI 82]   Beierle,C. Synthesizing minimal programs from traces of observable bebavior. Proc. ECAI-82 (1982) 96-101.

4. [BFE 80]   Barr, A., E.A. Feigenbaum (Eds.). *The Handbook of Artificial Intelligence*. W. Kaufmann, Inc. 1980

5. [BHRV 82]   Benda,W.,G.Hornung, P. Raulefs, F. Vollmann. Der Meta-beweiser für die Zahlentheorie. Proc. GWAI-82 (1982)

6. [BIB 81]   Bibel, W. *Automated Theorem Proving*. Vieweg Verlag, 1982

7. [BIE 76]   Bierman, A.W. Approaches to automatic programming.In M.C. Yovits, D.Rubinoff (Eds.). *Advances in Computers 1976*. Academic Press.

8. [BOR 74]   Bobrow,D.,P.Raphael. New programming languages for Artificial Intelligence research. ACM Comuting Surveys: 6(1974) 153-174

9. [BOR 81]   Bartels, U., W. Olthoff, P. Raulefs. APE: An expert system for automatic programming. Proc. 7th IJCAI-81 (1981) 1037-1043.

10. [BMI 78]   Buchanan, B.B., T.M.Mitchell. Model-directed learning of production rules. In [PDIS].

11. [BRA 78]   Brachman , R.J. A structural paradigm for representing knowledge. Rept. No. 3605, Bolt, Beranek and Newman Inc., Cambridge, Mass., 1978

12. [BSF 69]   Buchanan, B.G., G.Sutherland, E.A. Feigenbaum. Heuristic DENDRAL: A program for generating explanatory hypotheses in organic chemistry. In MI4, 1969.

13. [BUF 78]   Buchanan, B.G., E.A. Feigenbaum DENDRAL and Meta-DENDRAL: Their applications dimension. AI. 11(1978) 5-24

14. [BWI 77]   Bobrow, D., T.Winograd. An overview of KRL. Cognitive Science: 1 (1977) 3-46

15. [CLO 81]   Clocksin, W.F., C.S. Mellish. Programming in Prolog. Springer Verlag, 1981.

16. [DAK 77]   Davis , R., J.King. An overview of production systems. In MI8 (1977) 300-332.

17. [DAV 71]   Davis, J.M. POPLAR: A POP-2 PLANNER. Tech.Rept. MIP-R-89, School of AI, Univ. of Edinburgh, 1971.

18. [DAV 77]   Davis, R. Meta-level knowledge: overview and applications. In 5th IJCAI-77 (1977) 920-927.

19. [DAV 79]   Davis, R. Interactive transfer of expertise. Artificial Intelligence: 12 (1979) 120-157.

20. [DAV 81]   Davis, R. at al. The Dipmeter Advisor: Interpretation of geological signals. Proc. 7th IJCAI-81 (1981) 846-852.

21. [DKL 79]   de Kleer, J. et al. Explicit control of reasoning. In AI.MIT (1979)vol.1 93-116.

22. DMO 78   de Mori, R. Recent advances in speech recognition. Proc. 4th

Int. Joint Conf. on Pattern Recognition, Kyoto (1978) 106-124

23. [DOY 79]   Doyle, J. A glimpse at truth maintenance.
                 In AI-MIT (1979) vol. 1 119-136.

24. [EL 79]   Erman, L.D., V.Lesser. The application of artificial
                 intelligence techniques to cooperative distributed
                 processing. 6th IJCAI-79 (1979) 537-540.

25. [FHN 72]   Fikes,R.E., P.E.Hart, N.J.Nilsson. Learning and
                 executing generalized robot plans.
                 Artificial Intelligence: 3 (1972) 251-288.

26. [FIN 79]   Findler, N.V. (Ed.) *Associative Networks*. Academic Press,
                 1971.

27. [FMD 77]   Forgy, D., J. McDermott. OPS: A domain-independent production
                 system. Proc. 5th IJCAI-77 (1977) 933-939.

28. [FNI 71]   Fikes, R.E. N.J. Nilsson. STRIPS : A new approach to the
                 application of theorem proving to problem solving.
                 Artificial Intelligence: 3 (2971) 189-208.

29. [FOR 79]   Forgy, C.A. On the efficient implementation of production
                 systems. Ph.D.-Thesis.Dept. of Computer Science,
                 Carnegie-Mellon Univ., Feb. 1979.

30. [FRI 79]   Friedland, P.W. Knowledge-based experiment design in
                 molecular genetics. Tech.Rept.No. STAN-CS-79-771 HPP-79-29),
                 Stanford Univ. Computer Sci.Dept.

31. [GER 82]   Gershman,A. Building a geological expert system for
                 dipmeter interpretation. Proc. ECAI-82 (1982) 139-140.

32. [GMW 79]   Gordon, M., R. Milner, C.Wadsworth. Edinburgh LCF.
                 Springer LNCES: 78   1979

33. [GOR 77]   Goldstein, I.P., R.B.Roberts. NUDGE, a knowledge-based
                 scheduling program. Proc. 5th IJCAI-77 (1977) 157-263.

34. [HEW 72]   Hewitt, C. PLANNER: A language for... Tech.Rept. TR-258
                 M.I.T. AI-Lab., 1972.

35. [HRM 75]   Hayes-Roth, F., D. Mostow. An automatically compilable
                 recognition network for structured patterns.
                 Proc. 4th IJCAI-75 (1975) 356-362.

36. [HWL 82]   Hayes-Roth, F., D.Waterman, D. Lenat (Eds.).
                 Building Expert Systems. McGraw Hill, 1982.

37. [KLA 77]   Klatt, D.H. Review of the ARPA Speech understanding project.
                 J. Acoustical Soc. of America: 62 (1977) 1345-1366.

38. [LAU 78]   Laubsch, J. ObjTalk. Tech.Rept.Inst.f.Informatik,
                 Univ. Stuttgart (1978).

39. [LOV 78]   Loveland,D.W. *Automated Theorem Proving*.North-Holland, 1978.

40. [LOW 76]   Lowerre, B.T. The HARPY Speech Recognition Syste.
                 Ph.D.-Thesis. Computer Science Dept., Carnegie-Mellon
                 Univ., 1976.

41. [MC 79]   Michalsky, R.S., R.Chilansky. Knowledge-acquisition ba
                 encoding expert rules versus computer induction from
                 examples. Int.J. for Man-Machine Studies (1979).

42. [MCD 80]   McDermott, J. R1: A rule-based configurer of computer
                 systems. Tech.Rept. CMU-CS-80-119, Dept. of Computer
                 Science, Carnegie-Mellon Univ., 1980

43. [MCH 69]   McCarthy, J., P.J.Hayes. Some philosphical problems from the standpoint of Artificial Intelligence. In MI4 (1969) 463-502.

44. [MEN 72]   Mendelssohn, E. *Introduction to Logic*, 1972.

45. [MDS 72]   McDermott, D.V., G.J. Sussmann The CONNIVER Reference Manual. MIT AI-Lab. Memo 259 (1972).

46. [MIN 75]   Minsky, M. A framwork for representing knowledge. In *The Psychology of Computer Vision*, P.H. Winston (Ed.), McGraw Hill, 1975.

47. [MIT 78]   Mitchell, T.M. Version spaces: An approach to concept learning.Tech.Rept. STAN-CS-78-711/HPP-79-2, Computer Science Dept, Stanfrod Univ., 1978.

48. [MIT 82]   Mitchell, T.M. Generalization as search. Artificial Intelligence <u>18</u> (1982) 203-226.

49. [NIE 82]   Niemann, H. The Erlangen system for recognition and understanding of continuous German speech. Proc.12.GI-Jahrestagung. Springer-Informatik Fachberichte Bd. 57 (1982) 330-348.

50. [NIL 80]   Nilsson, N.J. *Principles of Artificial Intelligence*. Tioga Publ. Co., 1980.

51. [NSI 72]   Newell, A., H.A. Simon *Human Problem Solving*. Prentice-Hall, 1972.

52. [PDIS]   *Pattern-directed inference systems*. Eds. D. Waterman, F. Hayes-Roth.Academic Press, 1978.

53. [PMM 77]   Pople, M.E., J.D. Myers, R.A. Miller. DIALOG: A model of diagnostic logic for internal medicine. Proc. 5th IJCAI (1977).

54. [POL 81]   Polak,W. The Stanford Pascal Verifier. In GWAI-81 (1981).

55. [RAU 81]   Raulefs, P. Expert systems: State of the art and future trends. In GWAI-81 (1981) und MEMO-SEKI-BN-81-03.

56. [RDW 72]   Rulifson, J.F., J.A.Derksen, R.J. Waldinger, Q44: A procedural calculus for intuitive reasoning. SRI AI-Center Tech.Rept. 72 (1972).

57. [REB 76]   Reboh, R. et al.QLISP: A Language for the interactive development of complex systems. SRI AI-Center Tech.Rept. 120 (1976).

58. [RIC 78]   Richter, M. M. *Logikkalküle*. Teubner Verlag, 1978.

59. [SCA 77]   Schank, R.C., R.P. Abelson. *Scripts, Plans, Goals and Understanding*. Erlbaum Assoc., 1977.

60. [SHO 76]   Shortliffe, E.H. *Computer-Based Medical Consultations: MYCIN*, American Elsevier, 1976.

61. [SIE 81]   Siekmann, J. et al. Das Karlsruher Beweissystem. In GWAI-81 (1981).

62. [SMI 79]   Smith, R.G. A framework for distributed problem solving. 6th IJCAI-79 (1979) 836-841 und Tech.Rept. STAN-CS.78-700 (1978), Computer Science Dept., Stanford Univ.

63. [STE 80]   Stefik, M. Planning with constraints. Tech.Rept. STAN-CS-80-784. Computer Science Dept., Stanford Univ. (1980).

64. [STE 82]   Stefik, M. The organization of expert systems. A tutorial. Artificial Intelligence: 18 (1982) 135-173

65. [VEM 77]   van Emden, M.H. Programming with resolution logic.
                  In MI 8 (1977) 266-299.

66. [VER 74]   Vere, S.A. Inductive learning of structural productions.
                  In PDIS.

67. [VME 79]   van Melle, W. A domain-independent system that aids in
                  constructing knowledge-based consultation programs.
                  Tech. Rept. STAN-CS-80-820, Comupter Science Dept.,
                  Stanford Univ. (1979).

68. [WAH 81]   Wahlster, W. *Natürlichsprachliche Argumentation in Dialog-
                  systemen*. Springer Informatik Fachberichte, Bd. 48. 1981.

69. [WEY 80]   Weyhrauch, R. Prolegomena to a theory of mechanized formal
                  reasoning. Memo, Computer Science Dept., Stanford Univ.,
                  1980.

70. [WIN 75]   Winston, P. H. Learning structural descriptions from
                  examples. In *The Psychology of Computer Vision*, P. H. Winston
                  (Ed.), McGraw Hill, 1975.

71. [WIP 74]   Wipke, W.T. Computer-assisted 3-dimensional synthetic
                  analysis. In Computer-Representation and Manipulation of
                  Chemical Information, Eds. Wipke, Heller, Feldman and
                  Hyde. Wiley-Interscience, 1974.

72. [WKU 79]   Weiss, S., S.A. Kulikowski. EXPERT: A system for developing
                  consultation models. 6th IJCAI-79 (1979) 942-947.

73. [ZAD 79]   Zadeh, L. A theory of approximate reasoning. In MI9 (1979).

Abk.: AI-MIT   = Artificial Intelligence: An MIT Perspective.
                    Eds. P.H. Winston, R.H. Brown. MIT Press, 1979.

       ECAI   = European Conference on Artificial Intelligence.

       GWAI   = German Workshop on Artificial Intelligence.

       IJCAI   = International Joint Conference on Artificial Intelligence.

       MI   = Machine Intelligence.

D E D U K T I O N S V E R F A H R E N

W. Bibel
TU München

INHALT

EINLEITUNG

Seit Jahrtausenden haben die Menschen über die ihnen eigene Fähigkeit des Denkens reflektiert. Man hat dabei erkannt, daß rationales Denken offenbar gewissen Gesetzmäßigkeiten unterworfen ist. Seit 2300 Jahren bezeichnet man mit *Logik* genau dasjenige Gebiet in der abendländischen Wissenschaft, das durch das Bemühen charakterisiert ist, diesen Gesetzmäßigkeiten auf die Spur zu kommen. Als ihr Begründer gilt Aristoteles ("Vater der Logik") im 4. Jhrh. v. Chr.

Denken manifestiert sich in Sprache, sei es natürlicher oder künstlicher Sprache, in Text-, Bilder- oder Tonsprache. Deshalb haben sich die Logiker vorwiegend mit sprachlichen Strukturen beschäftigt (griech.: logos = Wort, Sprache, Gedanke, Begriff, Vernunft, Sinn), obwohl es ihnen letztlich um die inneren Strukturen des Denkens geht - genauso wie die Zahlentheoretiker vornehmlich nach den Eigenschaften der Zahlen an sich forschen, ohne umhin zu kommen für sie eine bestimmte sprachliche Darstellung zu wählen.

Bei dieser Beschäftigung geht es der Logik nachrangig auch um eine für das Denken möglichst charakteristische sprachliche Darstellung, einer *lingua characteristica*, in der sich die erkannten Strukturen möglichst klar widerspiegeln. Es war Leibniz im 17. Jhrh., der die Vision entwarf, man könne für eine solche *characteristica universalis* ein System von Regeln, einen Kalkül entwickeln, der die Gesetzmäßigkeiten des rationalen Denkens sprachlich realisiert, weshalb er ihn *calculus rationator* nannte. Wenn man hierzu noch eine enzyclopaedia universalis (im modernen Jargon eine universale Wissensbasis) bereitstellen würde, meinte er, so müßte es unter vernünftigen Leuten bei jeglicher Meinungsverschiedenheit möglich sein, sich auf den Entschluß zu einigen: *calculemus,* d.h. wollen wir es einfach ausrechnen, analog wie bei numerischen Problemen.

Etwa ab Mitte des letzten Jahrhunderts hat die Logik einen enormen Aufschwung erfahren, nicht zuletzt im Zusammenhang mit der durch die Entdeckung von vermeintlichen Widersprüchen (Paradoxien) ausgelösten *Grundlagenkrise* in der Mathematik, die wohl bis heute als diejenige Wissenschaft angesehen wird, in der sich rationales Denken in seiner reinsten Form offenbart. Dieser Aufschwung erreicht einen ersten Höhepunkt in der Entwicklung der Prädikatenlogik durch Frege in seiner *Begriffsschrift* im Jahre 1879 [Fre], mit der der vielleicht entscheidenste Schritt in Richtung auf eine Realisierung der Leibnizschen Vision vollzogen worden ist. Darüber hinaus führt ein direkter Weg von der Begriffsschrift über die Entdeckungen der großen Logiker der ersten Jahrzehnte dieses Jahrhunderts hin zu der Idee des universalen, programmierbaren Rechners, die in unseren heutigen Computern verwirklicht ist.

Umgekehrt hat dieses neue Super-Werkzeug Computer die Idee der Mechanisierung unseres rationalen Denkens erst so recht beflügelt, weil ihre Realisierung nun in greifbare Nähe gerückt zu sein scheint. Schon 1945 hat sich Zuse mit seinem Plankalkül hierüber erste Gedanken gemacht. Wegen ihrer obengenannten besonderen Rolle bot sich insbesondere die Mathematik als erstes Experimentierfeld an. So hat Martin Davis 1954 das erste Beweisprogramm (für das Spezialgebiet der Presburger Arithmetik) geschrieben. "Sein größter Triumph", schreibt er in [Dav], "war der Beweis dafür, daß die Summe zweier gerader Zahlen gerade ist". Inzwischen gibt es hunderte solcher Programme, die bedeutend mehr leisten. Man nennt sie Beweisverfahren oder Theorembeweiser. Oft wird mit diesen Begriffen auch das diesbezügliche Gebiet bezeichnet. Obgleich diese Bezeichnungen im Einzelfall wegen der speziellen mathematischen Anwendung gerechtfertigt sein mögen, so treffen sie doch nicht den *universellen* Charakter der zugrundeliegenden Logik, weshalb wir lieber von *Deduktionsverfahren* sprechen.

Als characteristica universalis spielt hierbei die Sprache der *Prädikatenlogik erster Ordnung* (oder Stufe) die wesentlichste Rolle, als calculus rationator die Deduktionsregeln in dieser Logik in irgendeiner geeigneten Form, möglicherweise erweitert durch Spezialregeln für die ins Auge gefaßte Anwendung und als encyclopaedia universalis eine meist noch recht bescheidene Menge von Formeln, die das vorhandene Ausgangswissen repräsentieren. Wenn nun, in der klassischen Anwendung solcher Verfahren, eine Behauptung zur Klärung ansteht, wird sie als logische Formel der Deduktionsmaschine eingegeben, die in einem Suchprozess versucht, diese Behauptung aus dem Ausgangswissen zu deduzieren. Gelingt dies, so kann die Behauptung als gesichert in das vorhandene Wissen mitaufgenommen werden; andernfalls wird der Rechner die Behauptung entweder widerlegen oder als ungelöste Frage zurückgeben. Auf diese klassische Form der Überprüfung einer Behauptung läßt sich in der Prädikatenlogik praktisch jedes rationale Problem bringen, indem man die Existenz seiner Lösung behauptet, woraus der universelle Charakter ersichtlich wird.

Nach diesem historischen Abriß könnte sich dem Leser nun die Frage nach dem Verhältnis der Logik zu dem jungen Gebiet stellen, das mit dem Begriff Künstliche Intelligenz umrissen und vom Autor mit *Intellektik* bezeichnet wird. Sein Anliegen ist es auszuloten, inwieweit intelligentes Verhalten mit Maschinen modelliert werden kann. Es ist klar, daß dies das Bemühen um Einsicht in das Wesen und die Struktur intelligenten Verhaltens mit beinhalten muß. Ebenso ist es klar, daß die menschliche Ratio per definitionem den entscheidenden Anteil an der Intelligenz des Menschen hat. Somit ist von der Zielsetzung her die Logik ohne jeden Zweifel ein Teilgebiet der Intellektik.

Allerdings ein echtes Teilgebiet, denn zum einen befaßt sich die Intellektik mit Problemen, die zweifelsohne die Logiker nie interessiert haben, wie Sehen, Bewegen, einfach weil man erkennen mußte, daß die Beschäftigung mit der Intelligenz etwa sensorische Prozesse nicht außer Acht lassen kann. Zum andern ist mit der Möglichkeit, Experimente und Simulationen durchzuführen, eine völlig neue Qualität hinzugekommen. Im Grunde wäre es jedoch absolut folgerichtig gewesen, wenn die Logiker in den fünfziger Jahren diese enorme Erweiterung der Fragestellung zu ihrer eigenen Sache gemacht hätten.

Bekanntlich ist die Entwicklung anders gelaufen. Faktisch beschäftigen sich die meisten Logiker heute, aus der Sicht der Intellektik beurteilt, mit esoterischen Problemen, während das ursprüngliche und eigentliche Anliegen der Logik in der Intellektik weiterverfolgt wird. Aus dieser faktischen Diskrepanz (und der menschlichen Neigung zur Überreaktion) heraus ist vielleicht zu verstehen, warum einige einflußrei-

che Intellektiker Logik in jeder Form ignorieren; z.B. sucht man im
Sachregister von manchem Intellektikbuch vergeblich nach Stichwörtern
wie "Logik", Prädikatenlogik", u.a., was allerdings nach dem Vorausgegangenen als schlechter wissenschaftlicher Stil und mangelndes Ge-
schichtsbewußtsein beurteilt werden muß.

Im Gegensatz dazu wollen wir uns zu dieser ruhmreichen Tradition
bekennen und aus den logischen Erkenntnissen den größtmöglichen Nutzen
ziehen, wohlwissend daß wir mit ihnen noch lange nicht am Ziel sind,
jedoch solides Rüstzeug für den weiteren Weg haben.

Im einzelnen wollen wir in dieser Vorlesung den folgenden Weg be-
schreiten. Wir beginnen mit einer ersten und kurzen Erläuterung der Resolution als dem verbreitetsten deduktiven Werkzeug und illustrieren
die Verbesserung hin zum Konnektionskalkül im nächsten Abschnitt. Auf
der Grundlage dieses ersten Eindrucks besprechen wir im 2. Abschnitt
drei Beispiele aus verschiedenen Anwendungsgebieten. Damit hoffen wir
insgesamt einen oberflächlichen Einblick in das Gebiet vermittelt zu
haben.

Erst danach beginnen wir mit dem Einstieg in technische Details,
besprechen das Vorgehen in der Beschränkung auf die Aussagenlogik im
3. Abschnitt, die in der vollen Prädikatenlogik hinzutretenden Phänomene im 4. Abschnitt, einige Erweiterungen im 5. Abschnitt und Aspekte
von Implementierungen im 6. Abschnitt. Der Leser muß sich jedoch im
klaren sein, daß das Gebiet viel zu umfangreich ist, um auf diesem
knappen Raum mehr als einen etwas vertieften Einblick in deduktive
Techniken zu vermitteln. Deshalb sei darauf hingewiesen, daß für den
weiteren Einstieg zu einer ausführlicheren Abhandlung gegriffen werden
muß (z.B. [Bib], [ChL], [Lov] oder [Rob]), wobei natürlich das Buch
[Bib] vom gleichen Autor dem Vorgehen hier am nächsten kommt und deshalb immer als Referenz verwendet wird.

1. ILLUSTRATION DES RESOLUTIONS- UND KONNEKTIONSKALKÜLS

Als erstes machen wir uns mit einigen Formen des logischen Schließens
an einem äußerst einfachen Beispiel mit langer Tradition vertraut. Es
besagt, daß die Annahmen "Alle Menschen sind sterblich" und "Sokrates
ist ein Mensch" die Behauptung "Sokrates ist sterblich" implizieren.
Etwas formaler: die Annahmen (Hypothesen, Prämissen, Axiome)
$\forall x(MANx \rightarrow MTLx)$ und MANsocrates implizieren die Behauptung (Konklusion) MTLsocrates , worin das Prädikat "Mensch sein" mit MAN und
"sterblich sein" mit MTL abgekürzt ist. Dies ist gleichbedeutend damit,
daß wir die (logische) Gültigkeit der vollends formalisierten Gesamt-
aussage

1.1.F.   ∀x(MANx→MTLx) ∧ MANsocrates → MTLsocrates

behaupten.

     In natürlicher Weise würde man im einzelnen z.B. wie folgt schlie-
ßen.
(i) Aus der ersten Annahme, daß alle Menschen sterblich sind, können
wir schließen, daß dies insbesondere für Sokrates gilt, vorausgesetzt
Sokrates ist tatsächlich ein Mensch, was jedoch durch die zweite Annahme gesichert ist.
(ii) Das Ergebnis des ersten Schrittes, wonach Sokrates sterblich ist,
stellt jedoch genau unsere Behauptung dar, q.e.d.

     Von J.A. Robinson wurde Anfang der 60er Jahre ein Kalkül entwik-
kelt, der, angewandt auf dieses Beispiel, genau die Schritte (i) und
(ii) simuliert. Er heißt *Resolutionskalkül* und wird wie folgt angewandt.

     Die gegebene Gesamtaussage wird negiert (Beweis durch Widerspruch),
und diese negierte Formel auf konjunktive Normalform gebracht, wobei
die Quantoren weggelassen (bzw. in komplizierteren Fällen auf bestimmte
Weise ersetzt) werden, was in unserem Beispiel

1.2.F.   (¬MANx∨MTLx) ∧ MANsocrates ∧ ¬MTLsocrates)

ergibt. Die einzelnen Konjunktionsglieder heißen *Clausen* (oder Klau-
seln), und man spricht von der *Menge* der gegebenen Clausen (hier 3).
Die Clausen selbst kann man gleichfalls als eine *Menge* bestehend aus
ihren einzelnen Disjunktionsgliedern, *Literale* genannt, auffassen. Demnach läßt sich (1.2) auch in reiner Mengennotation formulieren.

1.3.F.   {{¬MANx,MTLx},{MANsocrates},{¬MTLsocrates}}

Der Resolutionskalkül ist nun ein (im Sinne der Theorie der Formalen
Sprachen) akzeptierender Kalkül mit einer einzigen Schlußregel, *Resolution* genannt, und einem einzigen Axiomenschema. Letzteres besagt, daß
als Axiom jede Clausenmenge anzusehen ist, die die leere Menge ∅ (als
Element) enthält.

     Die Resolution erklären wir nun an unserem Beispiel. Man wählt
sich aus der gegebenen Menge zwei beliebige Clausen aus, sagen wir
{¬MANx,MTLx} und {MANsocrates}. Enthalten die beiden Clausen je ein
Literal mit dem gleichen Prädikatszeichen, jedoch in der einen Clause
negiert, in der anderen unnegiert, so nennt man ein solches (ungeord-
nete) Literalpaar eine *Konnektion*, wie hier das Paar {¬MANx,MANsocrates}.
Findet sich keine solche Konnektion, so versucht man es mit einem anderen Paar von Clausen, usf., bis sich schließlich eine solche Konnektion

gefunden hat.

Das nächste Ziel besteht nun darin, die beiden Literale in der Konnektion bis auf das Negationszeichen völlig identisch zu machen, was offenbar gleichbedeutend damit ist, entsprechende Termpaare identisch zu machen, weil ja der Prädikatsname (hier MAN) nach dem Vorangegangenen schon identisch sein muß. In unserem Beispiel gibt es nur ein einziges solches Termpaar, nämlich {x,socrates}, zu betrachten, da MAN nur ein einstelliges Prädikat ist (bei zweistelligen hätte man zwei, bei dreistelligen drei, usf., zu betrachten). Zur Erreichung unseres Ziels ist als einzige Operation die Ersetzung von Variablen (wie x) durch Terme erlaubt, die man auch (*Variablen-*)*Substitution* nennt. Für unser Termpaar ist die geeignete Substitution, die zum Ziel führt, offensichtlich: ersetzt man x durch den Term socrates , der in diesem einfachen Fall nur aus einer einfachen Konstanten besteht, so werden die beiden Terme identisch oder *unifiziert,* und damit, bis auf das Negationszeichen, auch die beiden Literale in der Konnektion, die man nun (nach erfolgter Substitution) auch eine *komplementäre* Konnektion nennt. Der gesamte hier beschriebene Vorgang wird mit *Unifikation* bezeichnet. Der Versuch der Unifikation kann natürlich auch scheitern, in welchem Fall man die Suche nach einer geeigneten Konnektion fortzusetzen hat.

Nun kommt der eigentliche Resolutionsschluß. Dazu wird die bei der Unifikation verwendete Substitution in *allen* Literalen der beiden Clausen durchgeführt, so daß sich hier {¬MANsocrates,MTLsocrates} und - unverändert - {MANsocrates} ergibt. Aus diesen Clausen entfernt man die Literale der komplementären Konnektion, also ¬MANsocrates und MANsocrates , und vereinigt die Reste zu einer neuen Clause, der *Resolvente,* also {MTLsocrates}U∅={MTLsocrates} . Anschaulich kann man den erfolgten Resolutionsschluß in folgender Weise darstellen.

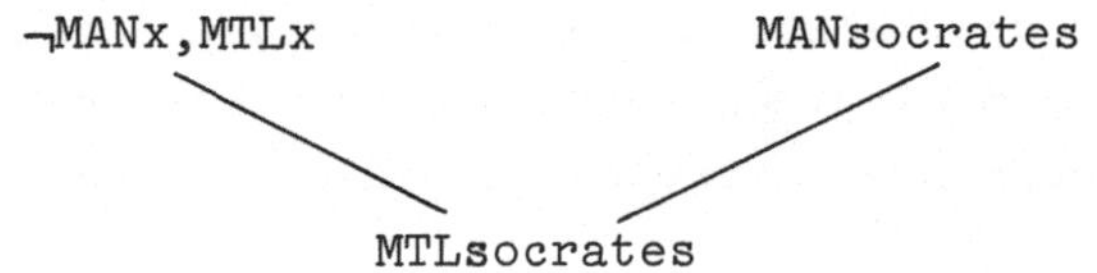

Für das tiefere Verständnis ist es nun sehr wichtig zu erkennen, daß in diesem Resolutionsschluß im Grunde genau dasselbe passiert ist wie im Teil (i) unserer natürlichen Schlußweise. Der Unterschied besteht lediglich darin, daß wir in (i) das natürliche logische Verständnis des Lesers vorausgesetzt haben, während wir bei der Beschreibung der Resolution auch die Detailschritte im Hinblick auf einen algorithmischen Ablauf im einzelnen beschrieben haben. Mit anderen Worten, Deduktionsverfahren simulieren im Grunde unser natürliches logisches Schließen.

Bis hierher haben wir aber lediglich einen einzigen Resolutionsschluß, jedoch noch keine *Resolutionsableitung,* erklärt. Hierzu wird die neu entstandene Clause zu den vorherigen hinzugefügt, und mit der neuen Menge der gleiche Vorgang wiederholt. Dies wird solange fortgesetzt bis die neu entstehende Clause die leere Clause ∅ ist, in welchem Fall die obengenannte Axiomeigenschaft offensichtlich erfüllt ist.

Nach dem ersten oben beschriebenen Schluß haben wir nun unter den Clausen {¬MANx,MTLx}, {MANsocrates}, {¬MTLsocrates} , und {MTLsocrates} ein weiteres Paar mit einer Konnektion zu wählen. Das soeben formulierte Gesamtziel im Auge, wird unsere Wahl tunlichst auf das Paar {¬MTLsocrates} und {MTLsocrates} fallen. Unifikation erübrigt sich in diesem Fall trivialerweise, da die Konnektion bereits komplementär ist. Die Ausführung des Resolutionsschlusses ergibt offensichtlich die leere Clause, und damit insgesamt die folgende Resolutionsableitung.

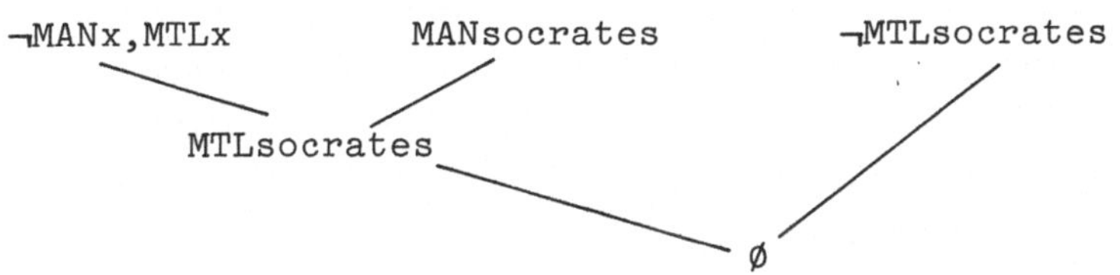

Wieder weisen wir darauf hin, daß der soeben beschriebene zweite Schluß nichts anderes ist als die Beobachtung (ii) in unserer natürlichen Schlußweise. Mit dem soeben in erster Näherung beschriebenen Verfahren, dessen algorithmische Strukturen bereits erkennbar sein sollten, läßt sich jede solche Aussage auf ihre (logische) Gültigkeit hin überprüfen, was aufgrund der festgestellten Beziehung zum natürlichen Schließen bis zu einem gewissen Grade bereits plausibel sein könnte.

In den letzten Jahren ist man sich nun bewußt geworden, daß es eigentlich nur auf die Konnektionen und nicht auf die Generierung der neuen Clausen wie MTLsocrates ankommt, so daß man sich diesen speicheraufwendigen Teil des Prozesses überhaupt sparen kann. Um dies zu erläutern, illustrieren wir die Konnektionen durch Verbindungslinien zwischen deren beiden Literalen, so daß der erste der beiden obigen Resolutionsschritte in dieser neuen "degenerierten" Form von der Formel (1.3) zu

1.4.F.　　{{¬MANx,MTLx},{MANsocrates},{¬MTLsocrates}}

führt. Sie unterscheidet sich von (1.3) lediglich durch die hinzugefügte Verbindungslinie, die wir nun ebenfalls Konnektion nennen. Analoges gilt für den zweiten Schritt, so daß wir von (1.4) zu

1.5.F.   {{¬MANx,MTLx},{MANsocrates},{¬MTLsocrates}}

kommen, eine Formel, die zusammen mit den beiden Konnektionen der obigen Resolutionsableitung entspricht. Das Entscheidende ist dabei die Tatsache, daß diese Schritte von (1.3) zu (1.4) zu (1.5) in einer äußerst effizienten Weise und ohne jede Bezugnahme auf den Resolutionsbeweis direkt ausgeführt werden können. Wie das im einzelnen zu geschehen hat, ist im *Konnektionskalkül* festgelegt, der vom Autor entwickelt wurde und der uns im weiteren Verlauf ausführlich beschäftigen wird. Auf einige wichtige Fakten können wir schon jetzt hinweisen.

Erstens. Im Konnektionskalkül werden in jedem Schritt Konnektionen (und die durch sie induzierten Substitutionen) in der gegebenen Formel notiert. Die Formel selbst bleibt dabei unangetastet, insbesondere benötigt man während des gesamten Beweisprozesses von ihr nur eine einzige Kopie im Speicher. Dem Auftreten der leeren Clause im Resolutionskalkül entspricht ein analoges Kriterium im Konnektionskalkül, das von der Maschine ebenso einfach getestet werden kann, jedoch etwas schwieriger zu erklären ist.

Zweitens. Die für die Durchführung des Resolutionsverfahrens unbedingt erforderliche, vorangehende Umformung in Normal- oder Clausenform kann man sich im Konnektionskalkül sparen. Denn mit dem wohlbekannten Zusammenhang zwischen Formeln und ihrer Normalform kann man offenbar die Maschine gleich so programmieren, daß sie die Konnektionen in der Formel in ihrer ursprünglichen Form notiert, in unserem Beispiel also in der Form (1.1).

1.6.F.   ∀x(MANx→MTLx) ∧ MANsocrates → MTLsocrates

Das bringt einerseits einen unschätzbaren Vorteil im Hinblick auf eine interaktive Benutzung des Beweissystems, bei dem der Benutzer in der Lage ist mitzudenken und gegebenenfalls steuernd einzugreifen. Andererseits wird dadurch eine weitere Quelle erheblicher Redundanz beseitigt.

Drittens. Zwischen dem Resolutions- und dem Konnektionskalkül besteht ein eindeutiger Zusammenhang, der mit dem obigen Beispiel illustriert wurde. Demnach entsprechen den Resolutionsschlüssen Konnektionen, und umgekehrt. Aufgrund dieses Zusammenhangs können wir unsere Aufmerksamkeit auf einen der beiden Kalküle konzentrieren, da sich viele Ergebnisse dann ohne weiteres auf den anderen übertragen lassen.

Seiner eindeutigen Vorteile wegen fällt unsere Wahl auf den Konnektionskalkül, der im Grunde auch einsichtiger ist. Nur gelegentlich werden
wir auf die entsprechende Form von Ergebnissen bei der Resolution hinweisen, schon deshalb weil bis vor kurzem die Literatur von ihr fast
ausschließlich beherrscht war.

2. DEDUKTION IN VERSCHIEDENEN ANWENDUNGEN

Im letzten Abschnitt haben wir an einem einfachen Beispiel illustriert,
wie eng verwandt natürliches Schließen und kalkülisierte Deduktion tatsächlich sind. Nun dürfte wohl kein Zweifel daran bestehen, daß die Fähigkeit zum logischen Schließen und Kombinieren ein wesentliches Merkmal intelligenten Verhaltens ist; so legen z.B. alle Intelligenztests
gerade hierauf ein besonderes Gewicht. Aus diesen beiden Tatsachen wird
klar ersichtlich, welch zentrale Rolle der Mechanisierung dieser Fähigkeit innerhalb der Intellektik tatsächlich zukommt, eine Rolle, die
vielleicht sogar von den Intellektikern selbst aus mancherlei Gründen
noch weit unterschätzt wird.

Wir wollen dies zur weiteren Motivation an einigen Beispielen illustrieren, noch bevor wir in die technischen Details der Deduktion
selbst einsteigen. Der Leser mache sich dabei bewußt, daß die Beispiele
nur aus Platzgründen so einfach gewählt sind, die Methoden aber davon
völlig unabhängig sind, so daß ihr Nutzen eigentlich so recht erst bei
komplizierten Sachverhalten zum Tragen kommen, bei denen der Mensch
leicht den Überblick verliert. Dieser für die Praxis so wichtige Aspekt
läßt sich leider nur mit laufenden Systemen demonstrieren.

Bei dieser Illustration wollen wir bereits Konnektionsableitungen
durch Angabe der Konnektionen sichtbar machen. Es könnte für den Leser
vorteilhaft sein, auf diese Ableitungen dann später, nach der Lektüre
der folgenden Abschnitte, nochmals einen Blick zu werfen.

Das erste Beispiel soll die Bedeutung der Deduktion in Datenbank-,
Wissensbank- oder Informationssystemen demonstrieren. Im Grunde war bereits das Beispiel des letzten Abschnitts von dieser Art, wenn man seine beiden Prämissen als gespeichertes Wissen im System und die Konklusion als Anfrage an das System ansieht. Wir bemerken schon hier, daß
diese logische Beziehung zwischen Wissen und Anfrage generell gilt.

Jetzt stellen wir uns ein Informationssystem der Bundesbahn vor,
das in etwa das Gleiche leistet wie ein Beamter am Informationsschalter.
Wie gesagt, können wir nur einen winzigen Ausschnitt illustrieren. Ein
solches System enthält natürlich alle Informationen über verkehrende
Züge. Solche Informationen lassen sich übersichtlich in Tabellen dar-

stellen, wie es in einem Ausschnitt in Figur 1 gezeigt ist. Solche Tabellen repräsentieren Wissen, logisch gesehen Literale, die, wie bereits
erwähnt, als Prämissen fungieren. So repräsentiert die erste Zeile das
Literal DPRT-MNCH(14.50,TEE,80,Hamburg) , mit dem die Abfahrtszeit
eines TEE mit der Nummer 80 von München-Hbf nach Hamburg beschrieben
wird. Gleichzeitig steckt aber auch das Literal TIME(14.50) in der
Tabelle, um nur eines von vielen anderen zu nennen.

Anhand einer solchen Tabelle kann man nun Fragen beantworten wie
"Was ist die Abfahrtszeit des TEE mit der Nummer 80". Sowohl zur günstigen Anlage und Speicherung solcher Tabellen als auch zur Beantwortung
solcher Anfragen haben die Datenbankfachleute effiziente Techniken entwickelt. Für die obengestellte Aufgabe sind diese Techniken jedoch
nicht flexibel genug, um einen Informationsbeamten wirklich ersetzen zu
können, da z.B. die wenigsten Reisenden ihre Fragen so präzis und tabel-
lengerecht wie die obige formulieren werden. Vielmehr muß ein solcher
Beamter zusätzliches Wissen und seine Denkfähigkeit mit einbringen. Zur
Illustration lassen wir einen Amerikaner nach der Abfahrtszeit eines Zu-
ges nach Garmisch fragen, wie es im unteren Teil der Figur 1 logisch
dargestellt ist. Als kundenfreundlicher Beamter (System), setzt dieser
sein Wissen ein, wonach ein Amerikaner die Nachmittagsstunden nie in der
Form 14.51 nennt, so daß sich insgesamt mit dem Wissen aus und über die

Predicate	TIME	CATEG	#	DESTIN
⋮	⋮	⋮	⋮	⋮
DPRT-MNCH	14.50	TEE	80	Hamburg
DPRT-MNCH	14.51	IC	181	Garmisch
DPRT-MNCH	14.59	D	781	Salzburg
⋮	⋮	⋮	⋮	⋮

$$\text{DPRT-MNCH}(x,y,z,u) \rightarrow \text{TIME}(x) \wedge \text{CATEG}(y) \wedge \#(z) \wedge \text{DESTIN}(u)$$

$$\text{TIME}(v) \wedge (v>12.00) \rightarrow \text{AM-TIME}((x-12.00)\text{p.m.})$$

...

$$\text{Query for } w \text{ s.t. } \text{AM-TIME}(w) \wedge \text{DESTIN}(\text{Garmisch})$$

Figur 1. Fragmente eines Informationssystems der Bahn

Tabelle die Antwort "2.51 p.m." ergibt. Logisch ist diese Antwort das Ergebnis einer Ableitung, die in Figur 1 mit den eingezeichneten Konnektionen dargestellt ist.

In dieser Darstellung haben wir systeminterne Konnektionen (einfache Verbindungslinien) von solchen unterschieden, die die Schnittstelle System-Benutzer, dargestellt als Steckkontakt, überschreiten. Offenbar sind nämlich die internen Konnektionen von der Anfrage unabhängig und können daher schon bei der Systemerstellung (mit heutiger Technik sogar hardware-mäßig) installiert werden, so daß sich eine Antwort bildlich gesprochen dadurch ergibt, daß die Stecker der Anfrage in die entsprechende Buchse eingesteckt wird. Die Figur zeigt drei weitere solcher Buchsen, die von der gegebenen Anfrage nicht benutzt werden, jedoch in anderen Fällen eine Rolle spielen könnten.

Wie gesagt, das Beispiel ist trivial, und doch deutet es an, daß in einem leistungsfähigen Informationssystem deduktive Prozesse mitentscheidend für seine Flexibilität sind.

Die Leistungsfähigkeit eines jeden Computersystems beruht auf den beiden Komponenten Wissen und algorithmischer Aufbau. Die Rolle der Deduktion für die Wissenskomponente haben wir soeben illustriert. Deduktion spielt aber eine ebenso fundamentale Rolle im algorithmischen Teil, und zwar in mehrfacher Weise. Damit ist Deduktion ein äußerst wichtiges Werkzeug für die Softwareproduktion, was so mancher vermeintliche Softwareexperte bis heute nicht eingesehen hat. Wir möchten sogar soweit gehen und behaupten, daß eine der wesentlichsten Ursachen der sogenannten Softwarekrise die verbreitete Unkenntnis dieses natürlichen und potenten Werkzeugs ist. Das folgende Beispiel soll eine Form dieser Rolle illustrieren.

Die Aufgabe besteht darin, den Wert der bekannten Fakultätsfunktion für irgend eine ganze Zahl zu berechnen. Ihre Definition ist durch folgende beiden Eigenschaften gegeben.

(f1) fact 0 = 1
(f2) $\forall xy$ [fact x = y $\rightarrow$ fact x+1 = y$\cdot$(x+1)]

Unter dieser Definition als Voraussetzung stellt

(fg) $\forall$ input $\exists$ output fact input = output

die Beschreibung der Aufgabe dar. Logisch haben wir wieder den Zusammenhang

(fact-progr) f1 $\wedge$ f2 $\rightarrow$ fg

Diese Formel läßt sich als Programm auffassen in genau dem gleichen
Sinn wie ein entsprechendes Programm in LISP oder irgendeiner anderen
Programmiersprache; denn es gibt Interpreter, die für (fact-progr) zu
beliebigem Input den entsprechenden Output berechnen, bzw. man kann sogar Compiler bauen, die (fact-progr) in effizienten Maschinencode
übersetzen. Ein solcher Interpreter ist nichts anderes als ein Deduk-
tionssystem, dessen Vorgehen wir nun an unserem Beispiel illustrieren
wollen.

Um mit dem einfachsten zu beginnen, sei input = 1 . Dann sieht
ein Konnektionsbeweis für die damit aus (fact-progr) entstehende Formel wie folgt aus, wobei der Einfachheit halber die Quantoren als
selbstverständlich weggelassen werden.

2.1.F. $\text{fact } 0 = 1 \wedge [\text{fact } x = y \rightarrow \text{fact } x{+}1 = y \cdot (x{+}1)] \rightarrow \text{fact } 1 = \text{output}$

Überzeugen wir uns davon, daß sich der erwartete Wert für output ergibt, was in der Berechnung der begleitenden Substitution besteht. Die
linke Konnektion wird komplementär, wenn $x=0$ und $y=1$ gilt. Damit ergibt sich für die rechte Konnektion in gleicher Weise
$\text{output} = y \cdot (x{+}1) = 1 \cdot (0{+}1) = 1$. Im Prinzip handelt es sich offenbar
um den gleichen Prozess wie er vorher für Datenbankanfragen beschrieben
wurde.

Im Falle von input=2 ergibt sich

2.2.F. $\text{fact } 0 = 1 \wedge [\text{fact } x = y \rightarrow \text{fact } x{+}1 = y(x{+}1)] \rightarrow \text{fact } 2 = \text{output}$

Dieser Beweis ist komplizierter als alle vorangegangenen, da man sich
zu seinem Verständnis von der mittleren Clause zwei unabhängige Kopien
vorstellen muß, was durch die Indizes .1 und .2 sichtbar gemacht
wird, mit denen wir auch die Variablen der beiden Kopien von einander
unterscheiden. Danach ergibt sich mit der linken Konnektion $x._1 = 0$
und $y._1 = 1$. Die mittlere Konnektion besagt $x._2 = x._1 {+} 1 = 0{+}1 = 1$ und
$y._2 = y._1 \cdot (x._1 {+}1) = 1 \cdot (0{+}1) = 1$. Schließlich ergibt die rechte Konnektion
$\text{output} = y._2 \cdot (x._2 {+}1) = 1 \cdot (1{+}1) = 2$.

Wir zeigen noch den allgemeinen Beweis für beliebiges $n > 0$.

2.3.F. $\text{fact } 0 = 1 \wedge [\text{fact } x = y \rightarrow \text{fact } x{+}1 = y \cdot (x{+}1)] \rightarrow \text{fact } n = \text{output}$

den man, etwas abgekürzt, auch darstellen kann als

2.4.F. fact 0 = 1 ∧ [fact x = y → fact x+1 = y·(x+1)] → fact n = output

$$i=1,\ldots,n-1$$

Der Wert für output berechnet sich aus dieser Formel ganz analog wie
im Falle n = 1 oder n = 2 .

Es ist nur natürlich, wenn der Leser hinsichtlich der Details dieser Konnektionsbeweise auf Verständnisschwierigkeiten stößt, die erst
in späteren Abschnitten beseitigt werden. Für die erste Lektüre sollte
jedoch vollkommen die Vorstellung genügen, daß es sich hierbei um genau
die gleiche Art von Beweisen wie in (1.5) und damit im Prinzip auch um
Resolutionsableitungen handelt, deren Details im letzten Abschnitt beschrieben wurden.

Wir haben oben von der Möglichkeit eines Compilers für (fact-progr)
gesprochen. SeineAufgabe besteht erstens aus der Bestimmung des Beweises für beliebiges n in der Form eines Konnektionsschemas wie das in
(2.4), offensichtlich die Aufgabe eines Deduktionssystems; zweitens aus
der Extraktion eines Berechnungsschemas für output aus diesem Beweis;
sowie drittens aus der Umsetzung dieses Berechnungsschemas in Maschinencode, letzteres die Aufgabe auch traditioneller Compiler. Mit anderen
Worten, ein Compiler in unserem Sinne hat wesentlich mehr als ein traditioneller Compiler zu bewerkstelligen, was andererseits die Aufgabe
des Programmierers erheblich erleichtert, denn ihm bleibt nur die Problemstellung in geeigneter Weise zu formulieren. Selbst hierbei können
Deduktionssysteme noch wesentliche Unterstützung leisten, wie aus der
Vorlesung von Prof. Buchberger (in diesem Band) hervorgeht.

Während an der Entwicklung von Compilern der eben beschriebenen
Art noch gearbeitet wird, sind Interpreter für diese Art von Programm-
mierung in der Praxis bereits im Einsatz. Die Programmiersprache, für
die sie speziell gebaut wurden, heißt PROLOG, kurz gesagt eine eingeschränkte und in der Darstellung etwas anders standardisierte Sprache
der Logik. Z.B. hätte man (fact-prog) in (einem etwas erweiterten)
PROLOG wie folgt zu schreiben.

2.5. fact 0 = 1   ←

      fact x+1 = y·(x+1) ← fact x = y

                         ← fact input = output

Ersichtlich unterscheidet sich dies von der von uns verwandten Darstellung nur unwesentlich in der Formatierung. Da, wie oben bereits festgestellt, ein Interpreter für Programme wie (fact-progr) nichts ande-

res als ein Beweissystem ist, folgt somit, daß es sich bei einem
PROLOG-Interpreter um ein spezielles Beweissystem handelt. Daher sind
die in den folgenden Abschnitten behandelten Deduktionstechniken zugleich Techniken für den Bau von PROLOG-Interpretern.

Die beiden nunmehr erläuterten Anwendungsbereiche von Deduktionssystemen stehen stellvertretend für den gesamten Bereich des (rationalen) Problemlösens. Ob es sich um den Bau eines Elektromotors, um die
Fehleranalyse eines komplexen Schaltkreises oder um die Lösung eines
komplizierten mathematischen Problems handelt, immer ist es möglich die
gegebenen Voraussetzungen (vorhandenes Wissen, Rahmenbedingungen wie
vorgegebene Bauteile etc., Teillösungen, usw.) und das gewünschte Ergebnis logisch zu beschreiben. In dieser Form stellt sich jedes solche
Problem letztendlich als Programmierproblem dar, dessen Lösung die Simulation der gewünschten konkreten Lösung darstellt. Auf diese Weise
hat AURA, das wohl leistungsfähigste unter den existierenden Deduktionssystemen, schon für so manches harte Problem aus der Mathematik
oder beim Bau von Schaltkreisen eine Lösung gefunden, um die sich fähige Köpfe vorher vergeblich bemüht haben [Wos]. Genau wegen dieser (im
Prinzip) universellen Vielseitigkeit nehmen Deduktionssysteme eine so
zentrale Stellung ein.

Ein traditionell bevorzugter Anwendungsbereich ist zweifelsohne
die Mathematik wegen der in ihr besonders weit vorangetriebenen Formalisierung, die der Automatisierung natürlich zugute kommt. Deshalb wollen
wir zum Abschluß noch eine Art von Konnektionsbeweis für eine einfache
Aussage aus der *Gruppentheorie* zeigen. Bekanntlich ist eine Gruppe dadurch gekennzeichnet, daß es in ihr ein Einselement e , eine einstellige Operation, die Inversenbildung $^{-}$, und eine zweistellige Verknüpfung • gibt, mit den Eigenschaften e•x=x , y^{-}•y=e und
(u•v)•w=u•(v•w) . Wir behaupten, daß (a^{-}•a)•b=(e•a^{-})•(a•b) für beliebiges a,b gilt. Beweis:

2.6.F. e•x=x ∧ (u•v)•w=u•(v•w) → (a^{-}•a)•b=(e•a^{-})•(a•b)

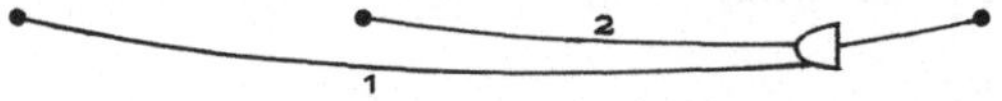

Die Konnektion 1 illustriert die Ersetzung von e•a^{-} durch a^{-} und
die Konnektion 2 die von a^{-}•(a•b) durch (a^{-}•a)•b jeweils auf der
rechten Seite der behaupteten Gleichung. Dies zeigt nochmals, daß unsere Konnektionen Codierungen natürlicher Schlußfolgen darstellen.

Mit diesen Beispielen hoffen wir nun dem nur am Rande interessier-
ten Leser einen oberflächlichen Eindruck von Deduktionssystemen, sowie
den übrigen Lesern die Motivation zum Studium der technischen Details
vermittelt zu haben. Es würde sich lohnen, danach nochmals einen Blick
auf die Beispiele dieses Abschnitts zu werfen.

3. DEDUKTIONSMETHODEN FÜR DIE AUSSAGENLOGIK

Nach den einleitenden Abschnitten wollen wir uns nun insbesondere die
Konnektionsmethode etwas genauer ansehen. Zum besseren Verständnis tun
wir dies in zwei Schritten. Im ersten Schritt wenden wir uns jetzt der
Fragestellung in einer sehr stark eingeschränkten Form, nämlich in der
Aussagenlogik zu.

 Man kann sich vorstellen, daß jede prädikatenlogische Formel durch
geeignete Umformungen auf eine aussagenlogische Gestalt gebracht werden
kann, z.B. die Formel (1.1) auf die Form

3.1.F. (MANsocrates→MTLsocrates) ∧ MANsocrates → MTLsocrates

Wir werden deshalb sehen, daß sich die aussagenlogische Technik dann
wegen dieses Zusammenhangs auf die Prädikatenlogik verallgemeinern läßt.

 Der formalen Übersicht halber schreiben wir ab jetzt für Literale
statt der sinnfälligeren Bezeichnungen, wie MANsocrates, einfach große
Buchstaben wie K,L,M oder auch K1,K2 , usw.. Die Formel (3.1) lautet
dann etwa

3.2.F. (K→L) ∧ K → L

Unsere Aufgabe besteht somit darin, die logische Gültigkeit von aussa-
genlogischen Formeln wie (3.2) möglichst effizient nachzuweisen. Wiederum zum besseren Verständnis wollen wir uns die Aufgabe nochmals erleichtern und nur Formeln in disjunktiver Normalform zulassen, betonen aber
schon jetzt, daß diese Einschränkungen sachlich nicht nötig ist und
überdies nur die Effizienz, nicht die Allgemeinheit des Vorgehens beeinflußt. Aus (3.2) erhält man beim Übergang zur disjunktiven Normalform

3.3.F. (K∧¬L) ∨ ¬K ∨ L

Analog wie beim Übergang von (1.2) zu (1.3) ergibt sich daraus in Mengennotation

3.4.F. {{K,¬L},{¬K},{L}}

offenbar die entsprechende Menge wie (1.3) bis auf ein Vertauschen der
Negationszeichen, was verursacht ist durch die Negation der Formel in
Abschnitt 1, die wir hier unterlassen haben, weil sie absolut überflüs-
sig ist (deshalb hier auch disjunktiver statt konjunktiver Normalform

wie dort). Die so erreichte Menge von Mengen von Literalen läßt sich
besonders übersichtlich in der folgenden 2-dimensionalen Form als Matrix darstellen.

3.5.F. $\begin{smallmatrix} K \\ \neg L \end{smallmatrix}$ $\neg K$ L

Schauen wir nochmals kurz zurück und halten fest, daß eine Matrix wie
(3.5) eine natürliche Formel wie (3.1) repräsentiert. Alles was wir
jetzt für solche Matrizen erklären, gilt damit entsprechend auch für
die repräsentierten natürlichen Formeln. Wann eine solche Matrix gültig
ist, d.h. eine gültige Formel repräsentiert, läßt sich nun sehr anschaulich erklären.

    Einen *Pfad durch eine Matrix* erhält man bei ihrer horizontalen
Durchquerung, indem man aus jeder ihrer Spalten, d.h. Clausen, genau
ein Literal auswählt und sie zu einer Menge zusammenfaßt. Durch (3.5)
gibt es genau zwei solcher Pfade nämlich {K,¬K,L} und {¬L,¬K,L} .
Wegen seiner fundamentalen Bedeutung illustrieren wir diesen Begriff
noch anschaulicher an dem folgenden Bild mit einer Matrix, die noch 2
Literale mehr enthält.

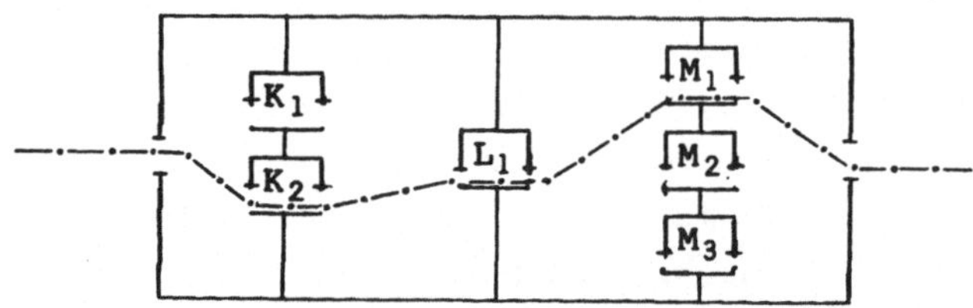

Zwei Literale wie K und ¬K bzw. L und ¬L haben wir in Abschnitt 1
Konnektion, genauer *komplementäre Konnektion* genannt. Es gilt nun der
folgende Satz.

3.6.T. Eine Matrix repräsentiert eine gültige Formel genau dann, wenn
jeder ihrer Pfade eine Konnektion erhält (siehe II.3.4 in [Bib]).

Für die Matrix (3.5) ist dies offensichtlich erfüllt. Bleibt also nur
noch die Aufgabe, dieses Kriterium möglichst effizient zu testen. Sie
ist gelöst durch den Konnektionskalkül, dessen Vorgehen wir nun anhand
der Figur 2 in erster Näherung beschreiben und erklären, wobei wir die
dabei verwendete Matrix kurz mit E bezeichnen (in der die Negation
eines Literals durch eine 1 bezeichnet ist).

In E wählen wir (für unsere Zwecke völlig beliebig) irgendeine Clause
aus, etwa {K,^{1}L} . Dieser Zustand ist in der ersten Darstellung durch
den senkrechten Pfeil veranschaulicht.

Der Übergang zur zweiten Darstellung besteht aus folgenden Einzel-
schritten. In der aktuellen, mit dem senkrechten Pfeil markierten Clause wählen wir (für unsere Zwecke völlig beliebig) irgendein Literal aus
(i.a. hinter dem kein Punkt steht), etwa K . Dies ist mit der gestri-
chelten Linie durch K veranschaulicht. Die restlichen Literale in
dieser Clause werden zur späteren Behandlung hintangestellt, hier also
^{1}L , veranschaulicht durch den waagerechten Pfeil. Die Idee dahinter

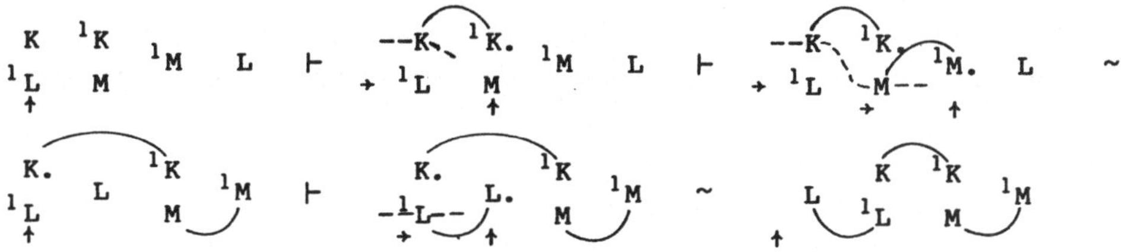

Figur 2. Eine Konnektionsableitung für die Matrix E

ist, daß zunächst alle Pfade durch K und erst dann alle durch ^{1}L
auf Konnektionen geprüft werden. Als nächste Clause wird nun nicht irgendeine herangezogen, sondern gezielt eine solche, die das Komplement
des (i.a. eines) vorher gewählten Literals enthält. Deswegen rückt der
senkrechte Pfeil nun zu der Clause {^{1}K,M} . Damit ist eine erste Konnektion aufgefunden und alle Pfade durch ihre Literale erfüllen nun die
in (3.6) geforderte Bedingung, was durch den Punkt hinter ^{1}K veranschaulicht ist. Damit ist dieser Übergang beendet, den man in diesem
Fall mit *Extension* bezeichnet.

Der Übergang zur dritten Darstellung vollzieht sich völlig analog
wie der zur zweiten und kann deshalb aus der eben gegebenen Beschreibung erschlossen werden. Wir wählen M , wonach nichts zum Hintanstel-
len übrigbleibt, rücken weiter zur Clause {^{1}M} und erledigen damit
alle Pfade durch K,M und ^{1}M . Da jetzt jedoch in der aktuellen Clause nichts übrig bleibt, können wir nun daran gehen, die hintangestellten Literale bzw. Pfade in gleicher Weise abzuarbeiten. Im Beispiel
ist dies nur das Literal ^{1}L in der ersten Clause, so daß der senkrechte Pfeil wieder ganz nach links rückt. Dabei bekommt K einen
Punkt, weil ja nun alle Pfade durch K geprüft sind, und alle bei
dieser Prüfung gesetzten Markierungen können gelöscht werden. Zur Illustration lassen wir nur die Konnektionslinien stehen, die ohnehin in
dem Prozess keine Bedeutung haben. Beide Übergänge von der zweiten

zur vierten Darstellung werden zusammen als ein Schritt gewertet und mit *Extension gefolgt von Trunkation* bezeichnet.

Der Übergang zur fünften und dann zur letzten Darstellung ist wieder eine solche Extension gefolgt von Trunkation. Da nichts mehr zu prüfen übrig bleibt, rückt der senkrechte Pfeil ganz aus der Matrix heraus, als Zeichen für den erfolgreichen Abschluß des Verfahrens. E ist also eine gültige Formel.

Dieser Beschreibung sind die folgenden Bemerkungen anzufügen. Erstens, ist es äußerst wichtig zu sehen, daß die sechs Darstellungen in Figur 1 nur "Schnappschüsse" ein und derselben Matrix sind, so daß auch im Speicher des Systems nur eine einzige Kopie vorliegen muß. Was sich an der Matrix im Verlauf der Deduktion ändert, sind die hinzugefügten Kennzeichnungen, die im System aber nur wenige Bits an Speicherplatz beanspruchen.

Zweitens sollte man sich klarmachen, daß es möglich ist, alle auftretenden Einzeloperationen rasch auszuführen, wenn die Speicherung in geeigneter Weise erfolgt. Dies betrifft insbesondere die Bestimmung einer geeigneten nächsten Clause bei der Extension.

Drittens zeigt das Beispiel, daß dieses Vorgehen weniger Schritte erfordern kann als Pfade vorhanden sind, da z.B. die beiden Pfade durch ¹L und L gleich in einem einzigen Schritt (dem letzten) auf einmal geprüft werden, insbesondere nie ein und derselbe Pfad ein zweites Mal behandelt wird.

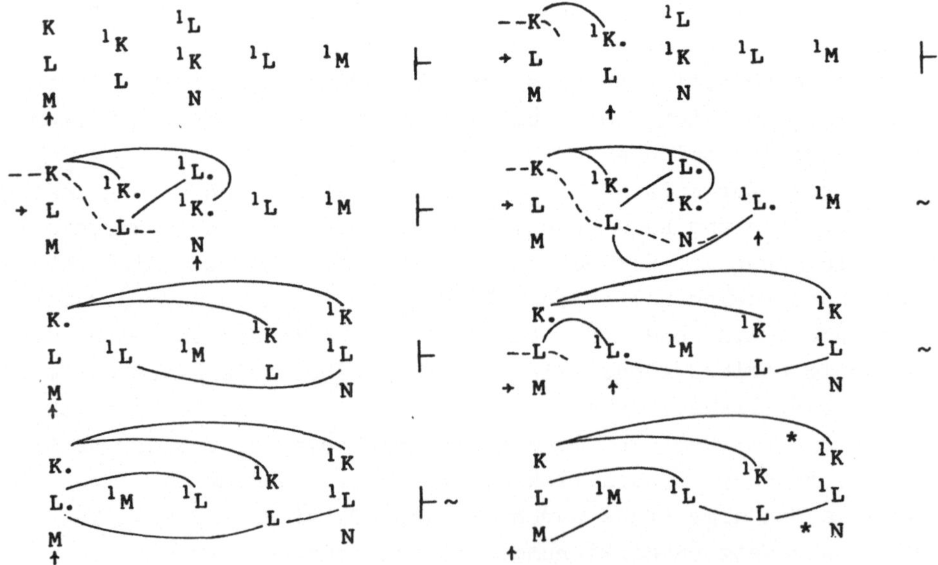

Figur 3. Eine weitere Konnektionsableitung

Zur Übung zeigen wir in Figur 3 noch die Ableitung für eine etwas kompliziertere Matrix, ohne sie im einzelnen zu besprechen. Vielmehr verweisen wir hinsichtlich weiterer Details auf die Abschnitte (II.4) und (II.5) in [Bib], wo sich insbesondere eine präzise Formulierung dieser Version des Konnektionskalküls sowie der Beweis für seine Korrektheit findet.

Obwohl wir mit dieser kurzen Beschreibung wohl die grundlegende Idee der Konnektionsmethode vermittelt haben, sollte man sich bewußt machen, daß mit der Beschreibung des heutigen Stands der Technik noch viele Abschnitte gefüllt werden könnten, selbst wenn man sich allein auf die Aussagenlogik beschränkt. Wir wollen kursorisch wenigstens Stichworte dazu nennen.

Neben der Extension tritt im Kalkül noch die *Separation* auf für den Fall, daß eine nächste Clause, wie für die Extension beschrieben, nicht vorhanden ist. Mit ihr trennt man einfach die vorher behandelten Clausen ab und beginnt mit den restlichen von neuem.

Weiters gibt es eine Reihe von *Reduktionsregeln*, mit denen man die gegebene Matrix von vorneherein verkleinern kann. So kann man ohne Einschränkung Clausen mit *puren* Literalen einfach streichen, wobei L pur heißt, wenn ¬L nirgends auftritt. Ebenso kann man Clausen streichen, die *tautologisch* sind, d.h. L und ¬L enthalten. Das Gleiche gilt für Clausen, die von den anderen *subsumiert* werden, wobei eine Clause C eine Clause D subsumiert, wenn C⊆D gilt. Schließlich ist auch Resolution mit einer Einerclause (Clause mit 1 Literal) eine solche Reduktionsregel.

Wir haben schon im Abschnitt 1 auf den engen Zusammenhang zwischen Konnektion und Resolution hingewiesen. Zu seiner weiteren Erläuterung zeigen wir die Konnektionsableitung von E aus Figur 2 nochmals in Figur 4, jedoch in einer anderen Darstellung und mit anderen Kennzeich-

```
   L                 L                  L
   M                ¹M                 ¹M
   M ¹K     ⊢        M ¹K     ⊢         M ¹K     ⊢
  ¹L  K             ¹L  K              ¹L  K
  ───────          ──────────         ────────────
  ¹L  K             ¹L [K] M           ¹L [K][M]


   L                 L                  L
  ¹M                ¹M                 ¹M
   M ¹K     ⊢        M ¹K     ⊢         M ¹K     ⊢
  ¹L  K             ¹L  K              ¹L  K
  ───────          ───────            ───────
  ¹L                [¹L]               Ø
```

Figur 4. Die Ableitung von Figur 2 in anderer Darstellung

nungen, wobei der Leser ihre Beziehungen leicht erkennen sollte. In dieser neuen Darstellung handelt es sich aber zugleich um eine Ableitung mit *linearer* Resolution (oder *Modell Elimination*), was zeigt, daß mit dieser Art von Verfeinerung die Resolution sogar in der Darstellung mit der Konnektionsmethode so gut wie übereinstimmt. Der Grund für den Begriff "linear" wird aus Figur 5 ersichtlich.

Es gibt unzählige solcher Verfeinerungen von Resolution, Soweit sie wirklich zur Verbesserung des Vorgehens beitragen, läßt sich ihr Effekt in der Konnektionsmethode viel anschaulicher verständlich machen. Eine weitere unter ihnen ist die *Konnektionengraph* Resolution, kurz cg-Resolution. Eine cg-Resolutionsableitung für unser Standardbeispiel E ist in Figur 6 gezeigt. Man beginnt mit der Matrix inclusive aller ihrer Konnektionen und wählt eine Konnektion zur Resolution aus. Im Ergebnis wird diese Konnektion gestrichen, während alle anderen erhalten bleiben bzw. in die neu-entstandene Resolvente vererbt werden.

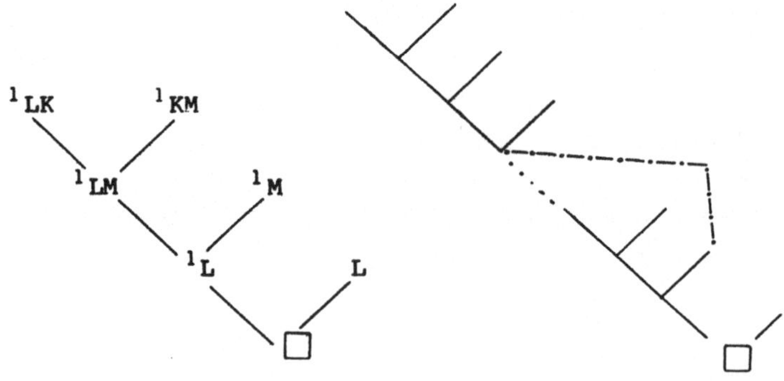

Figur 5. Lineare Resolution, speziell und allgemein

Entstehen dabei pure Literale, nun in dem Sinne, daß sie bei keiner noch vorhandenen Konnektion beteiligt sind, dann kann wiederum die ganze Clause gestrichen werden. Das Verfahren ist, so einfach es zunächst erscheinen mag, kombinatorisch so komplex, daß grundlegendste Eigen-

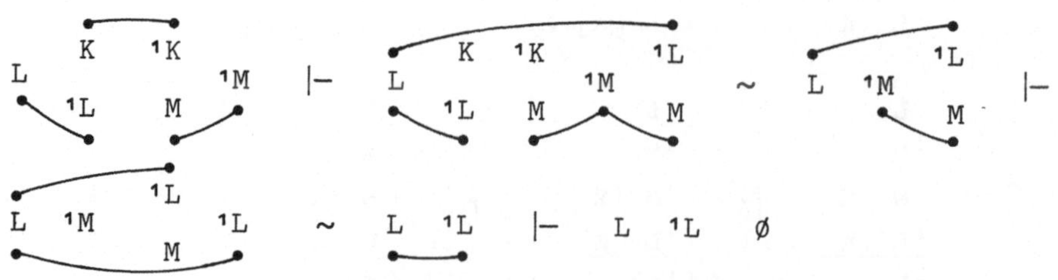

Figur 6. cg-Resolutionsableitung für E

schaften (wie die *Konfluenz*) selbst hier in der Aussagenlogik bis heute
trotz anstrengender Bemühungen noch ungeklärt sind. Allein dies schon
spricht gegen diese Methode, insbesondere da der von ihr erzielte Effekt
bei der Ableitungssuche in der Konnektionsmethode viel einfacher, einsichtiger und billiger erreicht werden kann, was in Abschnitt (IV.4) in
[Bib] ausgeführt ist. Im wesentlichen handelt es sich darum, daß die
Behandlung gewisser der zur späteren Abarbeitung hintangestellten Literale sich in bestimmten Fällen ganz erübrigt, was sich mit zusätzlichen Kennzeichnungen leicht codieren läßt.

Ein ganz entscheidender Vorteil der Konnektionsmethode gegenüber
allen Resolutionsvarianten besteht in der schon am Beginn dieses Abschnitts erwähnten Anwendbarkeit auf *beliebige* Formeln, d.h. nicht nur
solche in Normalform. Das in (3.6) formulierte Kriterium gilt nämlich
ganz allgemein, wenn man Matrizen, Pfade und Konnektion entsprechend
definiert. Es ist daher kein Geschmacksurteil, sondern eine mathematisch begründete Aussage, wenn man feststellt, daß das effizienteste,
existierende Deduktionswerkzeug (siehe die Abschnitte IV.5 und IV.6 in
[Bib]) auf der Konnektionsmethode basiert. Überdies sind wegen ihrer Ein-
sichtigkeit weitere Verbesserungen wesentlich leichter zu erzielen, als
über irgend einen anderen bekannten Weg.

4. DEDUKTIONSMETHODEN FÜR DIE PRÄDIKATENLOGIK

Alle im letzten Abschnitt besprochenen oder erwähnten Deduktionsmetho-
den sind eigentlich für die Prädikatenlogik (erster Ordnung) entwickelt
worden. Wenn man sich aber auf das Wesentliche beschränkt, so sind ihre
Unterscheidungsmerkmale rein aussagenlogischer Natur. Die auf der höheren Ebene der Prädikatenlogik zusätzlich erforderlichen Techniken sind
daher für alle Methoden im wesentlichen die gleichen, was die Zerlegung
unseres Vorgehens in zwei Schritte (Abschnitte 3 und 4) erklärt. Aus
dem gleichen Grunde werden wir uns den Einbau dieser zusätzlichen Techniken allein am Beispiel der einfachsten Version der Konnektionsmethode klarmachen, weil dies im Prinzip eben bei allen Methoden in analo-
ger Weise geschieht.

Für den allerersten Zugang beziehen wir uns nochmals auf unser
Beispiel (1.1), das in Matrixschreibweise ohne Quantoren die folgende
Gestalt hat.

	MANx		
4.1.F.		MANsocrates	MTLsocrates
	¬MTLx		

Würde man die kleingeschriebenen Argumente x und socrates außer
Acht lassen, so könnte man den im letzten Abschnitt beschriebenen Konnektionskalkül unmittelbar anwenden (was zur Übung empfohlen wird).
Eine der zusätzlichen Techniken muß sich also um das Unifizieren dieser
Argumente kümmern. In allgemeinen Fällen bestehen diese Argumente aus
beliebigen Termen, die sich aus Konstanten, Variablen und Funktionszeichen zusammensetzen (z.B. könnte man, um dies wenigstens anzudeuten,
die Feststellung (4.1) ja auch über die Mutter von Sokrates treffen,
wobei socrates durch mutter(socrates) ersetzt werden müßte). In dieser Allgemeinheit ist das Unifikationsproblem keineswegs mehr so trivial wie in unserem Beispiel, vielmehr einer eigenen Betrachtung wert.

Zunächst präzisieren wir dazu den Begriff der Substitution. Mathematisch gesehen ist dies eine Funktion auf (endlich vielen) Variablen
mit Termen als Werten, z.B. $\sigma : x \rightarrow$ socrates im Falle von 4.1. Wir
schreiben Substitutionen in der kompakten Form $\{x_1 \backslash t_1, \ldots, x_n \backslash t_n\}$,
$n \geq 0$, womit die Ersetzung von x_i durch t_i , $i = 1, \ldots, n$, dargestellt
wird. Der Argumentbereich solcher Substitutionen läßt sich dann in natürlicher Weise auf beliebige Terme (bzw. Literale oder auch quantoren-
freie Formeln) ausdehnen, indem man den Wert der Substitution angewandt
auf einen Term s erklärt als den Term, der aus s durch Ersetzung
von x_i durch t_i , $i = 1, \ldots, n$, entsteht. Dabei hat sich eingebürgert,
entgegen der üblichen Funktionsschreibweise die Bezeichnung für die Substitution hinter (und nicht vor) das Argument zu schreiben. Ist z.B.
$\sigma = \{x \backslash f(z), y \backslash g(c)\}$, so gilt $x\sigma = f(z)$, $y\sigma = g(c)$, $h(x,x,f(y))\sigma =$
$h(f(z),f(z),f(g(c)))$, $MANx\sigma = MANf(z)$, usf.

Das Unifikationsproblem besteht nun darin festzustellen, ob es
durch Substitution möglich ist, zwei Terme gleich zu machen, und wenn
ja, eine solche Substitution anzugeben, wobei noch zusätzlich verlangt
wird, daß diese Substitution so allgemein wie möglich ist. Um die letzte
Forderung zu veranschaulichen betrachten wir die beiden Terme f(x)
und y . Sowohl die Substitution $\{y \backslash f(x)\}$ als auch jede Substitution
$\{x \backslash t, y \backslash f(t)\}$ für beliebiges t machen die beiden gegebenen Terme
gleich. Jedoch ist $\{y \backslash f(x)\}$ unter ihnen die einfachste, präziser gesagt die allgemeinste in dem Sinne, daß man den Effekt jeder anderen
dadurch erreicht, daß man erst die einfachste und dann auf den resultierenden Wert noch eine weitere Substitution anwendet. In Formeln aus-
gedrückt: $s\{x \backslash f(t), y \backslash f(t)\} = (s\{y \backslash f(x)\})\{x \backslash t\}$. Man spricht daher von
$\{y \backslash f(x)\}$ als des *allgemeinsten Unifikators*. Nebenbei hat dies auch die
Hintereinanderausführung von Substitutionen illustriert.

Es gibt äußerst effiziente Algorithmen, die jedes solche Unifikationsproblem lösen. Wir wollen nur den einfachsten erklären. Dazu führen wir drei Begriffe ein.

Der erste ist die *Differenz* DIFF(s,t) zweier Terme s und t . Sie
bezeichnet eine Menge von ungeordneten Paaren von Untertermen von s
und t , die induktiv wie folgt erklärt ist.

(d1) DIFF(s,t) = $\emptyset$, wenn s = t .

(d2) DIFF(s,t) = DIFF(s_1,t_1) U ... U DIFF(s_n,t_n) , wenn s = f($s_1,\ldots,s_n$)
     und t = f($t_1,\ldots,t_n$) .

(d3) DIFF(s,t) = {{s,t}} in allen anderen Fällen.

     DIFF(s,t) heißt *negotiabel,* wenn sie nicht leer ist und jedes
ihrer Elemente von der Gestalt {x,t} ist, wobei x eine Variable
ist, die in t nicht auftritt. In diesem Fall heißt {x\t} eine *Reduktion* von DIFF(s,t).

     Mit diesen Begriffen lautet der Algorithmus wie folgt.

4.2.A. Unifikationsalgorithmus UNIF$_1$ anwendbar auf beliebige Terme
s und t .

STEP0. Setze σ = $\emptyset$

STEP1. While DIFF(sσ,tσ) ist negotiabel
        do   ersetze σ durch $\sigma\rho$
        where ρ ist eine Reduktion von DIFF(sσ,tσ)

STEP2. If DIFF(sσ,tσ) = $\emptyset$
        then {s,t} ist unifizierbar und σ ist allgemeinster Unifikator
        else {s,t} ist nicht unifizierbar

Figur 7 zeigt die 5 Phasen bei der Unifikation der Terme P(x,f(gy),fx)
und P(h(y,z),fz,f(h(u,v))) , wobei P als Funktionszeichen aufgefaßt
ist. Dabei steht in der ersten Spalte die Nummer der Phase, in der
zweiten der bis dahin erreichte Unifikator und in der letzten Spalte
die verbleibende Differenz. Mit diesen Angaben sollte der Leser den Ab-

Phase	σ	DIFF(sσ,tσ)
0	{}	{{x,h(y,z)},{z,gy},{x,h(u,v)}}
1	{z\gy}	{{x,h(y,gy)},{x,h(u,v)}}
2	{z\gy,x\h(u,v)}	{{u,y},{v,gy}}
3	{z\gu,x\h(u,v),y\u}	{{v,gu}}
4	{z\gu,x\h(u,gu),y\u,v\gu}	{}

Figur 7. Unifikation von P(x,f(gy),fx) und P(h(y,z),fz,f(h(u,v)))

lauf von UNIF₁ nun in allen Details nachvollziehen.

Wir können hier nur erwähnen, daß es sehr viel effizientere Unifikationsalgorithmen als UNIF₁ gibt, die allerdings wesentlich komplizierter sind. Für die Praxis hat sich z.B. derjenige von Martelli und Montanari als der derzeit effizienteste erwiesen (siehe Abschnitt IV.9 in [Bib]).

Wir erwähnen außerdem, daß wir hier nur die einfachste Form von Unifikation beschrieben haben. In allgemeinerer Form werden gewisse Eigenschaften der Funktionen in den Termen gleich mitberücksichtigt. So sind die beiden Terme $3+5$ und $x+3$ unifizierbar mit $\sigma = \{x\backslash 5\}$, wenn man berücksichtigt, daß die Addition kommutativ ist, also etwa $x+3=3+x$ gilt. Dies haben wir bereits bei den Fakultätsprogrammen (2.1) bis (2.4) mitbenutzt, wenn wir etwa $0+1$ mit 1 aufgrund der Eigenschaft $0+1=1$ unifiziert haben. Wir kommen hierauf nochmals im nächsten Abschnitt im Zusammenhang mit der Gleichheit zu sprechen.

Nach der Unifikation stellt sich als zweites die Frage nach der Rolle der Quantoren in der zu beweisenden Formel. Die einfachste Möglichkeit ihrer Behandlung besteht in ihrer Beseitigung, die sich mit bekannten logischen Tatsachen in einer Vorbehandlung der gegebenen Formel F wie folgt leicht bewerkstelligen läßt.

4.3.A.   Transformation in Normalform.
STEP0. In F werden die logischen Zeichen ¬ (außer vor Literalen), → und ↔ beseitigt.
STEP1. Eine jede Unterformel von F von der Gestalt $\forall cD$, die im Bereich von genau $k \geq 1$ Existenzquantoren $\exists x_1,\ldots,\exists x_k$ steht, wird ersetzt durch $D\{c\backslash fx_1\ldots x_k\}$ mit einer *Skolem Funktion* f die in F sonst nicht auftritt (der Fall $k=0$ ist schon durch unsere Notation gewährleistet, die zwischen ∃- und ∀-gebundenen Variablen unterscheidet).
STEP2. Alle verbliebenen Quantoren werden gestrichen.
STEP3. Die resultierende Formel wird auf disjunktive Normalform gebracht.

Die Formel (4.1) ist in solcher Normalform. Hingegen kommt man von der Formel $\forall a\exists x(\forall b\neg P(a,x,b) \wedge \exists y(P(y,x,gxy) \vee P(a,y,x)))$ im ersten Schritt zu $\forall a\exists x(\neg P(a,x,fx) \wedge \exists y(P(y,x,gxy) \vee P(a,y,x)))$, im zweiten Schritt zu $\neg P(a,x,fx) \wedge (P(y,x,gxy) \vee P(a,y,x))$ und schließlich zu $\neg P(a,x,fx) \wedge P(y,x,gxy) \vee \neg P(a,x,fx) \wedge P(a,y,x)$. Diese Umformungen ändern nicht die Gültigkeit der Formel (siehe III.4.5 in [Bib]).

Mit diesen beiden Werkzeugen können wir nun den Konnektionskalkül des letzten Abschnitts in verallgemeinerter Form etwa auf die Formel

∀c∃xy(Px∧Qy → Pfy∧Qgc) , kurz E2 genannt, anwenden. Ihre Ableitung
ist in Figur 8 auf. genau die gleiche Weise wie im vorigen Abschnitt
notiert, mit dem einzigen Unterschied, daß jetzt die Unifikatoren mit
ins Spiel kommen.

Wir beginnen also damit, daß wir die Formel auf Normalform bringen, in Matrixform darstellen und mit der leeren Substitution bei irgendeiner Clause beginnen, was in der ersten Darstellung gezeigt ist.
Zur Durchführung eines Extensionsschrittes wählen wir irgendein Literal in der aktuellen Clause aus, hier also ¹Px . Hierzu wird nun
ein nach Ausführung einer geeigneten Substitution komplementäres Literal in irgendeiner der verbleibenden Clausen gesucht. Dieses muß also ein Literal sein, das mit P beginnt, wovon wir uns bei der Suche
leiten lassen, die schließlich zu Pfy führt. Nun stellt sich die.
Frage, ob die beiden Terme unifizierbar sind, was UNIF₁ positiv entscheidet mit {x\fy} als Unifikator. Zudem muß noch geprüft werden,
ob diese neue Substitution mit der bis dahin erarbeiteten verträglich
ist in dem Sinne, daß beide zusammengefaßt alle bisher betrachteten
Termpaare unifizieren, was sich wieder mit UNIF₁ durchführen läßt.

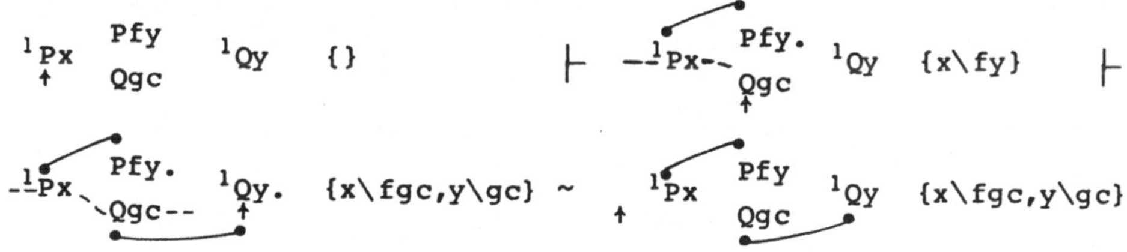

Figur 8. Eine Konnektionsableitung für E2

Im Beispiel ist das trivialerweise der Fall, weil wir ja erst am Anfang stehen. Erst nach all diesen Vorarbeiten sind wir endlich in der
Lage den Extensionsschritt zu beenden, wie aus der zweiten Darstellung
ersichtlich ist. Wäre der Unifikations- oder Verträglichkeitstest ge-
scheitert, so hätte man nach weiteren Literalen suchen müssen, die mit
P beginnen.

Der nächste Schritt vollzieht sich auf genau die gleiche Weise
wie der soeben beschriebene, nur fügt sich daran noch Trunkation an,
da die neue Clause kein weiteres Literal außer ¹Qy enthält. Da im
Verlauf dieser Ableitung keine Literale zur späteren Behandlung hintangestellt worden sind, ist damit der Beweis bereits erfolgreich beendet.

Im Vergleich zum Vorgehen in der Aussagenlogik läuft das Verfah-

ren nach dieser Darstellung also bis auf die mit der Unifikation zusammenhängenden Phänomene völlig gleich ab. Allerdings verschweigt
diese Darstellung noch einen wesentlichen Aspekt den wir jetzt als
dritten und letzten Punkt besprechen wollen.

Es liegt nämlich in der Natur der Prädikatenlogik, daß wir bei
dieser Beweissuche beliebig viele Kopien der Matrix oder, was auf das
Gleiche hinausläuft, der einzelnen Clausen mit in Betracht ziehen müssen, wobei die Variablen in verschiedenen Kopien als verschieden anzusehen sind. Grob gesagt hängt das damit zusammen, daß die Existenzbe-
hauptung $\exists x$ - Variablen sind ja nach unserer Notation $\exists$-gebunden
- nicht besagt "es gibt genau ein x , so daß ..." sondern nur "es
gibt ein x , so daß ...", d.h. wir müssen im Beweis auch mit mehreren
solcher Objekte für x rechnen.

Dieses Phänomen illustrieren wir an der Formel
$\forall u \exists a Fau \wedge \forall xyz(Fzy{\to}Fyx{\to}GFzx) \to \forall b \exists v GFvb$, die besagt, daß jeder
einen Großvater hat, weil das Gleiche für Väter gilt, und die wir kurz
mit E3 bezeichnen. Ihre Ableitung ist in Figur 9 nach unserem gewohn-
ten Schema gezeigt.

Die ersten vier Darstellungen zeigen genau den gleichen Ablauf
wie in Figur 8, lediglich der Index .1 an allen Variablen ist neu hinzugekommen, um sichtbar zu machen, daß wir in der ersten Kopie von E2
arbeiten.

Der nun anstehende Schritt wäre nun jedoch ohne eine weitere Kopie nicht durchführbar, da sich die bis dahin erreichte Substitution
nicht so erweitern läßt, daß das noch zu behandelnde Literal
$F(z._1,y._1)$ mit dem einzigen noch zur Verfügung stehenden Literal $\lnot F(a,u._1)$
eine komplementäre Konnektion bildet. Dazu müßte nämlich $y._1$ mit
$u._1$ unifiziert werden, was nicht geht, da $y._1$ bereits durch a und
$u._1$ durch b , also verschiedene (nicht unifizierbare) Konstanten ersetzt wurden.

In einer solchen Situation gibt es nun im allgemeinen zwei Möglichkeiten. Entweder man versucht, einige Schritte rückgängig zu machen und dort dann die Ableitung mit einer anderen Konnektion fortzu-
führen, in der Hoffnung, dann vielleicht besser zum Ziel zu kommen.
Dieser Weg ist hier nicht gangbar, da in den beiden vorangegangenen
Ableitungsschritten andere als die gewählten Konnektionen gar nicht
zur Verfügung stehen. Oder man nimmt eine nächste Kopie der gesamten
Matrix oder einzelner ihrer Clausen hinzu. Genau diese Möglichkeit
ist in der vierten Darstellung ausgeführt, wonach die Extension gefolgt von Trunkation reibungslos erfolgen kann, womit der Beweis erfolgreich beendet ist.

Explizites Kopieren (von Teilen) der Matrix wäre natürlich sehr

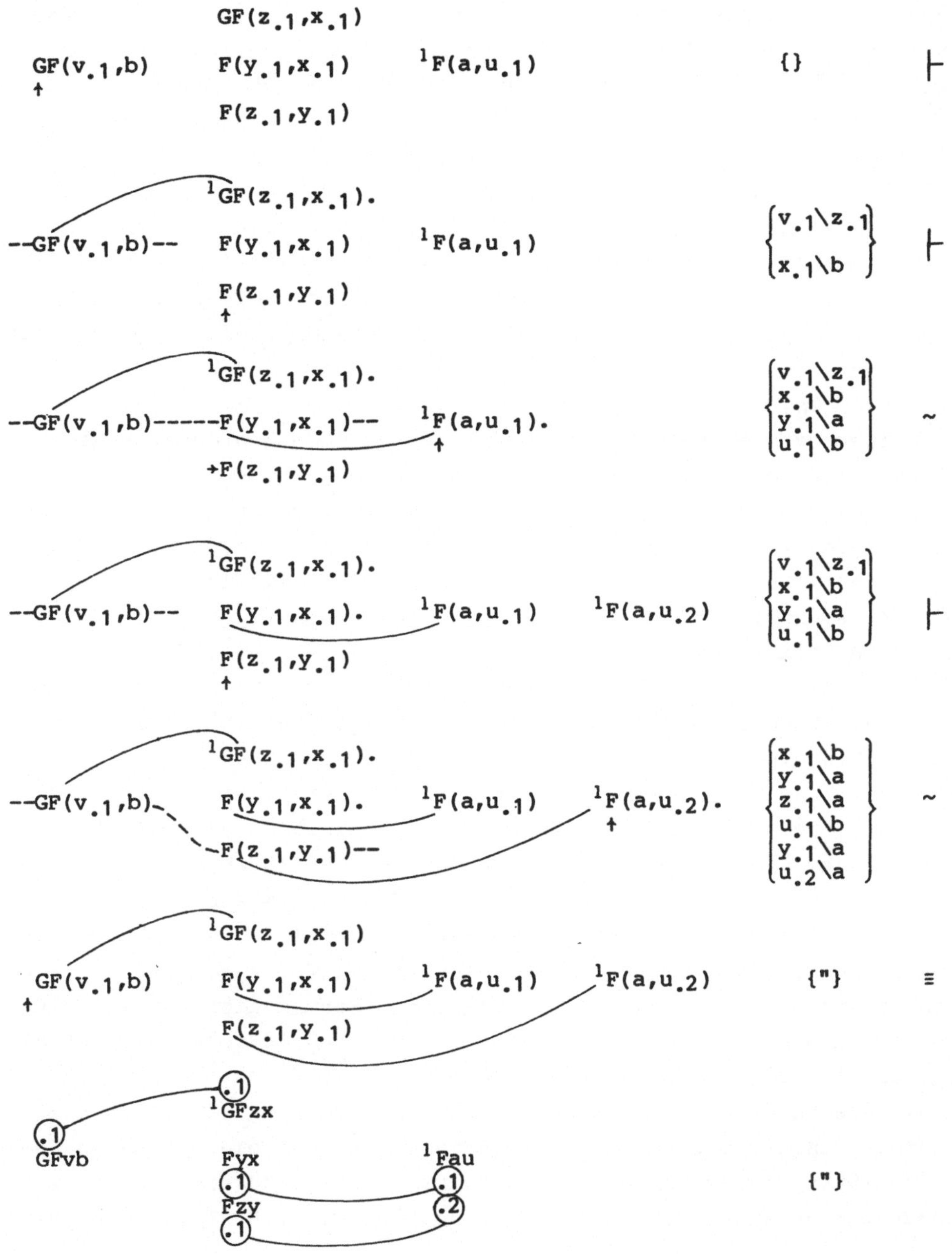

$$GF(z_{.1},x_{.1})$$

$$GF(v_{.1},b) \qquad F(y_{.1},x_{.1}) \qquad {}^1F(a,u_{.1}) \qquad\qquad \{\} \qquad \vdash$$

$$F(z_{.1},y_{.1})$$

$${}^1GF(z_{.1},x_{.1}).$$

$$--GF(v_{.1},b)-- \qquad F(y_{.1},x_{.1}) \qquad {}^1F(a,u_{.1}) \qquad \begin{Bmatrix} v_{.1}\backslash z_{.1} \\ x_{.1}\backslash b \end{Bmatrix} \quad \vdash$$

$$F(z_{.1},y_{.1})$$

$${}^1GF(z_{.1},x_{.1}).$$

$$--GF(v_{.1},b)-----F(y_{.1},x_{.1})-- \qquad {}^1F(a,u_{.1}). \qquad \begin{Bmatrix} v_{.1}\backslash z_{.1} \\ x_{.1}\backslash b \\ y_{.1}\backslash a \\ u_{.1}\backslash b \end{Bmatrix} \quad \sim$$

$$\rightarrow F(z_{.1},y_{.1})$$

$${}^1GF(z_{.1},x_{.1}).$$

$$--GF(v_{.1},b)-- \qquad F(y_{.1},x_{.1}). \qquad {}^1F(a,u_{.1}) \qquad {}^1F(a,u_{.2}) \qquad \begin{Bmatrix} v_{.1}\backslash z_{.1} \\ x_{.1}\backslash b \\ y_{.1}\backslash a \\ u_{.1}\backslash b \end{Bmatrix} \quad \vdash$$

$$F(z_{.1},y_{.1})$$

$${}^1GF(z_{.1},x_{.1}).$$

$$--GF(v_{.1},b)-. \qquad F(y_{.1},x_{.1}). \qquad {}^1F(a,u_{.1}) \qquad {}^1F(a,u_{.2}). \qquad \begin{Bmatrix} x_{.1}\backslash b \\ y_{.1}\backslash a \\ z_{.1}\backslash a \\ u_{.1}\backslash b \\ y_{.1}\backslash a \\ u_{.2}\backslash a \end{Bmatrix} \quad \sim$$

$$-F(z_{.1},y_{.1})--$$

$${}^1GF(z_{.1},x_{.1})$$

$$GF(v_{.1},b) \qquad F(y_{.1},x_{.1}) \qquad {}^1F(a,u_{.1}) \qquad {}^1F(a,u_{.2}) \qquad \{"\} \qquad \equiv$$

$$F(z_{.1},y_{.1})$$

$${}^1GF_{zx}$$

$$GF_{vb} \qquad F_{yx} \qquad {}^1F_{au}$$

$$F_{zy} \qquad\qquad\qquad \{"\}$$

Figur 9. Eine Konnektionsableitung für E3

speicheraufwendig. Es sollte dem Leser aber sofort einleuchten, daß
dieser Aufwand dadurch vermeidbar ist, daß man den Ablauf entsprechend

in eine einzige Kopie der Matrix hineinprojiziert, was mit der letzten
Darstellung illustriert wird. Offenbar genügt es, den Index nur an den
Konnektionsenden anzugeben, wobei wir oft (z.B. in den Beweisen 2.2 -
2.4) per Vereinbarung den "Normal"-Index .1 als selbstverständlich
weglassen.

Damit haben wir in erster Näherung das Vorgehen des Konnektionskalküls für Formeln in Normalform erklärt. Hinsichtlich weiterer Details und des Korrektheitsbeweises wird auf Abschnitt (III.6) in [Bib]
verwiesen. Wieder, wie schon im vorigen Abschnitt, sollte man sich jedoch bewußt machen, daß damit nur die grundlegende Idee, nicht der letzte Stand der Technik beschrieben ist, weshalb wir wiederum einige Stichpunkte erwähnen.

Zuallererst sei betont, daß jeder der am Ende des letzten Abschnitts genannten Stichpunkte in entsprechender Weise auch in der Prädikatenlogik von Bedeutung ist. Also Separation, Reduktion (pure Literale, Tautologien, Subsumierung, Resolution mit Einerclause), Verfeinerungen und insbesondere die Anwendbarkeit auf beliebige Formeln, d.h.
die Unterlassung von STEP3 im Vorbereitungsprozess (4.3), seien hier
nochmals in Erinnerung gebracht.

Ferner haben wir in der Beschreibung von Figur 9 schon angedeutet,
daß auf der Ebene der Prädikatenlogik grundsätzlich neue Alternativen
hinzugetreten sind, was eine ausgefeilte Suchtechnik erforderlich
macht. Ein wichtiger Aspekt dabei sei mit dem Stichwort *selektiver
Rückbeginn* ("selective backtracking", d.h. gezielt zu einer früheren
Stelle zurückgehen und dort gezielt anders weiterfahren) bezeichnet.
Hier zieht man aus einem Fehlversuch soviel Nutzen wie möglich, um
nicht die gleichen Fehler auf andere Weise nochmal zu wiederholen. Ein
weiterer Aspekt läuft unter dem Stichwort *selektive Indexerhöhung*. Eine
Teilableitung und die Struktur der gegebenen Formel gibt nämlich eine
Reihe von Hinweisen dafür, ob es sich bei einer Clause lohnt, eine wei-
tere Kopie ins Auge zu fassen.

Wir erwähnen außerdem, daß es zur Skolemisierung (STEP1 in 4.3)
eine etwas weniger aufwendige Alternative gibt, die ein optimales *Spalten* ("splitting") der Formel in unabhängige Teile und ein flexibles
Antipränexieren ermöglicht (siehe die Abschnitte IV.8, IV.10 und IV.11
in [Bib]).

Schließlich erinnern wir daran, daß die Prädikatenlogik *unent-
scheidbar* ist, was sich darin äußert, daß ein Beweis beliebig lange
dauern kann, weil man ja unbeschränkt immer weitere Kopien hinzunehmen
darf. Für Formeln bestimmter Struktur ist dies jedoch günstiger, weil
man für sie in einer gewissen Phase mit Sicherheit entscheiden kann,
ob die Formel gültig ist. Gerade in der Praxis ist dieser Fall sogar

der überwiegende. Solche Entscheidungskriterien lassen sich in die selektive Indexerhöhung mit einbauen.

Zusammenfassend muß man sich nun aber vor Augen halten, daß einerseits hinter jedem einzelnen der genannten Stichworte sich schwierige
theoretische Probleme verbergen, andererseits für ein Superbeweissy-
stem für alle eine *gemeinsame* Lösung angegeben werden muß, weil sie
sich alle gegenseitig durchdringen. Damit sei auf die ungeheure Komplexität der Aufgabenstellung der Automatisierung der Deduktion hingewiesen, die an die Grenzen menschlichen Denkvermögens zu stoßen
scheint. Sie erklärt auch, warum man ein viertel Jahrhundert nach den
ersten Automatisierungsversuchen trotz imponierender Erfolge noch immer ein weites Stück Weg vor sich hat.

5. ERWEITERUNGEN

Der bis hierhin besprochene Ansatz erweist sich in mehrfacher Hinsicht
als zu eingeschränkt, zwar nicht unter prinzipiellen, sondern unter
praktischen Gesichtspunkten. Die im Abschnitt 2 besprochenen Beispiele
haben bereits eine solche Beschränkung illustriert, genauer gesagt
ihre Beseitigung durch eine geeignete Erweiterung angedeutet. So fällt
etwa bereits der in (2.1) gezeigte Konnektionsbeweis streng genommen
nicht unter das bisherige Vorgehen, nach dem die rechte der beiden dort
eingezeichneten Konnektionen gar nicht zulässig ist, weil die beiden
durch sie verknüpften Terme x+1 und 1 im Sinne der bisherigen Definition offensichtlich nicht unifizierbar sind. Die Unifizierbarkeit ergibt sich erst in dem allgemeineren Sinne, daß zusätzlich zum Einsetzen
von Termen für Variablen auch die Evaluation von Termen nach bestimmten
Regeln gestattet ist, etwa hier wo nach Einsetzen der 0 für x der
Term 0+1 zu 1 evaluiert werden kann.

Dies ist nur eine von mehreren naheliegenden Erweiterungen des
bisherigen Ansatzes, die wir in diesem Abschnitt besprechen wollen.
Wir wollen beginnen mit der Behandlung eines Prädikats, das nahezu in
jeder Anwendung mitbeteiligt ist und besagt, daß zwei Dinge *gleich*
seien, also dem Gleichheitsprädikat = .

Um das Prinzip an einem einfachsten Beispiel zu demonstrieren,
fragen wir nach einem Beweis für die Formel

5.1.F.   Pa ∧ a=b → Pb

Offensichtlich ist sie gültig, "offensichtlich" jedoch nur für uns,
nicht für das bisherige Verfahren. Für dieses nämlich ist = ein Prädikatszeichen wie jedes andere, so daß die einzig denkbare Konnektion

an der Nicht-Unifizierbarkeit von a und b scheitert. Wir müssen daher erst die Eigenschaften, die wir mit der Gleichheit verbinden, in irgendeiner Form dem Verfahren zur Verfügung stellen, wobei es sich im wesentlichen um das Prinzip "Gleiches kann durch Gleiches ersetzt werden" handelt. Dies läßt sich in expliziter oder impliziter Form durchführen.

Im einen Fall nimmt man diese Eigenschaften (die *Axiome* der Gleichheit) *explizit* mit in die Prämissen der zu beweisenden Formel auf, hier etwa die Formel x=y → Px→Py , derzufolge man in P (wie natürlich auch in jedem anderen Prädikat) jedes Objekt x durch ein gleiches y ersetzen kann. Mit diesem Zusatz läßt sich (5.1) dann tatsächlich wie bisher beweisen, was wir wieder in Matrixdarstellung zeigen.

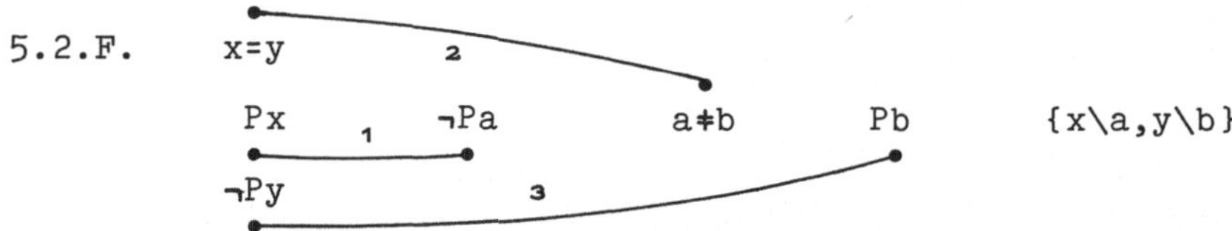

Gemessen an unserem natürlichen Vorgehen erscheint dies allerdings als eine äußerst umständliche Lösung, da der Mensch mit a=b von Pa unmittelbar auf Pb zu schließen scheint. Dieses natürliche Vorgehen läßt sich mit einer verallgemeinerten Art von Konnektionen simulieren, was wir wie folgt illustrieren.

Hier ist Pa mit Pb unter der assoziierten Nebenbedingung a=b verknüpft, was sicher natürlicher erscheint als der in (5.2) gegebene Beweis. Bei genauerem Hinsehen erkennt man jedoch, daß (5.3) nur eine degenerierte Form von (5.2) darstellt, was durch die Markierungen an den Konnektionen angedeutet ist. Danach ist die Clause in (5.2), die das Gleichheitsaxiom darstellt, in (5.3) zu einem leeren Knoten mit drei Ausgängen degeneriert, da sein in (5.2) gegebener Inhalt redundant ist, d.h. sich im Wissen um die Gleichheit aus den übrigen in (5.3) notierten Informationen ergibt.

Wir lernen hieraus, daß der Einbau der Gleichheit in spezieller, effizienter Weise offenbar dadurch bewerkstelligt werden kann, daß man eine zusätzliche Art von Konnektionen, sogenannte eq-Konnektionen, einführt, an die Gleichheitsbedingungen assoziiert sind, wie es eben in (5.3) illustriert ist. Dies genügt jedoch nicht, wie das Beispiel a=b → fa=fb demonstriert. Denn offenbar ist dies eine gültige Formel,

was jedoch auch mit einer eq-Konnektion nicht festgestellt werden kann.
Gehen wir dazu wieder den Weg über den vollen Beweis wie (5.2), der
ein Gleichheitsaxiom explizit miteinbezieht.

5.4.F.

Degeneriert man diesen Beweis analog wie vorher, so entsteht das folgende Gebilde.

5.5.F.   a=b → fa=fb

Offensichtlich handelt es sich nur noch um ein Literal, an das eine
Gleichheitsbedingung assoziiert ist, was wir ein eq-Literal nennen wollen. Fassen wir in etwas verallgemeinerter Form zusammen.

   eq-Literale seien Literale, an die Gleichheitsbedingungen (in Matrixform also negierte Gleichungen, d.h. Ungleichungen) assoziiert sind,
und analog für *eq-Konnektionen*. Dann verallgemeinert sich unser bishe-
riges (explizit nur für die Aussagenlogik in 3.6 ausbuchstabiertes)
Kriterium für die Gültigkeit einer Formel F zu der Forderung, daß
grob formuliert jeder Pfad eine Konnektion wie bisher, oder auch eine
eq-Konnektion oder ein eq-Literal enthält. "Enthält" meint dabei sowohl die Literale als auch die assoziierten Gleichheitsbedingungen.

   Dieses Kriterium, das in Abschnitt (V.3) in [Bib] präzisiert ist
und das wir hier nur andeutungsweise illustrieren konnten, läßt sich
technisch mit zusätzlichen Tests insbesondere bei der Extension in den
Konnektionskalkül miteinbauen, was ebenfalls dort beschrieben ist.

   Ein Beweisverfahren, das die Gleichheit effizient verarbeitet,
ist jedenfalls nicht mehr ganz unbeachtlich. Weltklasse ist es damit
allein aber noch lange nicht. Eine weitere Möglichkeit der Verbesserung liegt in einer speziellen Behandlung auch weiterer oft vorkommen-
der Prädikate oder Funktionen, nicht nur des Gleichheitsprädikats. Allerdings tritt damit bereits eine Form der Spezialisierung ein, denn
kein Prädikat tritt so universell auf wie die Gleichheit. Insbesondere
in speziellen mathematischen Teildisziplinen liegt eine solche Spezialisierung nahe, genauso wie sie sich beim menschlichen Spezialisten ein-
stellt.

   So spielen z.B. in der Numerik (und damit in vielen Computer-An-
wendungen) das Rechnen mit Zahlen die herausragende Rolle. Eine axioma-
tische Behandlung der darin ständig vorkommenden elementaren Operationen der Addition, Multiplikation, etc. würde bei dem heutigen Stand

der Implementierungstechnik von Beweisverfahren nicht die Effizienz
bringen, die man erwarten könnte. Deshalb erfordern diese Operationen
eine Spezialbehandlung vergleichbar der des Gleichheitsprädikats. Zur
Illustration erinnern wir nochmals an das Beispiel (2.1), mit dem eine
solche Spezialbehandlung der Operation + bereits vorweggenommen war.
Dieses Beispiel illustriert auch, daß es sich bei einer solchen Spezialbehandlung letztlich um eine *Verallgemeinerung der Unifikation* handelt, wie bereits eingangs gesagt wurde.

Natürlich ist die Numerik nur ein Beispiel unter vielen. In den
letzten Jahren wurde nun in einer Reihe von Veröffentlichungen allgemeiner die Unifikation von Termen untersucht, in denen irgendwelche algebraische Operationen mit bestimmten Eigenschaften auftreten. Algebraisch gesehen ist + z.B. assoziativ und kommutativ. So hat man sich
etwa gefragt, ob es einen effizienten Unifikationsalgorithmus gibt,
der diese beiden Eigenschaften für bestimmte in den Termen auftretenden Funktionszeichen gleich mitberücksichtigt, wonach z.B. (a+b)+c
und (b+c)+a unmittelbar miteinander unifizierbar wäre.

Für das Beispiel der Gruppentheorie haben hierzu Knuth und Bendix
eine heute als Standard geltende Methode vorgeschlagen. Mit ihr lassen
sich in bestimmten Fälle mit einem nach ihnen benannten Verfahren Reduktionsregeln ableiten, die in einem Vorlauf auf die gegebenen beiden
Terme angewandt werden. Im obigen Fall der Assoziativität und Kommutativität für + würden z.B. die beiden Reduktionsregeln (x+y) $\Rightarrow$ x+y ,
und x+y $\Rightarrow$ y+x für y<x taugen, wobei < irgendeine feste Relation
auf Termen (z.B. lexikographische Ordnung) bezeichnet. Ihre Anwendung
illustrieren wir an den obigen beiden Termen.

Auf (a+b)+c läßt sich nur die erste Regel anwenden, die a+b+c
ergibt. Mit der lexikographischen Ordnung für < sind auf den zweiten
Term beide Reduktionsregeln wie folgt nacheinander anwendbar:
(b+c)+a $\Rightarrow$ b+c+a $\Rightarrow$ b+a+c $\Rightarrow$ a+b+c . Offensichtlich kommt man in diesem
Beispiel nach Ausschöpfung aller Reduktionsmöglichkeiten bei beiden
Termen auf exakt das gleiche Endergebnis, was dann unter bestimmten
Voraussetzungen (die im Beispiel erfüllt sind) als Kriterium für die
Unifizierbarkeit verwendet werden kann.

In (V.4) in [Bib] ist beschrieben, daß solche Reduktionsregeln
als degenerierte Konnektionsbeweise angesehen werden können, analog
wie oben bei der Gleichheit, wo auch z.B. (5.3) sich als degenerierte
Form von (5.2) entpuppte. Auch hinsichtlich einer Beschreibung des
Knuth-Bendix Verfahrens selbst müssen wir auf diese Referenz verweisen.

Wir wollen jedoch noch betonen, daß sich hinter diesem Verfahren
das eigentliche Problem verbürgt: wie findet man in der Vielfalt der
möglichen Gegebenheiten jeweils die geeigneten Reduktionen? Oder an-

ders, nämlich mit der Konnektionsterminologie ausgedrückt: wie erkennt man die Möglichkeit zur Degeneration und damit zur Redundanzbeseitigung, also Effizienzsteigerung von Konnektionsbeweisen in speziellen Gegebenheiten. Wir wollen nur erwähnen, daß es naheliegend ist hier auch an den Einsatz von Lerntechniken zu denken.

Bis hierher haben wir eine zentrale Deduktionstechnik noch völlig außer acht gelassen, nämlich die der *Induktion*. Ihre Behandlung ist aber bereits durch das Beispiel der Fakultätsfunktion im zweiten Abschnitt vorgezeichnet. Dort nämlich haben wir beim Übergang zu (2.3) bzw. (2.4) eine input-abhängige Anzahl von Konnektionen in Form eines Schemas zugelassen, was allein durch einen Induktionsschluß gerechtfertigt werden kann. Dabei verwendet man das geläufige Vorgehen.

Für $n=1$ stimmt das Schema wie der Beweis (2.1) zeigt. Als Induktionsannahme sei nun (2.3) ein korrekter Konnektionsbeweis. Unter dieser Annahme ist es leicht, mit den Kenntnissen über den Konnektionskalkül diesen Beweis in einen solchen für $n+1$ umzubauen, wobei die Korrektheit des Vorgehens gesichert ist. Grob gesagt, läßt man die rechte Konnektion statt in der Ergebnisclause im Literal factx=y der mittleren Clause, genau gesagt einer $(n+1)$-ten Kopie von ihr, enden und ersetzt sie durch eine neue, wobei n durch $n+1$ sowohl im Index als auch in der Ergebnisclause ersetzt wird. Beides ist mit der durch (2.3) gegebenen Substitution vereinbar. Ein solcher Induktionsschritt besteht also in einem korrekten Umbau eines Konnektionsbeweises. Danach ist das Schema für beliebiges n gesichert.

Auch bei diesem Thema müssen wir uns mit dieser kurzen Andeutung begnügen und den Leser auf Abschnitt (V.5) in [Bib] für weitere Details verweisen. Immerhin sollte das Beispiel gezeigt haben, daß es in naheliegender Weise möglich ist, auch die Induktion in die Konnektionsmethode einzubauen. Insbesondere für Anwendungen in der Programmierung, wo Induktion ständig auftritt, ist dieser Einbau absolut erforderlich.

Alle in diesem Abschnitt bisher aufgezählten Erweiterungen betrafen ausschließlich die Beweistechniken, ließen jedoch die zugrunde liegende Logik, die Prädikatenlogik erster Ordnung, unangetastet. Zwar ist diese Logik so ausdrucksstark, daß sie im Prinzip für die Praxis völlig hinreichen könnte. Oft ist man dabei jedoch, bildhaft ausgedrückt, zu regelrechten sprachlichen Verrenkungen gezwungen, in welchen Fällen die Sprache der Logik höherer Ordnung mehr natürliche Flexibilität gestattet.

Erinnern wir uns z.B. an unser Beispiel oben bei der Verallgemeinerung der Unifikation. Wir sprachen von der Addition $+$ und z.B. ihrer Eigenschaft der Assoziativität. Natürlich würde man doch sagen, daß diese Eigenschaft, kurz mit ASSOZ bezeichnet, ein Prädikat darstellt, das auf $+$ als Objekt anwendbar ist, d.h. man würde kurz schreiben

ASSOZ(+) . + ist aber strenggenommen gar kein Objekt, sondern selbst ein Prädikat - wenn man +(5,2,7) statt 5+2=7 schreibt - zumindest aber eine Funktion. Daher ist bereits die einfache sprachliche Verknüpfung ASSOZ(+) ∧ +(5,2,7) in der Logik erster Ordnung unzulässig, obwohl man doch in der entsprechenden Äußerung in natürlicher Sprache keinen Anstoß nehmen würde, geschweige denn, daß man über + quantifizieren könnte, was ebenfalls natürlich-sprachlich problemlos geht.

Alles dies ist jedoch in der Logik zweiter oder höherer Ordnung möglich, d.h. ∃+ (ASSOZ(+) ∧ +(5,2,7)) ist dort eine zulässige, korrekte Formel. Darin ist + als eine (Prädikats-)Variable aufzufassen, für die in einem möglichen Beweis in der gleichen Weise etwas einzusetzen ist wie wir es bei den Objektsvariablen getan haben. Mit dieser Verallgemeinerung der Unifikation läßt sich dann der Konnektionskalkül praktisch genauso durchführen wie in der ersten Ordnung. Wir deuten dies nur mit dem trivialen Beispiel

5.6.F. $\forall P \forall a \exists X (\overset{\frown}{Pa \to Xa})$,   {X\P}

an, bei dem die Prädikatssubstitution explizit mit angegeben ist. Für weitere Details sei auf Abschnitt (V.6) in [Bib] verwiesen.

In der Praxis kommt es nicht selten vor, daß man zwar über Prädikate wie + quantifizieren oder von deren Eigenschaften sprechen muß, jedoch nicht im gleichen Satz auf deren Eigenschaft als Prädikat direkt zurückgreifen muß; m.a.W. solch ein Prädikat läßt sich im engeren Kontext durchaus als Objekt auffassen. Zur Unterscheidung von anderen Objekten (etwa Zahlen) ist es oft vorteilhaft solche verschiedenen Kategorien voneinander zu sortieren. Solche Sorten lassen sich problemlos in der Prädikatenlogik erster Ordnung miteinbauen, die dann auch *Sortenlogik* genannt wird (vgl. V.5 in [Bib]).

Informatikern sind diese "Sorten" unter dem Begriff der "Typen" in den gängigen Programmiersprachen geläufig (wie integer, real, boolean, usw.). Hier wie dort steigert solche Sortierung die Effizienz, da Terme verschiedener Sorten von vorneherein etwa nicht unifizierbar sein können, was die Zahl möglicher Konnektionen drastisch reduzieren kann.

Zu diesen beiden möglichen Erweiterungen gesellt sich eine weitere, die sich auf *Modalitäten* in der natürlichen Sprache bezieht. Darunter versteht man sprachliche Konstrukte wie "notwendigerweise", "zufälligerweise", "möglicherweise","unmöglich(erweise)". Sprachliche Aussagen, die solche Modalitäten enthalten, unterliegen ebenfalls uns natürlich vertrauten logischen Regeln. Die Formalisierung dieser Regeln nennt man *Modallogik*.

In ihr treten zu den uns bereits vertrauten logischen Operatoren
wie $\wedge, \exists$, usw. neue hinzu. Etwa der einstellige Notwendigkeitsopera-
tor $\Box$. $\Box F$ wird gelesen "(die Formel) F ist notwendigerweise wahr".
Weiterhin der einstellige Möglichkeitsoperator $\Diamond$. $\Diamond F$ wird analog
gelesen "(die Formel) F ist möglicherweise wahr". Die beiden sind
nicht unabhängig, sondern es gelten (entsprechend unserem natürlichen
Verständnis) die beiden Regeln: $\Box F \equiv \neg \Diamond \neg F$ und $\Diamond F \equiv \neg \Box \neg F$. Auf einen
der beiden (meist $\Diamond$) kann man daher im Ansatz verzichten, da er sich
durch den anderen definieren läßt.

Unser Beweisverfahren läßt sich nun so erweitern, daß es auch auf
Formeln anwendbar ist, die $\Box$ enthalten, so daß die in $\Box$ steckende
Logik mitberücksichtigt wird, also Modalaussagen damit auf ihre Gültigkeit überprüft werden können. Ob dieser Weg tatsächlich der geeignete
für den Umgang mit Modalitäten ist, darüber ist man sich nicht so recht
im klaren; vielmehr gibt es eine Reihe anderer Vorschläge, die wir hier
nicht erörtern können.

6. IMPLEMENTIERUNG VON DEDUKTIONSSYSTEMEN

Die Realisierung eines Systems, mit dem logisches Schließen nicht nur
in einfachsten Beispielen, sondern auch in praktischen Problemstellungen etwa aus den im zweiten Abschnitt besprochenen Anwendungen automatisch durchgeführt werden kann, ist eine äußerst komplexe und anspruchs-
volle Aufgabe, von der in diesem letzten Abschnitt die Rede sein wird.
Insbesondere wollen wir von der Verfahrenswahl, den Problemen des Sy-
stementwurfs, sowie von bereits vorhandenen Systemen und deren Leistungsfähigkeit sprechen.

Bereits die Komposition eines wohlausgewogenen Menüs von Verfahrens-
techniken ist eine diffizile Aufgabe, bei der man die ins Auge gefaßten
Anwendungen mitberücksichtigen sollte. Aus den vorangegangenen drei Abschnitten ist ja ersichtlich geworden, daß für jeden der Teilaspekte
des Gesamtproblemkomplexes "Deduktion" eine Reihe von verschiedenen Lösungen zu einer Implementierung herangezogen werden können.

Allem voran ist die Grundentscheidung zu treffen, nach welcher De-
duktionsmethode der "Beweiser" vorgehen soll. Es spricht praktisch alles dafür, hierzu die Konnektionsmethode heranzuziehen, obwohl noch immer fast alle bisherigen Systeme auf der Resolutionsmethode aufgebaut
wurden. Dieser Widerspruch erklärt sich mit der Tatsache, daß die Konnektionsmethode erst jetzt zum erstenmal vollständig beschrieben vorliegt, während gute Einführungen in das Resolutionsprinzip schon vor
mehr als 10 Jahren vorlagen.

Beim Anlegen eines geeigneten Vergleichsmaßstabs für das Effizienz-
verhalten schneidet die Konnektionsmethode eindeutig besser ab als Resolution. Ein mindestens ebenso gewichtiges Argument ist die Tatsache, daß
man das Globalverhalten des Vorgehens bei der Konnektionsmethode wesentlich besser überschauen kann, da es sich auf der gegebenen Formel ab-
spielt. Dies erleichtert zweifelsohne die Aufgabe des Verfahrensent-
wurfs bis hin zur Systemprogrammierung. Das dritte Argument, das wir
hier noch nennen wollen, ist die "Natürlichkeit" der Konnektionsmethode. Sie kann leicht so implementiert werden, daß in einem interaktiven
System ihr Vorgehen an der natürlichen Problemstellung (in natürlich
formalisierter Sprachform) am Bildschirm sichtbar gemacht werden kann,
auf Wunsch auch in natürlichen Schlußweisen anstelle von Konnektionen
(siehe dazu Abschnitt 10 in [Bib]).

Nach dieser Grundentscheidung geht es ins Detail. Allein für die
aussagenlogische Grundstruktur steht eine Hierarchie von immer effi-
zienteren, aber auch aufwendigeren Algorithmen zur Verfügung. Es wäre
im Hinblick auf den praktischen Einsatz recht ungeschickt, etwa sich
hier mit dem letzten Stand der Technik herumzuschlagen und gleichzeitig nur eine primitivste Form von Rückbeginnen (backtracking) einzubau-
en. In diesem Sinne haben wir oben von einem "wohlausgewogenen Menü"
gesprochen.

Die wesentlichsten hierbei zu berücksichtigenden Aspekte sind die
folgenden.
- Die nun bereits genannte aussagenlogische Grundstruktur (siehe Abschnitt 3).
- Die Behandlung der "definierten" logischen Operationen $\neg, \rightarrow, \leftrightarrow$, etc.
mittels einer Übersetzungskomponente für die Überführung der Darstel-
lungen in beide Richtungen oder durch unmittelbare Behandlung über
eine (einfache) Erweiterung der Grundmethode (vgl. die Konventionen
in II.1.3. und III.1.4 in [Bib]).
- Die Behandlung der Quantorenstruktur mit oder ohne Skolemfunktionen
und gegebenenfalls Antipränexierung (siehe Abschnitt IV.8 in [Bib]).
- Die Behandlung der Unifikation von Termen mit oder ohne die Einbeziehung spezieller Eigenschaften der auftretenden Prädikats- und Funktionszeichen insbesondere der Gleichheit (siehe Abschnitt 4 und 5).
- Eine adäquate Rückbeginntechnik, die das globale Verhalten wesentlich
mitbeeinflußt (siehe Abschnitt 4).
- Eine selektive Technik zur Erhöhung der ins Auge gefaßten Indexwerte
(vgl. Abschnitt 4).
- Abbruch mit negativem Resultat in entscheidbaren Fällen (siehe Abschnitt 4).
- Einbeziehung der Induktion (siehe Abschnitt 5).

- Mögliche Erweiterung auf höherstufige Logik (siehe Abschnitt 5).
- Klassifizierung nach Sorten (siehe Abschnitt 5).
- Heuristisches Vorgehen in den dann noch verbleibenden Entscheidungs-
möglichkeiten mittels genereller oder problemspezifischer Strategien.

Die Länge der Liste mag vielleicht eine Vorstellung von der außerordentlichen Komplexität der Aufgabenstellung bei der Verfahrensauswahl
vermitteln, insbesondere wenn man sich die beiden folgenden Tatsachen
vor Augen hält. Erstens stecken hinter jedem der genannten Punkte
schwierige theoretische Probleme, deren Lösungen alles andere als einfach zu finden oder nur zu verstehen sind. Zweitens ist ein System nur
bis zu einem gewissen Grade nach diesen Punkten modularisierbar, da die
zugehörigen Verfahrensteile in komplexer Weise ineinander übergreifen,
also keineswegs isoliert betrachtet werden können.

Der Verfahrensauswahl schließt sich der *Systementwurf* an. Zwar
ist der Systemaufbau durch die eben gegebene Liste von Gesichtspunkten
vorgeprägt, jedoch treten jetzt weitere Gesichtspunkte hinzu, die wir
nun erläutern wollen.

An erster Stelle wollen wir die Berücksichtigung einer *Wissensbasis* nennen. Der Erfolg eines jeden "intelligenten" Systems dürfte
letztlich von einer feinen Balance zwischen der deduktiven Fähigkeit
auf der einen Seite und bereits vorhandenem, abrufbarem Wissen auf der
anderen Seite bestimmt sein. Bisher haben wir nur von deduktiven Mechanismen gesprochen. Genauso wichtig jedoch sind Mechanismen, die bei gegebener Problemstellung erkennen, daß in der Wissensbasis für die Lösung relevantes Wissen bereits vorhanden ist, sowie Techniken zur entsprechenden Speicherung solchen Wissens. Auch das Erkennen von Analogien spielt hierbei eine Rolle. Da solche Techniken in der Vorlesung
über "Expertensysteme" besprochen werden, sei hierauf an dieser Stelle
nicht weiter eingegangen. Wir erwähnen nur, daß eine solche Wissensbasis Wissen der verschiedensten Art bereitstellen kann. Z.B. bekanntes
mathematisches Wissen (Lemmata, Theoreme); "Weltwissen", d.h. uns Menschen geläufiges Wissen zu speziellen Real-Situationen; Wissen über
frühere Systemexperimente, dessen Berücksichtigung zu einer Form von
Lernverhalten führen kann; Wissen über das im System steckende Wissen,
das zur Entscheidung über das für das gegebene Problem geeignetste Vorgehen herangezogen wird; nach all diesen und weiteren Formen von Wissen wird sich die Strukturierung der Wissensbasis richten.

Ein ebenso wichtiger Punkt ist die Entscheidung über die *äußere*
und *innere Darstellung* der im System zu verarbeitenden Informationen,
z.B. über die Darstellung der Formeln. Hinsichtlich der äußeren Darstellung für den Benutzer am Sichtgerät hat man einen Kompromiß zu finden zwischen einer für den Benutzer extrem komfortablen, weil ihm na-

türlich erscheinenden Darstellung auf der einen Seite, die jedoch
einen hohen Verarbeitungsaufwand durch eine entsprechende aufwendige
Interaktionskomponente erfordert, und auf der anderen Seite einer for-
malistischen Schreibweise, in die der Benutzer zwar erst mühsam
einarbeiten muß, die aber nur geringfügigen Arbeitsaufwand bei der Systemerstellung und im Systemlauf verursacht.

Das Kriterium für die Festlegung der Darstellung innerhalb des Systems ist gegeben durch die Gesamtheit der auf der Darstellung auszu-
führenden Operationen, gewichtet mit der Häufigkeit ihres Auftretens.
Die Unifikationen und das Bestimmen potentieller Konnektionen sind z.B.
äußerst relevante und häufig auftretende Operationen im Konnektionsme-
chanismus, so daß die innere Darstellung der Formeln (m.a.W. ihre Datenstruktur) wesentlich auf diese Operationen so ausgerichtet werden
muß, daß sie sich mit möglichst geringem Zeit- und Speicheraufwand
durchführen lassen.

Hat man die Darstellung im Detail festgelegt, so ist - im Zusammenhang damit - auch die Organisation der während des Deduktionsprozesses
anfallenden Information zu bestimmen. Das gröbste Unterscheidungsmerkmal ist die Relevanzdauer, d.h. die zeitliche Dauer, während der die
Information für den Fortgang des Prozesses noch relevant ist. Insbesondere unterscheidet man daher zwischen dem *permanenten* und *dynamischen*
Informationsteil.

Wegen des engen inneren Zusammenhangs der Abläufe der unter den
obigen Gesichtspunkten unterscheidbaren Moduln des Gesamtsystems liegt
ein Schwergewicht beim Systementwurf auf der Organisation der verschiedenen ineinandergreifenden Abläufe. Man faßt diesen Teil unter dem
Stichwort "Steuerungsarchitektur" (control architecture) zusammen. Es
bietet sich an, die dazu gehörigen Teile in einem separaten Modul
("supervisor") zusammenzufassen.

Es ist klar, daß wir damit nur die allergröbsten Gesichtspunkte
für den Systementwurf anreißen konnten. Insgesamt sollte die gesamte
vorausgehende Diskussion dieses Abschnitts deutlich gemacht haben, ein
welch aufwendiges Unterfangen die Implementierung eines vielseitigen
und leistungsfähigen Deduktionssystems darstellt. Dies erklärt auch,
daß die so entstehenden Systeme im Detail sehr unterschiedlich ausfal-
len können, selbst bei gleicher Verfahrenswahl. Zum Abschluß wollen
wir daher einige solcher bereits bestehenden Systeme kurz besprechen,
mit einem besonderen Augenmerk auf solche aus dem deutschen Raum.

Als erfolgreichstes Beweissystem gilt AURA, das unter Leitung von
L. Wos verwiegend am Argonne National Laboratory in Illinois in den
letzten $1\frac{1}{2}$ Jahrzehnten entwickelt wurde. Die -zig Mannjahre, die darin
investiert wurden, geben nochmals einen Hinweis auf die enorme Komplexi-

tät eines solchen Systems.

Als Grundmethode verwendet es Hyperresolution, eine Variante von Resolution, bei der die Aufeinanderfolge der einzelnen Resolutionsschlüsse unter globaleren Gesichtspunkten geregelt wird. Besonderes Augenmerk hat man auf die Behandlung der Gleichheit gelegt, wozu *Paramodulation* verwendet wird, die den eq-Konnektionen des letzten Abschnitts entspricht. Dabei wird ein wesentliches Gewicht auf die *Demodulation* gelegt, mit der Terme mittels gleicher Terme durch *kleinere* Terme ersetzt werden (z.B. wird 0+1 durch 1 ersetzt und nicht umgekehrt).

Ein wesentlicher Aspekt der Implementierung ist die Tatsache, daß bei der Durchführung eines Resolutionsschlusses die Resolvente nur in Form von Verweisen auf die bereits in den Elternclausen gespeicherten Informationen (Literale und Terme) generiert wird. Damit entfällt der redundante Speicheraufwand, von dem wir in Abschnitt 1 gesprochen haben.

AURA hat somit einen wesentlichen Vorteil der Konnektionsmethode, die ja auf einer einzigen Kopie der Formel operiert, bis zu einem gewissen Grad bereits vorweggenommen. Dies gilt auch hinsichtlich der Globalsteuerung des Vorgehens, die, wie oben erwähnt, durch Hyperresolution mehr als das ausschließlich lokal orientierte Grundverfahren der Resolution auf das Gesamtziel des Beweisverfahrens hin orientiert ist, was in der Konnektionsmethode eine nochmalige Steigerung erfahren hat. Die weiteren am Ende von Abschnitt 1 genannten Vorteile der Konnektionsmethode (z.B. die Anwendungsmöglichkeit auf Nicht-Normalform) sind dagegen in AURA noch nicht einmal verwirklicht.

Mit diesem System sind spektakuläre Erfolge erzielt worden, weil es in der Lage war, offene mathematische und praktische Probleme zu lösen, an denen sich fähige Menschen vorher mit weniger Erfolg versucht haben. Die Probleme waren den verschiedensten Bereichen entnommen, darunter solche aus der ternären Booleschen Algebra, der Theorie endlicher Halbgruppen, dem Gebiet elektronischer Schaltkreise und der formalen Logik. Eine Übersicht über Einzelheiten der Probleme und des Vorgehens findet man in [Wos].

Neben AURA gibt es auf der Welt eine Vielzahl leistungsfähiger Systeme, von denen einige weitere in Abschnitt (V.7) in [Bib] kurz beschrieben sind. Auch in Deutschland sind in den letzten zwei Jahrzehnten solche Deduktionssysteme entstanden.

Als einer der ersten in Deutschland hat sich G. Veenker in seiner Diplomarbeit und später (1967) in seiner Dissertation an der Universität Tübingen mit der Erstellung eines Deduktionssystems befaßt [Vee]. Sein Verfahren zielte auf den Einsatz und die Erzeugung von Clausen mit einem *einzigen* Literal und war daher als Logikkalkül (bewußt) unvollständig. Für damalige Verhältnisse war es mit einem komfortablen Editor ausgestattet.

Etwa zur gleichen Zeit hat J.L. Darlington am damaligen Rheinisch-Westfälischen Institut für Instrumentelle Mathematik (heute GMD) ein System implementiert, das neben einer speziellen Behandlung der Gleichheit auch die Induktion miteinschloß [Dar]. Diese und spätere Arbeiten Darlingtons haben internationale Anerkennung gefunden.

Das erste mit den erforderlichen Resourcen an Arbeitskraft, maschineller Ausstattung und organisatorischen Rückhalts in ausreichendem Maße ausgestattete Projekt wurde 1977 von P. Deussen und J. Siekmann gestartet. Nach dem Gründer von Karlsruhe wird das System *Markgraf Karl refutation procedure* genannt [BES].

Als Grundlage verwendet es das in Abschnitt 3 besprochene cg-Resolutionsverfahren. Wie bei allen moderneren Systemen macht jedoch der Baustein, der dieses Grundverfahren realisiert (die "logic engine"), nur einen kleinen Teil des Gesamtsystems aus. Dies wird aus den folgenden beiden Figuren deutlich, die die Struktur des Systems im geplanten Endausbau widerspiegeln.

Figur 10 zeigt die Gliederung des Systems in Supervisor, Monitor und Datenbank. Letztere ist unterteilt in faktisches mathematisches Wissen wie Definitionen, Lemmata, etc. und in konzeptuelles Wissen. Mit solch konzeptuellem Wissen entscheidet der Proposal Generator über das geeignetste Vorgehen, insbesondere auch über die Frage, ob Induktion

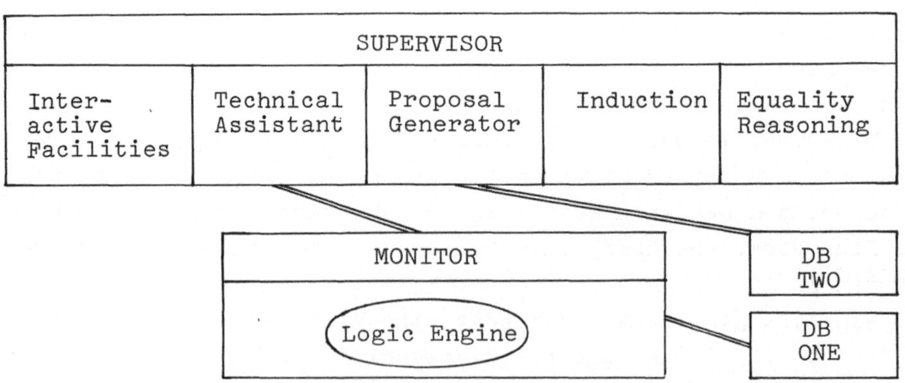

Figur 10. Die Grobstruktur des Markgraf Karl Systems

oder Gleichheit miteingesetzt werden sollen, in welchen Fällen die im Supervisor gezeigten entsprechenden Spezialmoduln zum Tragen kommen.

Die Struktur des Monitors ist in Figur 11 gezeigt. Teilweise entsprechen die gezeigten Moduln den unter den gleichen Stichworten in den

vorangegangenen Abschnitten besprochenen Aufgaben im Deduktionsprozess,
teilweise sind sie auch spezifisch für cg-Resolution.

Dieses aufwendige System (mit geplanten 1000K an source code) illustriert den Umfang der Programmierarbeit, der mit der Implementierung
eines solchen Systems verbunden ist. Es darf allerdings nicht verschwie-
gen werden, daß im vorliegenden Fall ein nicht unerheblicher Teil auf
Kosten des äußerst aufwendigen und undurchsichtigen cg-Resolutionsver-
fahrens geht. Von daher muß es bedauert werden, daß in diesem Projekt
nicht bereits 1977 eine Entscheidung zugunsten der Konnektionsmethode
gefallen ist.

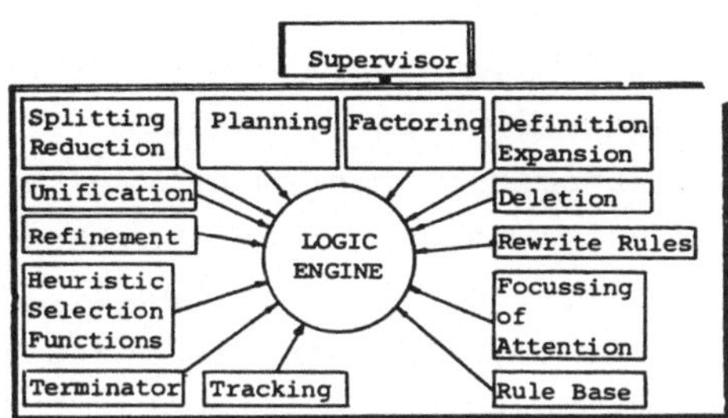

Figur 11.   Die Struktur des Monitors im
Markgraf Karl System

Eine Implementierung dieser Methode selbst war in einer allerersten
Version vom Autor an der Wayne State University 1970/71 fertiggestellt
worden, in der jedoch nur ein Teil ihrer spezifischen Merkmale realisiert werden konnte. Widrige Umstände äußerer Natur haben eine kontinu-
ierliche Weiterentwicklung dieses Systems verhindert. Seit einem Jahr
nun ist im Rahmen eines vom Autor geleiteten DFG-Projekts an der TU München ein neuer Anlauf gemacht, und von A. Müller eine erste Version auf
einem Kleinrechner installiert worden [Mül]. Bis hin zu einem System,
das mit den obengenannten vergleichbar wäre, ist jedoch noch ein weiter
Weg, für den im Rahmen dieses Projekts im Moment nicht einmal die maschinellen Voraussetzungen vorliegen.

Einen mit der Konnektionsmethode eng verwandten Ansatz verfolgt
P. Andrews an der Carnegie-Mellon University. Auch dort wird unter seiner Leitung an einer Implementierung gearbeitet [And].

LITERATURVERZEICHNIS

[And]   Andrews, P.B.; Theorem proving via general matings;
        J. ACM 28, 193-214 (1981)

[Bib]   **Bibel, W.; Automated theorem proving;Vieweg Verlag, Braunschweig**
        (1982)

[BES]   Bläsius, K., Eisinger, N., Siekmann, J., Smolka, G.,
        Herold, A., Walther, C.;
        The Markgraf Karl refutation procedure (fall 1981);
        Proc. IJCAI-7, Int. Joint Conferences on Artificial
        Intelligence; 511-518 (1981)

[ChL]   Chang, C-L., Lee, R.C.-T.; Symbolic Logic and mechanical
        theorem proving; Academic Press, New York (1973)

[Dar]   Darlington, J.L.; Automatic theorem proving with equality
        substitutions and mathematical induction; Machine Intelli-
        gence 3 (Michie, ed.), 113-127, Edingburgh (1968)

[Dav]   Davis, M.; The prehistory of Automated Deduction;
        Invited lecture, 4th Workshop on Automated Deduction,
        Austin, Texas (1979); in [SiW]

[Fre]   Frege, G.; Begriffsschrift; Halle (1879);

[Lov]   Loveland, D.W.; Automated theorem proving;
        North Holland, Amsterdam (1978)

[Mül]   Müller, A.; Implementation of a theorem prover based on
        the connection method; Bericht ATP-12-XII-81, Institut
        für Informatik, Technische Universität München (1981)

[Rob]   Robinson, J.A.; Logic: Form and function; University
        Press, Edinburgh (1979)

[Vee]   Veenker, G.; Beweisalgorithmen für den Prädikatenkalkül;
        Computing 2, 263-283 (1967)

[Wos]   Wos, L.; Solving open question with an automated
        theorem-proving program; Argonne Nat. Lab. (1981)

Computer-unterstützter Algorithmenentwurf *)

B. Buchberger
(Universität Linz)

Zusammenfassung:

Einige wesentliche Ideen, die in den letzten 15 Jahren für den Computer-unterstützten
Algorithmenentwurf erarbeitet und z.T. in experimentellen Systemen verwirklicht wurden, werden an Hand von einfachen, aber ausführlichen Beispielen erklärt.

Inhalt:

Vom Problem zum Algorithmus
Die Rolle von mathematischem Wissen im Problemlöse-Prozeß
Computer-unterstützte Programmverifikation
Computer-unterstützte Programmtransformationen
Copmuter-unterstützte Strategien zur Programmsynthese
Computer-unterstützte Extraktion von Algorithmen aus Existenzbeweisen
Spezifikationen abstrakter Datentypen als Programme
Ausblick

Literatur

---

*) Unterstützt vom Österr. Fonds zur Förderung der wissenschaftlichen Forschung
(Projekt Nr. 4567).

Vom Problem zum Algorithmus
****

Die Beschreibung (Spezifikation) eines Problems ist
    eine Formel (ein sprachlicher Ausdruck, eine Aussage), die gewünschte
    Eigenschaften einer (oder mehrerer) neuer Operationen (Funktionen oder Prädikate)
    relativ zu als gegeben (elementar) betrachteten Operationen angibt.

Eine Operation ist "gegeben",
    wenn für sie ein Berechner (Berechnungsmechanismus, Rechner, Computer, Automat)
    vorhanden ist, der
        zu jeder (sinnvollen) Eingabe (Angabe, Input) für die Operationen
        bei Aufruf der Operation
        eine zugehörige Ausgabe (Resultat, Output) liefert.

Die Lösung eines Problems relativ zu einem Berechner besteht in der Angabe
    einer Formel (eines sprachlichen Ausdrucks, "Programmes", einer Anweisung), die
    den Aufbau neuer Operationen aus gegebenen Operationen beschreibt und bei deren
    Aufruf der Berechner Operationen durchführt, die die gewünschten Eigenschaften
    haben (die berechneten Operationen sind korrekt in Bezug auf die
    Problemspezifikation).

Beispiel einer Problembeschreibung:
Neue Operation: sort(ieren).
Beschreibung der gewünschten Eigenschaft:
    sort(a) ist sortiert,
    sort(a) ist eine permutierte Version von a.

    b ist sortiert: $\Longleftrightarrow$ Für alle $1 \leq i \leq$ Länge von b: $b_i \leq b_{i+1}$.

    b ist eine permutierte Version von a : $\Longleftrightarrow$
        Länge von a = Länge von b;
        Es gibt eine Permutation p der Länge (Länge von a),
            sodaß für alle $1 \leq i \leq$ Länge von a: $b_i = a_{p(i)}$.

    p ist ein Permutation der Länge n: $\Longleftrightarrow$
        p ist eine bijektive Funktion von $\{1,\ldots,n\}$ auf $\{1,\ldots,n\}$.
    (Typen der Variablen: a,b,p ... endliche Folgen natürlicher Zahlen,
                     i,n ..... natürliche Zahlen.
    sort(a) soll ebenfalls eine endliche Folge natürlicher Zahlen sein).

Elementare Operationen:

    "Länge von", Indizieren, +, $\{1,\dots, n\}$ (Funktionen),

    <, "ist bijektive Funktion von nach" (Prädikate).

Beispiel einer Lösungsbeschreibung:

    sort(a):

        Eingabe: a

        Ausgabe: b.

        (b,n) := (a,Länge von a)

        <u>for</u> j := 1 <u>to</u> n-1 <u>do</u>

        <u>for</u> k := 1 <u>to</u> n-j <u>do</u>

                <u>if</u> <u>not</u> $(b_k < b_{k+1})$ <u>then</u> $(b_k, b_{k+1}) := (b_{k+1}, b_k)$.

(sort ist die neue Operation; "Länge von", +, -, <, Indizieren sind die benutzten elementaren Operationen).

Eine <u>explizite Problembeschreibung</u> ist eine Problembeschreibung der Gestalt

    "Für alle x : P(x,f(x))",

    wo f die neue Operation bezeichnet und

    P(x,y) eine Formel (der Prädikatenlogik) <u>erster Stufe</u> ist

        (mit freien Variablen x,y),

        in welcher f nirgends vorkommt.

(Wir schreiben hier "P(x,f(x))" für das Ergebnis der Substitution von f(x) für y an allen Stellen, wo y frei vorkommt).

Bei expliziten Problembeschreibungen gibt P(x,y) an, in welcher Weise ein korrekter Output y für das Problem (der durch die neue Operation f berechnet werden soll) mit dem jeweiligen gegebenen Input x zusammenhängt.

Der allgemeine Fall einer Problembeschreibung heißt demgegenüber "<u>implizit</u>". (Insbesondere nennen wir nicht-explizite Problemspezifikationen implizit).

Eine <u>explizite Problemstellung</u> kann man sprachlich immer in die Form "gegeben, gesucht" bringen:

    Gegeben: x.

    Gesucht: y,

        sodaß P(x,y).

Oder im Normalfall (wo P(x,y) die Gestalt (E(x) ===> Q(x,y)) hat):

    Gegeben: x,
         sodaß: E(x)   ("Eingabebedingung").
    Gesucht: y,
         sodaß: P(x,y)   ("Ausgabebedingung").

<u>Beispiel</u> einer expliziten Problembeschreibung:
    "b ist sortiert und
     b ist eine permutierte Version von a"
ist eine Aussage der Gestalt P(a,b), die die gewünschte Eigenschaft von "sort" explizit beschreibt: Zu jeder Eingabe a für sort beschreibt P(a,b) wie eine korrekte Ausgabe b = sort(a) beschaffen sein muß.

<u>Beispiel</u> einer impliziten Problembeschreibung:

Neue Operationen: lesen, speichern.

Beschreibung der gewünschten Eigenschaften:
    "Für alle s,i,j,c:
    lesen(speichern(s,i,c),i) = c,
    lesen(speichern(s,i,c),j) = lesen(s,i),wenn i≠j."

(Für "speichern(s,i,c)" lies: "Der Speicher, der aus s entsteht, wenn man an der Stelle i den Inhalt c hinspeichert". Für "lesen(s,i)" lies: "Der Inhalt, der im Speicher s an der Stelle i steht").

Eine (implizite oder explizite) Problembeschreibung bestimmt die betreffenden neuen Operationen im allgemeinen nicht eindeutig. (Für manche Operationen, z.B. die Nachfolgerfunktion auf den natürlichen Zahlen, ist eine eindeutige Charakterisierung durch Spezifikationen in erster Stufe, d.h. ohne Quantoren über die Operationssymbole, sogar grundsätzlich unmöglich). Nicht jedes implizite Problem läßt sich in ein äquivalentes explizites verwandeln. Es ist algorithmisch, nämlich syntaktisch, entscheidbar, ob eine vorgegebene Problemspezifikation explizit ist. Typische Beispiele von implizit definierten Problemen sind durch rekursive Gleichungen "definierte" Operationen oder z.B. algebraisch spezifizierte abstrakte "Datentypen".

Die <u>Schwierigkeit des Auffindens einer Problemlösung</u> hängt ab
    vom Problem und
    vom zur Verfügung stehenden Berechnungsmechanismus.

<u>Schlußregelsysteme</u> für (verschiedene deskriptive Sprachen z.B. für) Prädikatenlogik
erster Stufe <u>sind sehr allgemeine</u> (nicht-deterministische) <u>Berechnungssysteme</u>. Jede
Formel einer (solchen) Sprache kann deshalb
    einerseits als <u>Beschreibung einer (erwünschten) Eigenschaft</u> von Operationen und
    andererseits als <u>Manipulationsvorschrift ("Programm")</u> mit den Operationen aufge-
    faßt werden.

Alles, was mit den Schlußregeln aus der Problemspezifikation abgeleitet werden kann,
ist <u>"korrekt"</u> bezüglich der Problemspezifikation. (Es ist jedoch möglich, daß die so
gewonnene Problemlösung <u>unvollständig</u> ist in dem Sinne, daß nicht für alle Eingaben
mit den Schlußregeln aus der Problemspezifikation die "Berechnung" einer zugehörigen
Ausgabe durchgeführt werden kann).

<u>Beispiel</u> der Auffassung einer Problemspezifikation als Programm:
Aus der Problemspezifikation (dem "Programm") für sort und dem nicht angeführten
Grundwissen (den "Programmen") für die elementaren Funktionen können wir z.B.
schließen ("Rechnen"):
(1) Länge von $sort((2,1)) = $ Länge von $(2,1) = 2$.
(2) $(sort((2,1))_1 = (2,1)_{p(1)}$ und $sort((2,1))_2 = (2,1)_{p(2)})$ oder
       $sort((2,1))_1 = (2,1)_{q(1)}$ und $sort((2,1))_2 = (2,1)_{q(2)})$,
    wobei p und q die beiden Permutationen (1,2) bzw. (2,1) sind (als Dupel
    geschrieben).
(3) $sort((2,1))_1 < sort((2,1))_2$.
(4) $sort((2,1))_1 = (2,1)_{q(1)} = 1$,
    $sort((2,1))_2 = (2,1)_{q(2)} = 2$
       (die andere Alternative in (2) scheidet wegen (3) aus).
(5) $sort((2,1)) = (1,2)$ (aus (4)).

Wir haben also für die Operation "sort" zum "Input" (2,1) den "Output" (1,2) bei sort
"berechnet".

<u>Beispiel</u> der Auffassung einer Problemspezifikation als Programm:
Aus der Problemspezifikation (dem "Programm") für "lesen" und "speichern" und Grundwissen über natürliche Zahlen kann man z.B. schließen ("rechnen"):

    lesen(speichern(speichern(leer,1,5),2,3),1) =
  = lesen(speichern(leer,1,5),1) = 5.

Wir haben also für die Operation "lesen" zu den "Inputs"
speichern(speichern(leer,1,5),2,3) und 1 den "Output" 5 "berechnet".

Zusammenfassend:

Eine Problemspezifikation ist immer eine korrekte (allenfalls nicht vollständige) Problemlösung, wenn als "Rechner" ein "Beweiser" zugelassen wird.

Für die Praxis hat diese Einsicht in dieser Form wenig Bedeutung, weil die möglichen Beweise, die von einer Problemspezifikation als "Programm" ausgehen, zunächst völlig ungezielt und richtungslos verlaufen können und nur mehr oder weniger "zufällig" für einen gegebenen "Input" zu einem erstrebenswerten Resultat führen. Man beachte jedoch den Unterschied zwischen den beiden Beispielen: Im ersten Beispiel ist eine große Fülle verschiedenartigster Schlußschritte notwendig (von denen wir nur sehr grobe Zwischenschritte angegeben haben), um zum Ziel zu kommen. Wenn überhaupt, dann ist eine Zielgerichtetheit im Beweis "automatisch" durch das Auflösen des Existenzquantors "es existiert eine Permutation p" nahegelegt, was einem "systematischen Durchprobieren und Austesten" aller möglichen Permutationen entspricht.

Beim zweiten Beispiel kommt man im wesentlichen mit den sehr einfachen Schlußregeln für die Gleichheit (Ersetzen, Einsetzen, Identität, Symmetrie und Transitivität) aus und es ist auch ziemlich klar, in welcher Weise diese Schlußregeln "zielgerichtet" anzuwenden sind, um zum "Resultat" zu kommen.

Auf der anderen Seite steht die in der Praxis heute fast ausschließlich vorhandene Situation: Die vorhandenen virtuellen oder realen Rechner verlangen die Angabe von Lösungsverfahren (relativ zu den elementaren Operationen der Rechner), durch welche ihr Verhalten vollständig determiniert wird, wodurch ein zielstrebiges Lösungsverhalten ermöglicht wird, allerdings auch die Frage nach der Korrektheit des Verfahrens ein zentrales Problem wird. Also:

Rechner	Lösungsverfahren	Korrektheit	Effizienz
allgemeiner "Schlüsseezieher"	gleich der Problemspezifikation	"automatisch" garantiert	keine Zielstrebigkeit, ineffizient
universeller deterministischer Rechner	nichttrivial, anders als Problemspezifikation	Korrektheit ist ein "Problem"	vollkommen zielgerichtet, effizient

Sowohl Korrektheit automatisch zu garantieren, als auch effizient zu sein, erscheint als das Ideal für das Lösen von Problemen. Diesem Ideal kann man sich von zwei Seiten her nähern:

+. Die <u>Rechner</u>, wie sie sich in ihrer virtuellen Gestalt (Hardware + aufgesetzter Software) dem Problemlöser zeigen, für problemnähere Lösungsverfahren brauchbar zu machen ("<u>intelligenter</u>" zu machen ohne Effizienzverlust).

+. Den <u>Vorgang des Transformierens</u> von Problemspezifikationen in rechnernahe Problemlösungen <u>besser abzusichern</u> und technisch zu erleichtern.

Beide Wege haben eine "lange" Geschichte:

+. Höhere Programmiersprachen mit ihren Compilern; Zurverfügungstellung des Sprachmittels der Rekursion; Rewrite-Sprachen; Horn-Clausen Sprachen; Fifth-Generation Computer.

+. Programmgeneratoren; Ingenieurmäßige Methoden der Software-Entwicklung; computer-unterstützte Programmverifikation; Kalküle der korrekten Programmtransformation; Strategien für automatische Programmsynthese.

In dieser Vorlesung sollen die wichtigsten Denkansätze in beiden Wegen, soweit sie noch nicht standardmäßig in industriellen Software-Systemen realisiert sind, an Beispielen erläutert werden.

Die Rolle von mathematischem Wissen im Problemlöseprozeß
****

Zwischen mathematischem Wissen über die in einem Problem involvierten Operationen und der Effizienz von Problemlösungen besteht ein Identitätszusammenhang:

```
Mehr mathematisches Wissen ---> besserer Lösungsalgorithmus
```

<u>Beispiel:</u> Wissen über das Sortierproblem.

Für die im Sortierproblem involvierten Operationen gilt z.B. Folgendes:

    b ist sortiert ab der Stelle t und
der Wert von b an der Stelle t ist größer gleich allen davor liegenden Werten

      ===>

b ist sortiert ab der Stelle t-1.

Graphisch:

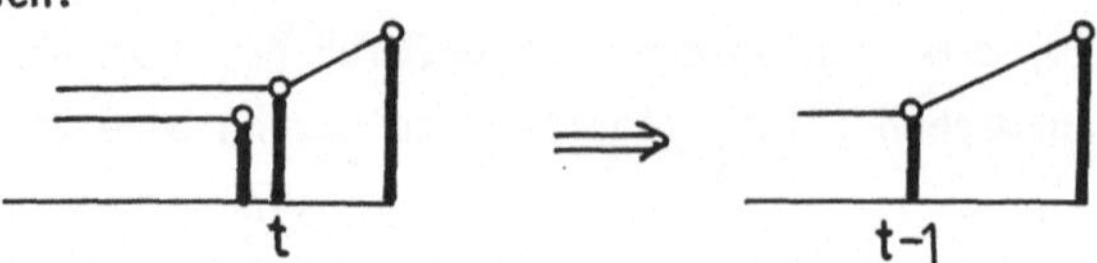

(b ist sortiert ab der Stelle t : $\Longleftrightarrow$

  für alle i mit t$<$i$\leqslant$Länge von b : $b_i < b_{i+1}$.

Der Wert von b an der Stelle t ist größer gleich allen davor liegenden

Werte : $\Longleftrightarrow$

  für alle i mit 1$<$i$\leqslant$t : $b_i < b_t$).

Dieses Wissen kann als korrekte Ergänzung der Problemspezifikation für einen Beweiser als Rechner Beweise der Art

  sort((3,2,1,4)) = (1,2,3,4)

verkürzen. Andererseits kann es die Idee und die Grundlage für den Korrektheitsbeweis für folgenden Sortieralgorithmus liefern:

```
sort(a):
    Eingabe: a.
    Ausgabe: b.
    (b,n) := (a,Länge von a)
    for j := 1 to n-1 do
        b := Maximum(b,j),
```

wo Maximum(b,j) eine Operation ist, die das Maximum von $b_1, \ldots, b_{n-j+1}$ an die Stelle n-j+1 bringt (siehe früheres Beispiel eines Programmes; "Bubble-Sort Algorithmus").

<u>Beispiel</u> Wissen über ein Nimmspiel:
Zu lösen sei folgendes Problem (Rechenberg [44]):

Zwei Personen spielen miteinander, indem sie von einem Haufen Streichhölzer abwechselnd nach folgender Regel Hölzer wegnehmen:

  Der erste nimmt eine beliebige Anzahl i von Hölzern weg, jedoch nicht alle.

  Der zweite darf vom verbleibenden Rest wieder eine beliebige Anzahl i' von Hölzern wegnehmen, die jedoch kleiner oder gleich der "Schranke" 2i sein muß.

  Der erste darf nun i" $<$ 2i' Hölzer wegnehmen. Usw.

  Wer bei seinem Zug alle verbleibenden Hölzer wegnehmen kann, hat gewonnen.

Dies ist ein explizites Problem mit folgender Spezifikation:

Gegeben: Eine "Spielsituation" n,m (Anzahl der Hölzer, Schranke).
Gesucht: Ein "Zug" i (Anzahl der Hölzer, die weggenommen werden),
sodaß: i ist "erlaubt" (i ≤ m),
         i "führt bei Vorliegen von n Hölzern zum Gewinn".

Wenn wir "i führt bei Vorliegen von n Hölzern zum Gewinn" durch G(n,i) abkürzen, dann ist G(n,i) rekursiv wie folgt definiert:

$$G(n,i) \Longleftrightarrow i = n \text{ oder}$$
$$i < n \text{ und } G(n-i,j) \text{ für kein } j < 2i.$$

Diese Definition der <u>Problemspezifikation</u> kann bereits als <u>rekursiver Algorithmus</u> für die Lösung des Problems betrachtet werden. (Ein geeigneter Rechner ist z.B. ein "PASCAL-Maschine" oder ein Beweiser, der wieder nur die Schlußregeln für Gleichungen beherrschen muß.) Das Zeitverhalten dieses Algorithmus ist aber sehr schlecht (Durchprobieren aller Möglichkeiten). Wie kann man zu einer Idee für einen schnelleren Algorithmus kommen? Man betrachtet Beispiele, d.h. beobachtet den Algorithmus für einfache Eingaben. Wir fassen die Beobachtung in einer Tabelle zusammen:

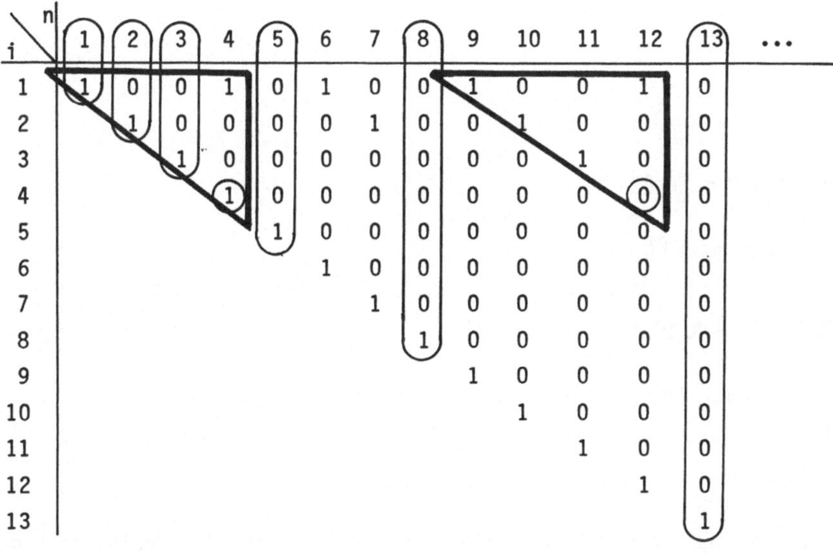

i \ n	1	2	3	4	5	6	7	8	9	10	11	12	13	...
1	1	0	0	1	0	1	0	0	1	0	0	1	0	
2		1	0	0	0	0	1	0	0	1	0	0	0	
3			1	0	0	0	0	0	0	0	1	0	0	
4				1	0	0	0	0	0	0	0	0	0	
5					1	0	0	0	0	0	0	0	0	
6						1	0	0	0	0	0	0	0	
7							1	0	0	0	0	0	0	
8								1	0	0	0	0	0	
9									1	0	0	0	0	
10										1	0	0	0	
11											1	0	0	
12												1	0	
13													1	

Hier bedeutet eine "1" bzw. eine "0" an der Stelle (n,i), daß $G(n,i)$ gilt bzw. nicht gilt. Es mag sein, daß bei Beobachtung dieser Tabelle zwei Dinge auffallen:

(N1) Für n = eine Fibonacci-Zahl ist die gesamte Spalte im wesentlichen 0.

(N2) Zwischen der k-ten Fibonacci-Zahl F_k und der (k+1)-ten F_{k+1} wiederholt sich "im wesentlichen" der Werteverlauf zwischen 1 und F_{k-1}.

(Diese Beobachtung muß noch etwas verfeinert werden, siehe die Unstimmigkeit bei $n = 12$, $i = 4$, die sich tatsächlich erst bei einem so hohen Wert von n zeigt).

(N1) und (N2) ist zunächst nur eine Vermutung (Rechenberg [45]), die sich aus der Betrachtung eines endlichen Stückes der Tabelle ergibt. Die Vermutung läßt sich in der Tat <u>beweisen</u> (siehe Buchberger [12] bzw. Buchberger/Lichtenberger [14]). Der Beweis braucht keine besonders tiefgründigen mathematischen Resultate, nur einige Grundtatsachen über Fibonacci-Zahlen, jedoch einige technische Mühe, eine Reihe von Fallunterscheidungen und verschachtelten Induktionen und benötigt ca. 20 Seiten Papier.

Das <u>mathematische Wissen</u> (N1), (N2) kann nun <u>zur Konstruktion eines besseren Algorithmus</u> verwendet werden:

Algorithmus:

```
if n < m
then i := n
else
    if n/3 < m then m := ⌈n/3⌉ - 1

    while Kₙ < n ∧ m < n - Kₙ do
        n := n - Kₙ
        if n/3 < m then m := ⌈n/3⌉ - 1

    if n = Kₙ then i := 1 else i := n - Kₙ.
```

$(K_n$:= die größte Fibonacci-Zahl, die kleiner oder gleich n ist).

Aus diesem Beispiel kann man auch eine wichtige Grundstrategie für die Gewinnung von neuem Wissen (---> besseren Algorithmen) ablesen:

Wenig Wissen (schlechter Algorithmus)

   ↓

Beobachten (von Ein-/Ausgabepaaren, die durch den schlechten Algorithmus
        geliefert werden)

   ↓

Vermuten von "Gesetzmäßigkeiten" (neuem Wissen) im Werteverlauf

   ↓

Beweisen der Vermutungen

   ↓

Mehr Wissen (besserer Algorithmus)

<u>Übung:</u>   Beispiele von: Mehr mathematisches Wissen ---> besserer Algorithmus.
(Hinweis: Fast jedes mathematische Wissen kann in einem sehr weiten Sinne so
verstanden werden, umgekehrt basiert jede Algorithmenverbesserung auf
zusätzlichem Wissen).

Computer-unterstützte Programmverifikation
****

<u>Computer-unterstützte Programmverifikation</u> ist ein erstes Paradigma für
computer-unterstützten Algorithmenentwurf. In einer ersten Grobbeschreibung besteht
dieses Paradigma in folgenden Schritten:

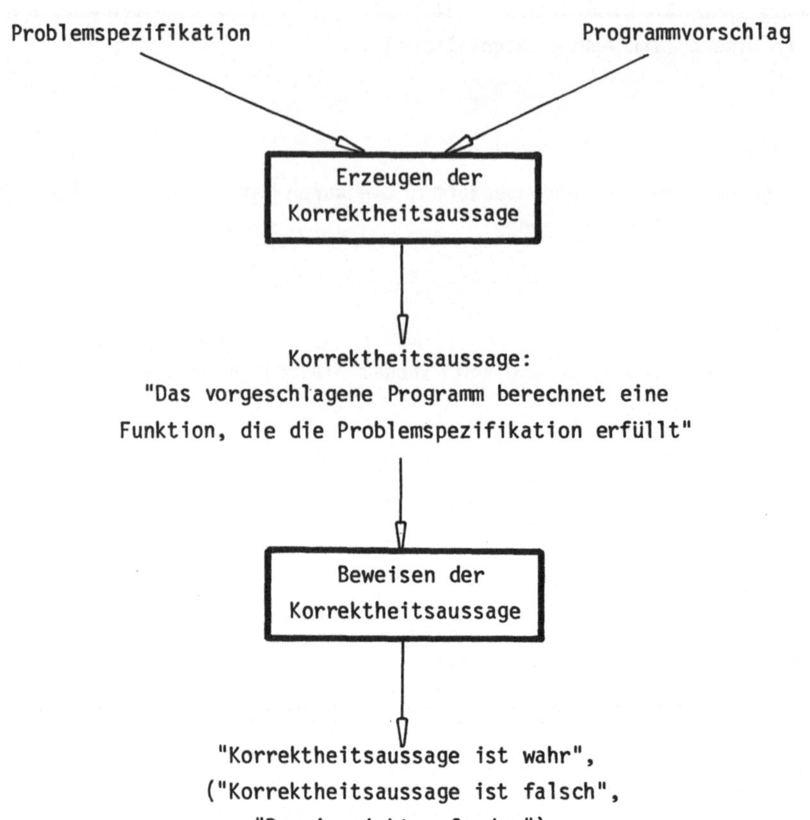

In dieser Form des Paradigmas wäre der Block "Erzeugen der Korrektheitsaussage" trivial, der Block "Beweisen der Korrektheitsaussage" müßte ein "Wunderding" sein. Es gibt nun Regelsysteme (am meisten benutzt die sogenannte "Methode der induktiven Behauptungen"), mit denen der Beweis der Korrektheitsaussage durch den Beweis einer Reihe von einfacheren Aussagen ("Verifikationsbedingungen") zerlegt werden kann, aus denen die Korrektheitsaussage folgt. Die einfacheren Aussagen sind hierbei Beschreibungen von Eigenschaften von Teilstücken eines lösenden Programmes:

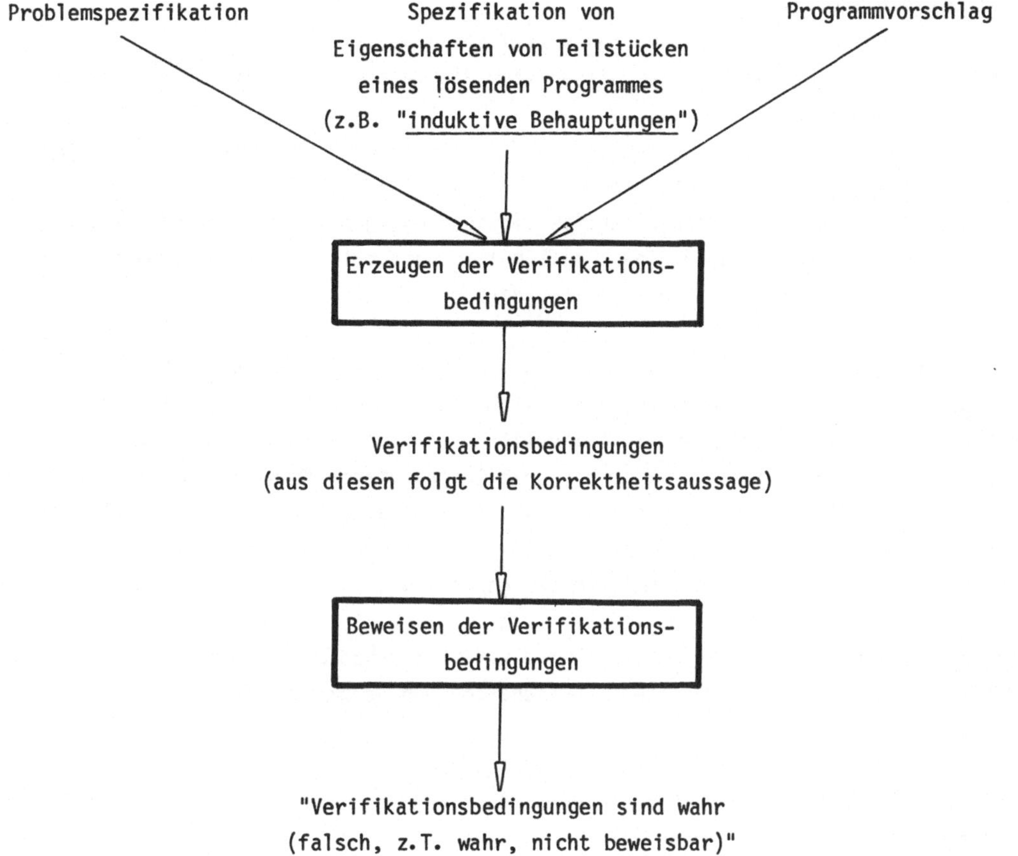

Das Erzeugen der Verifikationsbedingungen ist immer noch ein sehr einfacher Prozeß,
das Beweisen der einzelnen Verifikationsbedingungen kann schwierig sein, jedoch ist
der Beweis der Korrektheit wenigstens in entkoppelte Teile zerlegt.

Der zentrale Punkt der Methode liegt im Erfinden der zusätzlichen Eigenschaften des
lösenden Programmes. Hier sind zwei Grundsituationen denkbar:

A. "Verifikation von fertigen Programmen":
   Zu einer gegebenen Problemspezifikation liegt ein Programmvorschlag "fertig" vor.
   Es werden vermutete Eigenschaften dieses Programmes spezifiziert. Die daraus
   entstehenden Verifikationsbedingungen (das sind Aussagen der Art "die Teilstücke
   des Programmes haben die vermuteten Eigenschaften") werden bewiesen.

B. "Entwickeln und Verifizieren":
    Es liegt zunächst nur eine Problemspezifikation vor.
    Man hat Ideen für zusätzliches Wissen über die in der Problemstellung involvier-
        ten Operationen.
    Man erfindet eine Programmstruktur und Teilstücke von Programmen und gewünschte
        Eigenschaften dieser Programme,
    sodaß die daraus entstehenden Verifikationsbedingungen ("die Programmstücke
        haben die gewünschten Eigenschaften") im wesentlichen mit dem zusätzlichen
        Wissen identisch sind oder leicht daraus folgen.

Die Betrachtungs- (und Vorgangs)weise B. ("Algorithmenentwicklung und Verifikation
gehen Hand in Hand") ist die vernünftige (siehe Henke, Luckham [25]), aufgrund derer
das Verifizieren von Programmen ein "natürlicher" und praktisch durchführbarer
Vorgang ist. Sie entspricht der Einsicht, daß Programmieren "Umsetzen von Wissen in
Verfahren" ist. Die Betrachtungsweise A. hat die Programmverifikation als praktische
Technik in Mißkredit gebracht, weil man bei A. den Eindruck bekommt, daß man das
Programm "noch einmal" erfinden muß, um geeignete induktive Behauptungen zu finden.

Beispiel für ein Regelsystem, mit welchem Verifikationsbedingungen mit Programmteilen
und Spezifikationen von gewünschten Eigenschaften von Programmteilen verbunden
werden:

Methode von Floyd-Naur-Hoare (Methode der induktiven Behauptungen) für ALGOL-ähnliche
    Programme (Floyd [19], Hoare [27]):
(Man schreibt "{E} S {A}" für die Korrektheitsaussage "Für alle x: wenn E(x) vor
Ausführung des Programms S für die vorliegenden Werte der Programmvariablen x gilt,
dann gilt A(x) nach Ausführung von S für die dann aktuellen Werte der Programmvariablen x". x ... ein Variablenvektor).

Regel für Folgen von Wertzuweisungen:
    Um {E} S {A} zu beweisen, wo S eine Folge von Wertzuweisungen ist, genügt es,
    die Aussage E ===> A' zu beweisen,
        wo A' aus A dadurch entsteht, daß man die in A vorkommenden Variablen "so
        ersetzt, wie es durch die Hintereinanderausführung der einzelnen Wert-
        zuweisungen in S bewerkstelligt wird".
(Z.B.: Um

      {}
      (b,n) := (a,L(a)); j := 1
      {b ist sortiert ab der Stelle n-j+2,
      der Wert von b an der Stelle n-j+2 ist größer gleich allen davor-   A
      liegenden Werten (falls 2≤j), j≤n, n=L(b), b ist eine permutierte
      Version von a}

zu zeigen, genügt es,

===> a ist sortiert ab der Stelle L(a)+1,
    der Wert von a an der Stelle L(a)+1 ist größer gleich allen davor   A'
    liegenden Werten falls $2<1$, $1<L(a)$, $L(a)=L(a)$, a ist eine permu-
    tierte Version von a

zu beweisen (Ersetzung: b --> a, n --> L(a), j --> 1).

A' gilt "trivialerweise".

Regel für for-Schleifen:

Um $\{E\}$ P; for x := t_1 to t_2 do Q endfor; R $\{A\}$ zu beweisen (P,Q,R ... Programme,
t_1, t_2 ... Terme; die Belegung von x und alle freien Variablen in t_2 mögen in Q
nicht geändert werden), genügt es, für eine Aussage I ("Schleifeninvariante")
folgendes zu beweisen:

(F1) $\{E\}$ P $\{I'\}$
        (wo I' aus I durch Ersetzen von x durch t_1 entsteht),

(F2) $\{I, x < t_2\}$ Q $\{I''\}$
        (wo I'' aus I durch Ersetzen von x durch (x+1) entsteht),

(F3) $\{I'''\}$ R $\{A\}$
        (wo I''' aus I durch Ersetzen von x durch (t_2+1) entsteht).

(Z.B.: Um
      $\{\}$
      (b,n) := (n,L(a))
      for j := 1 to n-1 do Q
      {b ist sortiert, b ist eine permutierte Version von a}
zu zeigen, genügt es, wenn wir z.B. zeigen:

(F1') $\{\}$ (b,n) := (n,L(a)) $\{I(a,b,j,1)\}$,

(F2') $\{I(a,b,n,j), j < n-1\}$ Q $\{I(a,b,n,j+1)\}$,

(F3') $\{I(a,b,n,n)\}$ {b ist sortiert, b ist eine permutierte Version von a}.

(Hier ist I(a,b,n,j) : <===> b ist sortiert ab n-j+2,
                           der Wert von b an der Stelle n-j+2 ist größer gleich
                           allen davorliegenden Werten (falls j>2),
                           $j < n$, n=L(b), b ist eine permutierte Version von a.)

(F1') gilt (vgl. Beispiel bei der Regel für Wertzuweisungen).

(F3') gilt ebenfalls:    ===> 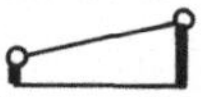   .

(F2') ist eine Problemspezifikation für ein noch zu findendes Programm Q (das im
    wesentlichen also $\{$, $j < n-1\}$ Q $\{$ $\}$ erfüllen
                n-j+2   n-j+1
    soll).

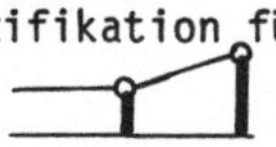

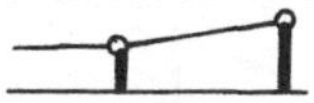

(Für entsprechende Regeln für die anderen Basiskonstrukte von ALGOL-ähnlichen
Sprachen und eine didaktische Einführung in die Programm-Verifikation siehe z.B.
Manna [32], Buchberger/Lichtenberger [14]).

Beispiel einer Programmverifikation (im Stile "Entwickeln und Verifizieren):

Problemspezifikation: { } P {b ist sortiert, b ist permutierte Version von a}
$\qquad$ (d.h. grob: {} P { ⌐‾‾‾‾⌐ }).

Wissen:

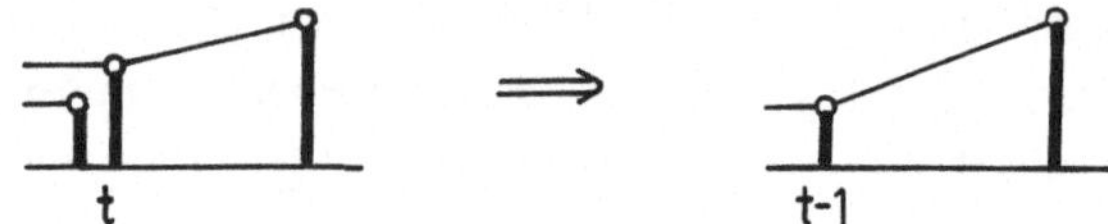

Erster_Programmentwurf_für_P_mit_Vorschlag_für_induktive_Behauptung:

$(b,n) := (a,L(a))$

①

for $j := 1$ **to** $n-1$ **do** Q,
wo die induktive Behauptung naheliegend $I(a,b,n,j)$ sein wird (man beachte, daß die
induktive Behauptung meistens außer dem wichtigen Wissen noch eine Reihe "kleinerer"
Teilbehauptungen enthält, deren Notwendigkeit sich meistens erst bei Durchführung des
Beweises "aus technischen Gründen" ergibt).

Die Problemspezifikation und die induktive Behauptung führt mit diesem Programment-
wurf gemäß den Regeln zu den Teilproblemen: (F1'), (F2'), (F3') (wobei (F1') und
(F3') Beweisprobleme sind, während (F2') ein Entwurfsproblem ist).

(F1') führt gemäß den Regeln zur Verifikationsbedingung: ===> $I(a,a,L(a),1)$.
Beweis der Verifikationsbedingung: Sehr leicht (siehe voriges Beispiel).

(F3') gilt (siehe voriges Beispiel).

Zur Lösung_des_Entwurfsproblems (F2')

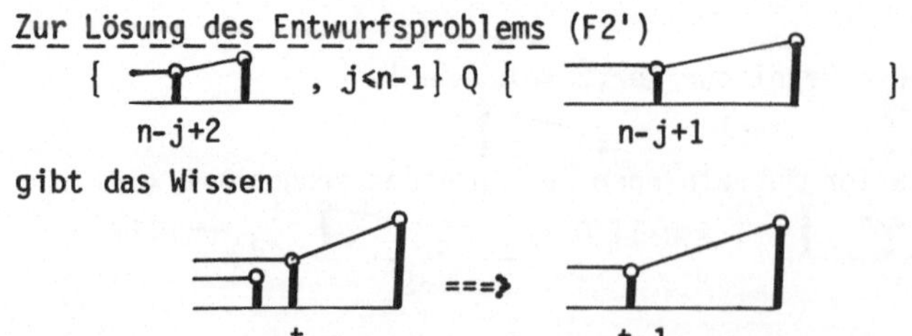

gibt das Wissen

eine Idee, nämlich: Es genügt der Entwurf eines Programmes Q, welches folgende Spezifikation erfüllt

$$\{ \quad , j{<}n{-}1\} \ Q \ \{ \qquad \}$$

(d.h. Q muß im wesentlichen das Maximum von $b_1,\ldots,b_{n-j+1}$ an die Stelle $n-j+1$ bringen).

Brauchbares <u>Wissen</u>, um dieses Problem zu lösen:

Dieses Wissen kann z.B. zu folgendem Programmvorschlag für Q führen:

<u>for</u> k := 1 <u>to</u> n-j <u>do</u>
    <u>if</u> <u>not</u> $(b_k{<}b_{k+1})$ <u>then</u> $(b_k,b_{k+1}) := (b_{k+1},b_k)$.

Die Behandlung dieses Vorschlags mit den Regeln liefert insgesamt vier <u>Verifikations-</u><u>bedingungen</u>, die sämtlich mit dem skizzierten Wissen leicht zu beweisen sind (siehe Buchberger/Lichtenberger [14]).

An welchen Stellen in einem derartigen Verifikationsprozeß ist nun eine <u>Computer-</u><u>Unterstützung</u> sinnvoll und möglich?

1. Wünschenswert wäre natürlich eine Unterstützung <u>im Beweis von "algorithmisch</u> <u>brauchbarem"</u> <u>Wissen</u> über die involvierten Begriffe (Operationen). Solches Wissen ist grundlegend. Beweise in diesem Bereich können beliebig schwierig sein. Computer-Unterstützung in diesem Bereich ist zwar wünschenswert, um die Beweismühen zu verringern, hier wird aber eine Interaktion mit dem menschlichen Problemlöser notwendig und wünschenswert sein, um Richtungen in der Problemlösung festzulegen.

2. Der Prozeß des <u>Generierens</u> von Teilverifikationsproblemen bzw. <u>Verifikations-</u><u>bedingungen</u> bei vorgegebenen induktiven Behauptungen und vorhandenem Programmvorschlag ist ein vollständig algorithmisierbarer Vorgang und es ist auch in hohem Maße wünschenswert, diesen Routinevorgang dem Menschen abzunehmen.

3. <u>Der Beweis der Verifikationsbedingungen</u> unter Verwendung des vorhandenen Grund-
wissens ist zwar als ein Beweisvorgang eine für die Computer-Unterstützung nicht
triviale Aufgabenstellung. Die Beweise in diesem Bereich werden aber in der Regel
viel weniger komplex sein. Relativ einfache Beweiser ("Simplifier") werden hier
im Normalfall ausreichen. Es ist auch außerordentlich wünschenswert, diese
Routinebeweise dem menschlichen Problemlöser abzunehmen.

(4. Der Versuch, induktive Behauptungen bei gegebenem Programm automatisch zu finden,
hat nur bei der Vorgangsweise A. einen Sinn. Siehe dazu z.B. Wegbreit [49]).

<u>Beispiel</u> eines Beweises von algorithmisch brauchbarem Wissen:

Wir beweisen:

d.h.

$k+1 < t$,

b ist eine permutierte Version von a,

b ist sortiert ab der Stelle t,

der Wert von b an der Stelle t ist größer gleich allen davorliegenden Werten,

der Wert von b an der Stelle k ist größer gleich allen davorliegenden Werten,

$b_k > b_{k+1}$

===>

b' ist sortiert ab der Stelle t,

der Wert von b' an der Stelle t ist größer gleich allen davorliegenden Werten,

der Wert von b' an der Stelle k+1 ist größer gleich allen davorliegenden Werten,

b' ist eine permutierte Version von a,

wobei b'="die aus b durch Vertauschen von b_k und b_{k+1} entstehende Folge"

(d.h. b' = speichern(speichern(b,k,b_{k+1}),k+1,b_k), wobei b_k eine Abkürzung für
lesen(b,k) ist; vgl. Beispiel einer impliziten Problembeschreibung).

Wir zeigen nur einen Teil der Behauptung, nämlich

    b' ist eine permutierte Version von a, d.h.

    Länge von b' = Länge von b und

    es existiert eine Permutation p' der Länge (Länge von a), sodaß für alle i mit

    $1 < i < $Länge von a:

        $b'_i = a_{p'(i)}$.

Wegen der Annahme, daß b eine permutierte Version von a ist, gibt es ein p, sodaß
    $b_i = a_{p(i)}$ (für alle $1 < i < $Länge von a).

Wir definieren: $p'(k) := p(k+1)$,

$\qquad\qquad p'(k+1) := p(k)$,

$\qquad\qquad p'(i) := p(i)$ für alle i mit $1 \leq i \leq$ Länge von a, $i \neq k$, $k+1$.

Sei nun $i \neq k$, $k+1$ fix, aber beliebig. Dann gilt:

$\quad b'_i = $ speichern(speichern(b,k,b_{k+1}),$k+1,b_k$)$_i$ $ = {}^{*)}$

$\qquad = $ speichern(b,k,b_{k+1})$_i = {}^{*)}$ $b_i = a_{p(i)} = a_{p'(i)}$.

(An den Stellen *) wurden die Axiome für "speichern, lesen" verwendet);

Sei nun $i = k$. Dann gilt:

$\quad b'_i = b'_k = $ speichern(speichern(b,k,b_{k+1}),$k+1,b_k$)$_k = {}^{*)}$

$\qquad = $ speichern(b,k,b_{k+1})$_k = {}^{*)}$ $b_{k+1} = a_{p(k+1)} = a_{p'(k)} = a_{p'(i)}$.

Ähnlich behandelt man den Fall $i = k+1$. Außerdem müßte man noch zeigen, daß p' eine Permutation ist.

<u>Beispiel</u> eines Beweises von Verifikationsbedingungen (unter Verwendung von bereits bewiesenem, algorithmisch brauchbarem Wissen):

Algorithmisch brauchbares Wissen:

$\quad$ sort(b,t),

$\quad$ größer(b,t)

$\quad$ größer(b,t-1)

$\qquad\quad ===\!\!>$

$\quad$ sort(b,t-1)

$\quad$ (Hier haben wir abgekürzt: "b ist ab der Stelle t sortiert" durch "sort(b,t)",

$\qquad\qquad\qquad\qquad\quad$ "der Wert von b an der Stelle t ist größer gleich

$\qquad\qquad\qquad\qquad\qquad$ allen davorliegenden Werten" durch "größer(b,t)").

Eine der Verifikationsbedingungen, die bei der Verifikation des Teilprogramms Q im Sortierprogramm entsteht, ist:

$\quad$ sort(b,n-j+2),

$\quad$ größer(b,n-j+2) (falls $2 \leq j$),

$\quad$ $j \leq n$, $n = L(b)$, permut(a,b)

$\quad$ $j \leq n-1$,

$\quad$ größer(b,k),

$\quad$ $k \leq n-j+1$,

$\quad$ $k \geq n-j$

$\qquad ===\!\!>$

$\quad$ sort(b,n-j+1),

$\quad$ größer(b,n-j+1) (falls $2 \leq j+1$)

$\quad$ $j+1 \leq n$, $n = L(b)$, permut(a,b)

(permut(a,b) steht als Abkürzung für "b ist eine permutierte Version von a").
größer(b,n-j+1) folgt aus größer(b,k) und n-j<k<n-j+1, also k=n-j+1. sort(b,n-j+1)
folgt dann aus sort(b,n-j+2), größer(b,n-j+2) und größer(b,n-j+1) durch "Anwenden"
des obigen Wissens.

Man beachte den phänomenologischen <u>Unterschied zwischen den beiden Beweistypen</u>: Der
letzte Beweis war mehr oder weniger ein reiner "Rewrite"-Beweis (Ersetzen und Einsetzen in "Horn-Klausen"), während man im ersten Beweis an wesentlichen Stellen mit dem
Existenzquantor (es existiert eine Permutation p) hantieren mußte bzw. Konzepte aus
der Mengenlehre (Quantifizieren über Funktionen hier durch Verwenden von
"speichern"/"lesen" umgangen) verwenden mußte.

Die Notwendigkeit, Beweistechniken anzuwenden, die die Zielstrebigkeit von
"Rewrite"-Beweisen zerstören, kann man umgehen, wenn man bei der Problemdefinition
sich auf eine implizite "Definition" der zugrunde liegenden Operationen, d.h. Angabe
von als gültig vorausgesetztem, algorithmisch brauchbarem Wissen im Stile von
Rewrite-Formeln konzentriert. Dies ist eine der wesentlichen Grundentscheidungen im
Stanford PASCAL Verifikationssystem (Luckham et al. [31], Suzuki [48]).

<u>Beispiel</u> einer Definition des Sortierbegriffes im Rewrite-Stil:

sort(b,1), permut(a,b) ===> b ist sortierte version von a.

sort(b,L(b)+1).
sort(b,t), größer(b,t), größer(b,t-1) ===> sort(b,t-1).
sort(b,t), i<t, k<t, größer(b,t) ===> sort(vertausche(b,i,k),t).

größer(b,1).
größer(b,t), $b_t < b_{t+1}$ ===> größer(b,t+1).
größer(b,t), $b_t > b_{t+1}$ ===> größer(vertausche(b,t,t+1),t+1).

speichere(speichere(b,i,b_k),k,b_i) = vertausche(b,i,k).

permut(vertausche(b,i,k),b).
permut(a,a).
permut(a,b) ===> permut(b,a).
permut(a,b), permut(b,c) ===> permut(a,c).

Diese Eigenschaften des Sortierbegriffs und von in diesem Begriff involvierten
Begriffen sind ausreichend, um die sich im früheren Beispiel ergebenden Verifikationsbedingungen zu beweisen.

Zusammenfassend ist das Zusammenspiel zwischen Mensch und Maschine in einem
<u>Computer-unterstützten Programmverifikationssystem</u> ein iterativer Vorgang, bei dem
ein "Schritt" ("pass") wie folgt aussschaut:

Text bestehend aus teilweise entwickeltem <u>Programm</u> (Ergebnis der vorhergehenden Stufe, am Anfang leeres Programm) und Spezifikation von <u>Unterproblemen</u>
(am Anfang nur das vom <u>Menschen</u> spezifizierte Gesamtproblem).

Zusammenstellen von relevantem <u>Wissen</u> über die involvierten Grundbegriffe
durch den <u>Menschen</u> (nachschlagen, selber erfinden und beweisen, allenfalls
Unterstützung beim Beweis durch universelle oder spezielle Theorem Prover).

Vorschlag für <u>induktive Behauptungen</u> und <u>Programmteile</u> für die noch nicht
bearbeiteten Unterprobleme durch den <u>Menschen</u>

Erzeugen der <u>Verifikationsbedingungen</u> bzw. von Problemspezifikationen für
weitere Unterprobleme durch die <u>Maschine</u>

Versuch des <u>Beweises der Verifikationsbedingung</u> unter Verwendung des relevanten Wissens (in Rewrite-Form) durch einen <u>automatischen "Simplifier"</u> (das
relevante Wissen, versehen mit strategischen Hinweisen für seine Verwendung
wird durch den Menschen beigestellt, siehe oben)

Analyse des <u>Beweisergebnisses</u> durch den <u>Menschen</u>, Hinweise durch die
<u>Maschine</u>

<u>Stand der Entwicklung:</u> Computer-unterstützte Algorithmenverifikation hat einen Stand erreicht, wo logisch anspruchsvolle Algorithmen (im Stile der Algorithmen in Aho, Hopecroft, Ullman [1]) durchaus sinnvoll interaktiv mit maschinellen Hilfen an nicht-trivialen Stellen entwickelt werden können. Das am weitesten fortgeschrittene System ist der Stanford-PASCAL-Verifier (Luckham et al. [31], Polak [40]).

Andere computer-unterstützte Verifikationssysteme, bei denen die Methode der induktiven Behauptungen z.T. nur eine untergeordnete Rolle spielt, sind z.B. Boyer, Moore [9], Gerhart et al. [20] und Gordon et al. [23].

Computer-unterstützte Programmtransformationen
****

Ausgehend von der Obersicht über das Zusammenspiel zwischen Mensch und Maschine in der Computer-unterstützten Programmverifikation ergibt sich in natürlicher Weise die Frage, ob der Schritt

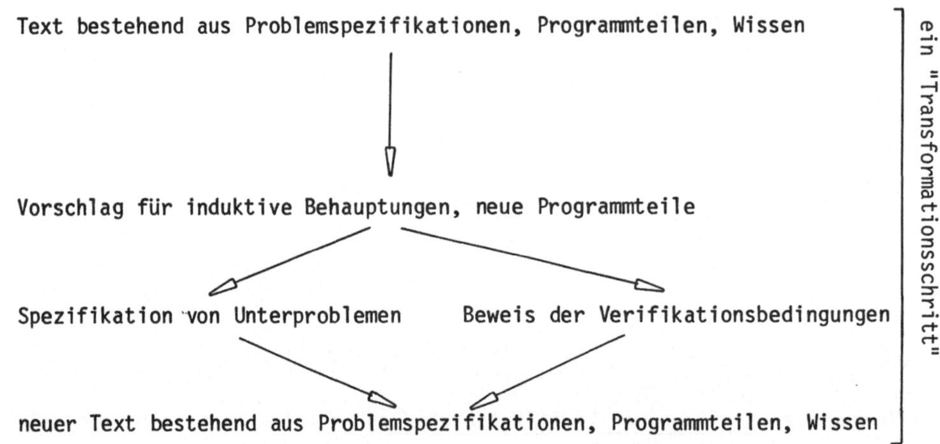

in welchem also zuerst Programmteile und induktive Behauptungen vorgeschlagen und dann ihre gegenseitige Verträglichkeit bewiesen wird, nicht einfacher und natürlicher ersetzt werden kann durch einen Schritt der Art

Text bestehend aus Problemspezifikationen, Programmteilen, Wissen

Vorschlag für eine korrekte Transformation des "Textes" durch den Menschen

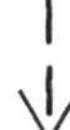

Durchführung bzw. Kontrolle der korrekten Durchführung der Transformation durch
die Maschine

neuer Text bestehend aus Problemspezifikationen, Programmteilen, Wissen

Dies setzt voraus, daß man durch Beobachten des Programmentwicklungsprozesses
genügend viele und allgemeine <u>Transformationsregeln</u> herausfiltern kann, die
    einerseits algorithmisch durchführbar und
    andererseits "korrekt" sind in dem Sinne, daß ein
        "Problem/Programm"-Text immer in einen äquivalenten "Problem/Programm"-Text
        überführt wird,

und daß ein genügend allgemeine Sprache vorhanden ist, in welcher Konglomerate aus
(deskriptiven) Problemspezifikationen und (algorithmischen) Programmbeschreibungen
formuliert werden können. Transformationsregeln sind dann in zwei verschiedenen Phasen der Programmentwicklung notwendig:

    <u>Transformationsregeln</u>, die <u>angewandt auf die Spezifikation</u> von (Teil)Problemen
        einen bezüglich der Problemspezifikation korrekten (Teil)Programmtext
        liefern und
    <u>Transformationsregeln</u>, die <u>angewandt auf ein</u> (relativ zu einer bestimmten
        Problemspezifikation korrektes) <u>Programm</u> ein dazu äquivalentes (und damit
        ebenfalls korrektes) Programm liefern, das effizienter ist.

Der zunächst schwierig erscheinende Übergang ist der von einer "statischen"
Problemspezifikation (Beschreibung eines Wunsches) zum "dynamischen" Algorithmus
(Methode zur Erfüllung des Wunsches). An dieser <u>kritischen Stelle</u> "Problem --><u>
Algorithmus</u>" sind Sprachkonstrukte nützlich, die

gleichzeitig als Problembeschreibung und

gleichzeitig als Beschreibung eines Programmes zur Lösung des Problems
aufgefaßt werden können, weil mit ihnen in natürlicher Weise zwei "Semantiken" ver-
bindbar sind, nämlich eine deskriptive (statische) Semantik (Semantik des
Sprachkonstrukts = ein Sachverhalt) und eine algorithmische (dynamische) Semantik
(Semantik des Sprachkonstrukts = eine Funktion). Solche Sprachkonstrukte sind typisch

Rekursionen,

Rewrite-Rules und

Horn-Clausen-Mengen.

Dementsprechend haben sich die Bemühungen der letzten Jahre in zwei Richtungen
entfaltet: Die Entwicklung von korrekten Transformationen, mit denen man von beliebigen Problemspezifikationen zu rekursiven (Rewrite, Horn-Clausen) Programmen (siehe
z.B. Kowalski [29]) für die Probleme kommt, (wobei man noch keinen besonderen Wert
auf die Effizienz der Programme legt) und auf die Entwicklung von korrekten Transformationsregeln, mit denen man von rekursiven (Rewrite, Horn-Clausen) Programmen zu
äquivalenten, aber effizienzmäßig besseren rekursiven und schließlich zu iterativen
Programmen kommt. Wir zeigen die dazu entwickelten Ideen wieder an Beispielen.

Beispiel für die Synthese eines rekursiven Programms durch Anwenden von Transformationsregeln ausgehend von der Problemspezifikation (aus Manna, Waldinger [34],
[35]). (Wir hoffen, daß die in diesem Beispiel verwendete Notation für Sprachkonstrukte und Darstellung von Entwurfsvorgängen selbsterklärend ist).

Spezifikation des expliziten Problems "Maximum":

Gegeben: a,n   (a Zahlenfolge der Länge n).

Gesucht: z

    sodaß: für alle i mit $1 < i < n$: $a_i < z$.

Wir geben dem (noch nicht vorhandenen) lösenden Programm einen Namen und erzeugen ein
Lösungsprogramm durch das Sprachkonstrukt "achieve":

max(n,a) (output:z):

    achieve für alle $1 < i < n$: $a_i < z$.   Ein nicht algorithmisches "Programm".

Rekursive Programme entstehen durch Zerlegen eines Problems in Unterprobleme:

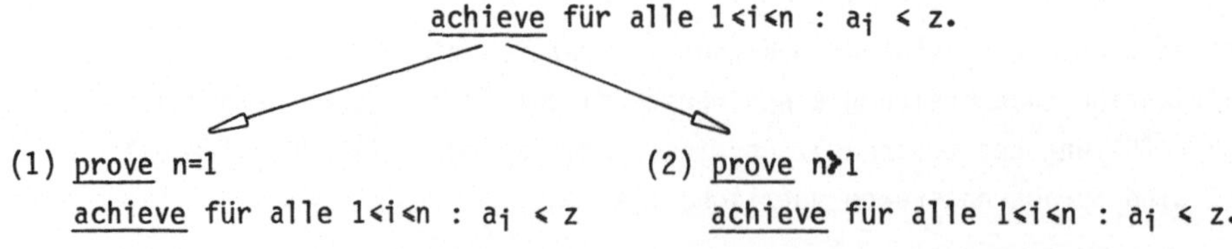

(Diese Zerlegung hat zum Ziel, daß man schließlich zu einer Situation kommen möchte, wo

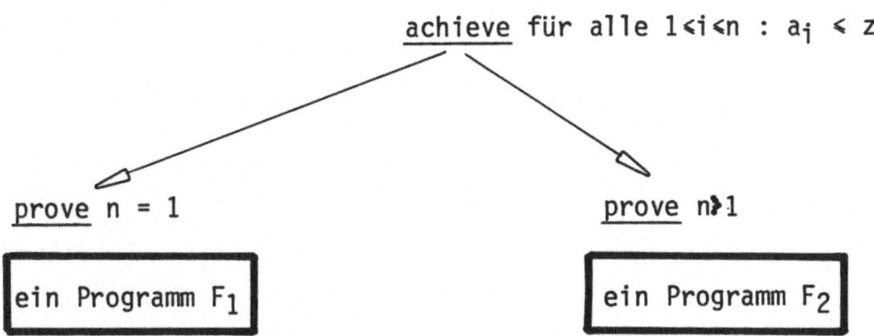

(Von dieser Situation kommt man mit der folgenden Transformationsregel schließlich zum Ziel:)

Transformationsregel_für_if:

Aus einer Entwurfssituation

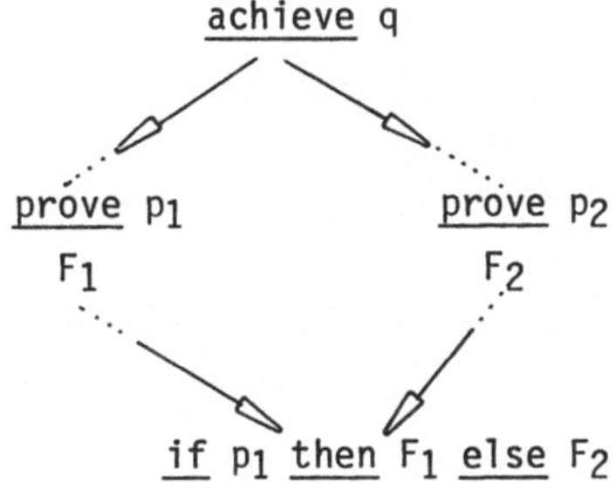

kann man zu

übergehen, falls man "p_1 oder p_2" weiß.

Wir_beschäftigen_uns_zunächst_mit_dem_Entwurfsproblem_(1):

Folgende_Transformationen_sind_möglich (verwendete Transformationsregeln siehe weiter unten):

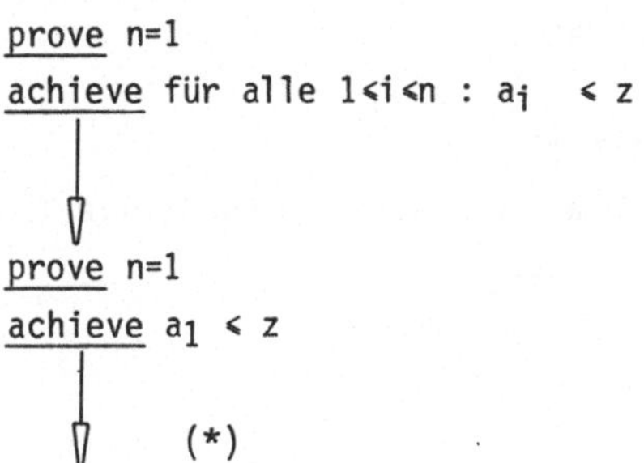

```
    prove n=1
    achieve a₁ ⩽ a₁
    z := a₁


    |      (**)
    V

    prove n=1
    prove a₁ ⩽ a₁
    z := a₁


    |      (***)
    V

    prove n=1
    z := a₁.
```

<u>Kreationsregel</u> für beliebige Anweisungen F (verwendet in (*)):

    Von   <u>achieve</u> p

    kann man zu   <u>achieve</u> $wp(F,p)$

                                         F

    übergehen.

$wp(F,p)$ ist hier die "<u>weakest precondition</u> (schwächste Vorbedingung, Dijkstra [18]) für F bezüglich p", das ist die Eigenschaft, die die Werte der Variablen vor Ausführung von F genau dann haben müssen, wenn die Werte der Variablen nach Ausführung von F die Eigenschaft p haben. (Oder extensional ausgedrückt: $wp(F,p)$ hat als Extension genau die Menge aller "Zustände" (Wertekombinationen der Variablen), die durch Ausführung von F in Zustände übergehen, die p erfüllen).

Z.B. $wp(x := t(x), p(x)) = p(t(x))$,

also $wp(z := a_1, a_1 ⩽ z) = (a_1 ⩽ a_1)$.

<u>Eliminierungsregel für</u> <u>achieve</u> (verwendet in (**)):

    Von (<u>achieve</u> p) kann man zu (<u>prove</u> p) übergehen.

<u>Eliminierungsregel für</u> <u>prove</u> (verwendet in (***)):

    (<u>prove</u> p) kann man streichen, wenn sich p an der betreffenden Stelle (unter den dort wirksamen Voraussetzungen) beweisen läßt.

(Die bisher angegebenen unscheinbaren Regeln schließen

    einerseits die gesamte Logik ein

    (weil (<u>prove</u> p) die Aufforderung enthält, p zu beweisen, um dann (<u>prove</u> p) eliminieren zu können) und andererseits die Charakteristik der wesentlichen Programmiersprachenkonstrukte (weil <u>achieve</u> p die Aufforderung enthält, ein geeignetes F vorzuschlagen, sodaß wp(F,p) an der betreffenden Stelle (durch eine weitere Programmverfeinerung) erreichbar oder (aufgrund des bereits konstruierten Programms) beweisbar ist).

Beachte hier und an späteren Stellen, daß der Vorschlag für ein geeignetes F vom Problemlöser kommen muß. Die Transformationsregeln kontrollieren nur die Korrektheit jedes einzelnen Entwurfsschrittes.

<u>Wir beschäftigen uns jetzt mit dem Entwurfsproblem</u> (2):

<u>Folgende Transformationen sind möglich</u> (zusätzlich verwendete Transformationsregeln siehe unten):

$$\underline{\text{prove}} \ n > 1$$
$$\underline{\text{achieve}} \ \text{für alle } 1 < i < n : a_i < z$$

(daß diese Zerlegung des Problems etwas bringt, braucht einen "Einfall")

$$\underline{\text{prove}} \ n > 1$$
$$\underline{\text{achieve}} \ (\text{für alle } 1 < i < n-1 : a_i < z) \ \text{und}$$
$$a_n < z$$

(*)

$$\underline{\text{prove}} \ n > 1$$
$$\underline{\text{achieve}} \ (\text{für alle } 1 < i < n-1 : a_i < z)$$
$$\underline{\text{achieve}} \ a_n < z$$
$$\underline{\text{prove}} \ \text{für alle } 1 < i < n-1 : a_i < z$$

(**)

$$\underline{\text{prove}} \ n > 1$$
$$\text{max } (n-1, a)$$
$$\underline{\text{assert}} \ \text{für alle } 1 < i < n-1 : a_i < z$$
$$\underline{\text{achieve}} \ a_n < z$$
$$\underline{\text{prove}} \ \text{für alle } 1 < i < n-1 : a_i < z$$

(vgl. Problem (1))

<u>prove</u> n≯1
max (n-1, a)
<u>assert</u> für alle 1≤i≤n-1 : a_i ≤ z
<u>prove</u> a_n ≤ z
<u>prove</u> für alle 1≤i≤n-1 : a_i ≤ z

(Verwenden von logischen Schlußregeln)

<u>prove</u> n≯1
max (n-1, a)
<u>prove</u> a_n ≤ z

<u>prove</u> n≯1
max (n-1, a)
<u>assert</u> für alle 1≤i≤n-1 : a_i ≤ z
z : = a_n
<u>prove</u> für alle 1≤i≤n-1 : a_i ≤ z
(***)

<u>prove</u> n≯1
max (n-1, a)
<u>assert</u> für alle 1≤i≤n-1 : a_i ≤ z
<u>prove</u> für alle 1≤i≤n-1 : a_i ≤ a_n
z : = a_n

(Verwenden von logischen Schlußregeln)

<u>prove</u> n≯1
max (n-1, a)
<u>prove</u> z ≤ a_n
z := a_n

Transformationsregel für <u>if</u>

<u>prove</u> n≯1
max (n-1, a)
<u>if</u> z ≤ a_n <u>then</u> z : = a_n.

<u>Wir haben also folgende Situation:</u>

<u>achieve</u> für alle 1≤i≤n : a_i ≤ z.

<u>prove</u> n=1
z : = a_1

<u>prove</u> n≯1
max (n-1, a)
<u>if</u> z ≤ a_n <u>then</u> z : = a_n

Transformationsregel für <u>if</u>

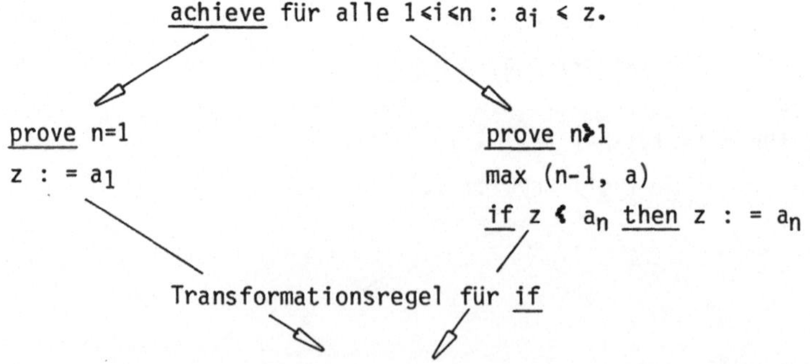

$$\max(n,a): \underline{(\text{output }} z)$$
$$\underline{\text{if }} n=1 \underline{\text{ then }} z := a_1$$
$$\underline{\text{else }} \max(n-1,a)$$
$$\underline{\text{if }} z \blacktriangleleft a_n \underline{\text{ then }} z := a_n.$$

Das ist das synthetisierte korrekte Programm.

<u>Regel für die gleichzeitige Erfüllung von Zielen</u> (verwendet in (*)):

Von	<u>achieve</u>(p und q)	
kann man zu	<u>achieve</u> p	(lies: schreibe ein Programmstück, das p erfüllt;
	<u>achieve</u> q	schreibe ein Programmstück, das q erfüllt;
	<u>prove</u> p	beweise, daß p noch immer erfüllt ist)
übergehen.		

(Warum kann man nicht einfach zu <u>achieve</u> p übergehen?)
$$\underline{\text{achieve}} \ q$$

<u>Regel für die Generierung von Rekursionen</u> (verwendet in (**)):

Wenn man bei der Bearbeitung eines Programmes f(x)
ausgehend von   <u>achieve</u> p(x)
die Situation   <u>achieve</u> p(t(x))
erreicht, wo $x \blacktriangleright t(x)$ in Bezug auf eine noethersche Ordnung $\blacktriangleright$ (Terminationsgarantie!),
dann kann man wie folgt ersetzen:
      <u>achieve</u> p(t(x)) durch f(t(x)).

<u>Regressionsregel</u> (verwendet in (***)):

Von	F	kann man zu <u>achieve</u> wp(F,p) übergehen.
	<u>achieve</u> p	F

Eine allgemeine Strategie zur <u>Transformation rekursiver Programme</u> besteht in folgendem Dreischritt:
  1. Entfalten
  2. Anwenden von algebraischen Gesetzen
  3. Falten
(siehe Burstall, Darlington [17], [16]).

"Entfalten" besteht im wesentlichen im wiederholten Ersetzen und Einsetzen unter Verwendung der Definitionen bzw. rekursiven Beziehungen zwischen den beteiligten Funktionen.

Den entstehenden Ausdruck kann man mit Hilfe der für die beteiligten Funktionen gültigen Gesetze (z.B. Assoziativität, Kommutativität) in eine andere Gestalt bringen.

In dieser neuen Form kann man versuchen, eine Instanz des definierenden Terms der interessierenden Funktion wiederzufinden und durch einen Aufruf der interessierenden Funktion (für ein "kleineres" Argument) zu ersetzen ("Falten").

Genauer sind z.B. die folgenden Transformationen zur Umformung rekursiver Programme nützlich:

Definitionsregel:
Man kann jederzeit eine neue Gleichung einführen, deren linke Seite keine Instanz einer früheren Gleichung ist.

Substitutionsregel:
Man kann jederzeit eine Gleichung einführen, die aus einer früheren Gleichung durch Einsetzen (von Termen für Variable) entsteht.

Entfaltungsregel:
Wenn $E \Leftarrow\!\!=\!\!=\!\!= E'$ und $F \Leftarrow\!\!=\!\!=\!\!= F'$ Gleichungen sind und in F' eine Instanz $E_x[t]$ von E vorkommt, dann darf man

$\quad F \Leftarrow\!\!=\!\!=\!\!= F''$

als neue Gleichung einführen, wo F" aus F' dadurch entsteht, daß man $E_x[t]$ durch $E'_x[t]$ ersetzt.

Wobei-Regel:
Von einer Gleichung $E \Leftarrow\!\!=\!\!=\!\!= E'$ kann man zu

$\quad (E \Leftarrow\!\!=\!\!=\!\!= E'_{t_1,\ldots,t_n}[u_1,\ldots,u_n], \text{ wobei } (u_1,\ldots,u_n) = (t_1,\ldots,t_n))$

übergehen (hier sind $t_1,\ldots,t_n$ Terme und $u_1,\ldots,u_n$ Variable).

(Die Wobei-Regel kann mehrmaliges Ausrechen ein und desselben Terms vermeiden!)

Regel über das Anwenden algebraischer Gesetze:
Man kann von einer Gleichung $E \Leftarrow\!\!=\!\!=\!\!= E'$ zu einer Gleichung $E \Leftarrow\!\!=\!\!=\!\!= E''$ übergehen, wo E" aus E' durch Anwenden der für die beteiligten Grundfunktionen gültigen Gesetze (Assoziativität, Kommutativität ...) entsteht.

<u>Falten:</u>
Wenn E ❮=== E' und F ❮=== F' Gleichungen sind und in F' eine Instanz $E'_x[t]$ von E'
vorkommt, dann darf man

    F ❮=== F"

als neue Gleichung einführen, wo F" aus F' dadurch entsteht, daß man $E'_x[t]$ durch
$E_x[t]$ ersetzt.

Diese harmlos aussehenden Regeln haben, im Sinne der <u>Strategie "Entfalten, Umwandeln,</u>
<u>Falten"</u> angewandt, eine sehr große effizienzverbessernde Kraft (dies ist andererseits
nicht verwunderlich, da die Regeln "Einsetzen" und "Ersetzen" im wesentlichen bereits
einen universellen Computer konstituieren).

<u>Beispiel</u> der Transformation eines rekursiven Prgramms in ein effizienteres:

Wir gehen von folgender rekursiver "Definition" der Fibonacci-Zahlen aus:

(1) f(0) ❮=== 1
(2) f(1) ❮=== 1
(3) f(x+2) ❮=== f(x+1) + f(x)
und transformieren in folgenden Schritten:

* (4) g(x) ❮=== (f(x+1),f(x))   (Definitionsregel)
(5) g(0) ❮=== (f(1),f(0))   (mit Substitutionsregel aus (4))
(6) g(0) ❮=== (1,1)   (mit Entfaltungsregel aus (5) und
                                       (1),(2))

(7) g(x+1) ❮=== (f(x+2),f(x+1))   (mit Substitutionsregel aus (4))
(8) g(x+1) ❮=== (f(x+1)+f(x),f(x+1))   (mit Entfaltungsregel aus (7),(3))
(9) g(x+1) ❮=== (u+v,u), wobei (u,v) = (f(x+1),f(x))
                                     (mit Wobei-Regel aus (8))
(10) g(x+1) ❮=== (u+v,u), wobei (u,v) = g(x)   (mit Faltungsregel aus (9),(4))
(11) f(x+2) ❮=== u+v, wobei (u,v) = (f(x+1),f(x))(mit Wobei-Regel aus (3))
(12) f(x+2) ❮=== u+v, wobei (u,v) = g(x)   (mit Faltungsregel aus (11),(4)).

Zusammenfassend erhält man folgendes rekursive Programm für f:

f(0) ❮=== 1
f(1) ❮=== 1
f(x+2) ❮=== u+v, wobei (u,v) = g(x)
g(0) ❮=== (1,1)
g(x+1) ❮=== (u+v,u), wobei (u,v) = g(x).

Die Berechnung von f(n) nach dem ursprünglichen Programm braucht exponentiell viele
Schritte (Additionen), nach dem zweiten nur linear viele Schritte.

<u>Die Transformation rekursiver Programme zu iterativen</u> kann mit denselben Regeln
bewerkstelligt werden. Eine Menge von Gleichungen für Funktionen $f_1,\ldots,f_m$ ist in
iterativer Gestalt, wenn jede Gleichung entweder die folgende Gestalt hat:

$\quad f_i(x_1,\ldots,x_n) \Longleftarrow E$ wo E keines der Funktionssymbole f_k enthält

oder E von der Form $f_k(E_1,\ldots,E_n)$ ist, wo keines der E_j ein f_i enthält.

Für solche "rekursive" Gleichungen ist es nämlich klar, wie man sie sofort als <u>while</u>-
Programme schreiben kann.

<u>Stand der Entwicklung:</u> Das größte derzeit konsequent nach dem Gedanken der Transfor-
mationsregeln computer-unterstützte Algorithmen-Entwurfssystem ist CIP (TU München,
siehe Bauer [2], Bauer et al. [4], Bauer [3], Bauer, Wössner [5]). Eine große Fülle
von Transformationsregeln der obigen und ähnlicher Art wurde für dieses System
theoretisch und praktisch untersucht (siehe z.B. Partsch, Pepper [39]). Das System
wird unter anderem zu seiner eigenen Entwicklung verwendet. Für ein Beispiel einer
effizienzverbessernden Umwandlung einer Rekursion in eine Iteration siehe auch das
Nimmspiel im zweiten Abschnitt dieser Vorlesung.

Computer-unterstützte Strategien zur Programmsynthese
****

Die Computer-Unterstützung bei der schrittweisen Programmtransformation bezieht sich
zunächst nur auf die Durchführung bzw. die Kontrolle der Durchführung der einzelnen
Transformationen, wobei der menschliche Problemlöser auf Grund seiner Einsicht in den
Problemlöseprozeß stets die wesentlichen Impulse für die durchzuführenden Transformationen gibt. Es ist nun naheliegend zu untersuchen, inwieweit die <u>Auswahl</u> der im
konkreten Stadium des Problemlöseprozesses günstigen <u>Transformationen</u> nicht auch
durch den Computer unterstützt bzw. vom Computer selbständig durchgeführt werden
kann.

In Verbindung mit den im vorigen Abschnitt angegebenen Regeln für die Transformation
rekursiver Programme werden solche Strategien z.B. in Burstall, Darlington [16]
entwickelt. Durchsicht der Beispiele zeigt, daß nur an sehr wenigen Stellen im
Tranformationsprozeß ein "Einfall" notwendig ist. Dieser besteht meist in einer
geschickten Einführung einer neuen Funktion durch Definition, die in einem gewissen
Sinne "allgemeiner" ist als die eigentlich interessierende Funktion (vergleiche das
Prinzip der "Generalisierung" bei Polya [41]). Diese Stelle ist im Beispiel mit *
gekennzeichnet. Das <u>System von Burstall-Darlington</u> ist in der Lage, im wesentlichen
unter Eingabe nur dieser Information durch den Benutzer für viele Beispiele der im
vorigen Abschnitt beschriebenen Art, den Umwandlungsprozeß selbständig durchzuführen,
wobei im wesentlichen folgende Strategie verwendet wird:

● <u>Entfalte</u> die vorhandenen Hilfsgleichungen und
  die Gleichungen für die interessierenden Funktionen (vor allem auch die durch
     Definition neu eingeführten Funktionen),
  bis keine weitere Entfaltung mehr möglich ist
     (bzw. bis zu einer vorgegebenen Schachtelungstiefe),

● versuche unter <u>Anwendung der für die Grundoperationen vorhandenen Gesetze</u> bzw.
  unter Benutzung der Wobei-Regel eine Identifizierung von Teilen der rechten Seite
  der Gleichungen für die interessierenden Funktionen mit den rechten Seiten der
  definierenden Gleichungen selbst herbeizuführen, sodaß dann

● <u>Faltungsoperationen</u> durchgeführt werden können.

Die Anwendung von Gesetzen und der Wobei-Regel wird dabei bis knapp vor den
Faltungsprozeß verschoben, um den Suchraum zu verkleinern.

Ein anderes auf die automatische Realisierung von Transformationsstrategien aus-
gerichtetes System ist das System LOPS von Bibel (siehe z.B. Bibel [6], Bibel,
Hörning [7]). Wesentliche Charakteristika dieses Systems sind

  <u>Anwendung eines Theorem-Provers</u> als Hilfswerkzeug an bestimmten Stellen des
       Transformationsprozesses und
  Aufstellen von Vermutungen durch einen <u>Beispielgenerator</u> an anderen Stellen des
       Transformationsprozesses.
Die wesentlichen Basisstrategien in diesem Ansatz sind:
  1. "<u>Erraten</u>" eines Elements,
  2. Ermittlung eines vernünftigen "<u>Bereichs</u>" für das erratene Element und
  3. "<u>rekursive Entfaltung</u>" der aus 1. und 2. resultierenden Problemspezifikation.
Die Strategie "<u>Erraten</u>" besteht im wesentlichen darin, daß eine Problemspezifikation
für ein explizites Problem der Gestalt
  "Gegeben: x, sodaß $E(x)$
   Gesucht: y, sodaß $P(x,y)$"
im wesentliche äquivalent umgewandelt wird in
  "Gegeben: x,y', sodaß $E(x)$ und
                      $P'(x,y')$
   Gesucht: y,   sodaß $P(x,y)$ und
                      $(y=y'$ oder $y \neq y')$".
(Im Falle, daß y eine Mengenvariable ist - was im Normalfall aus dem syntaktischen
Kontext automatisch abgelesen werden kann - steht statt der letzten "Bedingung" y=y'
oder y=y'" die Bedingung "y' ε y oder y'$\notin$ y". Diese immer wahren Bedingungen haben
nur den Zweck, die automatische Problemzerlegung einzuleiten).

Als P'(x,y') kann irgendeine Abschwächung der Bedingung P(x,y) genommen werden, d.h.
eine Bedingung, die den Bereich der möglichen y' möglichst einschränkt, dabei aber
von möglichst einfacher logischer Struktur ist. Die Strategie "Bereich" ist eine
automatische Prozedur, ein geeignetes P'(x,y) (z.B. in Klausen-Form) aus der syntaktischen Zerlegung von P(x,y) (z.B. in Klausen-Form) zu finden. Jede Kombination von
Klausen in P(x,y), die ungleich P selbst ist, könnte zur Bildung von P'(x,y')
herangezogen werden (in der Tat entsprechen verschiedene Auswahlen von P' oft
verschiedenen Algorithmen zur Lösung des vorgegebenen Problems). Die Strategie
"Bereich" versucht eine Auswahl dadurch zu treffen, daß die
    Anzahl der Elemente y', die P'(x,y') erfüllen, möglichst klein wird,
    die Entscheidung über die Gültigkeit von P'(x,y') für vorgegebene y' mit den
       vorhandenen Operationen komplexitätsmäßig möglichst einfach wird
und sowohl der Fall "P'(x,y')" als auch
       der Fall "nicht P'(x,y')" eintreten kann.

Der erwähnte Beispielgenerator ist unter anderem für die automatische Beurteilung
dieser Kriterien in konkreten Fällen gedacht.

Die Strategie "rekursive Entfaltung" besteht im äquivalenten Umwandeln der durch die
Strategien "Erraten" und "Bereich" erhaltenen Formel, wobei
    mit Hilfe des Theorem-provers nachgeprüft wird, ob systematisches Ersetzen von y
    durch Terme der Gestalt t(y) zu äquivalenten Formeln führt.
    Welche Terme an welchen Stellen günstig zu ersetzen sind, um eine äquivalente
    Formel zu erhalten, wird oft durch die syntaktische Struktur der Formeln nahege-
    legt, wobei sich gewisse immer wiederkehrende Rekursionsschemata anbieten.

Es werden zwei Beispiele aus Bibel [6] und Bibel, Hörnig [7] angegeben (für den Fall
einer Problemstellung mit Zahlvariablen und einer Problemstellung mit Mengenvariablen
y).

Beispiel Problem der Maximumbildung:
Gegeben: S (Menge),
    sodaß: $S \neq \phi$.
Gesucht: m,
    sodaß: $\dfrac{m \;\varepsilon\; S,\; S \leqslant m.}{Max(S,m)}$

$(S \leqslant m : \Longleftrightarrow$ Für alle $x \;\varepsilon\; S : x \leqslant m)$.

Anwenden der Strategie "Erraten" liefert die (äquivalente) Problemstellung :
Gegeben: S,m',
    sodaß: P'(S,m'),
       $S \neq \phi$.

Gesucht: m,

    sodaß: $Max(S,m)$,

        $(m=m'$ oder $m\neq m')$.

Als $P'(S,m')$ bieten sich hier entweder $m' \in S$ bzw. $S < m'$ an. Nachdem $S < m'$ das Element fast völlig unbestimmt läßt, während $m' \in S$ die möglichen m' stark beschränkt, liefert die Strategie "Bereich" die Entscheidung für $P'(S,m')$: $\Longleftrightarrow m' \in S$.

Die triviale Alternative $(m=m'$ oder $m\neq m')$ hat die Kraft, die Problemstellung in zwei Teile aufzuspalten:

    Gesucht m, sodaß $(m' \in S, S \neq \phi \Longrightarrow Max(S,m), m=m')$

    und

    Gesucht m, sodaß $(m' \in S, S \neq \phi \Longrightarrow Max(S,m), m\neq m')$.

Die Strategie "rekursive Entfaltung" legt nahe, vor allem in der zweiten Alternative zu versuchen, durch die Substitution $S \dashrightarrow S-\{m'\}$ eine (unter den gegebenen Bedingungen) äquivalente Formel zu erhalten. Daß $S-\{m'\}$ der geeignete Term ist, wird nahegelegt, wenn man z.B. mit einer der Bedingungen in $Max(S,m)$ beginnt und schaut, in welcher Weise sie sich unter der Zusatzbedingung $m\neq m'$ äquivalent umformen läßt:

    $m' \in S \Longrightarrow (m \in S, m\neq m' \Longleftrightarrow m \in S-\{m'\}, m\neq m')$

(An solchen Stellen ist ein automatischer Beweiser das wesentliche Werkzeug). Wenn man diese Substitution konsequent durchführt, entdeckt der automatische Beweiser, daß das ursprüngliche Problem in folgende äquivalente Form übergeht:

(*) Gegeben: S,m',

      sodaß $m' \in S$,

    Gesucht: m

      sodaß $(S\neq\phi \dashrightarrow Max(S,m))$ oder

        $S-\{m'\} \neq \phi \dashrightarrow Max(S-\{m'\},m), m'<m, S \neq \{m'\})$

Der für die konstruktive Durchführung wichtige Term $m'<m$ anstelle von $m'\neq m$ wird im Wechselspiel zwischen Beispielgenerator und automatischem Beweiser nahegelegt. (Siehe auch die grundsätzliche Beobachtung zur Erzeugung von neuem Wissen aus der Betrachtung von Beispielen im 2. Abschnitt).

Eine Problemspezifikation wie die in (*) kann nun entweder als Programm für einen automatischen Beweiser mit spezieller Kontrolle zur zielstrebigen Durchführung von Beweisen bei rekursiver Problemdefinition (PROLOG-artige Interpreter) genommen werden. Oder es wird das Beweisverhalten direkt beschrieben, d.h. der dementsprechende rekursive Algirthmus in einer algorithmischen Sprache angegeben:

```
max(S):
      m' := such that m' ε S
      if S = {m'} then return m';
      m₀ := max(S-{m'})
      if m₀<m' then return m'
                 else return m₀.
```

Beispiel Partition einer Menge:
Gegeben: S (Menge), a (Element),
    sodaß: $a \in S$.

Gesucht: S_1,
    sodaß: $S_1 \subseteq S - \{a\}$,
         Für alle x: $(x \in S_1 \Longleftrightarrow x \in S, x \lessgtr a)$.
                    (Part (S,a,S_1)).

Anwenden der Strategie "Erraten" liefert die Problemstellung
Gegeben: S,a,u
    sodaß: $P'(S,a,u)$,
          $a \in S$.
Gesucht: S_1,
    sodaß: $Part(S,a,S_1)$,
          $(u \in S_1$ oder $u \notin S_1)$.

Eine erste Wahl für $P'(S,a,u)$ ergibt sich aus der Bedingung $S_1 \subseteq S-\{a\}$ in
Part(a,S,S_1). Die dementsprechende Bedingung P' ist $u \in S-\{a\}$ (beachte: S_1 ist eine
Mengenvariable, u eine Variable über Elemente).

Wieder spaltet sich das Problem durch die Alternative $(u \in S_1)$ in zwei Fälle auf. Aus
der syntaktischen Struktur der Bedingung $u \in S-\{a\}$ ergibt sich als erster Hinweis für
eine mögliche Rekursion die Ersetzung von S durch $S-\{u\}$.

Die Überprüfung, in welcher Weise die Formel nach Ersetzen $S \longrightarrow S-\{u\}$ äquivalent
erhalten wird, ist wieder eine Aufgabe, die von einem automatischen Beweiser gelöst
werden kann. In diesem Fall erhält man die Formulierung:

Gegeben: S,a,u,
    sodaß $u \in S-\{a\}$,
          $a \in S$.
Gesucht: S_1,
    sodaß Part$(S-\{u\},a,S_1 \cup \{u\})$, $u \in S_1$ oder
        Part$(S-\{u\},a,S_1)$, $u \notin S_1$.

Um die algorithmisch nicht brauchbare Bedingung $u \in S_1$ bzw. $u \notin S_1$, die das zu konstruierende S_1 involviert, in eine brauchbare Bedingung umzuwandeln, ist wieder ein Beispielgenerator nützlich, der an einem Beispiel "erkennt" (und dann zum allgemeinen Beweis vorschlägt), warum $u \notin S_1$ eintreffen kann, nämlich weil $u > a$. Damit geht die Spezifikation schließlich über in

Gegeben: S,a,u,
    sodaß $u \in S-\{a\}$,
        $a \in S$.
Gesucht: S_1,
    sodaß $Part(S-\{u\},a,S_1 \cup \{u\})$, $u < a$ oder
        $Part(S-\{u\},a,S_1)$, $u > a$.

Es ist klar, wie man eine solche Problemspezifikation in einen rekursiven und dann iterativen Algorithmus umwandeln kann.

Die Entwicklung von allenfalls automatisierbaren Strategien zur Programmtransformation ist auch ein wesentliches Ziel in den Arbeiten von Manna seit 1970 (siehe z.B. Manna, Waldinger [33]). Da wir aber im nächsten Abschnitt näher auf Manna's Zugang zur Programmsynthese von automatischen Existenzbeweisen her eingehen werden, sollen diese Gedanken hier nicht weiter verfolgt werden.

<u>Stand der Entwicklung:</u> Die automatische Synthese gelingt bisher nur für relativ einfache Programme. Der minimum-cost-spanning-tree Algorithmus (siehe z.B. Aho, Hopcroft, Ullman [1]) ist z.B. ein Algorithmus, der typisch ist für die Algorithmenklasse, die sich in absehbarer Zeit automatisch synthetisieren lassen werden.

Computer-unterstützte Extraktion von Algorithmen aus Existenzbeweisen
****

Beim Paradigma "<u>Computer-unterstützte Programmtransformationen</u>" war der Grundzyklus:
    Mensch schlägt Transformation vor,
    Maschine führt Transformation aus bzw. kontrolliert sie,

Beim Paradigma "<u>Computer-unterstützte Strategien zur Programmanalyse</u>" war der Grundzyklus:
    Maschine entwickelt gemäß gewissen Strategien selbst Vorschläge für Transformationen (mit gewissen Hilfen),
    Maschine führt Transformationen aus bzw. kontrolliert sie.

In diesem Abschnitt soll <u>ein anderer Gedanke</u> verfolgt werden, mit welchem die automatische oder halbautomatische Entwicklung (rekursiver) Programme aus Problemspezifikationen ermöglicht werden soll: Die <u>Extraktion von Algorithmen aus automatischen oder halbautomatischen Existenzbeweisen</u>. Wir gehen aus von einem expliziten Problem der Form

        Gegeben: x
            sodaß E(x). .
        Gesucht: y
            sodaß P(x,y).

Angenommen man hätte einen Beweis B der zugehörigen Existenzaussage (automatisch, halbautomatisch oder händisch gefunden):

(*) Für alle x existiert ein y, sodaß P(x,y).

Dann wird in diesem <u>Beweis normalerweise sehr viel an Information stecken</u>, wie man aus einem beliebigen x ein geeignetes y mit P(x,y) findet, denn Existenzbeweise verlangen (je nach verwendeter Logik mehr oder weniger explizit) die Angabe von "Beispielen" y, die aus dem vorhandenen "Material" (den Konstanten) mit den vorausgesetzten elementaren Operationen gebildet werden können.

Die automatische oder halbautomatische Synthese von Programmen läßt sich deshalb auch zerlegen in die zwei Aufgaben:

1. Automatischer oder halbautomatischer Beweis der Existenzaussage (*).
2. Automatische Extraktion des im Beweis von (*) konstruierten "lösenden" Termes aus dem Beweis.

Dieser Gedanke zur (halb)automatischen Programmsynthese wurde Anfang 1970 stark verfolgt. Zwischenzeitlich wurde er in den Hintergrund gerückt, weil in den üblichen universellen Beweisern das Instrument der Induktion, das für Beweise in algorithmischen Strukturen von grundlegender Bedeutung ist, nur über Umwege eingeführt werden kann. In der Zwischenzeit wurde die Technik des automatischen Beweisens stark verbessert. Der Gedanke der Extraktion von Algorithmen aus Existenzbeweisen lebt deshalb wieder auf.

Zunächst zwei Beispiele, was mit "Extraktion des lösenden Terms aus einem Existenzbeweis" gemeint ist.

<u>Beispiel:</u>
Betrachte das Problem
Gegeben: Nichts.
Gesucht: y,
      sodaß y ist die Anzahl der Buchstaben, die sich an den Blättern des
          folgenden Baumes befinden

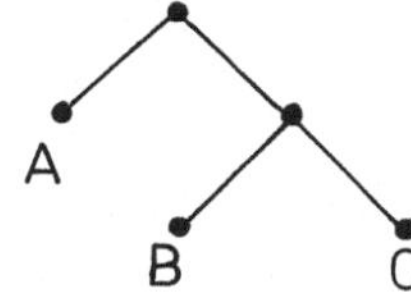

Definition der vorkommenden Grundbegriffe (als Horn-Clausen):

Anzahl(x,1) ◄--- Blatt(x)
Anzahl(cons(x,y),w) ◄--- Anzahl(x,u),Anzahl(y,v),u+v=w

(Für "Anzahl(x,y)" ließ "y ist die Anzahl der Blätter am Baum x").

Wir beweisen: Es existiert ein y, sodaß Anzahl(cons(A,cons(B,C)),y).

Dieser Existenzbeweis kann durch einen Resolutionsbeweiser dadurch geliefert werden,
daß aus der Horn-Clause
    ◄--- Anzahl(cons(A,cons(B,C)),y)
die leere Clause (ein Widerspruch) abgeleitet wird (unter Voraussetzung des Wissens
Blatt(A) ◄---, Blatt(B) ◄---, Blatt(C) ◄---, 1+1 = 2 ◄---, 1+2 = 3 ◄---).

Beweis: ◄--- Anzahl(cons(A,cons(B,C)),y)
      ◄--- Anzahl(A,u),Anzahl(cons(B,C),v),u+v=y   Substitution: u=1
      ◄--- Blatt(A),Anzahl(cons(B,C),v),1+v=y
      ◄--- Anzahl(cons(B,C),v),1+v=y
      ◄--- Anzahl(B,u'),Anzahl(C,v'),u'+v'=v,1+v=y Substitutionen: u'=1, v'=1
      ◄--- Blatt(B),Blatt(C),1+1=v,1+v=y
      ◄--- 1+1=v,1+v=y   Substitution: v=2
      ◄--- 1+2=y   Substitution: y=3

□

Der Beweis zeigt nicht nur, daß ein gewünschtes y existiert, sondern liefert auch
einen Term, nämlich 3, der als Beispiel eines Resultats genommen werden kann. Der
lösende Term 3 kann mit dem Beweis mitgerechnet und bei Vorliegen des Beweises aus
dem Beweis extrahiert werden.

<u>Beispiel:</u>

Der Satz "Jede konvergente Folge ist beschränkt", d.h.

$$" \bigwedge_{\text{Folgen } a} (\bigvee_{b} \bigwedge_{\varepsilon > 0} \bigvee_{N} \bigwedge_{n > N} |a_n - b| < \varepsilon ===> \bigvee_{S} \bigwedge_{n} |a_n| < S)"$$

kann als die Existenzaussage zum expliziten Problem

"Gegeben: a

      sodaß a konvergent.

Gesucht: S

      sodaß $\bigwedge_{n} |a_n| < S.$ "

aufgefaßt werden. Ein Beweis dieses Satzes liefert folgenden lösenden Term:

$$\max(\max\{a_n \mid n < \text{Index}(a,1)\}, |\lim(a)| + 1),$$

wo lim und Index zwei (nicht konstruktive) Grundfunktionen ("Basis-Algorithmen")
sind, die

    zu gegebenem konvergenten a den Grenzwert lim(a) bzw.

    zu gegebenem konvergenten a und vorgegebenem $\varepsilon > 0$ einen Wert Index(a,ε) liefern,

    sodaß $\bigwedge_{n > \text{Index}(a,\varepsilon)} |a_n - \lim(a)| < \varepsilon.$

Wir sehen also, daß die Extraktion von lösenden Termen aus Existenzbeweisen ein ganz
naheliegender (und bei Vorliegen des Beweises auch algorithmisch einfacher) Vorgang
ist, (der oft aber nicht explizit durchgeführt wird).

Das eigentliche Problem ist also die (halb) <u>automatische Durchführung der Existenz-
beweise</u>, die mit algorithmisch interessanten Problemen verbunden sind (und im Normalfall des <u>Beweisinstruments der Induktion</u> bedürfen).

Manna und Waldinger [36] schlagen ein Beweissystem vor, das <u>mit dem Existenzbeweis
gleichzeitig auch den lösenden Term mitentwickelt</u> und induktive Schlußregeln zuläßt
(Induktion als Schlußregeln und nicht als Axiomenschema). Ein Beweis ist dabei eine
"Sequenz" der folgenden Art

Behauptungen	Ziele		lösende Terme
$A_1(a,x)$			$s_1(a,x)$
$A_2(a,x)$			$s_2(a,x)$
	$G_1(a,x)$		$t_1(a,x)$
$A_3(a,x)$			$s_3(a,x)$
	$G_2(a,x)$		$t_2(a,x)$
	$G_3(a,x)$		$t_3(a,x)$

(a ... ein Konstantenvektor, x ... ein Variablenvektor, A_i, G_i ... Aussagen, s_i, t_i ...
Terme). Eine solche Sequenz hat die Bedeutung:

> Wenn für alle x $A_1(a,x)$ und
> für alle x $A_2(a,x)$ und
> für alle x $A_3(a,x)$,
> dann für ein x $G_1(a,x)$ oder
> für ein x $G_2(a,x)$ oder
> für ein x $G_3(a,x)$.

Wenn eine Instanz eines Ziels $G_i(a,x)$ wahr ist (oder eine Instanz einer Behauptung
$A_i(a,x)$ falsch), dann ist die entsprechende Instanz von $t_i(a,x)$ (bzw. $s_i(a,x)$) ein
Beispiel ("lösender Term") für das ursprüngliche Problem.

Ein Beweis geschieht dadurch, daß zu einer bestehenden Sequenz durch Anwenden
bestimmter Schlußregeln neue Zeilen hinzugefügt werden. Es sind vier Gruppen von
Schlußregeln vorgesehen:
- Splitting Regeln
- Transformationsregeln
- verallgemeinerte Resolutionsregeln und
- strukturelle Induktion.

Mit den <u>Splitting Regeln</u> kann man Behauptungen und Ziele in ihre Bestandteile
zerlegen. Z.B.

wenn	F und G		t	in der Sequenz vorhanden ist

kann man zu	F		t	übergehen.
	G		t	

<u>Transformationsregeln</u> erlauben es, beliebige allgemeine und für verschiedene Daten-
bereiche spezielle Beweistechniken bzw. gültige Sätze als Schlußregeln auszunützen:

(a) Eine Transformationsregel der Gestalt (r $\models\Longrightarrow$ s, falls P) darf man wie folgt zur
   Erzeugung einer neuen Behauptung verwenden:

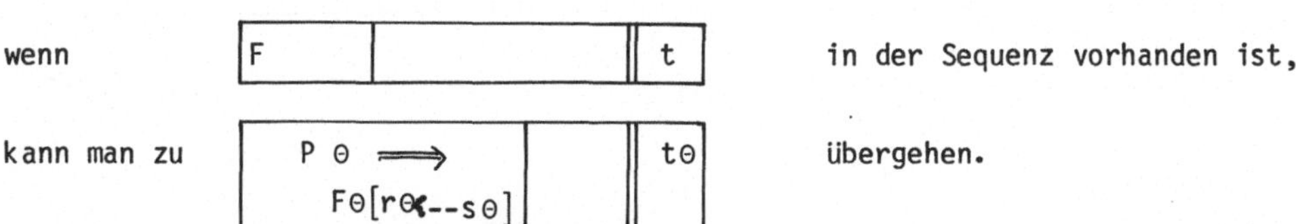

(Hier ist Θ ein (allgemeinster) Unifikator von r und einem Unterausdruck r' von
F. $F\Theta[r\Theta\leftarrow\!\!- s\Theta]$ ist der Ausdruck, der aus $F\Theta$ dadurch entsteht, daß man
$r'\Theta=r\Theta$ überall durch $s\Theta$ ersetzt).

(b) Analog kann man eine Transformationsregel der Gestalt (r $\models\!\!=\!\!\Rightarrow$ s, falls P) wie
folgt zur Erzeugung eines neuen Ziels verwenden:

wenn		G	t		in der Sequenz vorhanden ist,

kann man zu		$P\Theta$ und $G\Theta[r\Theta \leftarrow\!\!- s\Theta]$	$t\Theta$		übergehen.

<u>Verallgemeinerte Resolution</u>:

Seien F und G ein Ziel und eine Behauptung, die **zwei** Unterausdrücke P_1 und
P_2 enthalten, die sich mit Θ allgemeinst unifizieren lassen (P_1 und P_1 seien nicht im
Wirkungsbereich eines Quantors).

Wenn

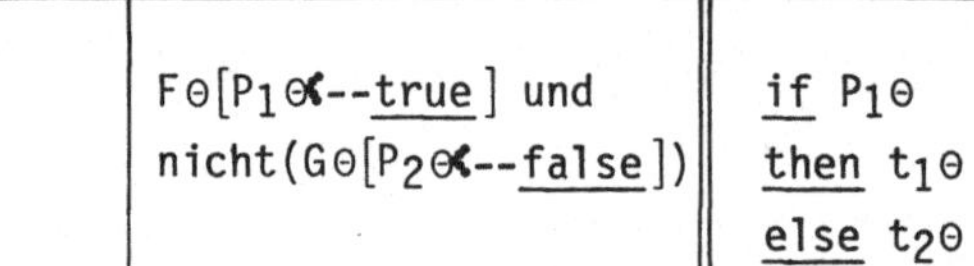

in der Sequenz vorhanden sind,

dann darf man zu

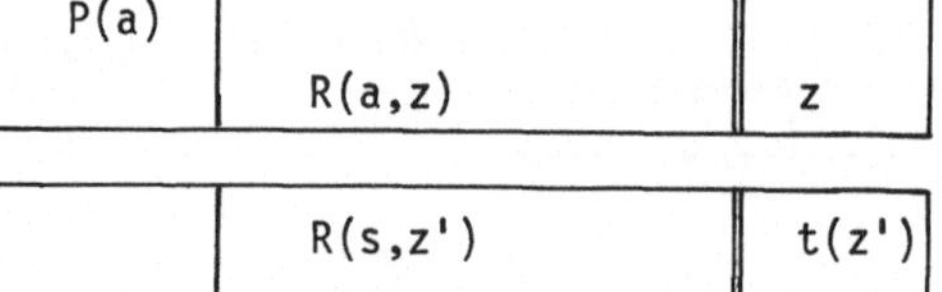

übergehen.

<u>Strukturelle Induktion</u>:

Falls man ausgehend von

P(a)			
	R(a,z)		z

in der Sequenz zu

	R(s,z')	t(z')	

gelangt,

dann kann man die Induktionshypothese

Wenn u$\leq$a dann (wenn P(u) dann R(u,f(u)))			

hinzufügen.

$\prec$ ist hier eine wohl-fundierte Ordnung, f ist das Programm, das man konstruieren möchte.

(Diese Induktionshypothese erlaubt es, durch Resolution wie folgt weiter zu schließen:

	true und nicht (wenn s$\prec$a dann (wenn P(s) dann false))	t(f(s))

das ist

	s$\prec$a und P(s)	t(f(s))

d.h. als Beweisziele bleiben noch s$\prec$a ("das Argument für f hat sich verkleinert") und P(s) ("das Argument s erfüllt die Eingabebedingung").

Beispiel für die Konstruktion eines Programmes als lösender Term eines Existenzbeweises:

Problem: Quotient und Rest bei ganzzahliger Division.

Als Startzeilen einer Sequenz stellt man dieses explizite Problem wie folgt dar:

Behauptungen	Ziele	lösende Terme	
		div(i,j)	rem(i,j)
1. 0<i und 0$\prec$j (Eingabebedingung)	2. i=y.j+z und 0≤z$\prec$j (Ausgabebedingung)	y	z

Als Grundwissen über =, < fügen wir hinzu

3. u=u			
4. (u<v ==> nicht(v$\prec$u))			

Durch Anwenden der Splitting Regeln erhält man

5. 0<i			
6. 0$\prec$j			

Wissen über die Multiplikation verwendet man als Transformationsregeln, und zwar:

$0 \cdot v \models\Rightarrow 0$

$(u+1) \cdot v \models\Rightarrow u \cdot v + v.$

Anwendung der ersten dieser Transformationsregeln auf Ziel 2. führt zu:

	7. $i=0+z$ und $0<z\leqslant j$		0	z

Ähnlich führt die Anwendung der Transformationsregel $0+v \models\Rightarrow v$ zu

	8. $i=z$ und $0<z\leqslant j$		0	z

Resolution angewandt auf 3. und 8. führt zu

	9. $0<i\leqslant j$		0	i

Nochmals Resolution angewandt auf 5. und 9. führt zu

	10. $i\leqslant j$		0	i

(In diesem Stadium kann man aus dem Beweis ablesen, daß im Fall $i\leqslant j$, 0 und i die Werte von Quotient und Rest sind).

Auf das Ziel Nr. 2 kann man jetzt die zweite Transformationsregel für die Multiplikation anwenden und erhält

	11. $i=y_1 \cdot j+j+z$ und $0<z\leqslant j$		y_1+1	z

Die Transformationsregel $u=v+w \models\Rightarrow u-v=w$, angewandt auf 11., ergibt:

	12. $i-j=y_1 \cdot j+z$ und $0<z\leqslant j$		y_1+1	z

Ziel 12. hat nun wieder genau die Gestalt des ursprünglichen Zieles 2. An dieser Stelle wird die entsprechende Induktionshypothese eingeführt:

13. Wenn $(u_1,u_2)\leqslant(i,j)$, dann
   (wenn $0<u_1$ und $0<u_2$,
    dann $u_1=div(u_1,u_2)\cdot u_2+rem(u_1,u_2)$
     und $0<rem(u_1,u_2)\leqslant u_2)$			

Durch Resolution zwischen 12. und 13. erhält man

	14. $(i-j,j) \prec (i,j)$ und $0 < i-j$ und $0 \prec j$		div(i-j,j)+1	rem(i-j,j)

Jetzt muß eine geeignete wohlfundierte Ordnung zur Verfügung stehen, z.B. die durch die folgende Transformationsregel definierte Ordnung $\prec'$:

$(u_1,u_2) \prec' (v_1,v_2) ===\!\!\blacktriangleright \underline{true}$, wenn $u_1 \prec v_1$.

Dadurch entsteht das neue Ziel

	15. $i-j \prec i$ und $0 < i-j$ und $0 \prec j$		div(i-j,j)+1	rem(i-j,j)

Daraus folgt im wesentlichen durch Resolution mit den Behauptungen 6. $(0 \prec j)$ und 4. $(u<v ===\!\!\blacktriangleright nicht(v \prec u))$

	16. $nicht(i \prec j)$		div(i-j,j)+1	rem(i-j,j)

(D.h. man weiß in diesem Stadium des Beweises, daß im Fall j<i Quotient und Rest von i und j durch div(i-j,j)+1 und rem(i-j,j) "rekursiv" bestimmt werden können).

Aus 10. und 16. kann man schließlich durch einen (etwas modifizierten) Resolutionsschritt

		div(i,j)	rem(i,j)
	19. $\underline{true}$	$\underline{if}\ i \prec j$ $\underline{then}\ 0$ $\underline{else}\ div(i-j,j)+1$	$\underline{if}\ i \prec j$ $\underline{then}\ i$ $\underline{else}\ rem(i-j,j)$

erhalten. $\underline{true}$ in der Zielspalte zeigt an, daß man aus den Spalten für die lösenden Terme die endgültigen (rekursiven) Programme für div und rem entnehmen kann.

Einen sehr interessanten Gedanken, in welcher Weise man die Information, die in Existenzbeweisen steckt, noch für algorithmische Zwecke verwenden kann, gibt Goad [21] an. Dazu muß man das Konzept eines Zwei-Parameter-Algorithmus (Goad [22]) einführen: Man betrachtet ein explizites Problem der Gestalt

Gegeben: p,x   (p,x ... zwei Eingabeparameter(listen)).
Gesucht: y,
    sodaß P(p,x,y).

Ein Algorithmus A zur Lösung des Problems hat also die Eigenschaft:

Für alle p,x: P(p,x,A(x,y)).

In Fällen, wo sich der Parameter p bei Anwendungen sehr viel langsamer ändert als der Parameter x ("_sweep coherence_") kann man oft

ausgehend von einem einfachen, naheliegenden, leicht zu findenden _Algorithmus_ A, der gleichzeitig p und x als Eingaben nimmt (Zwei-Parameter-Algorithmus, Einstufen-Algorithmus)

den Algorithmus für jedes feste p symbolisch exekutieren und durch symbolische Transformationen vereinfachen ("_Entfalten_") (das führt für jedes p zu einem Algorithmus A'_p)

und dann den jeweiligen _Einparameter-Algorithmus_ A'_p auf eine Reihe von Eingaben x anwenden.

Diese Methode führt oft in völlig automatischer Weise zu erstaunlich effizienten Algorithmen-Familien $\{A'_p\}$.

Beispiel der Entfaltung eines Zweiparameter-Algorithmus in eine Familie von Einparameter-Algorithmen:

Problem:
    Gegeben: p (eine als Liste geschriebene Menge),
          x (ein Element).
    Gesucht: y
        sodaß y = "wahr", wenn $x \in p$
                "falsch", sonst

$$P(p,x,y).$$

Ein naheliegender Zweiparameter-Algorithmus:

```
A(p,x) = if p=ϕ then "falsch" else
         if x<head(p) then A (tail(p),x) else
         if x>head(p) then A (tail(p),x) else
         "wahr".
```

<u>Ent_fal_tung_des_Algorithmus_für_p_=_(2,3,1,4)</u>:

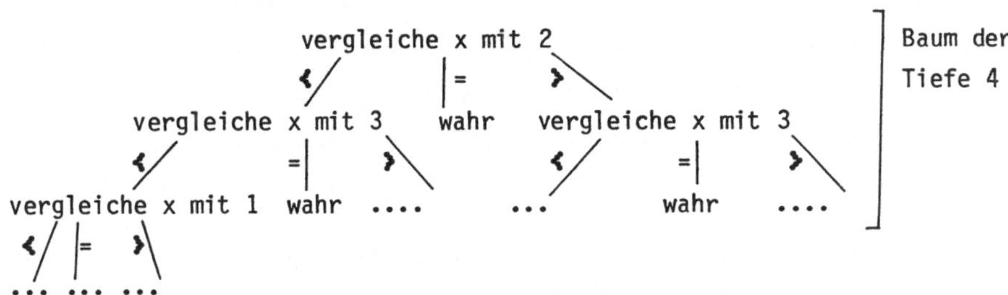

Man kann aus diesem Baum auf völlig automatische Weise alle redundanten Knoten "pflücken". Ein Knoten ist redundant, wenn das Ergebnis der betreffenden Abfrage bereits durch die vorhandenen Abfragen determiniert ist (siehe "Decision Trees" in Aho, Hopcroft, Ullman [1]). In diesem Beispiel führt dies zu

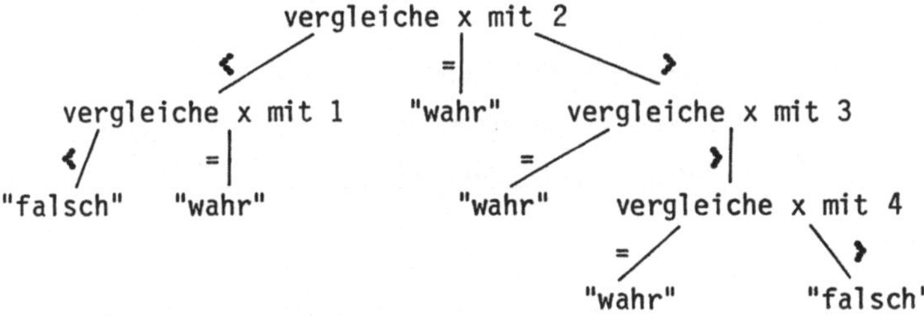

Es kann gezeigt werden (Robson [46]), daß die mittlere Tiefe der dadurch entstehenden Bäume O(log(Länge von p)) ist gegenüber einer Rechenzeit von O(Länge von p) beim zweiparametrigen, einfachen Algorithmus.

Natürlich könnte man in dem betrachteten Beispiel auch eine Familie $\{B_p\}$ von einparametrigen Algorithmen "erfinden", deren Rechenzeitverhalten ebenfalls von der Ordnung log(Länge von p) ist, z.B.

B_p := Wende binäre Suche auf eine sortierte Version von p an.

Man beachte aber den <u>entscheidenden Unterschied</u>:

B_p muß <u>erfunden werden</u>, d.h. man braucht die Einsicht, daß das Suchen in
   sortierten Listen in logarithmischer Zeit möglich ist,

A'_p sind <u>automatisch entstanden</u> aus einem Algorithmus, für welchen man kaum eine
   Idee brauchte.

Es ist nun naheliegend, denselben Gedanken auf immer umfassendere "Zweiparameter-probleme" P(p,x,y) anzuwenden. Allerdings wird man damit rechnen müssen, daß die aus Zweiparameter-Algorithmen A(p,x) entstandenen Algorithmenfamilien A'_p immer weniger effizient werden und der Transformationsprozeß von A_p zu A'_p immer aufwendiger. Insbesondere kann man den Gedanken auf universelle metamathematische Prädikate anwenden, z.B.

$$P(p,x,y) : \Longleftrightarrow y \text{ ist eine Lösung für die Eingabe x beim expliziten Problem, das durch die Formel p beschrieben ist.}$$

Als A(p,x) kann man dann wegen der "Äquivalenz" von Beweisen für Existenzaussagen und Algorithmen

$$A(p,x) := \text{Beweis der Existenzaussage } "\bigvee_y P(p,x,y)"$$

nehmen. Goad [21] gibt ein Verfahren an, wie das "Pflücken" von Beweisen bewerkstelligt werden kann, wenn man die Beweise in einem Gentzen-System des natürlichen Schließens durchführt: Die "Normalisierungsprozedur" von Prawitz [42] ist ein Pflückvorgang.

Bei Zweiparameter-Algorithmen kann der Pflückvorgang in den zugehörigen Existenzbeweisen noch mehr Vereinfachungen bringen als das symbolische Exekutieren der zugehörigen Algorithmen: Im Beweis ist ja noch die Information über das zu lösende Problem und über Beziehungen zwischen Algorithmus und Problem vorhanden, die beim speziellen Lösungsalgorithmus im allgemeinen verloren gegangen sind. Goad [21] enthält dazu folgendes

Beispiel:

Problem:
 Gegeben: x,y (positive rationale Zahlen).
 Gesucht: z,
  sodaß: z ist eine obere Schranke sowohl für x+y als auch für x.y.
   (abgekürzt P(x,y,z)).

Lösungsalgorithmus:
 $u(x,y) := \underline{if}\ x<1\ \underline{then}\ y+1$
     $\underline{else}\ (\underline{if}\ y<1\ \underline{then}\ x+1$
       $\underline{else}\ 2xy).$

Symbolisches Exekutieren für den speziellen Wert y := 0,5 liefert den vereinfachten
Algorithmus

$$u_{0,5}(x) := \underline{if}\ x<1\ \underline{then}\ 1,5$$
$$\underline{else}\ x+1.$$

Für y := 0,5 würde das Problem aber auch durch den noch einfacheren Algorithmus

$$u'(x) := x+1$$

gelöst. u' rechnet aber nicht dieselbe Funktion wie $u_{0,5}$. Deshalb ist eine weitere
korrektheitserhaltende Transformation von $u_{0,5}$ nicht möglich. Vereinfachen des zum
Algorithmus gehörigen Existenzbeweises (der aus der Problemspezifikation entstanden
ist), führt aber zu x+1, siehe Goad [21].

<u>Stand der Entwicklung</u>: Der Gedanke der Extraktion von Algorithmen aus Existenz-
beweisen zur Programm-Synthese war bisher nur bei sehr einfachen Spielbeispielen
erfolgreich. Manna und Waldinger haben jedoch ein Beispiel einer sehr nicht-trivialen
Algorithmensynthese dieser Art angegeben, die zwar mit den heutigen Beweisern noch
nicht automatisch durchgeführt werden kann, an welcher aber die notwendigen Fähigkeiten eines solchen Beweisers als durchaus erreichbar analysiert werden (Synthese des
Unifikationsalgorithmus).

Spezifikationen abstrakter Datentypen als Programme
****

Implizite Problemspezifikationen, speziell Spezifikationen abstrakter Datentypen
durch eine Menge von Gleichungen (Guttag, Horning [24]), können
    als <u>Beschreibung von Operationen</u>, die man als Modell des Datentyps zulassen
        möchte, aufgefaßt werden,
    aber auch <u>als Regeln</u>, wie man mit den Operationen rechnet.

Die <u>Terme</u>, aus denen die Spezifikationen aufgebaut sind, können selbst, faktorisiert
durch die durch die Axiome erzeugte Kongruenzrelation, <u>als ein Modell</u> des Datentyps
betrachtet werden. Das heißt für die Praxis: Wenn man in einem Programm als Grundoperationen nur die Operationen eines durch Gleichungen spezifizierten Datentyps
verwendet, so kann man die Terme selbst als ein erstes Modell für den Datentyp verwenden, sofern man eine effektive Methode hat, die Gleichheit von Termen modulo den
Axiomen zu testen. Dieses Modell ist zwar meist nicht sehr effektiv, kann aber vom

methodologischen Gesichtspunkt aus sehr wertvoll sein, weil dadurch z.B. ein Hauptprogramm, in welchem Datentyp Operationen verwendet werden, bereits ausgetestet werden kann, bevor die Implementierung der Datentypen durchgeführt sind (siehe Lichtenberger [30], Musser [37]). Andere Situationen, in welchen das <u>Rechnen modulo Gleichungen</u> im Computer-unterstützten Algorithmenentwurf eine Rolle spielt, sind z.B. das Beweisen von Verifikationsbedingungen durch einen "Simplifier" und das symbolische Vereinfachen von zweiparametrigen Algorithmen, wenn man einen Parameter festhält.

Die Gleichheit von Termen modulo Gleichungen ist nun im allgemeinen ein unentscheidbares Problem. In diesem Abschnitt soll eine sehr allgemeine Methode beschrieben werden, mit welcher oft in algorithmischer Weise Entscheidungsverfahren für Termgleichheit konstruiert werden können. Wir wollen diese Methode in einen etwas allgemeineren Rahmen stellen und nennen die hier zu besprechende Algorithmenklasse "critical pair/completion-Algorithmen" (kurz: <u>CPC-Algorithmen</u>). Zunächst aber ein Beispiel für eine typische Problemstellung:

<u>Beispiel:</u>
Wir betrachten folgende Spezifikation des Datentyps "Queue":

$$Remove(Newq) = Newq,$$
$$Remove(Add(q,i)) =$$
$$\quad \underline{if}\ Isnew(q)\ \underline{then}\ q\ \underline{else}\ Add(Remove(q),i),$$
$$Front(Newq) = 0,$$
$$Front(Add(q,i)) =$$
$$\quad \underline{if}\ Isnew(q)\ \underline{then}\ i\ \underline{else}\ Front(q),$$
$$Isnew(Newq) = \underline{true},$$
$$Isnew(Add(q,i)) = \underline{false},$$
$$Append(q_1,Newq) = q_1,$$
$$Append(q_1,Add(q_2,i_2)) = Add(Append(q_1,q_2),i_2).$$

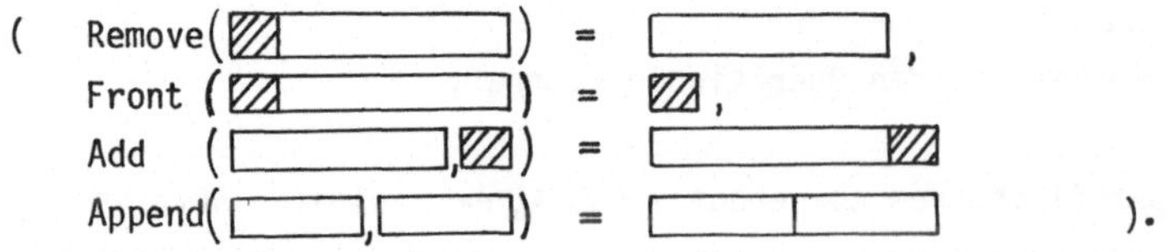

Als ein Modell für diesen Datentyp können wir uns die Menge aller Terme, die aus den Operationssymbolen des Datentyps gebildet sind, vorstellen, wobei allerdings Terme, die auf Grund der verlangten Gleichungen als "gleich" bewiesen werden können,

identifiziert werden sollen, versehen mit den Operationen, die durch Voranstellen der
betreffenden Operationssymbole vor die Argumentterne definiert sind, z.B.

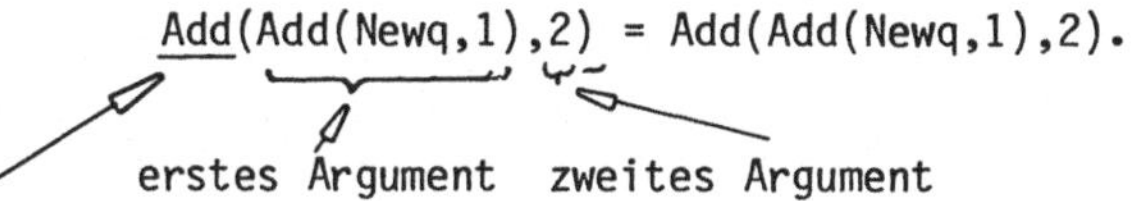

Operation,
die durch Add auf
der Termmenge be-
schrieben wird

Remove(Add(Newq,1)) und Remove(Add(Newq,2)) werden als Terme identifiziert, weil
Remove(Add(Newq,1)) = Remove(Add(Newq,2)) aus den obigen Gleichungen folgt.

Gilt auch

$$Ap(R(A(A(N,1),2)),A(N,3)) =$$
$$Ap(A(N,1),R(A(A(N,1),3)))?$$

(Wir verwenden hier die Anfangsbuchstaben der Operationen als Abkürzungen).
Wir haben das Gefühl, daß man diese Frage einfach durch "Reduzieren beider Seiten bis
es nicht mehr geht" entscheiden kann: die linke Seite liefert dann $A(A(N,2),3)$ und
die rechte Seite $A(A(N,1),3)$. "Deshalb sind diese beiden Terme nicht gleich".
Ist diese Methode gerechtfertigt?

Es gilt nun folgender

<u>Satz</u> (Critical-pair-Algorithmus, Knuth-Bendix [28]):

Sei E eine endliche Menge von Gleichungen zwischen Termen erster Ordnung, sodaß die
zugehörige Reduktionsrelation $\longrightarrow_E$ noethersch ist, und sei S_E ein zugehöriger
Normalformenalgorithmus. Dann gilt:
    S_E ist ein kanonischer Simplifikator für $=_E$ gdw.
    für alle kritischen Paare (p,q) bezüglich E: $S_E(p) = S_E(q)$.

Hier brauchen wir einige Begriffe: Die durch E bestimmte <u>Reduktionsrelation</u> $\longrightarrow_E$ ist
wie folgt definiert (s,t ... Terme):
    $s \longrightarrow_E t$ (s <u>reduziert</u> auf Grund von E zu t) : $\Longleftarrow\Longrightarrow$
        t entsteht aus s durch Ersetzen einer Unterterms der Gestalt $\sigma(a)$ durch
        $\sigma(b)$, wo (a,b) eine Gleichung aus E ist und σ eine Substitution.

Eine binäre Relation ---> in einer Menge ist <u>noethersch</u>, wenn es keine unendlichen absteigende Kette

$\quad t_1$ ---> t_2 ---> t_3 ---> ...

gibt.

Der zu E gehörige <u>Normalformen-Algorithmus</u> S_E ist:

$\quad S_E(t)$:= der Term, der durch fortgesetztes Reduzieren aus t entsteht, d.h.

$\quad\quad$:= <u>if</u> t ist in Normalform

$\quad\quad\quad$ <u>then</u> t

$\quad\quad\quad$ <u>else</u> S_E Sel(t)

$\quad\quad\quad$ wo Sel eine "Selektionsfunktion" ist, die t --->$_E$ Sel(t) erfüllt (im

$\quad\quad\quad$ Falle, daß t nicht in Normalform ist, d.h. mit --->$_E$ noch weiter

$\quad\quad\quad$ reduziert werden kann).

$=_E$ ist die <u>reflexive, symmterische, transitive Hülle</u> von --->$_E$. $=_E$ ist eine Äquivalenzrelation.

Eine Abbildung S:M ---> M heißt <u>kanonischer Simplifikator</u> für eine Äquivalenzrelation ~ in der Menge M : <===>

$\quad$ Für alle t ϵ M:

$\quad\quad$ S(t) ~ t,

$\quad\quad$ s~t ===> S(s) = S(t).

Es gilt: Eine <u>Äquivalenzrelation</u> ~ in einer Menge M ist <u>entscheidbar</u> genau dann, wenn es einen kanonischen Simplifikator für ~ gibt.

Die Terme (p,q) formen ein <u>kritisches Paar</u> bezüglich E : <===>

$\quad$ Es gibt Gleichungen (a_1,b_1) und (a_2,b_2) in E und eine Stelle u in a_1, sodaß

$\quad\quad$ der Term a'_1 an der Stelle u in a_1 keine Variable ist,

$\quad\quad$ $\sigma_1(a'_1) = \sigma_2(a_2)$ eine allgemeinste Instanz von a'_1 und a_2 ist für gewisse

$\quad\quad\quad$ Substitutionen σ_1 und σ_2

$\quad$ und

$\quad\quad$ p entsteht aus $\sigma_1(a_1)$ durch Ersetzen des Terms an der Stelle u durch $\sigma_2(b_2)$,

$\quad\quad$ q = $\sigma_1(b_1)$.

(D.h. p und q entstehen, indem man die "Regeln" ("Rewrite Rules") (a_1,b_1) und (a_2,b_2) auf einen "allgemeinsten übereinstimmenden Teil" der linken Seiten a_1 und a_2 anwendet).

Der obige Satz besagt also, daß das "naheliegende Verfahren", die Gleichheit von Termen durch Reduzieren beider Terme bis auf Normalform und Vergleich der beiden erhaltenen Normalformen zu entscheiden, tatsächlich korrekt ist, sofern man bei Anwendung des Verfahrens auf gewisse endlich viele kritische Paare von Termen Identität erzielt.

<u>Beispiel:</u>

Die durch die Rewrite-Rules Q in der Spezifikation von Queue definierte Reduktionsrelation $---\!\!\!\succ_Q$ ist noethersch. Diesen Beweis lassen wir hier aus. Die Regeln sind "superpositionsfrei", d.h. es gibt hier keine kritischen Paare. S_Q ist deshalb trivialerweise ein kanonischer Simplifikator, der das Entscheidungsproblem $=_Q$ löst.

Wenn man zu dem Gleichungssystem jedoch noch die Regel
(*) $Append(Append(q'_1,q'_2),q'_3) = Append(q'_1,Append(q'_2,q'_3))$ hinzufügt, so entsteht
z.B. ein kritisches Paar durch "Überlagern" mit der Regel

$$Append(q_1,Add(q_2,i_2)) = Add(Append(q_1,q_2),i_2).$$

Eine Unifikation kann nämlich erreicht werden durch die Substitutionen

$$\sigma_1 := \{q_1 ---\!\!\succ Append(q'_1,q'_2)\} \text{ und}$$
$$\sigma_2 := \{q'_3 ---\!\!\succ Add(q_2,i_2)\}.$$

Die gemeinsam unifizierte linke Seite

$$Append(Append(q'_1,q'_2),Add(q_2,i_2))$$

kann man dann auf zwei wesentlich verschiedene Arten reduzieren zum "kritischen Paar"

$$Append(q'_1,Append(q'_2,Add(q_2,i_2))) \qquad Add(Append(Append(q'_1,q'_2),q_2),i_2).$$

Beide diese Terme reduzieren zur selben Normalform

$$Add(Append(q'_1,Append(q'_2,q_2)),i_2).$$

Es gibt aber jetzt noch andere Überlagerungen, nämlich das innere Vorkommen von Append in (*) kann ebenfalls mit $Append(q_1,Add(q_2,i_2))$ überlagert werden:

$$Append(Append(q_1,Add(q_2,i_2)),q'_3)$$

(**) $\quad Append(Add(Append(q_1,q_2),i_2),q'_3) \qquad Append(q_1,Append(Add(q_2,i_2),q'_3))$

Die beiden Terme in diesem kritischen Paar sind in Normalform. Das ist ein Zeichen dafür, daß die um (*) erweiterte Gleichungsmenge Q' nicht mehr von der Art ist, daß der zugehörige Normalformenalgorithmus $\longrightarrow_{Q'}$ ein kanonischer Simplifikator wäre. Es gibt noch eine Überlagerung der Gleichung (*) mit der Gleichung Append(q,Newq)=q, welche aber wieder zu identischen Normalformen des kritischen Paares führt:

$$\text{Append}(\text{Append}(q'_1,q'_2),\text{Newq})$$

$$\text{Append}(q'_1,q'_2) \qquad\qquad \text{Append}(q'_1,\text{Append}(q'_2,\text{Newq}))$$

$$\text{Append}(q'_1,q'_2).$$

Wenn der Kritische-Paar-Algorithmus zu einem negativen Ergebnis führt, wie bei Hinzunahme von (*) in obigem Beispiel, dann liegt der Gedanke nahe, das Paar der reduzierten Normalformen als Gleichung zu den bisherigen Gleichungen hinzuzunehmen und die neu entstehenden kritischen Paare weiter zu untersuchen. Das ist der wichtige Gedanke der <u>Vervollständigung</u>.

<u>Completion-Algorithmus</u> (Knuth-Bendix [28]):

Gegeben: E, eine endliche Menge von Gleichungen, sodaß $\longrightarrow_E$ noethersch.
Suche: F, eine endliche Menge von Gleichungen,
    sodaß $=_E$ = $=_F$ und
        S_E ist ein kanonischer Simplifikator.

F := E
C := Menge der kritischen Paare von F

<u>while</u> C ≠ ∅ <u>do</u>

    (p,q) := ein Element von C
    (p_0,q_0) := $(S_F(p),S_F(q))$

    <u>if</u> p_0 ≠ q_0 <u>then</u>
        Analysiere (p_0,q_0)
        C := C ∪ {neue krit. Paare}
        F := F ∪ {(p_0,q_0)}

    C := C - {(p,q)}

<u>stop</u> erfolgreich.

Das Unterprogramm "Analysiere" bestimmt, ob $\longrightarrow_F$ noethersch bleibt, wenn man (p_0,q_0) bzw. (q_0,p_0) zu F hinzufügt. Im ersten Fall beläßt man (p_0,q_0) ungeändert, im zweiten Fall wird die Rolle von p_0 und q_0 vertauscht. Wenn keiner der beiden Fälle zutrifft, stopt "Analysiere" mit einer Fehlermeldung. Es gibt drei Möglichkeiten: 1. Erfolgreicher Stop: In diesem Fall erfüllt das erhaltene F die Problemspezifikation des Algorithmus. 2. Der Algorithmus stopt mit Fehlermeldung: In diesem Fall kann man nichts Weiteres aussagen. 3. Der Algorithmus stopt nicht: In diesem Fall ist der Algorithmus wenigstens eine partielle Entscheidungsprozedur für $=_E$.

Beispiel:
Im obigen Beispiel stellt sich nach Hinzunahme der aus (**) entstandenen Gleichung heraus, daß im weiteren Verlauf des Vervollständigungsalgorithmus keine neuen Paare mehr entstehen. Der zu diesem Gleichungssystem gehörige Normalformenalgorithmus ist ein kanonischer Simplifikator.

An diesem Beispiel kann noch eine andere interessante Anwendung der CPC-Methode für die algorithmische Behandlung von Datentypen demonstriert werden: Die Assoziativität von Append kann nicht aus den anderen Axiomen des Datentyps Queue nur mit "Einsetzen" und "Ersetzen" hergeleitet werden (weil die beiden Seiten in Normalform, aber nicht identisch sind). Sie gilt also nicht für alle Modelle des Axiomensystems für Queue (Satz von Birkhoff über die Äquivalenz des Gültigkeitsbegriffs und des Ableitungsbegriffs für Gleichungstheorien). Offensichtlich gilt sie aber für das kleinste Modell, das nur aus durch variablenfreie Terme beschreibbaren Objekten besteht (das "initiale" Modell). Man sieht an diesem Beispiel: (*) führt bei Hinzunahme zu den bisherigen Gleichungen bei Anwendung des Completion-Algorithmus nicht zu einem "Widerspruch" (Gleichung der Art true = false). Das gilt allgemein.

Satz (Ersatz der Induktion, Musser [38] u.a.):

Unter gewissen Voraussetzungen an E gilt:

Eine neue Gleichung s=t gilt im initialen Modell von E $\Longleftrightarrow$
   E $\cup$ {s=t} führt bei Anwendung des Completion-Algorithmus nicht zu einem
   Widerspruch.

Dies ist methodologisch deshalb interessant, weil im allgemeinen zum Beweis von Gleichungen für das initiale Modell Induktionsbeweise über den Aufbau der variablenfreien Terme notwendig sind, die meist ein gewisses Maß an Kreativität zum Erfinden der Induktionshypothese verlangen. Der obige Satz gibt ein vollständig mechanisches Verfahren (das allerdings sehr rechenintensiv sein kann).

Der Gedanke "CPC" ist ein sehr allgemein anwendbarer Algorithmentyp, der für viele verschiedene Reduktionsrelationen ein (partielles) Entscheidungsverfahren für die reflexive, symmetrische, transitive Hülle dieser Relationen liefert. Der Algorithmentyp CPC ist so alt wie die Algorithmen: der Euklidische Algorithmus kann als CPC-Algorithmus betrachtet werden (siehe Buchberger/Loos [15]). Explizit wurde der Gedanke "critical pair" + "completion" in ganz verschiedenen Bereichen unabhängig voneinander eingeführt (Buchberger [10], [11], Knuth-Bendix [28]). Für eine Übersicht über CPC siehe Buchberger/Loos [15].

<u>Stand der Entwicklung:</u> Ein Verifikationssystem, das hauptsächlich auf einer computer-unterstützten Manipulation mit abstrakten Datentypen basiert, ist das AFFIRM-System, siehe z.B. Gerhart et al [20]. Die Leistungsfähigkeit solcher Systeme ist mit den computer-unterstützten Programm-Verifikationssystemen vergleichbar.

Programmsynthese aus Beispielen
****

Über die bisherigen Ansätze hinausgehend gibt es auch zahlreiche Versuche, aus der Angabe von Beispielen von Ein/Ausgabe-Paaren für eine Problemlösung einen zugehörigen Algorithmus zu synthetisieren, der den Zusammenhang allgemein beschreibt. Diese Untersuchungen können hier aus Platzmangel nicht mehr besprochen werden. Eine Übersicht über vorhandene Methoden gibt Smith [47]. Der Einsatzbereich dieser Methoden ist beschränkt.

Ausblick
****

Man sieht, daß bereits ein reichhaltiges Spektrum an Ideen zur Computer-Unterstützung des Algorithmenentwurfsvorgangs vorhanden ist. Auch wurden bereits sehr vielfältige Erfahrungen in der konkreten Implementierung dieser Ideen in Systemen gewonnen. Die meisten Systeme gehen dabei von einer der in den vorangehenden Abschnitten an Beispielen beschriebenen "Philosophien" aus. Es ist jedoch auch denkbar, daß man die einzelnen Möglichkeiten, den Algorithmenentwurf durch den Computer selbst zu unterstützen, als "Moduln" in einem Gesamtsystem zur Verfügung hält, die dann vom Benutzer je nach seinem eigenen Entwurfsstil an bestimmten Stellen des Entwurfsvorgangs auf das jeweilige Stadium seines Problem/Programmtextes angewandt werden können. Ein derartiges System müßte als Werkzeuge enthalten:

universelle und spezielle Beweiser,

Simplifikatoren,

Bausteine zum Manipulieren mit abstrakten Datentypen,

Bausteine zum Umgang mit Verifikationsbedingungen,

Möglichkeiten zum Aufruf von Programmtransformationen.

Dabei sollte versucht werden, diese logisch anspruchsvollen Moduln in bestehende Systeme zur Unterstützung des strukturierten Programms und der halbautomatischen Software-Dokumentation (siehe z.B. Hesse [26]) zu integrieren. Versuche in diese Richtung werden in dem gemeinsamen Projekt der Arbeitsgruppen Siekmann (Karlsruhe), Raulefs (Kaiserslautern), Buchberger (Linz) gemacht, siehe Raulefs, Siekmann [43], Buchberger [13].

<u>Dank:</u> Mein Dank gilt Herrn F. Lichtenberger für wertvolle Diskussionen über die Gegenstände dieser Vorlesung.

Literatur
****

[1] Aho A.H., Hopcroft J.E., Ullman J.D.
The Design and Analysis of Computer Algorithms.
Addison-Wesley, Reading, Mass. (1974).

[2] Bauer F.L.
A Philosophy of Programming.
Lecture Notes, University of London (1973) (appeared in LN in Computer Science,
Vol.46, Springer, Berlin, 1976).

[3] Bauer F.L.
Program Development by Stepwise Transformations - The Project CIP.
In: Program Construction (F.L.Bauer, M.Broy ed.), Lecture Notes of an
Internat.Summer School, Marktoberdorf, Lecture Notes in Computer Science,
Vol.69, Springer, Berlin (1979).

[4] Bauer F.L., Broy M., Gnatz R., Hesse W., Krieg-Brückner B., Partsch H.,
Pepper P., Wössner H. Towards a Wide Spectrum Language to Support
Program Specification and Program Development. ACM SIGPLAN Notices,
Vol.13/12, 12-24, (also in: Program Construction, F.L. Bauer, M.Broy ed.,
LN in Computer Science, Vol.69, Springer, 543-552 (1978).

[5] Bauer F.L., Wössner H.
Algorithmic Language and Program Development.
Prentice Hall International, London (1979).

[6] Bibel W.
Syntax-Directed, Semantics-Supported Program-Synthesis.
Artificial Intelligence $\underline{14}$, 243-261 (1980).

[7] Bibel W., Hörnig K.M.
LOPS- A System Based on a Strategical Approach to Program Synthesis.
In: Automatic Program Construction Techniques, A. Biermann, G. Guiho, I. Kodra-
toff ed., MacMillan, im Druck.

[8] Biermann A., Guiho G., Kodratoff I. (eds.)
Automatic Program Construction Techniques.
MacMillan, im Druck.

[9] Boyer R.S., Moore J.S.
A Computational Logic.
Academic Press, New York, London (1979).

[10] Buchberger B.
Ein algorithmisches Kriterium für die Lösbarkeit eines algebraischen
Gleichungssystems.
Aequationes mathematicae, Vol.4/3, 374-383 (1970). (Diss., Univ. Innsbruck,
1965).

[11] Buchberger B.
A Criterion for Detecting Unnecessary Reductions in the Construction of
Gröbner-Bases.
Invited paper: EUROSAM 79, Marseille, Lecture Notes in Comput. Scie.,
Vol.72, 3-21 (1979).

[12] Buchberger B.
Eine Fallstudie in systematischer Algorithmenentwicklung: Algorithmus für ein
Nimmspiel.
Univ. Linz, Inst. f. Math., Bericht Nr. 162 (1980).

[13] Buchberger B.
Beschreibung des Forschungsprojektes "Programmverifikation: Teilprojekt
Simplifikation".
Univ. Linz, Inst. f. Math., Projekt-Proposal (1981).

[14] Buchberger B., Lichtenberger F.
Mathematik für Informatiker I. (Die Methode der Mathematik).
Springer, Heidelberg (1980).

[15] Buchberger B., Loos R.
Algebraic Simplification.
In: Computer Algebra (Buchberger B., Collins G., Loos R. eds.), Springer, Wien,
erscheint demnächst.

[16] Burstall R.M., Darlington J.
A Transformation System for Developing Recursive Programs.
J. ACM, Vol.24/1, Jan. 1977.

[17] Darlington J., Burstall R.M.
A System which Automatically Improves Programs.
Acta Informatica, Vol.6, pp.41-60 (1976).

[18] Dijkstra E.W.
A Discipline of Programming.
Prentice Hall, Englewood Cliffs, N.J. (1976).

[19] Floyd R.W.
Assigning Meanings to Programs.
Proc. of Symp. in Applied Mathematics, Vol.19, pp.19-32
(J.T.Schwartz ed., Mathematical Aspects of Computer Science,
American Mathematical Society, Providence, R.I.) (1967).

[20] Gerhart S.L., Musser D.R., Thompson D.H., Baker D.A., Bates R.L., Erickson R.W.,
London R.L., Taylor D.G., Wile D.S.
An Overview of AFFIRM: A Specification and Verification System.
Proc. of the IFIP Congress 1980 (S.H.Lavington ed.), pp.343-347 (1980).

[21] Goad C.A.
Proofs of Descriptions of Computation.
Proc. 5th Conf. on Automated Deductions, Springer LN Comput. Sci. 87, 39-52
(1980).

[22] Goad C.A.
Automatic Construction of Special Purpose Programs.
Proc. 6th Conf. on Automated Deductions, to appear.

[23] Gordon M.J., Milner A.J., Wadsworth C.P.
Edinburgh LCF.
Lecture Notes in Comp. Science Vol.78, Springer, Berlin (1979).

[24] Guttag J.V., Horning J.J.
The Algebraic Specification of Abstract Data Types.
Acta Informatica, Vol.10, pp.27-52 (1978).

[25] Henke F.W., Luckham D.C.
Automatic Program Verification III: A Methodology for Verifying Programs.
Stanford Artificial Intelligence Laboratory, Memo AIM-255 (1974).

[26] Hesse W.
Methoden und Werkzeuge für Software-Entwicklung: Ein Marsch durch die
Technologie-Landschaft.
Informatik-Spektrum, 4/4, 229-245 (1981).

[27] Hoare C.A.R.
An Axiomatic Basis for Computer Programming.
Communications of the ACM, Vol.12/10, pp.576-580 (1969).

[28] Knuth D.E., Bendix P.B.
Simple Word Problems in Universal Algebras.
In: Leech (ed.), Computational Problems in Abstract Algebra, Proc. of Symp.,
Oxford 1967, Pergamon Press, New York, pp. 263-297 (1970).

[29] Kowalski R.
Logic for Problem Solving.
North Holland, New York, Oxford (1979).

[30] Lichtenberger F.
PL/ADT: Ein System zur Verwendung algebraisch spezifizierter abstrakter Daten-
typen in PL/I.
Diss., Univ. Linz, Inst. f. Mathematik (1980).

[31] Luckham D.C., German S.M., v.Henke F.W., Karp R.A., Milne P.W., Oppen D.C.,
Polak W., Scherlis W.L.
Stanford Pascal Verifier User Manual.
Stanford, Computer Science Department, Report No. STAN-CS-79-731 (1979).

[32] Manna Z.
Mathematical Theory of Computation.
McGraw-Hill, New York (1974).

[33] Manna Z., Waldinger R.
Knowledge and Reasoning in Program Synthesis.
Artif. Intelligence 6/2, 175-208 (1975).

[34] Manna Z., Waldinger R.
Synthesis: Dreams ===> Programs.
SRI International, Menlo Park, Calif., Techn. Note No. 156 (1977).

[35] Manna Z., Waldinger R.
The Logic of Computer Programming.
IEEE Trans. on Software Engin., SE-4/3, 199-229 (1978).

[36] Manna Z., Waldinger R.
A Deductive Approach to Program Synthesis.
ACM TOPLAS 2/1, 92-121 (1980).

[37] Musser D.R.
Abstract Data Type Specification in the AFFIRM System.
Proc. of the Conf. on Specification of Reliable Software, Boston,
April 3-5, 1979, pp.47-57 (1979).
IEEE Transact. on Software Eng. Vol. SE-6, No. 1, Jan. 1980.

[38] Musser D.R.
On Proving Inductive Properties of Abstract Data Types.
Seventh ACM Symp. on Principles of Programming Languages (1980).

[39] Partsch H., Pepper P.
A Family of Rules for Recursion Removal Related to the Towers of Hanoi Problem.
Information Processing Letters, Vol.5, 174-177 (1976).

[40] Polak W.
Program Verification at Stanford: Past, Present, Future.
Internal Report, Stanford University, Computer Systems Laboratory (1981).

[41] Polya G.
How to Solve It.
(Deutsche Übersetzung: Schule des Denkens. Francke Verlag, Bern (1967)).

[42] Prawitz D.
Natural Deduction.
Almqvist&Wiksell, Stockholm (1965).

[43] Raulefs P., Siekmann J.
Programm-Verifikation: Darstellung eines Forschungsvorhabens.
Univ. Bonn, Univ. Karlsruhe, Inst. f. Informatik, Forschungs-Proposal (1980).

[44] Rechenberg P.
Programmieren in PL/I.
Oldenburg, München (1978).

[45] Rechenberg P.
Persönliche Mitteilung (1980).

[46] Robson J.
The Height of Binary Search Trees.
The Australian Comput. J. 11, 151-153 (1979).

[47] Smith D.R.
A Survey of the Synthesis of LISP Programs from Examples.
Proc. Int. Workshop on Progr. Constr., Chateau de Bonas, Sept. 1980.

[48] Suzuki N.
Verifying Programs by Algebraic and Logical Reduction.
Proc.of the International Conf. on Reliable Software, Los Angeles, California,
pp.473-481 (1975).

[49] Wegbreit B.
Heuristic Methods for Mechanically Deriving Inductive Assertions.
Third International Joint Conference on Artificial Intelligence,
Stanford, California, pp.524-536 (1973).

NATÜRLICHSPRACHLICHE SYSTEME

EINE EINFÜHRUNG IN DIE SPRACHORIENTIERTE KI-FORSCHUNG[1]

Wolfgang Wahlster

Forschungsstelle für Informationswissenschaft
und Künstliche Intelligenz
Universität Hamburg
Mittelweg 179
2000 Hamburg 13

VORWORT

Bei dem vorliegenden Aufsatz handelt es sich um eine einführende Darstellung wichtiger
Fragestellungen, Methoden und Resultate des Forschungsgebietes 'Natürlichsprachliche
Systeme'. Die Komplexität und die Breite des zu behandelnden Teilgebietes der Künstlichen Intelligenz (KI) machen es unmöglich, in einer kurzen Einführung auch nur annähernd alle für die sprachorientierte KI-Forschung relevanten Fragestellungen und Lö-
sungsalternativen aufzuzeigen (z.B. umfaßt alleine eine gründliche Einführung in die
syntaktische Analyse, wie sie Winograd 1983 bietet, rd. 640 Seiten). Dies mag auch als
Grund dafür angesehen werden, daß Standardeinführungen in die Künstliche Intelligenz
wie Winston 1977 und Nilsson 1981 das Teilgebiet 'Natürlichsprachliche Systeme' nicht
in angemessener Weise behandeln.

In der vorliegenden Einführung werden nach einem Überblick zur Zielsetzung, Konzeption
und historischen Entwicklung der sprachorientierten KI-Forschung nacheinander verschiedene Verfahren zur Realisierung der Verarbeitungsabschnitte 'Analyse', 'Auswertung'
und 'Generierung' von natürlichsprachlichen Systemen erläutert, wobei, dem derzeitigen
Forschungsstand entsprechend, der Schwerpunkt auf der Analyse natürlichsprachlicher
Eingaben liegt. Oftmals mußten dabei extreme Vereinfachungen in der Darstellung und
Verkürzungen in der Diskussion von Vor- und Nachteilen der vorgestellten Lösungsansätze vorgenommen werden, um dem Ziel einer kompakten, aber dennoch breit angelegten
Einführung gerecht werden zu können. Es wurde versucht, den Leser in einigen Teilbereichen bis an die aktuellen Forschungsschwerpunkte heranzuführen. Auf eine Erläuterung
von Verfahren, die zwar Meilensteine in der Entwicklung natürlichsprachlicher Systeme
darstellen, aber heute nur noch von historischem Interesse sind, wurde weitgehend verzichtet. Bei der Selektion von Literaturhinweisen wurden leicht zugängliche Veröffentlichungen gegenüber der vielfach aktuelleren, aber für den Anfänger schlecht zugänglichen 'grauen' Literatur bevorzugt. Außerdem wurde bei der Auswahl von Beispielen
deutschsprachigen Systemen der Vorrang gegeben. Obwohl versucht wurde, die Einführung

---

[1] Dieser Aufsatz entstand teilweise im Rahmen des Projektes HAM-ANS, das aus Mitteln
des BMFT gefördert wird.

so zu gestalten, daß möglichst wenig fachspezifische Vorkenntnisse vorausgesetzt werden müssen, ist es für eine sinnvolle Lektüre des vorliegenden Aufsatzes doch notwendig, daß der Leser über Grundkenntnisse in den Bereichen LISP, Prädikatenlogik, Repräsentation von Wissen sowie Automatentheorie und formale Sprachen verfügt.

Die Zielgruppe, an die sich diese Einführung wendet, besteht in erster Linie aus Informatikern, die sich in das Fachgebiet 'Künstliche Intelligenz' einarbeiten und dabei auch
den Teilbereich 'Natürlichsprachliche Systeme' kennenlernen möchten. Da dem Informatiker
in der Regel viele der in der sprachorientierten KI-Forschung gebräuchlichen sprachwissenschaftlichen Fachbegriffe unbekannt sein dürften, wurde versucht, die zum Verständnis der einschlägigen Literatur notwendigen linguistischen Grundbegriffe im Rahmen dieser Einführung zu vermitteln. Außerdem wendet sich diese Einführung auch an Linguisten
und Psychologen, die Grundkenntnisse in Informatik haben und sich auch aus dem Blickwinkel der Künstlichen Intelligenz mit Problemen der natürlichsprachlichen Kommunikation beschäftigen möchten.

1. ZIELSETZUNG, KONZEPTION UND ENTWICKLUNG DER SPRACHORIENTIERTEN KI-FORSCHUNG

1.1. ZUR ZIELSETZUNG DES FORSCHUNGSGEBIETES

Innerhalb des Informatik-Fachgebietes Künstliche Intelligenz (Abk.: KI) stellt die
sprachorientierte KI-Forschung, die sich mit dem Entwurf, der Implementierung und praktischen Erprobung natürlichsprachlicher Systeme sowie der Erforschung der damit verbundenen theoretischen Grundlagen beschäftigt, ein etabliertes und weiterhin expandierendes
Teilgebiet dar, dessen Nutzen für hochentwickelte Industriegesellschaften unbestreitbar
ist.

Die sprachorientierte KI-Forschung hat zwei *Hauptaufgaben*:

(A₁) Die komplexen Informationsverarbeitungsprozesse, die dem Verstehen, der Produktion
    und dem Erwerb natürlicher Sprache zugrundeliegen, sollen mit informatischen Mitteln exakt beschrieben und erklärt werden.
(A₂) An intelligentes Sprachverhalten gebundene Leistungen sollen maschinell verfügbar
    gemacht werden, und die Mensch-Maschine-Kommunikation soll durch die Entwicklung
    natürlichsprachlicher Systeme besser dem Menschen angepaßt werden.

In der sprachorientierten KI-Forschung wird das in (A₁) formulierte Erkenntnisinteresse
wesentlich durch die mit (A₂) angesprochene ingenieurwissenschaftliche Zielsetzung der
Konstruktion von Anwendungssystemen bestimmt. Die wichtigsten *gesellschaftlichen Auswirkungen* der mit (A₂) angestrebten Mensch-Maschine-Kommunikation in natürlicher Sprache sind:

- die Verbesserung der Arbeitsbedingungen für Arbeitsplätze, an denen auf Computerleistung zugegriffen werden muß, durch eine menschengerechte Kommunikationsform
- die Erweiterung der Einsatzmöglichkeiten von Computern und die Möglichkeit zu einer Demokratisierung des Informationszugangs durch Abbau der 'Sprachbarriere' zwischen Mensch und Computer.

Man unterscheidet in der sprachorientierten KI-Forschung zunächst grob drei Ebenen des Verstehens und der Generierung einer sprachlichen Äußerung:

- die *Syntax* als die Struktur der Äußerung
- die *Semantik* als die Bedeutung der Äußerung
- die *Pragmatik* als die Verwendung der Äußerung

Stellen wir uns ein natürlichsprachliches System als Komponente eines zukünftigen Industrieroboters vor, der durch natürlichsprachlichen Wissenserwerb von einem Ingenieur für die Montage eines neu entwickelten Motors umgerüstet wird und dabei die nacheinander eingegebene Montageanleitung schrittweise ausführt. Um auf die Eingabe (1) richtig

(1) BEN[1]: *Die große Flügelschraube muß den Kühler am Sockel halten.*

reagieren zu können, muß ein solches System die syntaktische Mehrdeutigkeit (Fachwort: *Ambiguität*; erste Lesart: 'Kühler soll am Sockel gehalten werden' oder zweite Lesart 'Kühler, welcher sich am Sockel befindet, soll gehalten werden') auf der semantischen Ebene auflösen (erste Lesart sinnvoller, da der Kühler an irgendetwas befestigt werden muß und die zweite Lesart wegen der Existenz eines einzigen Kühlers wenig plausibel ist) und auf der pragmatischen Ebene die in Form eines Aussagesatzes formulierte Äußerung als Handlungsanweisung ('Befestige den Kühler jetzt mit der großen Flügelschraube am Sockel') interpretieren können.

Aus der Perspektive der Pragmatik handelt es sich bei (1) um einen sog. *indirekten Sprechakt* (d.h. eine Äußerung, in der die vom Sprecher intendierte Wirkung auf den Hörer nicht grammatisch realisiert ist) und damit um ein Phänomen, für dessen algorithmische Bearbeitung in der sprachorientierten KI-Forschung erst vor kurzem erste Ansätze entwickelt wurden. Offensichtlich muß das System beim Verstehen von (1) auf der semantischen und pragmatischen Ebene in hohem Maße Wissen über den angesprochenen Sachbereich und die Dialogsituation ausnutzen.

Um die vom Ingenieur intendierte Handlung ausführen zu können, muß das System außerdem dazu in der Lage sein, die mit *dem Kühler, dem Sockel* und *der großen Flügelschraube* angesprochenen Gegenstände zu identifizieren.

Falls mehrere Kühler und Sockel in der Montagehalle vorhanden sind, müssen die entsprechenden, im Dialog zuletzt erwähnten oder am bisherigen Montageablauf beteiligten Gegenstände als Bezugsobjekte (Fachwort: *Denotate*) gewählt werden. Da es natürlich viele verschiedene Schrauben in der Montagehalle gibt, muß die Bedeutung des vagen Adjektivs

---

[1] Im weiteren werden Eingaben des Benutzers durch 'BEN' und Ausgaben des Systems durch 'SYS' markiert.

groß analysiert werden, wobei auf die gespeicherte Erfahrungswerte für die Ausmaße von Schrauben (z.B. ist eine große Schraube kleiner als ein kleiner Kühler) Bezug genommen werden muß.

Schließlich muß das natürlichsprachliche System das Kompositum *Flügelschraube* auch bei erstmaligem Hören auf eine visuell präsente Schraube, die flügelähnliche Griffe aufweist, beziehen können.

Ein vielseitig verwendbares natürlichsprachliches System, das eine der menschlichen Verstehensleistung entsprechende Analyse einer so einfachen Äußerung wie (1) durchführen kann und dabei die erwähnten Fähigkeiten zur semantischen Auflösung von Mehrdeutigkeiten, zur Erkennung indirekter Sprechakte, zur Analyse vager Ausdrücke und zum Verstehen metaphorischer Wortbildungen ausnutzt, existiert bisher nicht. Obwohl für Teilaspekte jeder einzelnen der angegebenen Fähigkeiten in der KI-Literatur implementierte Beispielsysteme dokumentiert sind, ist man beim derzeitigen Forschungsstand wegen der außerordentlichen Komplexität der erforderlichen Systemkomponenten von einer Integration dieser Fähigkeiten in einem 'Universalsystem' noch weit entfernt.

1.2. DEFINIERENDE EIGENSCHAFTEN NATÜRLICHSPRACHLICHER SYSTEME

In der sprachorientierten KI-Forschung spricht man mit Bezug auf die drei im vorangegangenen Abschnitt eingeführten semiotischen Ebenen von *natürlichsprachlichen Systemen* (Abk.: NSS), wenn

- eine Teilmenge der in das System eingegebenen oder vom System ausgegebenen Nachrichten natürlichsprachlich codiert ist und
- zur Verarbeitung der Nachrichten syntaktische und semantisch-pragmatische Verfahren zur Analyse und Generierung natürlicher Sprache eingesetzt werden.

Die erste Bedingung ˝sichert, daß auch solche Systeme als NSS bezeichnet werden können, die neben einer natürlichsprachlichen Ein- oder Ausgabe auch anders codierte Nachrichten mit ihrer Umgebung austauschen. Beispielsweise wird in einem laufenden KI-Projekt der Firma BBN ein NSS entwickelt, das auf Eingaben des Benutzers wie (2), in der eine natürlichsprachliche Äußerung mit einer Zeigehandlung verknüpft ist, mit einer entspre-

> (2) BEN: *Entferne diesen* < der Benutzer zeigt z.B. mit einem Lichtgriffel auf ein
> ·graphisches Objekt, das er auf dem Sichtgerät sieht > *Zustand und zeige*
> *mir den Rest genauer.*

chenden Veränderung der gezeigten Graphik und einer zusätzlichen natürlichsprachlichen Ausgabe (z.B. der Rückfrage *'Ist das genau genug'*) reagieren kann[1].

---

[1] In der sprachorientierten KI-Forschung wird langfristig durchaus angestrebt, die vielfältigen Möglichkeiten der Integration von Mimik, Gestik und anderen nicht-verbalen Handlungen in einen natürlichsprachlichen Dialog, wie sie der alltäglichen menschlichen Kommunikation zugrundeliegen, auch für die Mensch/Maschine-Kommunikation verfügbar zu machen.

Die zweite Bedingung verhindert, daß Systeme, die lediglich einfachste Zeichenketten-operationen über natürlichsprachlich codierten Texten durchführen (z.B. Texteditoren, sprachstatistische Systeme) als NSS aufgefaßt werden können.

Dabei wird es als Evidenz für das semantisch-pragmatisch fundierte Sprachverstehen eines Systems angesehen, wenn das System

- Fragen über ein Sachgebiet oder einen Text beantwortet,
- einen aufgabenorientierten Dialog (z.B. Beratungsgespräch) führt oder Konversation betreibt,
- einen Text paraphrasiert, zusammenfaßt oder nacherzählt,
- sich gemäß natürlichsprachlich eingegebenen Anweisungen verhält oder danach handelt,
- einen Text in eine andere Sprache übersetzt.

Zur Veranschaulichung der vorangegangenen Abschnitte werden in den Figuren 1 und 2 Bei-

---

SYS: *Hallo, mein Name ist GUS. Ich kann Ihnen beim Planen einer einfachen Flugreise helfen. Wohin möchten Sie?*

BEN: *Ich möchte am 28. Mai nach San Diego.*

SYS: *Wann möchten Sie von hier weg?*

BEN: *Um 10 Uhr muß ich in San Diego sein.*

SYS: *Wie wäre es mit dem Flug Nr. 102 der P.S.A., der um 9.15 Uhr ankommt?*

BEN: *Welches ist der nächste Flug?*

SYS: *A.C.-Flug Nr. 310, der um 8.30 Uhr hier losgeht und um 10.00 Uhr ankommt.*

BEN: *Ich nehme den ersten.*

SYS: *Auf welchen Namen soll ich die Reservierung vornehmen, bitte?*

BEN: *Dan Bobrow.*

SYS: *Ich habe folgenden Flug gebucht: P.S.A. Flug Nr. 102 am Mittwoch den 28. Mai von San José nach San Diego, der um 7.30 Uhr startet und 9.15 Uhr ankommt. An welchem Tag möchten Sie zurückkommen?*

BEN: *Am Freitagaben.*

SYS: *Wie wäre es mit dem Flug, der um 19.45 Uhr losgeht?*

BEN: *Prima.*

Fig. 1: Beispieldialog mit dem System GUS

TEXTEINGABE

BEN: *Peter wollte das Fahrrad von Uwe.*
Er ging zu Uwe
 und fragte ihn, ob er es ihm gibt.
Uwe lehnte das ab.
Peter sagte Uwe, er würde ihm dafür 20 DM geben
 aber Uwe war damit nicht einverstanden.
Dann sagte Peter, er würde ihm den Arm brechen,
 wenn er es ihm nicht überlassen würde.
Uwe gab ihm das Fahrrad.

FRAGE-ANTWORT-MODUS

BEN: *Warum ging Peter zu Uwe?*

SYS: *Weil er sein Fahrrad haben wollte.*

BEN: *Warum gab Uwe Peter sein Fahrrad?*

SYS: *Weil er nicht verletzt werden wollte.*

BEN: *Was hatte es für Konsequenzen, daß Peter zu Uwe ging?*

SYS: *Dies ermöglichte ihm, Uwe um sein Fahrrad zu bitten.*

BEN: *Was waren die Konsequenzen, von Peters Frage an Uwe, ihm*
Uwes Fahrrad zu geben?

SYS: *Uwe sagte ihm, daß Uwe ihm nicht sein Fahrrad geben würde.*

PARAPHRASIERUNGSMODUS

SYS: *Wer soll die Geschichte erzählen?*

BEN: *Peter*

SYS: *Ich wollte Uwes Fahrrad haben, also ging ich zu ihm und*
bat ihn darum. Er sagte mir, daß er es mir nicht geben
würde. Also bat ich ihn, es mir für 20 DM zu verkaufen.
Da sagte er, daß er es nicht vergeben würde. Ich sagte,
wenn er es mir nicht gäbe, würde ich ihm seinen Arm bre-
chen. Er gab mir sein Fahrrad.

SYS: *Wer soll die Geschichte erzählen?*

BEN: *Uwe*

SYS: *Peter kam zu mir. Er fragte mich, ob ich ihm mein Fahr-*
rad geben würde. Ich wollte das Fahrrad behalten, also
sagte ich, daß ich es ihm nicht geben würde. Da bot er
an, es mir für 20 DM abzukaufen. Ich wollte das Fahrrad
behalten. Also sagte ich, daß ich es ihm nicht geben
würde. Er sagte, wenn ich es ihm nicht gäbe, würde er mir
meinen Arm brechen. Ich wollte nicht verletzt werden. Also
gab ich ihm mein Fahrrad.

Fig. 2: Beispieldialog mit dem System PAM

spieldialoge[1] mit zwei natürlichsprachlichen Systemen wiedergegeben, deren Sprachverstehen vom Benutzer mit vier unterschiedlichen Methoden getestet werden kann.

Das System GUS (<u>G</u>enial <u>U</u>nderstanding <u>S</u>ystem, Bobrow et al. 1977) führt mit dem Benutzer aufgabenorientierte Dialoge, in denen eine Flugreise des Benutzers geplant und die damit verbundenen Reservierungen vorgenommen werden (vgl. Fig. 1). Hier können die Flexibilität der Dialogführung und die Korrektheit der vom System ausgeführten Buchungen als Evidenzen für das Sprachverstehen des NSS gewertet werden.

Im System PAM (<u>P</u>lan <u>A</u>pplier <u>M</u>echanism, Wilensky 1978) kann der Benutzer nach Eingabe einer Kurzgeschichte das System z.B. nach Begründungen für die in der Kurzgeschichte beschriebenen Handlungen fragen (vgl. Fig. 2). Das Textverstehen von PAM wird durch Antworten belegt, die in dieser Form nicht explizit im eingegebenen Text enthalten sind. Beispielsweise wird in der ersten Systemantwort mit der Konjunktion *weil* ein Zusammenhang zwischen den ersten beiden Sätzen des eingegebenen Textes hergestellt, den der Text in seiner konkret vorliegenden Form (Fachwort: *Oberflächenstruktur*) nicht enthält. In der zweiten Systemantwort tritt mit *verletzt* ein Adjektiv auf, das ebenfalls nicht in der Oberflächenstruktur des Textes vorkommt und dessen Verwendung in der Begründung des Systems sich nur auf Schlußfolgerungen (Fachwort: *Inferenzen*) stützen kann. Im Paraphrasierungsmodus kann PAM den in der Kurzgeschichte beschriebenen Handlungsablauf aus der Perspektive der beteiligten Akteure nacherzählen (vgl. Fig. 2), wobei die Nacherzählung wiederum Aussagen enthält, die als Evidenzen für eine semantisch-pragmatische Verarbeitung des eingegebenen Textes gewertet werden können.

An dieser Stelle ist eine Warnung vor der Gefahr der Übergeneralisierung von an Beispieldialogen demonstrierten Systemfähigkeiten angebracht. Im vorangegangenen Abschnitt wurde nur von Evidenzen und nicht von Beweisen für Sprachverstehen gesprochen, weil Rückschlüsse von Beispielen des Ein-/Ausgabeverhaltens eines NSS (Fachwort: *Performanz*) auf die sprachlichen, kommunikativen und kognitiven Fähigkeiten eines Systems nur in sehr begrenztem Umfang möglich sind. Wissenschaftlich fundierte Methoden des Tests (vgl. v. Hahn 1978) und der Evaluierung (vgl. Krause 1982) von NSS liegen bisher erst ansatzweise vor. Auf keinen Fall sollte aus der korrekten Behandlung eines sprachlichen Phänomens in einem Beispieldialog der Schluß gezogen werden, daß das entsprechende NSS dieses Phänomen in allen Ausprägungen korrekt behandelt (vgl. auch Tennant 1981, S. 10/11, 164/165 und Morik 1982, S. 9). Die sicherste, aber zugleich auch aufwendigste Methode, zu einer realistischen Einschätzung der Fähigkeiten eines NSS zu kommen, ist zur Zeit immer noch die Detailanalyse der Verarbeitungskomponenten eines NSS, die zeigt, auf welche Weise Performanzleistungen zustande kommen. Ein Ziel dieses Aufsatzes ist es, dem Leser das zu einer solchen Beurteilung notwendige Grundwissen zu vermitteln. Dazu gehört zunächst die Definition einiger weiterer Grundbegriffe.

---

[1] Es handelt sich um Auszüge aus tatsächlichen Interaktionsprotokollen, die vom Englischen ins Deutsche übersetzt wurden.

1.3. GRUNDBEGRIFFE DER SPRACHORIENTIERTEN KI-FORSCHUNG

Wie bereits die einführende Diskussion des Beispielsatzes (1) zeigte, ist Sprachverstehen ohne ein gewisses Maß an Allgemeinwissen und Kenntnissen über die besprochene Situation und den angesprochenen Gegenstandsbereich (Fachwort: *Diskursbereich*, oder: *Diskurswelt, Weltausschnitt, Weltmodell*) nicht möglich. Natürlichsprachliche Systeme werden daher heute grundsätzlich als *wissensbasierte Systeme* konstruiert.

Dabei wird unter *Wissen* in der KI eine Ansammlung von Kenntnissen, Erfahrungen und Problemlösungsmethoden verstanden, die den Hintergrund für komplexe Informationsverarbeitungsprozesse bildet. Das Wissen besteht aus Daten über Objekte, Relationen und Prozesse. Obwohl die Wahl einer problemgerechten Darstellung von Daten eine allgemeine Fragestellung innerhalb der Informatik ist, stellt sich das Problem der Repräsentation von Wissen bei der Konstruktion von NSS verschärft, da solche Systeme auf einen umfangreichen Wissensfundus zurückgreifen müssen, der aus vielen heterogen strukturierten Einheiten bestehen kann.

In der KI wurden verschiedene Hilfsmittel zur systematischen Repräsentation von Wissen entwickelt, die man als *Wissensrepräsentationssprachen* bezeichnet. Die durch eine Wissensrepräsentationssprache definierten Ausdrücke nennt man *Repräsentationskonstruktionen*. Die Gesamtheit an Wissen, die einem KI-System zur Verfügung steht, nennt man *Wissensbasis*. Die Wissensbasis gliedert sich in *Wissensquellen*, die wiederum aus einzelnen *Wissenseinheiten* bestehen. Wissen, das sich auf anderes Wissen innerhalb der Wissensbasis bezieht, nennt man *Metawissen*. Es sind im allgemeinen mehrere Metaebenen zu unterscheiden.

Man unterscheidet in der sprachorientierten KI-Forschung die sprachexterne Bedeutung eines sprachlichen Ausdrucks, die seinen Bezug zum Diskursbereich charakterisiert und in der *Referenzsemantik* behandelt wird, von seiner sprachinternen Bedeutung, die als Relation des Ausdrucks zu anderen Ausdrücken aufgefaßt wird und im Rahmen der *Inhaltssemantik* beschrieben wird.

Innerhalb der Referenzsemantik unterscheidet man zwischen der *Intension* und *Extension* eines sprachlichen Ausdrucks. Die Intension eines Satzes legt - vereinfacht dargestellt - die Bedingungen fest, unter denen ein Satz in verschiedenen Situationen, zu verschiedenen Zeitpunkten, an verschiedenen Orten usw. wahr ist, während die Extension eines Satzes dem Wahrheitswert eines Satzes entspricht. Als Extension eines Allgemeinnamens wie *Kühler* wird in der Referenzsemantik die Menge von Individuen betrachtet, die in einem bestimmten Kontext als Kühler bezeichnet werden (vgl. Beispielsatz (1)).

Als Extension eines n-stelligen Prädikats wird in einer einfachen Form der Referenzsemantik die Menge der n-Tupel betrachtet, die in einem gegebenen Kontext das Prädikat erfüllen.

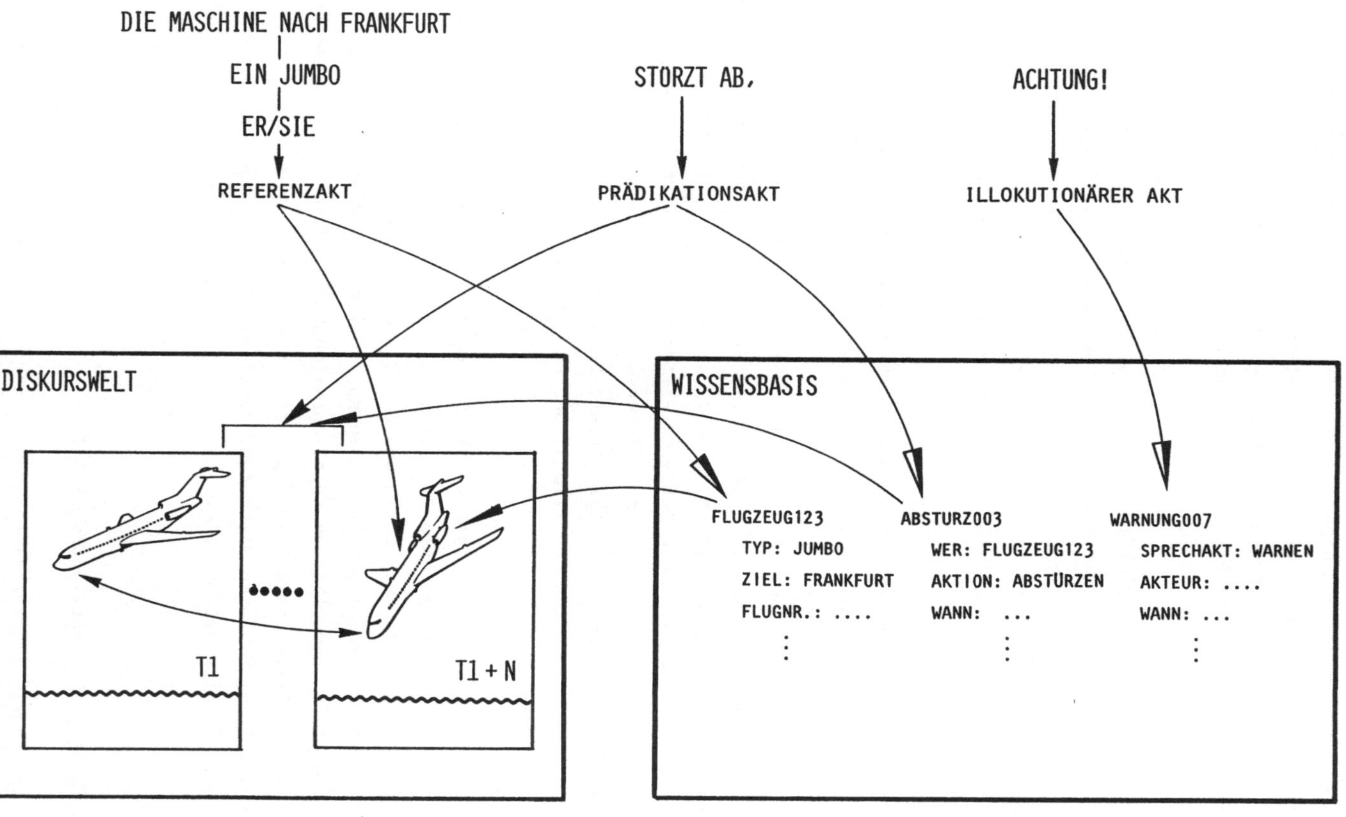

Fig. 3: Referenzsemantik in KI-Systemen am Beispiel *Die Maschine nach Frankfurt stürzt ab, Achtung!*

Die Intension wird als eine Funktion aufgefaßt, die als Argument ein Bündel kontext-
bestimmender Angaben hat und als Wert die passende Extension liefert. Die kontextbe-
stimmenden Angaben, wie Zeit, Ort, Sprecher, Hörer usw. der Äußerung werden oft als
Index oder Referenzpunkt bezeichnet. Die Extension ist also der Wert der Intension bei
einem bestimmten Index.

Beispiele für in der Inhaltssemantik erfaßte Relationen zwischen sprachlichen Ausdrük-
ken sind die starke Bedeutungsähnlichkeit (Fachwort: *Synonymie*, z.B. Fleischer - Metz-
ger - Schlachter) und die Gegensätzlichkeit von Bedeutungen (Fachwort: *Antonymie*, z.B.
faul - fleißig). Zusätzliches begriffliches Wissen wird in der Inhaltssemantik durch
sog. *Bedeutungspostulate* erfaßt, die in NSS meist durch Inferenzregeln realisiert werden (z.B. ROT(X) $\Rightarrow$ FARBIG(X)).

Aus pragmatischer Sicht wird Sprechen als eine Form von Handeln betrachtet, das wie
nicht-sprachliches Handeln zur Verwirklichung von Absichten und Zielen (Fachwort: *Intentionen*) dient. Dabei wird jede Äußerung einem bestimmten Typ von sprachlicher Handlung (Fachwort: *Sprechakt*) zugeordnet. Ein Spechakt wie *Die Maschine nach Frankfurt
stürzt ab, Achtung!* muß von einem NSS in einen *propositionalen* Akt (d.h. dem, was 'gesagt' wird) und einen *illokutionären* Akt (d.h. dem, was 'gemeint' ist) untergliedert
werden (vgl. Fig. 3). Der propositionale Akt wird weiter gegliedert in *Referenzakte*
(d.h. das Identifizieren von Denotaten in der Diskurswelt) und *Prädikationsakte* (d.h.
das Charakterisieren). Der Ausdruck *Achtung!* ist wie *Ich warne Dich davor, daß* ... ein
expliziter Indikator für den vollzogenen illokutionären Akt (Fachwort: *performativer
Ausdruck*).

In Figur 3 werden die referenzsemantischen Verhältnisse in einem natürlichsprachlichen
KI-System veranschaulicht. Diese zeichnen sich dadurch aus, daß neben den referentiellen
Beziehungen zwischen sprachlichen Ausdrücken und der Diskurswelt (Pfeile mit breiter
Spitze in Figur 3) sowohl die Relationen zwischen sprachlichen Ausdrücken und den in
der Wissensbasis enthaltenen symbolischen Repräsentationskonstruktionen für deren Denotate[1] (Pfeile mit halb gefüllter Spitze in Figur 3) als auch Relationen zwischen den in
der Wissensbasis enthaltenen Repräsentationskonstruktionen und den Objekten und Vorgän-
gen in der Diskurswelt (Pfeile mit schmaler Spitze in Figur 3) berücksichtigt werden
müssen.

1.4. FORSCHUNGSLEITLINIEN UND ARBEITSSCHWERPUNKTE

Das Paradigma der sprachorientierten KI-Forschung kann durch die Kombination von vier
Leitlinien charakterisiert werden (vgl. Wahlster 1982):

---

[1] Der von *Achtung* wegführende Pfeil nimmt eine Sonderstellung ein, da er auf eine
Repräsentationskonstruktion für einen erkannten Sprechakt verweist.

213

(L₁) Angestrebt wird eine vollständig operationalisierte, extreme Form der Referenz-
    semantik, die bis auf die sensorische Ebene 'durchgeschaltet' wird. Stets wird
    mit einer expliziten, maschinell handhabbaren und vollständigen Repräsentation
    der Diskurswelt gearbeitet.
(L₂) Angestrebt wird eine ganzheitliche Modellierung der Interaktion zwischen den dem
    Sprachverstehen, der Sprachproduktion und dem Spracherwerb zugrundeliegenden Pro-
    zessen und anderen für die Sprachverwendung relevanten kognitiven und sozialen
    Prozessen.
(L₃) Angestrebt wird eine prozeßorientierte Rekonstruktion von sprachlichem Verhalten,
    wobei Sprachgebrauch prozedural als Ergebnis kommunikativer und kognitiver Pro-
    zesse beschrieben wird.
(L₄) Angestrebt wird die Modellierung des instrumentellen Charakters von Sprache, da
    in KI-Systemen Sprache als Werkzeug in Arbeitsprozessen dienen soll.

Für jede einzelne dieser in zufälliger Reihenfolge aufgelisteten Leitlinien gilt, daß
die damit verbundenen Zielvorstellungen nicht nur für die grundlagenorientierte Perspektive (vgl. (A₁) in Abschnitt 1.1.), sondern auch für die Anwendungsperspektive (vgl.
(A₂) in Abschnitt 1.1.) der sprachorientierten KI-Forschung von Bedeutung sind.

Der wissenschaftliche Erfolg der von diesen Leitlinien ausgehenden Forschungsrichtung
ist sowohl vom Fortschritt in grundlegenden KI-Bereichen wie der Repräsentation von Wissen und der Organisation komplexer kognitiver Systeme als auch von den Ergebnissen anderer Arbeitsgebiete der KI wie Bildverstehen und Automatische Deduktion abhängig. Außerdem sind die genannten Aufgaben ohne interdisziplinäre Zusammenarbeit mit den Fach-
wissenschaften Linguistik und Psychologie, die beide wichtige Grundlagen liefern, nicht
sinnvoll zu bearbeiten. Neben der KI gibt es mindestens noch drei weitere Forschungsge-
biete, die wichtige Beiträge zur Entwicklung von NSS leisten: die Linguistische Datenverarbeitung (LDV), die Informationswissenschaft (IW) und die Kognitionswissenschaft
(KW).

Zur Zeit gelten als Hauptarbeitsgebiete der sprachorientierten KI-Forschung die ersten
drei der im folgenden genannten *Forschungsschwerpunkte* (vgl. Wahlster 1981a):

- Frage-Antwort-Systeme und Dialogsysteme
- Textverstehende Systeme
- Verstehen gesprochener Sprache
- Natürlichsprachliche Wissensaufnahme
- 'Abstract'-Generierung
- Korrekturlesen von Texten
- Sprachliche Bildbeschreibung
- Automatische Übersetzung
- Natürlichsprachliche Programmierung

Das bisher erfolgreichste Arbeitsgebiet ist die Konstruktion von Frage-Antwort- und Dialogsystemen, die oft als sog. *natürlichsprachliche Schnittstellen* einen besonders komfortablen Zugang zu den in der folgenden Liste zusammengestellten Systemklassen ermöglichen:

- Datenbanksysteme und Methodenbanksysteme
- Wissensbasierte Experten- und Beratungssysteme
- Tutorielle KI-Systeme
- Theorembeweiser
- Szenenanalysesysteme
- Graphik-Systeme

Natürlichsprachliche Systeme zeichnen sich durch *zielgesteuertes Verhalten* aus, wobei das Hauptziel meist aus einer Hilfestellung für den Systembenutzer besteht, z.B. bei der

- Auskunftserteilung (z.B. HAM-RPM, vgl. v. Hahn et al. 1980)
- Beratung (z.B. GUS, vgl. Bobrow et al. 1977)
- Kooperation bei der Lösung einer Aufgabe (z.B. BBN-Graphik-System, vgl. Brachmann et al. 1979)
- Ausbildung (z.B. SCHOLAR, vgl. Collins et al. 1975)

In letzter Zeit wurden auch experimentelle NSS entwickelt, deren Verhalten zusätzlich durch solche vorgegebenen Ziele gesteuert wird, die keine reine Hilfsfunktion des Systems bewirken, solche Ziele sind z.B.

- Informationsgewinnung durch das System (z.B. KLAUS, vgl. Haas/Hendrix 1980)
- Verkauf (z.B. Hotelreservierungssituation in HAM-RPM, vgl. Jameson et al. 1980)

Selbstverständlich werden anfangs jegliche 'Systemziele' entweder bereits beim Entwurf eines KI-Systems fest vorgegeben oder beim Systemstart explizit als Parameter übergeben (z.B. in POLITICS, vgl. Carbonell 1980, das verschiedene 'politische Zielvorstellungen verfolgen' kann).

Die Breite des Spektrums der gewählten Diskursbereiche soll anhand deutschsprachiger Systeme durch folgende, alphabetisch nach Systemnamen geordnete Liste verdeutlicht werden:

- ATN-BIC (vgl. Metzing 1981): Wegebeschreibungen
- BACON (vgl. Habel et al. 1980): medizinische Daten, Kongreßreisen
- Erlanger System für gesprochene Sprache (vgl. Hein 1981): Fahrplanauskünfte
- FAS-80 (vgl. Witschas et al. 1980): Dokumentation einer Programmbibliothek
- HAM-ANS (vgl. Nebel/Marburger 1982): Straßenverkehrsszene, Hotelreservierung, Fischereidaten
- KIPUS (vgl. Fauser 1980): Arbeitsmarktberichte
- NATAN (vgl. Liebisch 1980): Meldungen über militärische Kampfhandlungen

- PLIDIS (vgl. Kolvenbach et al. 1979): Abwasserüberwachung
- USL (vgl. Ott 1979): Personaldaten, Schulnoten

Nachdem in den vorangegangenen Abschnitten einige Elemente der theoretisch-methodischen
Grundkonzeption und des Begriffsinventars der sprachorientierten KI-Forschung eingeführt
wurden, soll im nächsten Abschnitt die historische Entwicklung dieses Arbeitsgebietes
skizziert werden, bevor dann in den weiteren Kapiteln KI-Verfahren zur Konstruktion natürlichsprachlicher Systeme beschrieben werden.

1.5. ZUR HISTORISCHEN ENTWICKLUNG DER SPRACHORIENTIERTEN KI-FORSCHUNG

Bereits seit dem Mittelalter haben immer wieder einzelne Wissenschaftler, die sich mit
Problemen der Logik, Sprachwissenschaft, Sprachphilosophie und Sprachpsychologie be-
schäftigten, das Ziel verfolgt, Aspekte der menschlichen Sprachfähigkeit algorithmisch
zu erfassen. Als in den vierziger Jahren die ersten Computer verfügbar wurden, begann
man daher schon bald, sprachverarbeitende Programme (z.B. Lexikonsuche, Flexionsanalyse)
zu entwickeln.

1.5.1. Die Anfänge der maschinellen Sprachverarbeitung zu Beginn der fünfziger Jahre

Häufig wird das Jahr 1949, in dem Warren Weaver ein Memorandum zur *automatischen übersetzung* verfaßte, als Beginn der maschinellen Sprachverarbeitung angesetzt. Die mit
viel Enthusiasmus und großem finanziellen Aufwand begonnenen Projekte zur maschinellen
Übersetzung (Abk.: MÜ), die mit einfachen Wörterbuchzugriffen, Textsubstitutionen und
Umstellungstransformationen ohne Berücksichtigung der Semantik Qualitätsübersetzungen
anstrebten, konnten die in sie gesetzten hohen Erwartungen nicht erfüllen. Übersetzungs-
resultate wie *The vodka is strong but the meat is rotten* als Rückübersetzung des automatisch ins Russische übertragenen Satzes *The spirit is willing but the flesh is weak*
werden noch immer gerne als Beispiel für die fehlgeschlagene Wort-für-Wort-Übersetzung
belächelt.

Die heute aus der Sicht der sprachorientierten KI-Forschung trivial wirkende Einsicht,
daß eine Qualitätsübersetzung ohne ein auf Weltwissen basierendes Verstehen des zu über-
setzenden Textes unmöglich ist, die Bar-Hillel 1960 gegen den damaligen MÜ-Ansatz vor-
brachte, führte 1966 im sog. ALPAC-Report zum offiziellen Eingeständnis der fehlgeschla-
genen Bemühungen und zur vorläufigen Einstellung der Forschungsförderung auf diesem Gebiet in den USA.

Neben den Arbeiten zur MÜ begann man bereits in den fünfziger Jahren, Computer auch als
Hilfsmittel für die sprachwissenschaftliche Forschung einzusetzen, wobei zunächst die
sprachstatistische Auswertung und philologische Aufbereitung großer Textmengen (z.B.
als Indices und Konkordanzen) und die maschinelle Unterstützung von Linguisten bei der

Konstruktion von umfangreichen Lexika und Grammatiken im Vordergrund stand.

Dieser Zweig der maschinellen Sprachverarbeitung, der auch heute noch als Teil der Linguistischen Datenverarbeitung von Bedeutung ist, wird in dieser Übersicht nicht weiterverfolgt, da er keinen wesentlichen Beitrag zu den Fragestellungen der sprachorientierten KI-Forschung leistet.

Ausgehend von den frühen Arbeiten Chomskys zur Formalisierung der Syntax natürlicher Sprachen wurden Anfang der sechziger Jahre Parsing- und Generierungsalgorithmen u.a. für *kontextfreie Grammatiken* und *Transformationsgrammatiken* entwickelt, die z.T. sehr komplexe Sätze analysieren bzw. durch zufällige Auswahl eines Ableitungspfades syntaktisch korrekte, aber oft unsinnige Sätze generieren konnten (vgl. auch Fig. 5).

1.5.2. Die ersten natürlichsprachlichen Systeme Mitte der sechziger Jahre

Mitte der sechziger Jahre entstanden die ersten Systeme, die sich auf die Frage der *'semantischen Informationsverarbeitung'* beim Sprachverstehen konzentrierten (z.B. BASEBALL, SIR, STUDENT, vgl. Fig. 4). Diese Systeme markieren den Beginn der sprachorientierten KI-Forschung. Im Gegensatz zu den bis dahin rein syntaktisch orientierten Systemen weisen sie erstmals alle definierenden Merkmale für natürlichsprachliche KI-Systeme (vgl. Abschnitt 1.2.) auf.

Um die komplexen Fragen der Semantik überhaupt in Angriff nehmen zu können, schränkte man den Sachbereich, in denen diese frühen KI-Systeme ihr 'Sprachverstehen' unter Beweis stellen sollten, drastisch ein (z.B. Verwandtschaftsbeziehungen in SAD-SAM, Spiele der amerikanischen Baseball-Liga in BASEBALL). Außerdem beschränkte man sich auf wenige sehr einfache syntaktische Muster (z.B. 24 Satzmuster in SIR), die ohne großen Parsingaufwand in eine auf die jeweilige Aufgabenstellung abgestimmte semantische Repräsentationssprache (z.B. Lineare Gleichungssysteme in STUDENT, einfache Datenbankanfragen in BASEBALL) abgebildet werden konnten.

Bei diesen meist für Frage-Antwort-Situationen konzipierten Systemen gab es zwei Untersuchungsschwerpunkte: die Entwicklung von Verfahren zur effizienten Überführung einer eingegebenen Frage in eine semantische Repräsentationskonstruktion und die Suche nach möglichst allgemeinen Verfahren zur Beantwortung einer Benutzerfrage (z.B. durch Traversierung eines semantischen Netzes oder prädikatenlogische Beweisverfahren mit Antwortprädikat). Da die einfachen Repräsentationsformalismen meist sehr speziell auf die jeweilige Problemstellung des KI-Systems zugeschnitten waren und bei der Überführung der natürlichsprachlichen Eingaben komplexe sprachliche oder kommunikative Fähigkeiten (z.B. Erkennen von Anaphora, Auflösen von Ambiguitäten) unberücksichtigt blieben, konnten die für diese Systeme verwendeten Analyseverfahren kaum auf andere Aufgabenstellungen übertragen werden. Dagegen haben die in der Anfangsphase entwickelten Such- und Inferenzverfahren zur Fragebeantwortung wegen ihrer größeren Allgemeinheit die weitere

1949-1960   ANFÄNGE DER MASCHINELLEN SPRACHVERARBEITUNG: MASCHINELLE
             ÜBERSETZUNG UND LINGUISTISCHE DATENVERARBEITUNG

1960-1970   BEGINN DER SPRACHORIENTIERTEN KI-FORSCHUNG: EINFACHE FRAGE-
             ANTWORT-SYSTEME

    1963   SAD-SAM (Lindsay), BASEBALL (Green)
    1966   DEACON (Craig), ELIZA (auch: DOCTOR, Weizenbaum), SYNTHEX (Simmons et al.)
    1968   TLC (Quillian), SIR (Raphael), STUDENT (Bobrow), CONVERSE (Kellog)

1970-1980   WISSENSBASIERTE EXPERIMENTALSYSTEME UND NATÜRLICHSPRACHLICHE
             DATENBANKSCHNITTSTELLEN

  • DIALOGSYSTEME

    1972   SHRDLU (Winograd)
    1977   GUS (Bobrow et al.), PAL (Sidner et al.)

  • NATÜRLICHSPRACHLICHE SCHNITTSTELLEN

    1972   LUNAR (Woods et al.)
  1972-1976 RENDEZVOUS (Codd), REL (Thompson), REQUEST (Plath)
    1977   LIFER (Hendrix), INTELLECT (vormals: ROBOT, Harris), PLANES (Waltz et al.)
             CO-OP (Kaplan)

  • TEXTVERSTEHENDE UND TEXTGENERIERENDE SYSTEME

    1975   MARGIE (Schank et al.), SAM (Schank et al.)
  1976-1979 TALE-SPIN (Meehan), PAM (Wilensky), FRUMP (DeJong)

1980-1990   ANWENDUNGSORIENTIERTE ZUGANGSSYSTEME UND MODELLE KOMPLEXER
             KOMMUNIKATIONSLEISTUNGEN

  • ROBUSTE, ANWENDUNGSORIENTIERTE DIALOGSYSTEME
  • INTEGRATION NATÜRLICHSPRACHLICHER KOMPONENTEN IN EXPERTENSYSTEME, BILDVERSTEHENDE
    SYSTEME UND GRAPHIKSYSTEME
  • PARTNERMODELLIERUNG FÜR DIE SPRECHAKTPLANUNG UND -ERKENNUNG
  • NATÜRLICHSPRACHLICHER WISSENSERWERB

Fig. 4: Entwicklungsphasen und Meilensteine der Systementwicklung in den USA

Entwicklung der sprachorientierten KI-Forschung nachhaltig beeinflußt. Allerdings waren diese Verfahren noch sehr aufwendig (große Suchräume, Gefahr der kombinatorischen Explosion), da außer einem Minimum an Faktenwissen kaum andere Wissensquellen zur Steuerung der semantischen Auswertung verwendet wurden. Außerdem war das Wissen dieser Systeme meist nicht explizit in einer Wissensbasis gespeichert, sondern implizit in der Funktionsweise der Verarbeitungsprozeduren enthalten (z.B. die Transitivität der Teilmengen-Relation als Teil des allgemeinen Suchverfahrens für ein semantisches Netz), wodurch eine Ergänzung oder Änderung des vom System verwendeten Wissens kaum möglich war.

In vielen Einführungs- und Überblicksaufsätzen zur sprachorientierten KI-Forschung werden diese frühen natürlichsprachlichen Systeme dargestellt und verglichen (z.B. in Barr/Feigenbaum 1981, Tennant 1981, Waltz 1981, Winograd 1972, Winograd 1974). Die stark *systemorientierte* historische Perspektive dieser Aufsätze soll hier nicht aufgegriffen werden, sondern durch eine *methodisch-thematische* Betrachtungsweise abgerundet werden (vgl. Fig. 5[1]).

Fig. 4, die eine systemorientierte Entwicklungsübersicht enthält, wird daher durch Fig. 5 ergänzt, in der statt der üblichen 'Systemgeschichte' eine 'Ideengeschichte' skizziert wird[2].

Nicht erfaßt in den Figuren 4 und 5 ist die Abhängigkeit des dargestellten Entwicklungsprozesses von den Fortschritten in der Hardware und Software, in den einschlägigen Nachbardisziplinen (z.B. Linguistik und Psychologie) und in anderen Teilgebieten der KI (z.B. Repräsentation von Wissen, KI-Programmiersprachen). Beispielsweise wären die natürlichsprachlichen KI-Systeme von heute schon mangels geeigneter Hardware und Software (z.B. Magnetband als einziger Sekundärspeicher, Fehlersuche anhand von binär codierten Speicherauszügen) Anfang der sechziger Jahre nicht realisierbar gewesen.

Man beachte, daß Fig. 4 lediglich den Entwicklungsverlauf in den USA erfaßt. In Europa und Japan verlief die Entwicklung trotz der eindeutigen Führungsrolle amerikanischer Wissenschaftler häufig anders[3]. So wurde in Europa und Japan die Forschung zur syntaxbasierten MÜ auch nach 1966 weitergeführt und die Anfangsphase der sprachorientierten KI-Forschung in der Dekade 1960-1970 fast vollständig 'übersprungen'.

---

[1] In Fig. 5 wurde versucht, die Methoden möglichst konzise durch die entsprechenden Fachbegriffe zu charakterisieren und verwandte methodische Ansätze unter einem Begriff zusammenzufassen (z.B. lexikalische Dekomposition in der Präferenzsemantik von Wilks und der konzeptuellen Dependenz von Schank).

[2] Den Jahreszahlen in den Figuren 4 und 5 liegen jeweils die ersten allgemein zugänglichen Veröffentlichungen zugrunde. Selbstverständlich gab es in vielen Fällen schon zwei bis drei Jahre vorher unveröffentlichte Dissertationen, Institutsberichte oder Ideenskizzen in Konferenzberichten. Es handelt sich bei den Zeitangaben also lediglich um ungefähre Entstehungsdaten. Aus Gründen der Übersichtlichkeit wurde auf Literaturangaben verzichtet, zumal alle für eine Einführung relevanten Literaturhinweise in anderen Teilen dieses Aufsatzes enthalten sind.

[3] Im Rahmen der vorliegenden Einführung kann auf die historische Entwicklung der sprachorientierten KI-Forschung in Europa und Japan nicht eingegangen werden.

a) Analyse- und Generierungsverfahren

1960 - Parser für kontextfreie Grammatiken
1962 - Generierung mit kontextfreien Grammatiken
1963 - Generierung mit Dependenzgrammatiken
1964 - Parser für Dependenzgrammatiken
1965 - Parser für Transformationsgrammatiken
1966 - Parsing als Pattern-Matching
     - Generierung durch Instantiierung von Satzmustern
1969 - Generierung mit Transformationsgrammatiken

1970 - ATN-Parsing
1972 - ATN-basierte Generierung
1973 - Chart-Parsing
1975 - Lexikon-basiertes Parsing
     - Diskriminationsnetze zur Lexikon-basierten
       Generierung
1976 - Semantisches Parsing
     - 'Island'-Parsing
1977 - Wortexperten-Parsing
1978 - Inkrementelle Generierung mit prozeduraler
       Grammatik

1980 - Kaskadierte ATNs
     - Deterministisches Parsing
     - Generierung durch Produktionensysteme
1981 - Mehrfachstrategie-Parsing

b) Verfahren zur semantisch-pragmatischen Verarbeitung

1968 - Prädikatenlogik als semantische Repräsentations-
       sprache und inferenz-basierte Antwortgenerierung
     - 'Prozedurale Semantik' als Überführung einer
       natürlichsprachlichen Eingabe in eine Datenbank-
       anfrage
     - Antwortgenerierung als Suchprozeß in einfachen
       semantischen Netzen

1972 - Prinzip der referenzsemantischen Verankerung durch
       'Miniwelten'
     - Integration metakommunikativer Dialogteile wie
       Präsuppositionszurückweisungen und Klärungsdialoge
     - Anaphoraauflösung durch Dämon-Prozeduren
1973 - Prinzip der lexikalischen Dekomposition und Tiefen-
       kasusanalyse
     - Prinzip des Script-gesteuerten Textverstehens
1977 - Explizite Darstellung des Fokus u.a. zur Ellipsen-
       rekonstruktion
     - Verwendung von Dialogschemata u.a. zur Organisation
       des Sprecherwechsels in aufgabenorientierten Dialo-
       gen
1978 - Erkennung und Planung von Sprechakten mithilfe ei-
       nes expliziten Partnermodells

Fig. 5 : Ein Überblick zur Entwicklung wichtiger Methoden zur Konstruktion natürlichsprachlicher Systeme

Erst unter dem Eindruck der weltweiten Anerkennung für Winograds Dialogsystem SHRDLU
wandten sich Anfang der siebziger Jahre einige der bis dahin durch Ziele und Methoden
der Linguistischen Datenverarbeitung geprägten europäischen und japanischen Forschungsgruppen dem Paradigma der sprachorientierten KI-Forschung zu.

1.5.3. Die Etablierung und Ausweitung des Forschungsgebietes seit Beginn der siebziger
       Jahre

SHRDLU (vgl. Fig. 4) ist einer der Meilensteine der sprachorientierten KI-Forschung, da
hier erstmals ein umfangreiches Bündel sprachlicher, kommunikativer und kognitiver Fähigkeiten in einem System mit eindrucksvoller Performanzleistung vereint wurden. In
SHRDLU wurden natürlichsprachige Benutzereingaben aus dem Diskursbereich der inzwischen
klassischen MIT-Blockwelt in Prozeduren der KI-Programmiersprache MICRO-PLANNER übersetzt, deren Evaluation je nach Eingabetyp (Frage, Aussage, Befehl) Suchprozesse, Änderungen in der Wissensbasis oder Aktionen in der Blockwelt auslöste. Allerdings zeigte
sich, daß viele der in diesem experimentellen System implementierten Algorithmen, z.B.
zur Analyse und Generierung von Pronomen oder zur Beantwortung metakommunikativer Fragen, speziell auf die zugrundeliegende Dialogsituation und den Diskursbereich zugeschnitten waren. Außerdem ließen sich aus den auf der Programmebene angesiedelten Sy-
stembeschreibungen nicht immer präzise wissenschaftliche Hypothesen über die modellier-
ten Aspekte menschlichen Dialogverhaltens ableiten.

Einen vergleichbaren Einfluß, wie er von SHRDLU für die weitere Entwicklung der Grundlagenforschung im Bereich der natürlichsprachlichen Dialogsysteme ausging, hatte das
ebenfalls Anfang der siebziger Jahre entwickelte System LUNAR auf die anwendungsorientierte Forschung im Bereich der natürlichsprachlichen Schnittstellen zu Datenbanken.

Das unter der Leitung von Woods entwickelte System LUNAR (ursprüngliche Bezeichnung:
LSNLIS für Lunar Sciences Natural Language Information System) beantwortete natürlichsprachliche Anfragen von Geologen über Daten zu Gesteinsproben der Apollo-11-Expedition,
die in einer aus einer einzigen siebenstelligen Relation mit 13000 Elementen bestehenden Datenbank gespeichert waren. In LUNAR wurde das von Woods 1970 veröffentlichte Parsing-Konzept der Augmented Transition Networks (Abk. ATNs, vgl. auch Fig. 5), das mit
verschiedenen Erweiterungen und Variationen bis heute das am häufigsten verwendete
Parsing-Konzept blieb, erfolgreich in einem größeren Rahmen erprobt.

Wie für SHRDLU so erwies sich auch für LUNAR eine Erweiterung oder Anpassung an einen
neuen Anwendungsbereich als unmöglich. Beide Systeme waren *Prototypen* mit kurzer Lebens-
dauer, die bewiesen, daß Dialogsysteme und natürlichsprachliche Schnittstellen 'prinzipiell machbar' sind, und damit viele weiterführende Forschungsaktivitäten auslösten.
Bereits fünf Jahre nach LUNAR konnten dann 1977 mit LIFER und INTELLECT die ersten
produktreifen, kommerziell einsetzbaren natürlichsprachlichen Schnittstellen vorgelegt
werden (vgl. Fig. 4).

Wichtige Impulse für die gesamte sprachorientierte KI-Forschung (z.B. zum robusten Parsing, Island-Parsing, Blackboard-orientierten Systemarchitekturen, vgl. Fig. 5) ergaben sich aus dem Forschungsförderungsprogramm der ARPA (1971-1976, vgl. Fig. 4) zum Thema 'Verstehen kontinuierlich gesprochener Sprache'.

Grundlegend für die Konstruktion textverstehender Systeme sind die Mitte der siebziger Jahre in der Gruppe um Schank entstandenen Arbeiten (vgl. Fig. 4). Das Prinzip der lexikalischen Dekomposition der Semantik komplexer Konzepte in eine kleine Auswahl wohldefinierter semantischer Primitive und die Verfahren der script-gesteuerten Textanalyse gehören inzwischen zum klassischen Methodenrepertoire der sprachorientierten KI-Forschung (vgl. Fig. 5).

Zusammenfassend läßt sich feststellen, daß in den siebziger Jahren wichtige Grundkonzepte des Entwurfs, der Konstruktion und Implementation natürlichsprachlicher Systeme gefunden wurden (natural language interface engineering, vgl. auch Fig. 4). Die aus der Anwendungsperspektive wichtigen Probleme der *Robustheit, Flexibilität* und *Anpassbarkeit* von natürlichsprachlichen Systemen an unterschiedliche Diskursbereiche konnten bis zum Ende der siebziger Jahre allerdings nicht abschließend gelöst werden. Außerdem stellte man nach Abschluß der Arbeiten an zahlreichen Experimentalsystemen Ende der siebziger Jahre fest, daß natürlichsprachliche Systeme selbst in stark eingeschränkten aufgabenorientierten Dialogen eine nach den Anfangserfolgen von SHRDLU und LUNAR unerwartete Fülle aufwendiger sprachlicher, kommunikativer und kognitiver Leistungen erbringen müssen (z.B. Umgang mit metaphorischem Sprachgebrauch, indirekten Sprechakten, auf den Gesprächspartner abgestimmte Dialogstrategien).

Dies bedeutet für die Forschung der achtziger Jahre (vgl. Fig. 4), daß sie einerseits versuchen muß, Modelle dieser komplexen Kommunikationsleistungen zu erstellen, wobei Sprachverhalten im größeren Zusammenhang mit anderem zielgerichteten Verhalten (z.B. Handeln, Problemlösen, Planen, Lernen) zu sehen ist. Andererseits muß sich die anwendungsorientierte KI-Forschung der Herausforderung stellen, flexibel einsetzbare und robuste Zugangssysteme zu anderen wissensbasierten Systemen zu entwickeln.

2. VERARBEITUNGSPHASEN UND WISSENSQUELLEN IN NATÜRLICHSPRACHLICHEN SYSTEMEN

Die in Fig. 6 dargestellte Grobstruktur eines NSS besteht aus den drei großen Verarbeitungsabschnitten[1] *Analyse, Auswertung* und *Generierung*, nach denen im weiteren auch die Darstellung der einzelnen KI-Verfahren gegliedert werden soll. Ein schriftlich oder mündlich eingegebener natürlichsprachlicher Satz (im Falle eines Frage-Antwort- oder Dialogsystems) oder Text (im Falle eines textverstehenden Systems) wird im Verarbei-

---

[1] In jedem Verarbeitungsabschnitt wirken mehrere, im weiteren noch genauer zu beschreibende Verarbeitungskomponenten zusammen, die jeweils in sehr unterschiedlichen Systemarchitekturen (vgl. auch Abschnitt 2.2.) organisiert sein können.

tungsabschnitt 'Analyse' in einen Ausdruck einer Wissensrepräsentationssprache überführt, der für eine Auswertung geeignet ist. Je nach der von einem NSS geforderten
Verstehensleistung (vgl. Abschnitt 1.2) kann es sich bei der Auswertung z.B. um das
Auffinden der konzeptuellen Struktur der Antwort auf eine eingegebene Frage oder um
die Zusammenfassung eines eingegebenen Textes handeln. Das Ergebnis der Auswertung
wird dann wiederum in einem Ausdruck einer Wissensrepräsentationssprache[1] codiert, der
im Verarbeitungsabschnitt 'Generierung' in eine natürlichsprachliche Ausgabe überführt
wird.

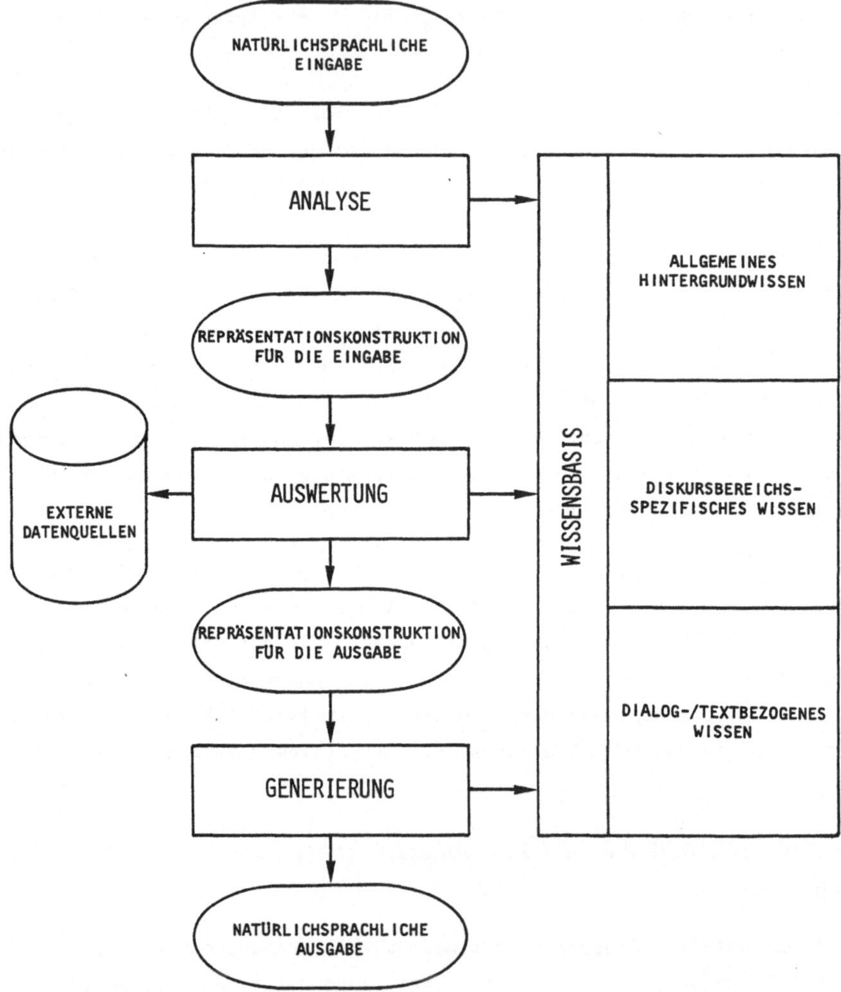

Fig. 6: Die Grobstruktur eines natürlichsprachlichen Systems

---

[1] Diese Repräsentationssprache muß nicht mit der zur Codierung der Eingabe verwendeten
identisch sein.

Es gibt auch Ausprägungen des in Fig. 6 dargestellten Schemas, in denen der Verarbeitungsabschnitt 'Generierung' nicht realisiert ist (z.B. in NSS, in denen die Auswertung in der Planung einer physischen Operation oder dem Auffinden eines Dokumentes besteht). Umgekehrt können auch die Verarbeitungsabschnitte 'Analyse' und 'Auswertung' fehlen, wenn das NSS lediglich als Sprachgenerator eingesetzt werden soll (z.B. zur natürlichsprachlichen Beschreibung der Analyseergebnisse eines bildverstehenden Systems).

2.1. ZUM AUFBAU DER WISSENSBASIS VON NATÜRLICHSPRACHLICHEN SYSTEMEN

Die Wissensbasis eines NSS läßt sich in drei große Bereiche gliedern: das allgemeine Hintergrundwissen, das diskursbereichspezifische Wissen und das dialog-/textbezogene Wissen (vgl. Fig. 6).

Das *allgemeine Hintergrundwissen* eines NSS besteht als diskursbereichsunabhängiges Wissen aus einer systemspezifischen Auswahl folgender Wissensquellen:

- Wort-Lexikon
- Syntagmen-Lexikon
- Morphologisches Wissen
- Grammatisches Wissen
- Begriffliches Wissen
- Allgemeine Inferenz- und Metainferenzregeln
- Regeln der Dialog- bzw. Textgestaltung

Im *Syntagmen-Lexikon* sind u.a. feste Redewendungen (z.B. *Wie geht's?*) und aus zusammenhängenden Wortgruppen bestehende sprachliche Einheiten (Fachwort: *Mehrwortlexeme*, z.B. *Bundesrepublik Deutschland*) erfaßt. Das *morphologische Wissen* umfaßt Flexionsinformation (u.a. Deklinations- und Konjugationsformen) und Wortbildungsinformation. Im *begrifflichen Wissen* eines NSS wird die sprachinterne Bedeutung (vgl. Abschnitt 1.3.) sprachlicher Ausdrücke festgelegt. In *Metainferenzregeln* werden Strategien zur Steuerung von Inferenzprozessen codiert.

In NSS, in denen die Ein-/Ausgabe nicht schriftlich sondern in Form von kontinuierlich gesprochener Sprache erfolgt, kommen als allgemeines Hintergrundwissen noch zusätzlich *akustisch-phonetisches Wissen* (zur Segmentierung des Sprachsignals in Laute bzw. zur Lautsynthese) und z.T. auch *phonologisch-prosodische Wissensquellen* hinzu (z.B. Regeln der Koartikulation, d.h. wie sich Laute durch benachbarte Laute verändern, und Wissen über die Funktion von Betonung, Tonhöhe und Sprechgeschwindigkeit als nichtlautliche Bedeutungsträger).

Beispiele für *diskursbereichsspezifische Wissensquellen* sind:

- Referentielles Wissen
- Spezielle Inferenzregeln

- A priori Partnermodelle
- Spezielle Dialogstrategien bzw. Lese-/Schreibstrategien

Das *referentielle Wissen* besteht aus referenzsemantischen Relationen (vgl. Abschnitt 1.3.). In *Partnermodellen* ist Information über das beim Dialogpartner vermutete Vorwissen und seine voraussichtlichen Dialogziele gespeichert. A priori Partnermodelle enthalten Wissen über prototypische Benutzerklassen (z.B. 'Tourist' und 'Geschäftsreisender' in einem Hotelreservierungssystem), das es dem NSS ermöglicht, sein Verhalten auf das jeweilige Benutzerprofil einzustellen.

Als Beispiele für *dialog-/textbezogene Wissensquellen*, in denen während der Dialog- bzw. Textanalyse temporär Information gespeichert wird, seien genannt:

- Syntaktische und semantische Gedächtnisse
- Fokus
- Partnermodell
- Inferenzgedächtnis

In den *syntaktischen* und *semantischen Gedächtnissen* werden Resultate von syntaktischen und semantischen Verarbeitungskomponenten abgelegt, auf die im weiteren Dialog bzw. Text zurückgegriffen werden muß (z.B. bei der Vervollständigung eines syntaktisch unvollständigen Eingabesatzes durch Rückgriff auf die semantische Struktur des vorangegangenen Satzes).

Die als *Fokus* bezeichnete Wissensquelle enthält Information über die jeweiligen thematischen Schwerpunkte eines Dialog-/Textabschnittes (vgl. Grosz 1977). Diese Wissensquelle dient u.a. zur Auflösung von Mehrdeutigkeiten in der Benutzereingabe, zur sprachlichen Markierung des inneren Dialog-/Textzusammenhangs (Fachwort: *Kohärenz*, vgl. v. Hahn 1979) sowie zur Steuerung von Such- und Inferenzprozessen. Im *Inferenzgedächtnis* wird eine formale Beschreibung der vom NSS durchgeführten Inferenzen gespeichert, um später mithilfe der Erklärungskomponente (vgl. Wahlster 1981b) dem Benutzer inferenzbasiertes Systemverhalten erklären zu können.

Neben der Wissensbasis, auf die in allen Verarbeitungsabschnitten zugegriffen werden muß, werden im Verarbeitungsabschnitt 'Auswertung' in vielen NSS auch externe Datenquellen verwendet (vgl. Fig. 6). Beispiele für solche externen Datenquellen sind:

- in einer Datenbank gespeicherte Massendaten (z.B. Kursbuch der Bundesbahn)
- in einer Methodenbank gespeicherte Verfahrensbeschreibungen (z.B. statistische Verfahren).
- visuelle oder andere sensorische Information (z.B. Ergebnisse eines bildverstehenden Systems).

Häufig besteht das wichtigste Entwurfsziel eines NSS sogar darin, dem Benutzer einen komfortablen und effizienten Zugang zu der in den externen Datenquellen enthaltenen Information zu ermöglichen.

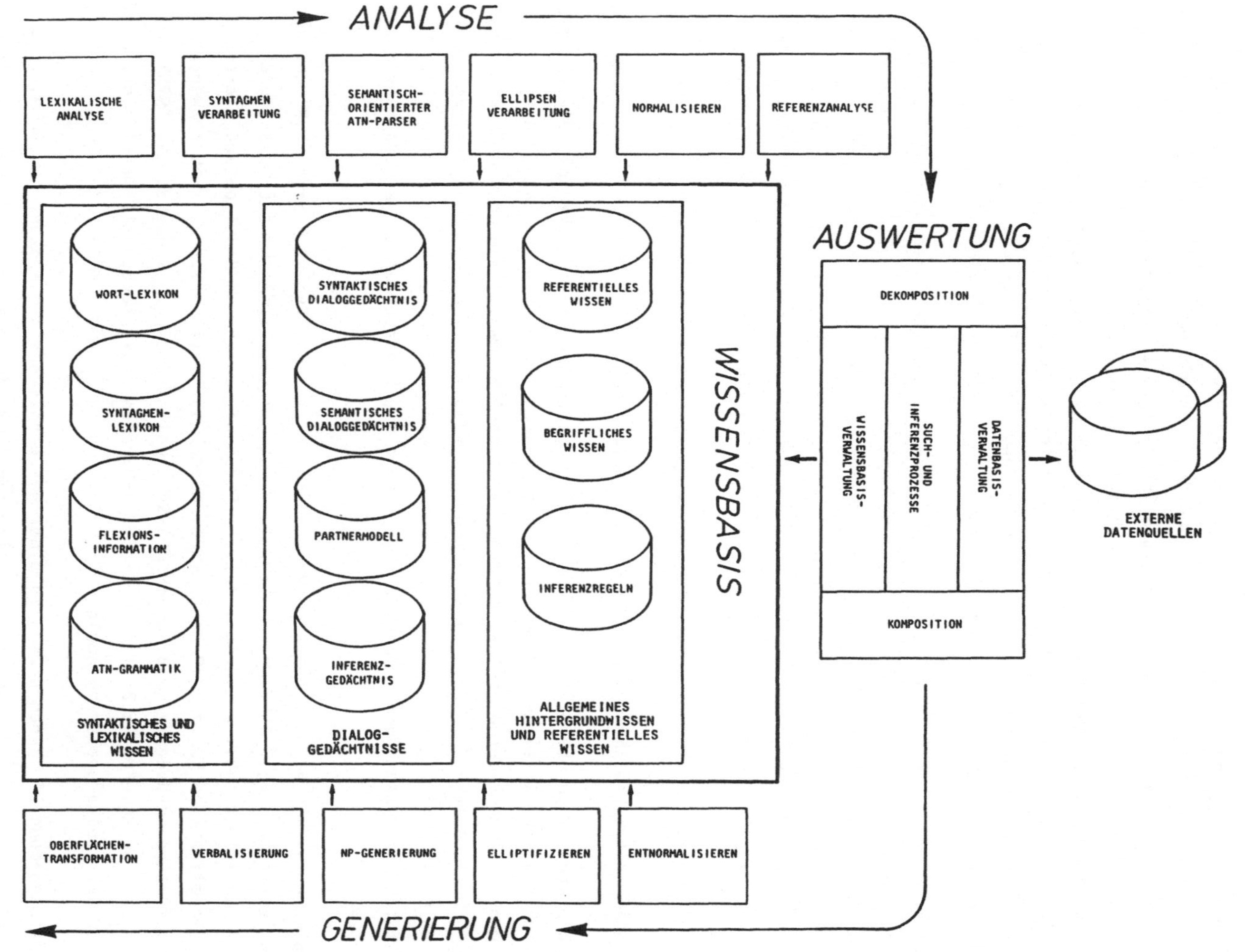

Fig. 7: Verarbeitungskomponenten und Wissensquellen des Systems HAM-ANS

Es gibt bisher kein NSS, in dem alle im vorangegangenen Abschnitt genannten Wissensquellen integriert sind. Vielmehr unterscheiden sich NSS durch eine jeweils spezifische
Kombination von Wissensquellen. In einigen Systemen sind Wissensquellen, die nach der
obigen Klassifikation im allgemeinen unabhängig vom Diskursbereich sind, speziell auf
die Diskurswelt abgestimmt. Beispielsweise ist in NSS mit sog. *semantischen Parsern*
(z.B. SOPHIE, PLANES, vgl. auch Kapitel 4) das lexikalische und grammatische Wissen
diskursbereichsspezifisch, so daß das Lexikon und die Grammatik bei der Adaptierung
des NSS an einen neuen Diskursbereich ausgetauscht werden muß.

Als Beispiel für eine Ausprägung des in Fig. 6 dargestellten Schemas zeigt Fig. 7 (nach
Nebel/Marburger 1982) die Verarbeitungskomponenten und Wissensquellen einer neueren
Version des von uns entwickelten Systems HAM-ANS (Hamburger anwendungsorientiertes natürlichsprachliches System). Auf eine Darstellung des Kontroll- und Datenflusses zwischen den einzelnen Verarbeitungskomponenten wurde dabei verzichtet (vgl. Kapitel 4-6),
da zuvor die verschiedenen in NSS verwendeten Systemarchitekturen eingeführt werden
sollen.

2.2. ALTERNATIVE SYSTEMARCHITEKTUREN VON NATÜRLICHSPRACHLICHEN SYSTEMEN

Fig. 8 bietet einen Überblick zu den fünf wichtigsten *Systemarchitekturen*, die für die
Konstruktion von NSS eingesetzt werden[1]. Aus Gründen der Übersichtlichkeit wird in
Fig. 8 die Struktur der einzelnen Verarbeitungsmodelle jeweils anhand von drei mit A,
B und C bezeichneten Verarbeitungskomponenten verdeutlicht, wobei sich jedes der skizzierten Modelle ohne weiteres für n Verarbeitungskomponenten verallgemeinern läßt. Pfeile mit fettgedrucktem Schaft markieren in Fig. 8 die Eingabe der zu verarbeitenden Information.

Die bisher für NSS am meisten verwendeten Modelle sind das *Phasen-Modell* (z.B. durch
LUNAR realisiert, vgl. Woods et al. 1972) und das *hierarchische Modell* (z.B. durch
SHRDLU realisiert, vgl. Winograd 1972). Im Gegensatz zu Phasen-Modellen und hierarchischen Modellen sind *Kaskaden-Modelle* (z.B. durch RUS realisiert, vgl. Bobrow/Webber
1980), *Blackboard-Modelle* (z.B. durch HEARSAY realisiert, vgl. Reddy et al. 1976) und
heterarchische Modelle (z.B. in Wortexperten-Parsern realisiert, vgl. Small 1981) auch
für die Parallelverarbeitung geeignet.

Im Kaskaden-Modell[2] können analog zu einer Wasser-Kaskade die Kaskadenstufen A, B, C
parallel arbeiten, sobald der 'Informationsfluß' die Komponente C erreicht hat. Im
Blackboard-Modell tauschen die nebenläufig arbeitenden Komponenten A, B und C über eine Nachrichten-Tafel Information aus (vgl. Fig. 8). Die nebenläufig und unabhängig

---

[1] Eine vergleichbare Darstellung von vier Systemarchitekturen findet man in Görz 1979,
S. 5
[2] Dieses Modell wurde in der sprachorientierten KI-Forschung erstmals in Form von sog.
kaskadierten Augmented Transition Networks realisiert (vgl. Woods 1980 und Kapitel 3).

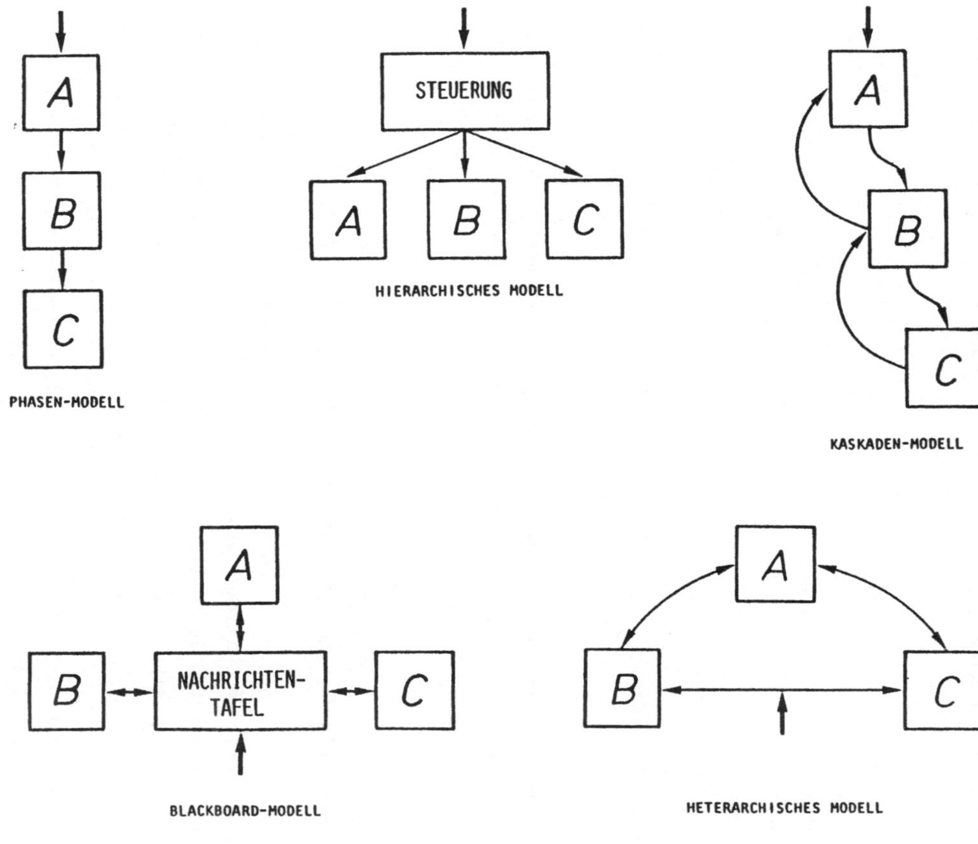

Fig. 8: Alternative Systemarchitekturen von natürlichsprachlichen Systemen

voneinander arbeitenden Komponenten eines heterarchischen Modells versenden und empfangen Botschaften aufgrund definierter Kontrollbeziehungen.

Komplexe Systemarchitekturen für NSS entstehen dadurch, daß erstens jede in einem der genannten Verarbeitungsmodelle integrierte Komponente selbst wieder aus vielen Modulen besteht, die nach einem anderen Verarbeitungsmodell organisiert sein können, und zweitens in verschiedenen Verarbeitungsabschnitten unterschiedliche Systemarchitekturen gewählt werden können (z.B. die Analyse als Kaskaden-Modell, die Auswertung als heterarchisches Modell und die Generierung als Phasen-Modell).

Typisch für die KI als experimentelle Wissenschaft ist, daß während der Entwicklungsphase eines NSS die Systemarchitektur einzelner Verarbeitungskomponenten mehrfach geändert wird, um empirisch eine optimale Strategie zu ermitteln. Beispielsweise wurde in unseren Projekten HAM-RPM (vgl. v. Hahn et al. 1980) und HAM-ANS mehrfach eine mit wenigen Ausnahmen auskommende, heterarchische Strukturierung einer Komponente nach einer genauen Analyse der anwendungstypischen Daten- und Kontrollflüsse durch ein Phasen-Modell ersetzt.

3. VERFAHREN ZUR SYNTAKTISCHEN ANALYSE NATÜRLICHER SPRACHE

In der sprachorientierten KI-Forschung wird häufig der gesamte Verarbeitungsabschnitt 'Analyse' unter dem Begriff *'Parsing'* zusammengefaßt. Gegenüber der in der Informatik aus dem Compilerbau bekannten Definition von Parsing als die Erzeugung eines Ableitungsbaums für eine bzgl. einer formalen Grammatik wohlgeformten Eingabekette, hat der Begriff in der KI also eine erhebliche Bedeutungserweiterung erfahren. Bevor grammatisches Wissen zur Analyse einer natürlichsprachlichen Eingabe eingesetzt werden kann, muß die Eingabe zumindest morphologisch und lexikalisch voranalysiert sein. In Abhängigkeit von der gewählten Systemarchitektur (vgl. Abschnitt 2.2.), wird die morphologische und lexikalische Analyse entweder gleich zu Beginn für die gesamte Eingabekette durchgeführt oder sie wird inkrementell und mit der syntaktischen und semantischen Analyse verzahnt ausgeführt.

3.1. DIE KOMPONENTEN ZUR MORPHOLOGISCHEN UND LEXIKALISCHEN ANALYSE

Da die in NSS eingesetzten Verfahren zur morphologischen und lexikalischen Analyse hauptsächlich aus der Linguistischen Datenverarbeitung übernommen wurden und bisher nur wenige für das Paradigma der sprachorientierten KI-Forschung typische Methoden (z.B. im Bereich der Analyse von Syntagmen und Wortbildungen) bekannt sind, werden die für diesen Bereich der Analyse entwickelten Ansätze im folgenden nur kurz skizziert. Ein weiterer Bereich, der aus Platzgründen in der vorliegenden Einführung nicht in angemessener Weise behandelt werden kann, ist die für die Verarbeitung kontinuierlich gesprochener Eingaben notwendige *akustisch-phonetische Analyse* zusammen mit der

Segmentierung des Sprachsignals und der *Bildung von Worthypothesen* (vgl. z.B. Lea 1980).

Die morphologische und lexikalische Analyse erfolgt sowohl auf der Ebene von einzelnen Wörtern als auch von zusammenhängenden Wortgruppen (Fachwort: *Syntagmen*). Die Analyse von einzelnen Wörtern kann folgende Verarbeitungskomponenten umfassen:

- Lemmatisierung und Flexionsanalyse
- Synonym-Ersetzung
- Korrektur von Tipp- und Übertragungsfehlern
- Wortbildungsanalyse
- Klärungsdialog und natürlichsprachlicher Wissenserwerb

Ziel der *Lemmatisierung* ist es, zu jeder eingegebenen Wortform einen Lexikoneintrag (Fachwort: *Lemma*) zu finden. Neben grammatischer Information (z.B. Wortart, Flexions-klasse) kann ein Lexikoneintrag auch semantische Information (z.B. Kasusrahmen für Verben und Selektionsrestriktionen, vgl. Kapitel 4) und bei gesprochener Eingabe auch phonologische Information enthalten. Beispielsweise wird in (3) für die Worterkennung die Artikulationsweise von *groß* in einer mithilfe des ASCII-Zeichensatzes codierten Lautschrift als 'stimmhaftes G, Zäpfchen-R, geschlossener langer Vokal O, stimmloser

(3) GROSS ((AUSSPRACHE ".G.R.OH:.S.") (WORTART ADJ))

Konsonant S' angegeben und dem Lemma die Wortklasse Adjektiv zugeordnet.

Prinzipiell lassen sich zwei Arten der Lexikonorganisation unterscheiden: *Vollformen-lexika* und *Grundformenlexika*. Im Vollformenlexikon sind alle Formen[1], in denen ein Wort auftreten kann, gespeichert (z.B. *parken, parkt, geparkte* usw.), so daß viel Speicherplatz aber wenig Verarbeitungsaufwand für die Lemmatisierung benötigt wird. Im Grundformenlexikon sind nur Grundformen gespeichert, so daß eingegebene Wörter durch morphologische Analyseprozeduren, in denen u.a. Endungen und Präfixe (z.B. *ge* in ge-parkt) abgetrennt und Umlaute rückgängig gemacht werden (z.B. *fällt → fallen*), zunächst auf Grundformen reduziert werden müssen. Diese für das Deutsche z.T. sehr aufwendigen Verfahren führen zu einer erheblichen Reduktion des Lexikonumfangs. Doch auch für ein einigermaßen vollständiges Grundformenlexikon der deutschen Gegenwartssprache.ergeben sich Massendaten, wie die sechsbändige Ausgabe des Duden mit ihren ca. 500 000 Lexikon-einträgen zeigt. Die bisher in NSS verwendeten Lexika liegen in der Größenordnung zwischen 1000 und 20 000 Einträgen und sind damit vergleichsweise sehr klein, wenn man bedenkt, daß im Deutschen alleine rd. 20 000 Verben unterschieden werden können. Auch wenn das Wort-Lexikon diskursbereichsspezifisch gestaltet wird (z.B. für ein Experten-system im Bereich der Chemie), können sich noch sehr große Lexika ergeben, da für Fach-sprachen z.B. für die Chemie über 100 000 Fachausdrücke bekannt sind.

---

[1] Im Deutschen können z.B. für ein Verb im Mittel ca. 16 Formen unterschieden werden.

Unregelmäßig gebildete oder nur mit hohem Analyseaufwand reduzierbare Wortformen werden häufig auch bei der Verwendung eines Grundformenlexikons als Lemma aufgenommen. Beispielsweise wird im Lexikoneintrag (4) die Grundform (Fachwort: *Stamm*) und die Flexionsinformation '3. Person Singular Präsens' angegeben. Häufig kann die weitere Verarbeitung dadurch vereinfacht werden, daß eine Wortform durch eine im Lexikon

(4) IST ((STAMM SEIN) (FLEXION ((PRES (SG (3))))))

verzeichnete synonyme Wortkette ersetzt wird (vgl. (5)).

(5) AM ((SYNONYM (AN DEM)))

Kann einem eingegebenen Wort auch nach der morphologischen Analyse kein Lexikoneintrag zugeordnet werden, so wird die in einigen NSS vorgesehene Komponente zur *Korrektur von Schreib- und Übertragungsfehlern* angestoßen (vgl. auch Hussmann/Genzmann 1982). Wie ein Vergleich der fehlerhaften Eingabe (6) mit der korrigierten Version (7) zeigt,

(6) *Es führt überhaupt ein Weg daran vorbei, daß ien Tippfehler*
    ien der Eingabbe erkannt wird.

(7) *Es führt überhaupt kein Weg daran vorbei, daß ein Tippfehler*
    in der Eingabe erkannt wird.

sind dazu Permutationen, Löschungen und Ergänzungen von Zeichen notwendig. Beispiel (6) demonstriert auch, daß eine umfassende Korrektur nicht nur auf Ähnlichkeitsvergleichen (*Eingabbe → Eingabe*) beruhen kann, sondern *kontextsensitiv* auch syntaktisches und semantisches Wissen verwenden muß (*ien → ein* oder *in*). Besonders kompliziert sind Fälle, in denen erst eine semantische oder pragmatische Analyse der gesamten Äußerung ergibt, daß ein Eingabefehler vorliegen muß, da die fehlerhafte Wortform zufällig einem Lemma entspricht (z.B. *ein → kein*).

Obwohl zur Steigerung der *Robustheit* von Parsern z.B. in LIFER (Hendrix 1977), PARRY (Parkison et al. 1977) und FLEXP (Hayes/Carbonell 1981) spezielle Verfahren zur Tippfehlerkorrektur vorgesehen sind, existiert bisher kein NSS mit einer wissensbasierten Fehleranalyse, durch die (6) in (7) überführt werden kann.

Trotz korrekter Schreibweise kann natürlich auf für sog. *ad-hoc Wortbildungen* des Benutzers wie *Prominentenzimmer* in (9) kein Lexikoneintrag gefunden werden. Durch

(8) SYS: *Von unseren prominenten Gästen werden die Zimmer mit Alsterblick*
         bevorzugt.

(9) BEN: *Und was kostet so ein Prominentenzimmer?*

Segmentierung der Wortbildung und eine sich anschließende Lemmatisierung der Segmente kann die Komponente zur Wortbildungsanalyse unter Verwendung von morphologischem Wissen solchen ad-hoc Wortbildungen eine Wortklasse und Flexionsangaben zuweisen. Die Semantik von Wortbildungen wird erst in einer späteren Verarbeitungsphase bei der Überführung der Eingabe in eine semantische Repräsentationssprache rekonstruiert (vgl. Hoeppner 1982a).

Falls eine Lemmatisierung nach dem Versuch einer Fehlerkorrektur und Wortbildungsanalyse nicht gelingt, kann das NSS versuchen, in einem *Klärungsdialog* mit dem Benutzer
(vgl. (10) - (12), Information über das unbekannte Wort zu erhalten. Besonders proble-
matisch für die lexikalische Analyse sind im Lexikon nicht enthaltene Eigennamen, da

> (10) BEN: *Kann man sich in Ihrem Hotel leger kleiden?*
>
> (11) SYS: *Was heißt 'leger'?*
>
> (12) BEN: *Dasselbe wie ungezwungen.*

Rückfragen wie *Was heißt Handke?* auf Eingaben wie (13) blockiert werden müssen. Im

> (13) BEN: *Mein Name ist Peter Handke. Ich suche ein Zimmer.*

vorliegenden Fall kann durch die Erkennung des Eigennamens als Teil der Wendung *Mein
Name ist <Eigenname>* eine Wortklassenzuweisung durchgeführt werden.

Wendungen werden während der *Syntagmen-Verarbeitung* erkannt, die folgende Prozesse umfassen kann (vgl. v. Hahn et al. 1980):

- Ersetzung von Mehrwortlexemen
- Verarbeitung von Idiomen
- Interpretation konventionalisierter Sprechakte.

Die Syntagmen-Verarbeitung beruht im wesentlichen auf der Anwendung von Produktionen,
die aus einem Pattern und einer Transformationsanweisung bestehen und im Syntagmen-
Lexikon gespeichert sind. Die Produktionen werden über ein Schlüsselwort angesprochen,
das einem obligatorischen Bestandteil des Syntagmas entspricht. Beispielsweise wird
das Mehrwortlexem *Bundesrepublik Deutschland* durch Anwendung von (14) in *BRD* über-

```
(14) (DEFPROP BUNDESREPUBLIK
         (ERSETZEN (BUNDESREPUBLIK DEUTSCHLAND) (BRD))
      IDIOME)
```

führt. Auf die gleiche Weise können *feste Wortverbindungen* (z.B. *in Bewegung setzen*
→ *starten*) oder *Redewendungen* (z.B. *auf die Palme bringen* → *ärgern*) ersetzt werden.
Schließlich können Wortfolgen, denen fest ein illokutionärer Akt zugeordnet ist (z.B.
Auf Wiederhören oder *Wie kommst Du darauf?*), durch Zugriff auf das Syntagmen-Lexikon
ohne weitere syntaktische und semantische Analyse pragmatisch interpretiert werden
(z.B. 'Werte Verabschiedungsprozedur aus' oder 'Rufe Erklärungskomponente auf').

Die von der lexikalischen und morphologischen Analyse erzeugten kanonischen Wortformen
und Flexionsangaben werden dann vom Parser unter Verwendung grammatischen Wissens wei-
terverarbeitet.

3.2. EINE TYPOLOGIE FÜR PARSER

Bevor im folgenden einige in der sprachorientierten KI-Forschung entwickelte Parsing-
Verfahren eingeführt werden, sollen zunächst die wichtigsten Kriterien zur Klassifikation von Parsern für natürliche Sprache genannt werden (vgl. Wahlster 1979).

Neben den aus der theoretischen Informatik und dem Compilerbau bekannten Unterscheidungen

- Top-down-Parser vs. Bottom-up-Parser
- Deterministischer Parser vs. nicht-deterministischer Parser
- Parser mit Tiefensuche vs. Parser mit Breitensuche

sind zur Einordnung von Parsern für natürliche Sprache noch weitere Kriterien geeignet. Durch das in der KI entwickelte Verfahren des *Insel-Parsing* (vgl. Fig. 9) kommt zu der üblichen Unterscheidung von zwei möglichen Verarbeitungsrichtungen noch eine weitere Alternative hinzu, so daß sich insgesamt die folgenden vier zusätzlichen Unterscheidungskriterien ergeben:

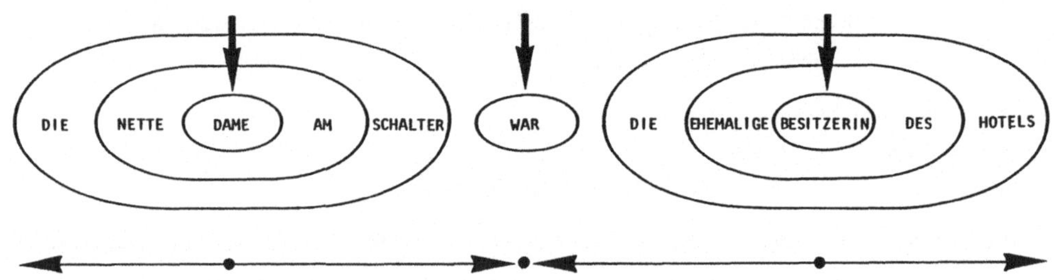

Fig. 9: Bidirektionales Insel-Parsing

- Verarbeitungsrichtung:

    - Links-nach-Rechts-Parser

        der natürlichen Leserichtung für das Deutsche entsprechende
        und am häufigsten verwendete Verarbeitungsrichtung

    - Rechts-nach-Links-Parser

        selten verwendete, aber z.B. für das Arabische natürliche
        Verarbeitungsrichtung

    - Insel-Parser

        besonders zum Parsing von gesprochener Sprache geeignete
        Technik (vgl. z.B. Bates 1980). Ausgehend von sicher erkannten
        Wort-Inseln (z.B. Nomen in einer NP und Verb, vgl. Fig. 9)
        in der Mitte der Eingabe wird solange nach links und rechts
        expandiert, bis eine Inselkette die gesamte Eingabe überdeckt
        (vgl. Fig. 9).

- Typ der erzeugten Repräsentationskonstruktion:

    - Syntaktisch orientierte Parser

        Ziel: Aufbau einer syntaktischen Strukturbeschreibung

- Semantisch orientierte Parser

  Ziel: Aufbau einer semantischen Repräsentationskonstruktion

- Art der zur Wahl zwischen alternativen Ableitungen oder zur Blockierung von Pfaden verwendeten Information:

  - Syntaktisch gesteuerte Parser

    Syntaktische Tests zur Wahl zwischen alternativen Ableitungen oder zur Blockierung von Pfaden

  - Semantisch gesteuerte Parser

    Syntaktische und semantische Tests zur Wahl zwischen alternativen Ableitungen und zur Blockierung von Pfaden

  - Semantisch-pragmatisch gesteuerte Parser

    Syntaktische, semantische und pragmatische Tests zur Wahl zwischen alternativen Ableitungen und zur Blockierung von Pfaden

- Interpretation der terminalen und nicht-terminalen Symbole der Grammatik:

  - Syntaktische Grammatik

    Terminale und nicht-terminale Symbole der Grammatik werden als syntaktische Kategorien interpretiert.

  - Semantische Grammatik

    Ein Teil der terminalen und nicht-terminalen Symbole der Grammatik wird als semantische Kategorien interpretiert.

  - Pragmatische Grammatik

    Ein Teil der terminalen und nicht-terminalen Symbole der Grammatik wird als pragmatische Kategorie (z.B. Sprechakttyp) interpretiert.

Da für NSS meistens *Parser-Generatoren* verwendet werden, die erst zusammen mit einer als Parameter übergebenen Grammatik einen Parser ergeben, ist es sinnvoll, auch das zuletzt genannte Unterscheidungsmerkmal, das sich auf Grammatiken bezieht, zur Klassifikation von Parsern zu verwenden. Wird nämlich z.B. eine semantische Grammatik an einen Parser-Generator übergeben, so kann der daraus resultierende Parser als 'semantischer Parser' klassifiziert werden.

3.3. DIE REPRÄSENTATION VON GRAMMATISCHEM WISSEN IN AUGMENTED TRANSITION NETWORKS

Grammatisches Wissen wird in den meisten natürlichsprachlichen Systemen der Künstlichen Intelligenz (KI) in Form von ATNs (*erweiterte übergangsnetzwerke*, engl.: <u>A</u>ugmented <u>T</u>ransition <u>N</u>etworks) repräsentiert. Die Grundformen des ATN-Formalismus (vgl. Woods 1970), die im folgenden eingeführt wird, wurde in zahlreichen Anwendungsprojekten in verschiedenen Richtungen z.T. stark erweitert und in eine komfortable Software-Umgebung (z.B. ATN-Trace, ATN-Editor, ATN-Compiler) eingebettet (vgl. die beiden Bände von Christaller und Metzing 1979, 1980).

Ein ATN kann als eine endliche Menge von endlichen Übergangsdiagrammen dargestellt
werden. Jedes Übergangsdiagramm ist ein bewerteter gerichteter Graph mit benannten
Knoten (als Zustände interpretiert), Kanten (als Zustandsübergänge interpretiert),
einem ausgezeichneten Startzustand und einer Menge von ausgezeichneten Endzuständen.
Das nichtterminale Symbol der Grammatik, mit dem der Startzustand eines Übergangsdia-
grammes benannt ist, dient als Bezeichnung für das Übergangsdiagramm (im folgenden
auch Netzwerk genannt). Jeder Zustandsübergang hat die Form ($\langle$Kantentyp$\rangle$ $\langle$Argumente$\rangle^{1-n}$
$\langle$Aktion$\rangle^{0-n}$). Durch eine spezielle Interpretation der Kantentypen SEEK (in anderen Implementationen auch als PUSH bezeichnet) und SEND (in anderen Implementationen auch als
POP bezeichnet) werden Übergänge zwischen Netzwerken und eine rekursive Auswertung von
Netzwerken realisiert. Das erste Argument von SEEK entspricht dem *Startzustand* eines
Netzwerkes. Stößt der ATN-Interpreter auf eine SEEK-Kante, so wird die aktuelle Konfiguration als oberster Eintrag in einem Kellerspeicher abgelegt und damit begonnen,
das in der SEEK-Kante spezifizierte Netzwerk zu durchlaufen. Wird in diesem Netzwerk
ein durch eine wegführende SEND-Kante markierter *Endzustand* erreicht, so wird das
oberste Element des Kellerspeichers gelesen und reduziert, um das vorher unterbroche-
ne Durchlaufen des aufrufenden Netzwerkes mithilfe der im Kellerspeicher gefundenen
Konfigurationsbeschreibung fortzusetzen. In einem ATN gilt eine Eingabe als akzeptiert,
sobald versucht wird, den leeren Kellerspeicher zu reduzieren, wenn der Eingabezeiger
am Ende der Eingabe steht.

Neben dem SEEK/SEND-Mechanismus besteht eine weitere Besonderheit des ATN-Konzeptes
gegenüber den bekannten Übergangsdiagrammen endlicher Automaten darin, daß im Aktionsteil eines Zustandsübergangs Lese-/Schreiboperationen über einer unbeschränkten Menge
von zusätzlichen *Registern* durchgeführt werden können. Die Register werden bezogen auf
ein einzelnes Netzwerk wie lokale Variable behandelt, die nur über spezielle Zugriffs-
operationen mit einer Spezifikation des Bezugsnetzwerkes von einem anderen Netzwerk
aus zugänglich sind.

Ein sehr kleiner Sprachausschnitt des Deutschen wird durch das in Fig. 10 dargestellte
ATN beschrieben, in dem die Aktionsteile der Kantenbewertungen aus Gründen der Übersichtlichkeit nicht spezifiziert wurden. In diesem Beispiel für ein ATN werden die
präterminalen Wortklassensymbole DET für Determinans (synonym: Artikel), ADJ für Adjektiv, N für Nomen, V für Verb und PRP für Präposition benutzt. Die nichtterminalen
Symbole S für Satz, NP für Nominalphrase, VP für Verbalphrase und PP für Präpositionalphrase dienen zur Bezeichnung syntaktischer Konstituenten.

Zusätzlich zu den bereits eingeführten SEEK und SEND-Kanten enthält das ATN in Fig. 10
weitere Kanten von Typ CAT und JUMP. Bei der Auswertung einer Kante vom Typ CAT prüft
der ATN-Interpreter zunächst, ob das aktuelle Eingabewort ein Element derjenigen Wort-
klassen ist, die als erstes Argument der CAT-Kante spezifiziert wurden. Falls diese
Überprüfung erfolgreich verläuft, wird der Eingabezeiger auf das nächste Wort der

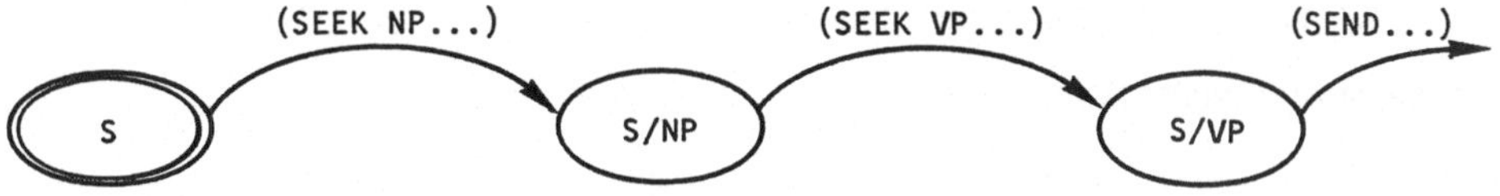

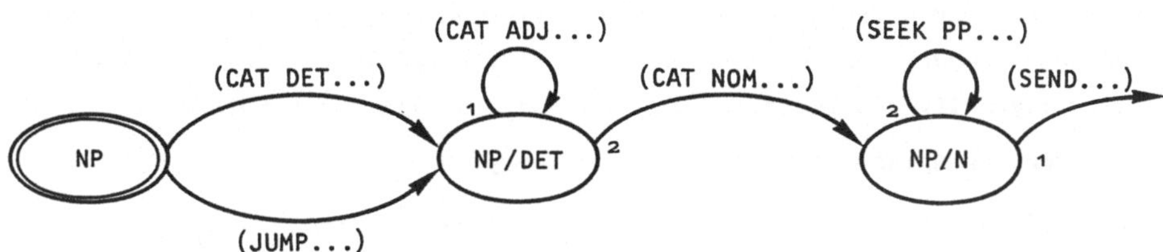

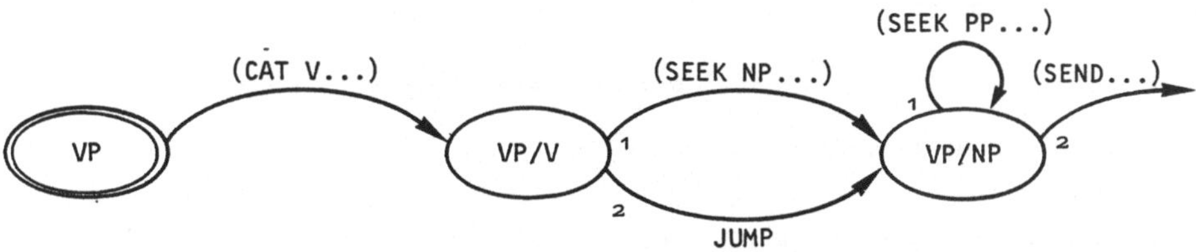

Fig. 10: Eine einfache ATN-Grammatik

Eingabekette weiterbewegt. Anderenfalls wird versucht, einen Zustandsübergang mithilfe einer anderen Kante zu erreichen, oder es muß ein *Backtracking-Prozeß* ausgelöst werden. JUMP bewirkt einen Zustandsübergang, ohne dabei den Eingabezeiger zu verändern. Startzustände sind in Fig. 10 durch doppelte Ellipsen und Endzustände durch wegführende SEND-Kanten markiert. Falls von einem Zustand mehr als eine Kante wegführt, wird durch Zahlen an den Kanten die Reihenfolge spezifiziert, nach der vom ATN-Interpreter versucht wird, die entsprechenden Zustandsübergänge zu realisieren.

Bei einer syntaktischen Analyse des ambigen Satzes (15) (vgl. auch Abschnitt 1.1.)

(15) *Die große Flügelschraube hält den Kühler am Sockel*

mithilfe der in Fig. 10 dargestellten ATN-Grammatik können beide Lesarten des Satzes akzeptiert werden. Zunächst wird für die Teilkette *Die große Flügelschraube hält den*

Kühler in beiden Fällen die Zustandsfolge (16) durchlaufen.

(16) S-NP-NP/DET-NP/DET-NP/N-S/NP-VP-VP/V-NP-NP/DET-NP/N

Da vom Zustand NP/N aus zunächst die SEND-Kante verfolgt wird, lautet die zur Akzeptanz
der Eingabe führende Fortsetzung der Zustandsfolge (16):

(17) VP/NP-PP-PP/PRP-NP-NP/DET-NP/N-PP/NP-VP/NP-S/VP

Falls im Rahmen einer Breitensuche oder durch Auslösung eines Backtracking-Prozesses in
der von S/VP wegführenden SEND-Kante nach alternativen Erfolgspfaden gesucht wird, ergibt sich als alternative Fortsetzung der Zustandsfolge (16)[1] die Folge:

(18) PP-PP/PRP-NP-NP/DET-NP/N-PP/NP-NP/N-VP/NP-S/VP

Während durch (18) die Präpositionalphrase *am Sockel* in eine Nominalphrase eingebettet
wird, bildet diese Präpositionalphrase in (17) die dritte Konstituente der Verbalphrase. Das Analyseergebnis hängt also davon ab, ob die Präpositionalphrase durch die von
NP/N oder von VP/NP wegführende (SEEK PP...)-Kante verarbeitet wird.

Die von dem ATN in Fig. 10 akzeptierten Beispielsätze (19)-(21) zusammen mit

(19) *Die Maschine arbeitet*

(20) *Fritz schläft*

(21) *Der Drucker mit der schönen kleinen Schrift steht hinter verschlossenen Türen*

den zurückgewiesenen Sätzen (22)-(25) verdeutlichen den begrenzten Umfang des erfaßten
Sprachausschnittes. Während Satz (25) tatsächlich syntaktisch nicht

(22) *Die Maschine arbeitet nicht*

(23) *Schläft Fritz*

(24) *Hinter verschlossenen Türen steht der Drucker mit der schönen kleinen Schrift*

(25) **Der mit der schönen Schrift hinter Türen Drucker den kleinen steht verschlossenen*

wohlgeformt ist, müßten die Sätze (22)-(24) von einer umfassenderen Grammatik analysiert
werden.

In starkem Kontrast zu den in diesem Abschnitt eingeführten ATN-Parsern, die bei der
Tiefensuche nach einem Ableitungspfad häufig Backtracking verwenden, stehen *deterministische Parser* wie PARSIFAL (vgl. Marcus 1980) und YAP (vgl. Church 1980). Durch
die Berücksichtigung von Restriktionen, denen vermutlich auch die Parsing-Prozesse bei
einem menschlichen Hörer unterliegen, wird mit der Entwicklung deterministischer Parser
versucht, extrem effiziente aber dennoch möglichst leistungsfähige syntaktisch orientierte Parser zu konstruieren. Deterministische Parser haben wie der menschliche Hörer
Schwierigkeiten mit sog. *Garden Path* ('Holzweg') *Sätzen* wie (26), in denen einer Teil-

---

[1] Durch Vertauschung der Auswertungsreihenfolge für die von NP/N wegführenden Kanten
ändert sich die Reihenfolge, in der beide Lesarten gefunden werden.

kette wie (27) zunächst eine Lesart zugeordnet wird, die sich bei der Verarbeitung der

(26) *Bei der Geldübergabe wird er erkannt und verhaftet sofort den Verdächtigen.*

(27) *Bei der Geldübergabe wird er erkannt und verhaftet.*

restlichen Eingabekette als falsch erweist. Church berücksichtigt in YAP zusätzlich zur *Determinismus-Hypothese* von PARSIFAL noch die *Hypothese vom festen Speicherplatzbedarf*. Dadurch können z.B. Relativsätze wie (28) mit einer auch für den menschlichen Hörer unakzeptablen Einbettungstiefe von YAP nicht akzeptiert werden. Die bis-

(28) *Der Hund, welcher die Katze, welche die Maus jagte, anbellte, heißt Waldi.*

her implementierten deterministischen Parser sind trotz ihrer Effizienz für den Einsatz in anwendungsorientierten NSS noch nicht geeignet, da in ihnen bisher eine allgemeine Behandlung von Konjunktionen, Präpositionalergänzungen und lexikalischen Mehrdeutigkeiten fehlt (vgl. auch Winograd 1983, S. 410).

3.4. DIE REALISIERUNG DES BLACKBOARD-MODELLS IN CHART-PARSERN

Zur Realisierung des Verarbeitungsabschnitts 'Analyse' in Form eines Blackboard-Modells (vgl. Abschnitt 2.2.) wird als Informationstafel häufig eine als *Chart* bezeichnete Datenstruktur eingesetzt (vgl. Fig. 11), in der alle Zwischenergebnisse der Analyse abgelegt werden. Eine Chart ist ein Netzwerk aus Knoten, zwischen denen die einzelnen Wörter der Eingabekette stehen, und bewerteten Kanten, welche die überspannte Teilkette der Eingabe als syntaktische Konstituente kennzeichnen. Fig. 11 zeigt einen Auszug[1] aus einer Chart, wie sie für Beispielsatz (15) bei Anwendung einer Breitensuche auf das in Fig. 10 dargestellte ATN entsteht.

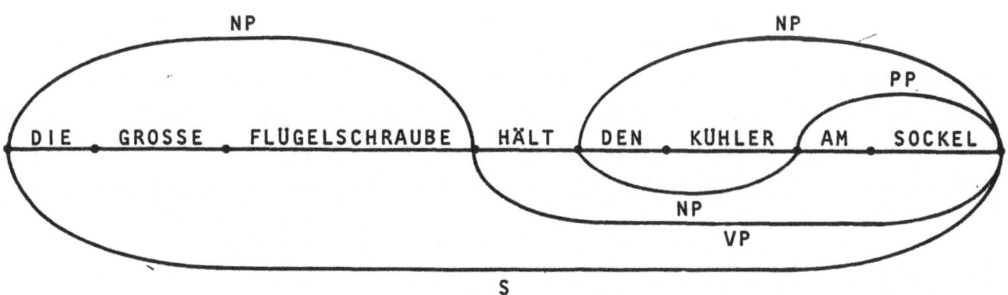

Fig. 11: Beispiel für eine Chart

Gegenüber der üblichen Darstellung syntaktischer Strukturen durch Ableitungsbäume hat die Chart u.a. den Vorteil, daß für mehrdeutige Strukturen nicht zwei vollständige Bäume mit z.T. identischen Teilstrukturen erstellt werden, sondern wie in Fig. 11 gemeinsame Teilstrukturen der Lesarten in der Chart verschmolzen werden. Um eine Chart durch ein ATN aufbauen zu lassen, werden im Aktionsteil der SEND-Kanten Chart-Kanten

---

[1] Aus Gründen der Übersichtlichkeit sind u.a. die Wortklassenkanten in Fig. 11 nicht enthalten.

aufgebaut, die den Namen des durch SEND verlassenen Übergangsdiagramms tragen und die durch das Übergangsdiagramm verarbeitete Teilkette überspannen.

Auf die Chart greifen im Sinne des Blackboard-Modells oft nicht nur syntaktische sondern auch semantische Prozesse zu, z.B. um semantisch nicht plausible Lesarten frühzeitig auszublenden. Falls die verwendete Grammatik viele Sackgassen oder Mehrdeutigkeiten enthält, können die notwendigen Backtracking-Prozesse durch Zugriff auf die in der Chart gespeicherten Analyseergebnisse von wohlgeformten Teilketten (in der ATN-Literatur häufig als *well-formed-substring table* (Abk.: WFST) bezeichnet) beschleunigt werden. Beispielsweise braucht das PP-Netzwerk in Fig. 10 zur Analyse der Präpositionalphrase *am Sockel* bei einer Suche nach sämtlichen möglichen Lesarten nur einmal durchlaufen zu werden, falls das Analyseergebnis nach dem ersten erfolgreichen Durchlauf gespeichert wurde.

Alle Parser, die eine Chart verwenden, werden in der sprachorientierten KI-Forschung zur Gruppe der Chart-Parser zusammengefaßt. Der erste Chart-Parser wurde als Bottom-up-Analysator für kontextfreie Grammatiken von Kay implementiert (der sog. MIND-Parser, vgl. Kay 1973).

Als *Software-Werkzeuge* zur Entwicklung von Chart-Parsern wurden die Systeme GSP (General Syntactic Processor, vgl. Kaplan 1973) und GLP (General Linguistic Processor, vgl. Görz/Beckstein 1980) entworfen. Da diese beiden Systeme nicht nur hinsichtlich des Lexikons und der Grammatik sondern auch in bezug auf die Parsing-Strategie (z.B. Top-downs vs. Bottom-up, Breitensuche vs. Tiefensuche, links-nach-rechts vs. rechts-nach-links vs. bidirektional) parametrisiert sind, bieten sie sich besonders zur *Emulation* und zum Vergleich verschiedener Parser an[1].

Neben einer Chart verfügen GSP und seine Erweiterung GLP als eine zweite Datenstruktur über eine *Agenda* von Koroutinen, die durch einen *zentralen Monitor* generiert und verwaltet werden. In GSP und GLP können durch Veränderungen an einem *Scheduler* zur Prozeßsynchronisation und an einem *Selektor* zur Auswahl der zu aktivierenden Koroutinen verschiedene Parsingstrategien für Ein- oder Mehrprozessorsysteme realisiert werden.

3.5. DIE VERZAHNUNG VON VERARBEITUNGSEBENEN IN KASKADIERTEN ATNs

Eine andere Möglichkeit, die verschiedenen Komponenten des Verarbeitungsabschnitts 'Analyse' als Koroutinen zu realisieren, bieten die sog. *kaskadierten* ATNs (Abk.: CATN, vgl. Woods 1980). Ein CATN besteht aus einer endlichen Folge von hintereinandergeschalteten ATNs $M_1, M_2, \ldots M_{n-1}, M_n$, wobei für $1 \leq j \leq n-1$ die Ausgabe von M_j jeweils die

---

[1] Es gibt u.a. GSP-Emulatoren für den MIND-Parser, den LNR-Parser und den ELI-Parser (vgl. Eisenstadt 1979). Auch der Parser des Systems GUS (vgl. Abschnitt 1.2.) wurde mithilfe von GSP entwickelt.

Eingabe von M_{j+1} bildet. Die Eingabe von M_1 ist die Eingabe in die gesamte Kaskade (vgl. auch Abschnitt 2.2.) und die Ausgabe von M_n ist die Ausgabe der gesamten Kaskade. Ausgaben eines ATNs M_j mit $1 \leq j \leq n-1$ werden durch die Aktion TRANSMIT bewirkt. Eine TRANSMIT-Aktion in M_j übergibt ihr Argument als Eingabe an M_{j+1}. Falls eine Eingabe in M_{j+1} mit $j \geq 1$ nicht akzeptiert wird, so wird in M_j ein Backtracking-Prozeß ausgelöst. Eine Eingabe in ein CATN gilt als akzeptiert, wenn alle ATNs der Kaskade ein leeres Eingabeband aufweisen und sich gleichzeitig in einem ihrer Endzustände befinden.

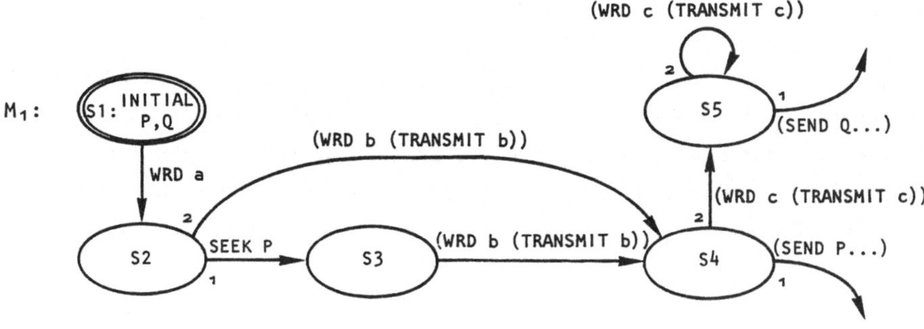

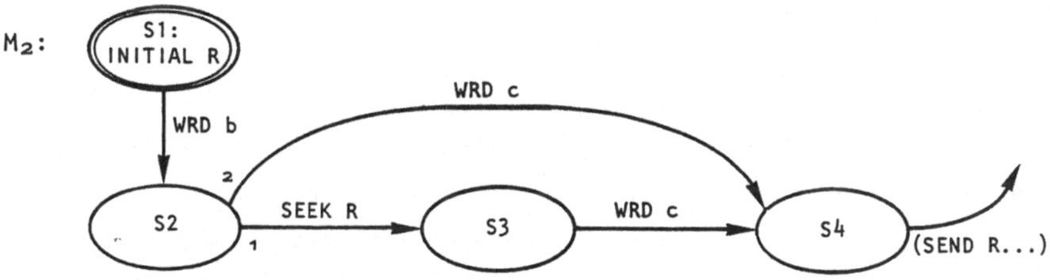

Fig. 12: Beispiel einer zweistufigen ATN-Kaskade

Die Funktionsweise eines CATNs wird im folgenden am Beispiel einer zweistufigen Kaskade erläutert (vgl. Fig. 12), welche die Sprache $L_1 = \{a^n b^n c^n \mid n \geq 1\}$ akzeptiert (vgl. Woods 1980, S. 9). L_1 ist eine kontextsensitive Sprache, die nicht durch eine kontextfreie Grammatik erzeugt werden kann. Aus der theoretischen Informatik ist bekannt, daß kontextfreie Sprachen gegenüber Durchschnittsbildung nicht abgeschlossen sind. Mithilfe der beiden kontextfreien Sprachen $L_2 = \{a^n b^n c^m \mid n, m \geq 1\}$ und $L_2 = \{a^m b^n c^n \mid n, m \geq 1\}$ kann daher $L_1 = L_2 \cap L_3$ eine nicht kontextfreie Sprache gebildet werden.

In dem für CATNs verwendeten ATN-Formalismus werden getrennte Bezeichnungen für den Startzustand eines Netzwerkes und die von dem Netzwerk akzeptierte Konstituente verwendet, so daß z.B. die Erkennung unterschiedlicher Konstituenten (in Fig. 12: P und Q) von dem gleichen Startzustand (in Fig. 12: S1) ausgehen kann. Die SEND-Kanten müssen dann allerdings immer den Namen der erkannten Konstituente enthalten, um verschiedene Endzustände eindeutig erkannten Konstituenten zuordnen zu können (vgl. SEND P, SEND Q in Fig. 12).

Durch M_1 wird die Grammatik G_1 und durch M_2 die Grammatik G_2 realisiert:

G_1: $Q \rightarrow RS_5$, $S_5 \rightarrow cS_5$, $S_5 \rightarrow c$, $P \rightarrow aPb$, $P \rightarrow ab$

G_2: $R \rightarrow bRc$, $R \rightarrow bc$

Es gilt $L(G_1) = L_2$, aber $L(G_2) = \{b^n c^n \mid n \geq 1\} \neq L_3$. Der Unterschied des CATN gegenüber der formalen Durchschnittsbildung mit L_2 und L_3 beruht darauf, daß eine TRANSMIT-Aktion mit den von M_1 verarbeiteten 'a'-Symbolen für die Erkennung von L_1 durch die gesamte Kaskade überflüssig ist, da alle bzgl. L_1 an 'a' geknüpften Bedingungen bereits von M_1 geprüft werden. Die Zeichenkette aabbcc $\in L$ wird durch die in Fig. 12 dargestellt Kaskade folgendermaßen akzeptiert:

M_1:S1-S2-S1-S2-S4, M_2:S1-S2, M_1:S3-S4, M_2:S1-S2, M_1:S5, M_2:S4-S3, M_1:S5, M_2:S4

Da bereits ein ATN, in dem Register verwendet werden, bzgl. des akzeptierten Sprachumfangs die Mächtigkeit einer Turing-Maschine besitzt, kann durch die Organisation von ATNs in einer Kaskade natürlich keine weitere Steigerung der Ausdrucksstärke erreicht werden. Vielmehr besteht der Vorteil von CATNs bei der Konstruktion von NSS darin, daß die Verzahnung morphologischer, syntaktischer, semantischer und pragmatischer Prozesse im Verarbeitungsabschnitt 'Analyse' in einem klar strukturierten und effizienten Verarbeitungsmodell erfaßt werden kann. Jeder Analyseebene wird dabei genau eine Stufe der Kaskade zugeordnet. Im Gegensatz zu nicht kaskadierten ATNs wird in CATNs Redundanz bei der Wissensrepräsentation dadurch verhindert, daß z.B. auf der semantischen Stufe nur genau eine Stelle existiert, an der z.B. Zeitangaben semantisch überprüft werden, während in einem nicht kaskadierten ATN die gleiche semantische Prüfung mit jedem einzelnen Zustand, in dem eine als Zeitangabe interpretierbare syntaktische Konstituente erkannt wird, verknüpft werden muß.

Das Kaskaden-Modell hat sich im RUS-Parser (vgl. Bobrow 1978), der mit einer zweistufigen Syntax/Semantik-Kaskade arbeitet, bereits bewährt. Ausgehend von den Erfahrungen beim Einsatz von CATNs zur Analyse von Dialogprotokollen wurde eine gegenüber der ursprünglichen Version von Woods stark verallgemeinerte Version von CATNs entwickelt (vgl. Christaller/Metzing 1982):

- Innerhalb einer Kaskade können Stufen übersprungen werden. Dadurch ergibt sich u.a. die Möglichkeit, *phatische Ausdrücke* wie *oh* und *aha* von der lexikalischen Stufe unter Umgehung der syntaktischen und semantischen Stufe direkt an die pragmatische Stufe weiterzugeben.

- Nicht jede Stufe einer Kaskade muß als ATN realisiert werden. Dadurch wird es in einem Kaskaden-Modell möglich, ATNs nur auf denjenigen Analysestufen einzusetzen, für die sie zur Wissensrepräsentation geeignet sind.

4. VERFAHREN ZUR SEMANTISCHEN ANALYSE NATÜRLICHER SPRACHE

Im vorangegangenen Kapitel wurden Parser zunächst schwerpunktmäßig unter dem Aspekt des *Akzeptierens* bzw. *Zurückweisens* eingegebener Wortfolgen betrachtet. Da die Hauptaufgabe eines Parsers in einem NSS aber in der Überführung der Eingabe in eine für die Auswertung geeignete Repräsentationskonstruktion besteht, soll im folgenden anhand eines Beispiels aus einem *semantisch orientierten ATN-Parser*[1] ein einfaches Verfahren zur Realisierung der Überführungsfunktion erläutert werden.

4.1. DIE ERZEUGUNG VON REPRÄSENTATIONKONSTRUKTIONEN DURCH SEMANTISCH ORIENTIERTE PARSER

Fig. 13 (a) zeigt einen winzigen Ausschnitt aus einem semantisch orientierten ATN, das in unserem System HAM-ANS eingesetzt wird, um bereits lexikalisch und morphologisch analysierte Eingaben in die oberflächennahe, logik-orientierte Repräsentationssprache SURF zu überführen (vgl. Jameson et al. 1981). Die Kanten des ATN enthalten die Wortklassensymbole ADV für Adverb und ZWT für Zahlwort. Bei der Auswertung des Kantentyps WRD durch den ATN-Interpreter wird überprüft, ob das aktuelle Wort mit dem ersten Argument der WRD-Kante identisch ist.

In Teil (b) von Fig. 13 werden zu jedem in Teil (a) dargestellten Zustand die wegführenden Kanten mit den in der graphischen Darstellung nicht enthaltenen Aktionsteilen in der typischen Listendarstellung wiedergegeben. Durch Aktionen der Form (TO <Zustandsname> wird zu dem spezifizierten Zustand übergegangen und der Eingabezeiger auf das nächste Wort der Eingabekette weiterbewegt. Bei der Auswertung der Form (VERIFY <LISP form>) durch den ATN-Interpreter wird das Argument von VERIFY als Prädikat gedeutet, dessen Evaluierung zu NIL die Blockierung des betreffenden Zustandsübergangs bewirkt (vgl. Zustand ZWT-BIS in Fig. 13 (b)).

Beim Durchlaufen des Teilnetzes wird mithilfe von ATN-Registern nacheinander eine *semantische Repräsentationskonstruktion* zusammengesetzt. Durch die Aktionen SETR und GETR[2] können ATN-Register gesetzt bzw. gelesen werden. Der Wert der Variablen \$ ist stets das aktuell zu analysierende Wort aus der Eingabekette. Im Register R-ZHECKE wird ein semantisch als Präzisierungs- bzw. Unschärfeoperator wirkendes Adverb (Fachwort: *Hecke*) gespeichert. Im Register R-NUMBER wird eine dem eingegebenen Zahlwort entsprechende natürliche Zahl[3] oder ein der eingegebenen Formulierung entsprechendes Intervall abgelegt.

---

[1] Aus Platzgründen wird auf die Möglichkeiten zur Erzeugung einer expliziten syntaktischen Strukturbeschreibung (vgl. Bates 1980), wie sie in syntaktisch orientierten Parsern angestrebt wird, nicht näher eingegangen. Die entsprechenden Verfahren arbeiten analog zu dem hier skizzierten Vorgehen bei der direkten Erzeugung einer semantischen Repräsentationskonstruktion.

[2] Durch Makroexpansion wird '_#A' in '(GETR A) überführt.

[3] %Zahlen-1 ist eine Assoziationsliste, in der diese Entsprechungen für die häufigsten Zahlwörter codiert sind.

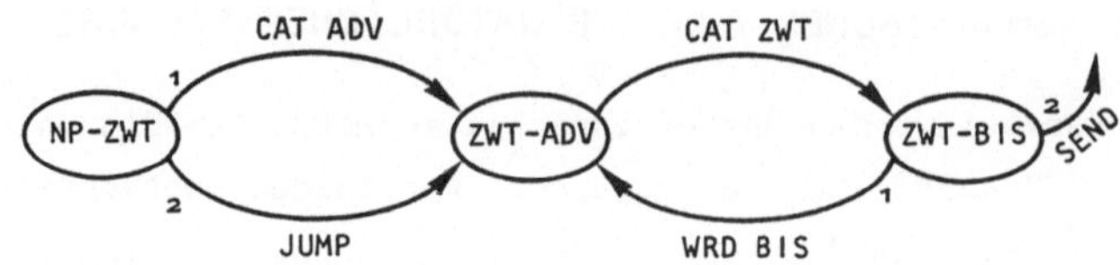

(a) Graphische Darstellung eines Teilnetzes zur Verarbeitung von Zahlwörtern

```
NP-ZWT
((CAT ADV (SETR R-ZHECKE $) (TO ZWT-ADV))
 (JUMP ZWT-ADV))


ZWT-ADV
((CAT ZWT
       (SETR R-NUMBER (COND [(NULL _#R-NUMBER)(CDR (ASSOC $ %ZAHLEN-1))]
                           [T (BUILD RANGE
                              LOWER  #R-NUMBER
                              UPPER (CDR (ASSOC $ %ZAHLEN-1)))]]))
       (TO ZWT-BIS)))


ZWT-BIS
((WRD BIS (VERIFY (ATOM _#R-NUMBER)) (TO ZWT-ADV))
 (SEND (COND [_#R-ZHECKE
              (BUILD (QUANTITY HEDGE)
               HEDGE _#R-ZHECKE
               NUMBER-WORD _#R-NUMBER)]
             [T _#R-NUMBER])))
```

(b) Linearisierte Darstellung des semantisch-orientierten ATN-Teilnetzes

```
<quantity>
      ::=   (qt-h: <hedge> <number-word>)                        ;HEDGE
      ::=   <number-word>.
      ::=   <range>.

<range>
      ::=   (r: <number-word> ;LOWER <number-word> ;UPPER)

<hedge>
      ::=   ETWA | GENAU | FAST | UNGEFAEHR | IN/ ETWA | NUR

<number-word>
      ::=   <number>.
      ::=   VIEL | EINIG | MEHRER | ETLICH | WENIG | E- | EPL | KEIN

<number>
      ::=   (*LOCAL (*R ?N (NUMBERP !N)))                        ;FINITE
      ::=   T                                                    ;INFINITE
```

(c) Auszug aus der syntaktischen Definition der semantischen Repräsentationssprache

```
(DREI ZWT)                                       ──►  3
((UNGEFAEHR ADV) (ZWEI ZWT))                     ──►  (qt-h: UNGEFAEHR 2)
((ZWEI ZWT) (BIS PRP) (SIEBEN ZWT))              ──►  (r: 2 7)
((ETWA ADV) (ZWEI ZWT) (BIS PRP) (DREI ZWT))     ──►  (qt-h: ETWA (r: 2 3))
```

(d) Beispiele für die Überführung in Repräsentationskonstruktionen

Fig. 13: Zur Funktionsweise eines semantisch orientierten ATN-Parsers

Die Funktion BUILD (vgl. die Zustände ZWT-ADV und ZWT-BIS in Fig. 13 (b)) dient zum Aufbau von Repräsentationskonstruktionen gemäß einer in erweiterter Backus-Naur-Form definierten Syntax. Fig. 13 (c) zeigt einen Auszug aus der syntaktischen Definition der Repräsentationssprache SURF, die in genau dieser Form von BUILD gelesen wird, um wohlgeformte SURF-Ausdrücke zu konstruieren.

Teil (d) von Fig. 13 enthält vier Beispiele für die ATN-gesteuerte Überführung in SURF-Ausdrücke, von denen das letzte kurz erläutert werden soll. Ausgehend vom Zustand NP-ZWT wird zunächst ElWA als Hecke erkannt und das Zahlwort ZWEI im Register R-NUMBER als 2 abgelegt. Über die WRD-Kante führt der Weg wiederum zum Zustand ZWT-ADV, von dem aus durch eine CAT-Kante das Zahlwort DREI verarbeitet wird. Dabei wird durch BUILD das Intervall (r: 2 3) aufgebaut. Anschließend wird die vom Zustand ZWT-BIS wegführende WRD-Kante durch die VERIFY-Aktion blockiert (R-NUMBER ist kein Atom mehr), so daß die SEND-Kante ausgewertet wird. Dabei wird ein Quantity-Ausdruck vom Typ 'Hedge' aufgebaut, dessen zwei Konstituenten (vgl. Fig. 13 (c)) aus den Registerinhalten von R-ZHECKE und R-NUMBER zusammengesetzt werden (vgl. Fig. 13 (b)). Der von dem dargestellten Teilnetz erzeugte SURF-Ausdruck wird dann an das aufrufende ATN-Netzwerk weitergegeben, wo er in eine größere Repräsentationskonstruktion eingebettet wird.

4.2. EFFIZIENTES, DISKURSBEREICHSABHÄNGIGES PARSING MIT SEMANTISCHEN GRAMMATIKEN

Um in einem semantisch orientierten Parser die Überführung in eine Repräsentations-konstruktion zu vereinfachen, wurde für den schnellen Aufbau natürlichsprachlicher Schnittstellen mit stark eingeschränktem Diskursbereich das Konzept der *semantischen Grammatik* entwickelt.

Fig. 14 zeigt ein semantisches ATN mit zahlreichen WRD-Kanten, mit CAT-Kanten, die neben den üblichen lexikalischen Kategorien wie DET und ADJ auch die *diskursbereichs-spezifische* semantische Kategorie ORT (z.B. können im Lexikon *Hamburg* und *Teisendorf* als Orte klassifiziert sein) enthalten, und mit SEND-Kanten für semantische Konstitu-enten wie PERSON (z.B. <Vorname><Familienname> vs. <Titel><Familienname> vs. <Anrede><Familienname>) und ZEITPUNKT (z.B. <Wochentag> vs. <DATUM> vs. <Feiertag>). Die Nominalphrasen (29) und (30) sind Beispiele für Strukturen, die von dem in Fig. 14 dar-

> (29) *eine abenteuerliche Reise von Dr. Otto Unblutig nach Teisendorf am Gründon-nerstag*

> (30) *die Reise von Hamburg nach Teisendorf über Hannover, Nürnberg, München am 15.3.82*

gestellten semantischen ATN akzeptiert werden.

In anwendungsorientierten Systemen wie SOPHIE (<u>S</u>ophisticated <u>I</u>nstructional <u>E</u>nvironment, vgl. Burton 1976), HWIM (<u>H</u>ear <u>W</u>hat <u>I</u> <u>M</u>ean, vgl. Woods et al. 1976) und PLANES (<u>Pro</u>-grammed <u>L</u>anguage-based <u>E</u>nquiry <u>S</u>ystem, vgl. Waltz 1978) konnten mit semantischen Gram-matiken *hohe Verarbeitungsgeschwindigkeiten* beim Parsing erzielt werden (z.B. beträgt

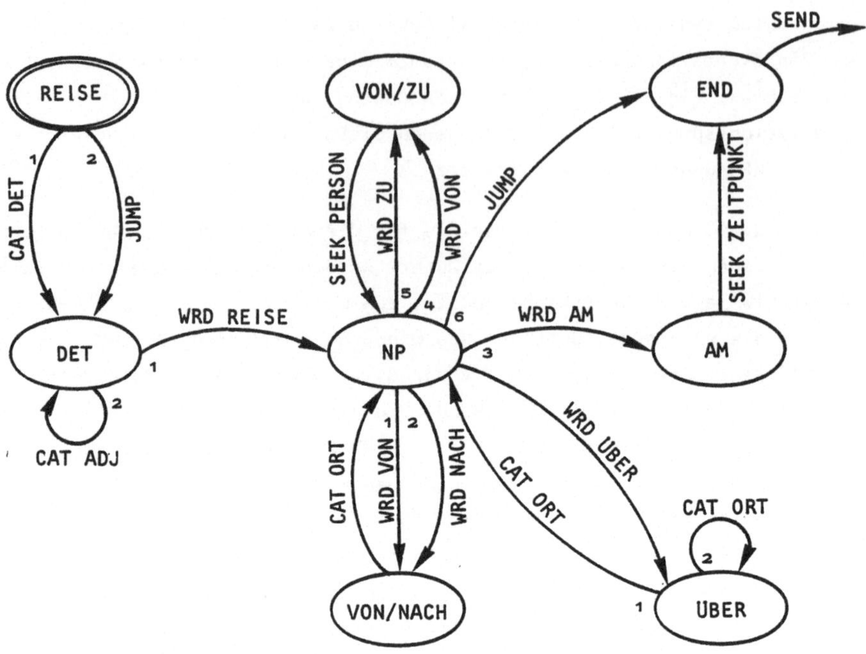

Fig. 14: Auszug aus einem semantischen ATN

die Analysezeit für eine typische Eingabe in SOPHIE 0,1 - 1 Sekunde). Die im System
LIFER (Language Interface Facility with Ellipsis and Recursion, vgl. Hendrix 1977) ver-
fügbaren Hilfsmittel für den schnellen Aufbau semantischer Grammatiken haben sich in
mehreren Anwendungsprojekten bewährt, in denen Bearbeiter mit guten Kenntnissen der
Diskurswelt und ausreichenden Linguistik-Kenntnissen in wenigen Wochen einsatzfähige
Parser erstellten.

Den Vorteilen einer einfachen Überführung in eine semantische Repräsentationskonstruktion stehen zwei Nachteile semantischer Grammatiken gegenüber:

- Semantische Grammatiken sind in der Regel wesentlich umfangreicher (und damit
  schwieriger zu verändern) als syntaktische Grammatiken, die den gleichen Sprachausschnitt erfassen. Beispielsweise wurde für HWIM eine semantische Grammatik
  mit 448 Zuständen, 881 Kanten und 2280 Aktionen entwickelt, die bzgl. der Vielfalt der akzeptierten Strukturen beschränkter war als eine für das gleiche System
  entwickelte Grammatik mit 83 Zuständen, 202 Kanten und 386 Aktionen (vgl. Bates
  1980).

- In semantischen Grammatiken wird grammatisches Wissen diskursbereichsspezifisch
  codiert, d.h. sie sind nur einmal verwendbar, da sie kaum an andere Diskursbereiche adaptiert werden können.

4.3. DIE SEMANTISCHE STEUERUNG DER ANALYSE DURCH KASUSRAHMEN

Eine Möglichkeit, Parser durch die Berücksichtigung semantischer Restriktionen effizient zu steuern, ohne dabei wie bei der Verwendung semantischer Grammatiken diskursbereichsabhängig zu werden, stellen die sog. *kasusgesteuerten Parser* dar. In diesen Parsern werden sog. *Kasusrahmen*, die im Lexikon des Systems mit Verben assoziiert sind, zur Analysesteuerung eingesetzt. Im Kasusrahmen werden die mit der Verwendung eines Verbs obligatorisch und fakultativ vorhandenen semantischen Relationen zu anderen Bestandteilen einer Äußerung spezifiziert. Beispiele für solche semantischen Relationen sind:

- Agent/Actor: Urheber einer Tätigkeit oder Handlung
  (z.B. *Peter zerschlug das Glas.*)

- Objective/Object: Von einer Handlung betroffene oder einbezogene Größe
  (z.B. *Peter zerschlug das Glas.*)

- Instrumental/Instrument: Mittel der Handlung
  (z.B. *Peter zerschlug das Glas mit dem Hammer.*)

- Source: Ausgangspunkt, Quelle oder Material einer Handlung
  (z.B. *Peter entfloh aus dem Gefängnis.*)

- Goal: Zielpunkt der Handlung
  (z.B. *Peter entkam nach Südamerika.*)

Solche semantischen Relationen werden als *Tiefenkasus* (vgl. Fillmore 1968) bezeichnet im Gegensatz zu den üblichen syntaktischen Unterscheidungen zwischen Nominativ, Akkusativ, Dativ usw., die als sog. *Oberflächenkasus* lediglich zur sprachlichen Markierung von Tiefenkasus dienen. In der sprachorientierten KI-Forschung werden sehr verschieden definierte Inventare von Tiefenkasus verwendet, wobei die Anzahl der unterschiedenen Tiefenkasus zwischen 7 und 20 schwankt (vgl. auch Winograd 1983, S. 311ff.).

```
(agent:  ( O
          (d-o: OR
           (lambda: x1 (af-a: ISA x1 FAHRZEUG))
           (lambda: x1 (af-a: ISA x1 MENSCH))))
  source:
          ( F
           (lambda: x1 (af-a: ISA x1 VERKEHRSWEG)))
  goal:   ( F
           (lambda: x1 (af-a: ISA x1 VERKEHRSWEG))))
```

Fig. 15: Beispiel für einen Kasusrahmen

Der in Fig. 15 dargestellte Kasusrahmen für das Verb *Einbiegen*, der mithilfe der semantischen Repräsentationssprache SURF formuliert ist (vgl. auch Abschnitt 4.1.), wird im System HAM-ANS zur Kasussteuerung eines semantisch orientierten ATN-Parsers eingesetzt (vgl. Hoeppner 1982b). Neben den obligatorischen (O) und fakultativen (F) Tiefenkasus enthält der Kasusrahmen auch sog. *Selektionsrestriktionen*, die eine Konstituente erfüllen muß, um die entsprechende Kasusrolle übernehmen zu können. Beispielsweise muß in einem Ereignis vom Typ 'Einbiegen' der Agent ein Fahrzeug oder ein Mensch sein, und bei Source und Goal muß es sich um Verkehrswege handeln (vgl. Fig. 15). Ohne die Verwendung solcher Selektionsrestriktionen kann ein NSS z.B. nicht erkennen, daß sowohl in (31) als auch in (32) *Edison* (und nicht der Glühlampe) die Tiefenkasusrolle Agent zuge-

(31) *Edison erfand die Glühlampe.*

(32) *Die Glühlampe erfand Edison.*

wiesen werden muß. Fig. 16 zeigt einen Ausschnitt aus einem kasusgesteuerten ATN (vgl. Hoeppner 1982b), in dem die übliche Top-down-Strategie des ATN-Interpreters bottom-up durch den Kasusrahmen des Vollverbs modifiziert wird. Dabei wird für jeden im Kasusrahmen spezifizierten Tiefenkasus ein ATN-Register angelegt. Die Steuerung besteht nun z.B. darin, daß nur noch nach Präpositionalphrasen (z.B. für die Tiefenkasusrollen Source und Goal) gesucht wird, sobald durch VERIFY-Aktionen über dem Agent- und Objective-Register festgestellt wurde, daß alle durch Nominalphrasen realisierbaren Tiefenkasusrollen abgedeckt sind.

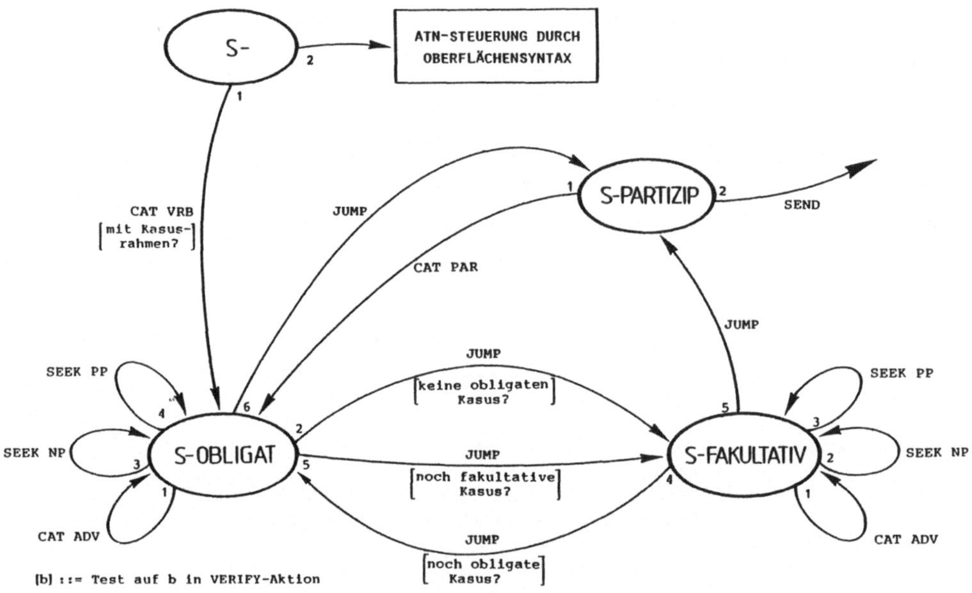

Fig. 16: Ausschnitt aus einem kasusgesteuerten ATN

Gesteuert durch den in Fig. 15 angegebenen Kasusrahmen können mithilfe des in Fig. 16 dargestellten ATNs (PAR steht für die Wortklasse Partizip) z.B. folgende Sätze analysiert werden:

(33) *Das Auto biegt ein.*

(34) *Der Betrunkene ist in eine Einbahnstraße eingebogen.*

(35) *Aus der Schlüterstraße ist danach der Polizist in die Einbahnstraße eingebogen.*

4.4. DER VERZICHT AUF GRAMMATISCHE REGELN IN LEXIKON-BASIERTEN PARSERN

Die Verwendung von im Lexikon gespeicherter Information zur Steuerung der Analyse wurde in einer Serie von Parsern (MARGIE-Parser, vgl. Riesbeck 1975, ELI-Parser, vgl. Schank/Riesbeck 1976, CA-Parser, vgl. Birnbaum/Selfridge 1979), die alle an der Yale University entwickelt wurden, verallgemeinert und zum alleinigen Parsingprinzip erhoben. Bei diesen semantisch-pragmatisch gesteuerten und semantisch orientierten Parsern, die natürlichsprachliche Eingaben in sog. *konzeptuelle Dependenzgraphen* (vgl. Kapitel 5) überführen, spricht man auch von *lexikon-basierten Parsern* (z.T. auch von 'grammatik-freien' Parsern), da sie keine als grammatisches Wissen gespeicherten Regeln sondern ausschließlich Lexikoneinträge verwenden.

In lexikon-basierten Parsern soll Sprachverstehen als *erwartungsgesteuerter Prozeß* modelliert werden, d.h. daß beim Hören eines Wortes jeweils semantisch motivierte Erwartungen und Annahmen über nachfolgende Wörter oder bereits gehörte Wörter ausgelöst werden.

In NSS mit lexikon-basierten Parsern wird jedem Lexikoneintrag eine Menge von *Produktionen* zugeordnet, die jeweils aus einem *Bedingungs-* und einem *Aktionsteil* bestehen. Die wichtigsten Datenstrukturen, die vom Parser verwendet werden, sind eine Konzept-liste (C-LIST), in der die erzeugten Zwischenstrukturen gespeichert werden und die semantische Repräsentationskonstruktion sukzessive aufgebaut wird, und eine Liste der aktivierten Produktionen (R-LIST), die nach jedem Lesen eines Eingabewortes ausgewertet wird. Der Parsingalgorithmus kann folgendermaßen zusammengefaßt werden:

1. Lies von links nach rechts das nächste Wort der Eingabekette ein. Falls kein Wort mehr vorhanden ist, wird die Prozedur beendet.
2. Füge die mit dem eingegebenen Wort assoziierten Produktionen der R-LIST hinzu.
3. Werte die Produktionen in R-LIST aus.
4. Gehe zurück zu Schritt 1.

Im Bedingungsteil der Produktion kann geprüft werden, ob

- ein bestimmtes Wort oder eine bestimmte Konstituente vorhanden ist oder
- die in C-LIST gespeicherten Strukturen bestimmte semantische Bedingungen oder Ordnungsrelationen erfüllen.

Der Aktionsteil der Produktionen bewirkt:

- das Hinzufügen einer konzeptuellen Struktur an das Ende der C-LIST oder
- die Ersetzung eines Platzhalters in einer konzeptuellen Struktur durch eine andere Struktur oder
- die Speicherung von Produktionen in R-LIST oder
- die Löschung von Produktionen in R-LIST.

Anhand einer Beispielanalyse für den Satz *Fritz aß einen Apfel* soll im folgenden das Verfahren des lexikon-basierten Parsings in seinen Grundzügen erläutert werden. Zunächst wird das Wort *Fritz* eingelesen. Die mit diesem Wort assoziierte Produktion lautet:

P1: Bedingung: T

   Aktion: Füge die Struktur (PP CLASS (MENSCH) NAME (FRITZ)) der C-LIST hinzu.

Durch die Auswertung von P1 in Schritt 3 des Parsingalgorithmus wird die angegebene
Struktur in C-LIST gespeichert. Als nächstes wird das Wort *aß* eingelesen, mit dem die
Produktionen P2, P3 und P4 assoziiert sind. Nach Schritt 3, in dem die Aktionsteile

P2: Bedingung: T

   Aktion: Füge die Struktur (INGEST ACTOR (NIL) OBJECT (NIL) TIME (IMPERFEKT))
                     der C-LIST hinzu.

P3: Bedingung: Gibt es vor der INGEST-Struktur auf der C-LIST eine konzeptuelle
                     Struktur X vom Typ MENSCH?

   Aktion: Ersetze in der INGEST-Struktur den Platzhalter NIL in der ACTOR-
                     Position durch X.

P4: Bedingung: Gibt es nach der INGEST-Struktur auf der C-LIST eine konzeptuelle
                     Struktur Y vom Typ NAHRUNG?

   Aktion: Ersetze in der INGEST-Struktur den Platzhalter NIL in der OBJECT-
                     Position durch Y.

von P2 und P3 ausgeführt werden, enthält C-LIST die Struktur (36). Bisher wurde die

```
(36) (INGEST ACTOR (PP CLASS (MENSCH) NAME (FRITZ))
            OBJECT (NIL)
            TIME (IMPERFEKT))
```

Erwartung noch nicht erfüllt, daß der Eingabesatz auch Angaben darüber enthält, was
Fritz aß (vgl. P4). Als nächstes Wort wird *einen* eingelesen und P5 der R-LIST hinzugefügt. Da der Bedingungsteil von P5 nicht erfüllt ist, wird als nächstes das Wort

P5: Bedingung: Wurde eine neue Struktur Z an das Ende der C-List angehängt?

   Aktion: Markiere Z als indefinite Beschreibung.

Apfel eingelesen und die Produktion P6 der C-LIST hinzugefügt.

P6: Bedingung: T

   Aktion: Hänge die Struktur (PP CLASS (NAHRUNG) TYPE (APFEL)) an die
                     C-LIST an.

Nun werden die Produktionen P6, P5 und P4 ausgeführt. Da kein weiteres Wort in der
Eingabekette vorhanden ist, wird als semantische Repräsentationskonstruktion für *Fritz
aß einen Apfel* die Struktur (37) ausgegeben. Innerhalb der Theorie der konzeptuellen

```
(37)    (INGEST ACTOR (PP CLASS (MENSCH) NAME (FRITZ))
               OBJECT (PP CLASS (NAHRUNG) TYPE (APFEL) REF (INDEF)))
               TIME (IMPERFECT))
```

Dependenz wird INGEST als sog. *semantisches Primitiv* (vgl. Kapitel 5) für den Hand-
lungstyp 'Einverleiben eines Objektes durch ein Lebewesen' verwendet.

Das skizzierte Verfahren ermöglicht einerseits eine hohe Flexibilität bei der Mischung von Bottom-up- und Top-down-Verarbeitung, die z.B. bei der Auflösung von lexikalischen Mehrdeutigkeiten Vorteile bietet, weist aber andererseits folgende Nachteile auf:

- Da syntaktische Regularitäten nicht in getrennten Regeln erfaßt werden, entsteht eine hohe Redundanz im Lexikon, da die gleichen Regularitäten in vielen verschiedenen Lexikoneinträgen wiederholt werden müssen.
- Das für den Parsing-Prozeß verwendete Wissen ist schlecht lesbar.
- Jede Ergänzung und Änderung eines Lexikoneintrages kann viele, z.T. schwer vorhersehbare Seiteneffekte auf die Verarbeitung anderer Wörter auslösen.

Ein weiterer lexikon-basierter Parser ist der *Wortexperten-Parser* (vgl. Rieger/Small 1979, Small 1981). Der Wortexperten-Parser[1], dessen Aufbau einer heterarischen Systemarchitektur (vgl. Abschnitt 2.2.) entspricht, ist semantisch orientiert und semantisch-pragmatisch gesteuert. Mit jedem Wort sind als Wortexperte Prozeßbeschreibungen assoziiert, durch die kontextsensitiv die passende Lesart des Wortes und seine funktionale Rolle in der Eingabekette bestimmt werden können. Das Einlesen eines Wortes aus der Eingabekette führt zur Aktivierung des assoziierten Wortexperten. Die aktivierten Wortexperten tauschen untereinander solange Nachrichten aus, bis eine eindeutige semantische Repräsentationskonstruktion für die gesamte Eingabe gefunden wurde.

4.5. WEITERE SEMANTISCH-PRAGMATISCHE PROZESSE IM VERARBEITUNGSABSCHNITT 'ANALYSE'

4.5.1. Die Rekonstruktion der Semantik von elliptischen Eingaben

In den vorangegangenen Abschnitten sind wir zunächst davon ausgegangen, daß der Benutzer nur syntaktisch vollständige natürlichsprachliche Äußerungen in ein NSS eingibt. Tatsächlich sind aber viele natürlichsprachliche Äußerungen *elliptisch*, d.h. es werden Wörter oder Satzteile ausgelassen, von denen der Sprecher annimmt, daß sie vom Hörer mitverstanden werden. Da die Effizienz der natürlichsprachlichen Kommunikation entscheidend von der Möglichkeit zur Verwendung von Ellipsen abhängt, wurden in der sprachorientierten KI-Forschung verschiedene Verfahren zur Verarbeitung elliptischer Eingaben entwickelt (z.B. enthalten die NSS LIFER, PLANES, GUS und HAM-ANS eine Komponente zur Verarbeitung von Ellipsen). Da die Aufgabe des Verarbeitungsabschnitts 'Analyse' darin besteht, eine vollständige semantische Repräsentationskonstruktion für die Eingabe zu erzeugen, muß in der Komponente zur *Ellipsenverarbeitung* (vgl. auch Fig. 7) die Semantik einer unvollständigen Eingabe unter Verwendung aller verfügbaren Wissensquellen rekonstruiert werden.

Aus der Linguistik ist eine Vielzahl unterschiedlicher Typen von Ellipsen bekannt, (vgl. z.B. Hussmann/Genzmann 1982), von denen im Rahmen dieser Einführung nur die in NSS besonders wichtigen Fälle angesprochen werden können. Eng verknüpft mit der Ver-

---

[1] Im Projekt TOPIC wird ein Wortexperten-Parser als Komponente eines Kondensierungssystems für deutschsprachige Texte entwickelt (vgl. Hahn et al. 1982)

wendung von Konjunktionen und Komparationen sind die sog. *syntaktischen Ellipsen*, die weiter in *Vorwärtsellipsen* (vgl. (38)) und *Rückwärtsellipsen* (vgl. (39)) untergliedert werden können. In (1) muß ein Links-nach-rechts-Parser den syntaktischen Kontext vor-

> (38) *Der große und der mittlere Sitzungssaal sind leider schon reserviert.*

> (39) *Die Eltern bekommen das Doppelzimmer und der Sohn das Einzelzimmer.*

wärts und in (39) rückwärts durchsuchen, um die fehlende Konstituente (in (38): *Sitzungssaal*, in (39): *bekommt*[1]) ergänzen zu können. Die in der KI-Literatur beschriebenen Verfahren zur Verarbeitung syntaktischer Ellipsen beruhen auf verschiedenen Erweiterungen von Parsing-Algorithmen (u.a. durch Konjunktionen ausgelöste Generierung zusätzlicher ATN-Kanten, in denen bereits erkannte Konstituenten optional sind (vgl. Kwasny 1980), die allerdings bisher jeweils nur einen Teil dieser Kategorie von Ellipsen korrekt verarbeiten.

Im Gegensatz zu syntaktischen Ellipsen können die sog. *kotextuellen Ellipsen* nur durch Zugriff auf die als text- bzw. dialogbezogene Wissensquellen aufgebauten semantischen Dialoggedächtnisse (vgl. Abschnitt 2.1.) aufgelöst werden. Wie die Texteingabe (40) und die Dialogsequenz (41) – (43) veranschaulichen, müssen textverstehende Systeme und Dialogsysteme auf die semantische Struktur vorausgegangener Eingaben zugreifen, um den Teil der Bezugsäußerung zu finden, der durch die Ellipse ersetzt wird.

> (40) BEN: *In den Familienzimmern stehen vier Betten. In den anderen Zimmern stehen jeweils nur zwei.*

> (41) BEN: *Gibt es ein Radio im Zimmer?*

> (42) SYS: *Ja, natürlich.*

> (43) BEN: *Und ein Telephon?*

Man bezeichnet diese Form der kotextuellen Ellipse auch als *Ersetzungsellipse*. Andere wichtige Typen von kotextuellen Ellipsen sind die *Wiederholungsellipse* (vgl. (45) und die *Erweiterungsellipse* (vgl. (46)). Die Verarbeitung kotextueller Ellipsen

> (44) SYS: *Ein Zimmer mit Alsterblick kostet 120 DM.*

> (45) BEN: *120 DM?*

> (46) BEN: *Pro Nacht?*

setzt voraus, daß ein semantisch orientierter Parser auch für vollständige Sätze eine semantische Repräsentationskonstruktion erzeugen kann. Ein Verfahren zur Ellipsenverarbeitung besteht dann darin, zunächst für den Bezugssatz alle zulässigen Elliptifizierungen zu erzeugen und nacheinander unter Verwendung eines Ähnlichkeitsmaßes und Gewichtungsfaktoren für semantische Strukturelemente mit der Repräsentationskonstruktion der Ellipse zu vergleichen. Wenn eine mögliche Elliptifizierung ein ausreichendes Maß an Ähnlichkeit mit einer vorliegenden Ersetzungsellipse aufweist, wird in der se-

---

[1] Dieses Beispiel zeigt auch, daß die elidierte Konstituente nicht in allen Merkmalen mit der Bezugsform übereinstimmen muß (z.B. Verb in 3. Person Singular vs. Plural).

mantischen Repräsentationskonstruktion der ermittelte Teil des Bezugssatzes durch die Repräsentationskonstruktion für die Ellipse ersetzt (vgl. auch Jameson/Wahlster 1982).

4.5.2. Die referenzsemantische Analyse anaphorisch gebrauchter Pronomen und Nominalphrasen

Neben der Ellipsenverarbeitung stellt die referenzsemantische Analyse *anaphorisch gebrauchter Pronomen* und *Nominalphrasen*, die ähnlich wie Ellipsen Verweise auf den Kotext enthalten und damit kohärenzstiftend wirken, eines der Hauptprobleme der semantisch-pragmatischen Analyse dar. Grundvoraussetzung für die Auflösung anaphorischer Referenzen ist, daß von NSS als Teil der Wissensquelle *Fokus* (vgl. Abschnitt 2.1.) ein sog. *Vorerwähnheitsgedächtnis* angelegt wird, in dem nacheinander die Bezeichner für alle Denotate textuell vorausgegangener Beschreibungen zusammen mit Angaben über Numerus, Genus sowie syntaktischer Funktion und semantischer Struktur der verwendeten Beschreibung abgelegt werden. Zur Auflösung eines Pronomens wird dann solange rückwärts durch das Vorerwähnheitsgedächtnis gesucht, bis ein Eintrag für ein Denotat gefunden wird, der zumindest bzgl. Numerus und Genus mit dem Pronomen übereinstimmt. Wenn wir

(47) SYS: *Die Lampe steht neben dem Schreibtisch.*

(48) BEN: *Ist er groß?*

(49) BEN: *Ist sie groß?*

annehmen, daß als Seiteneffekt der referenzsemantischen Analyse von (47) LAMPE2 und SCHREIBTISCH1 zusammen mit den entsprechenden Angaben im Vorerwähnheitsgedächtnis abgelegt werden, ergibt die durch das Auftreten von Pronomen in (48) und (49) ausgelöste Suche im Vorerwähnheitsgedächtnis, daß *er* auf SCHREIBTISCH1 und *sie* auf LAMPE2 bezogen wird.

Während nach Hobbs 1976 im Englischen[1] durchschnittlich rd. 85% der vorkommenden Pronominalreferenzen mithilfe des skizzierten Verfahrens auf recht einfache Weise korrekt aufgelöst werden können, sind die restlichen Fälle nur mit relativ hohem Aufwand und unter Verwendung komplexer Heuristiken referenzsemantisch analysierbar. Beispielsweise versagt das beschriebene Verfahren (*er* und *ein Hund* werden für koreferent gehalten), bei der Auflösung von *er* in (51), wenn nicht zusätzlich noch *Selektionsrestriktionen* ('Nur Menschen, nicht aber Tiere können bewaffnet sein') überprüft werden. In (52) können die Selektionsrestriktionen des Verbs *bellen* dazu verwendet werden, die allein

(50) SYS: *Unser Nachtportier hat einen Hund bei sich.*

(51) BEN: *Ist er bewaffnet?*

(52) BEN: *Bellt er häufig?*

---

[1] Für das Deutsche dürfte dieser Wert noch höher liegen, da durch Auswertung von Genusinformation noch häufiger als im Englischen Mehrdeutigkeiten verhindert werden können (z.B. lautet die engl. Übersetzung von (48) und (49) gleich, da jeweils das Pronomen *it* verwendet wird.)

aufgrund von Genus und Numerus nicht eindeutig bestimmbare Referenz auf den Hund zu erkennen. Daß auch die Auswertung von Selektionsrestriktionen nicht immer zur Bestimmung des intendierten Referenzobjektes ausreicht, sondern z.B. auch mit Wissen über Verhaltensmuster verknüpfte *Erwartungswerte* berücksichtigt werden müssen, zeigt ein Vergleich von (53) und (54). Aufgrund von Inferenzregeln, die auf alltäglichen Erfah-

(53) *Doris wollte in die Disco, aber Mutter sagte, sie sei zu jung.*

(54) *Doris wollte in den Zoo, aber Mutter sagte, sie habe keine Zeit.*

rungen basieren, hält der Hörer es für wahrscheinlich, daß sich *sie* in (53) auf Doris und in (54) auf die Mutter bezieht.

Schließlich sei darauf hingewiesen, daß in einigen Fällen auch die Berücksichtigung der subjektiven Wahrscheinlichkeiten nicht ausreicht, sondern zusätzlich die *Relevanz* der möglichen Lesarten für den Dialog bzw. Text als Kriterium herangezogen werden muß. Fauser 1979 demonstriert dies am Beispielpaar (55) - (56), in dem *er* jeweils als koreferent zu Karl verstanden wird, obwohl in (56) die subjektive Wahrscheinlichkeit dafür,

(55) *Hans beschimpft Karl. Er gerät daraufhin in Wut.*

(56) *Hans beschimpft Karl. Er gerät daraufhin nicht in Wut.*

in Wut zu geraten, für Hans höher ist als für Karl. Nur falls ein NSS mit Wissen über Handlungsschemata ausgestattet wird (z.B.: wenn jemand beleidigt wird, reagiert er anschließend darauf, vgl. auch Kapitel 5), kann es ableiten, daß Karls Reaktion auf die Beleidigung im Zentrum des Interesses steht, und *er* in beiden Fällen auf Karl beziehen.

Obwohl fast alle neueren NSS über eine Komponente zur Pronomenauflösung verfügen und dabei einige der genannten Heuristiken verwenden, ist bisher kein System bekannt, daß in Realzeit alle eingegebenen Pronomen korrekt auflöst. In anwendungsorientierten Dialogsystemen wird daher bei Schwierigkeiten mit der Pronomenauflösung von der Möglichkeit eines *Klärungsdialogs* Gebrauch gemacht, in dem das System zusammen mit dem Benutzer eine Klärung der Pronominalreferenz herbeiführt (vgl. auch v. Hahn et al. 1980).

Zur Auflösung *anaphorischer Nominalphrasen* muß der Fokus eines NSS mehr als die im Vorerwähnheitsgedächtnis gespeicherten Angaben enthalten (vgl. auch Webber 1978, Sidner 1979). Um die Nominalphrase *die Vorderräder* in (57) anaphorisch als die Vorderräder

(57) *Der weiße Mercedes parkt falsch. Die Vorderräder versperren den Radweg.*

des weißen Mercedes deuten zu können, muß die Komponente zur Referenzanalyse dafür sorgen, daß zusätzlich zum Verweis auf das Denotat für *der weiße Mercedes* im Vorerwähnheitsgedächtnis die Vorderräder zusammen mit anderen wichtigen Teilen des angesprochenen Autos in den Fokus gebracht werden. Eine solche *Ausweitung des Fokus* beruht auf begrifflichem Wissen über Bestandteile von Objekten und damit assoziierten Inferenzregeln (z.B. Transitivität der Teil-von-Relation), die zum allgemeinen Hintergrundwissen eines NSS gehören (vgl. Abschnitt 2.1.).

4.5.3. Zur Präsuppositionsanalyse und generischen Interpretation von definiten
       Nominalphrasen

Auf die vielfältigen und teilweise noch ungelösten Probleme bei der Referenzanalyse
nicht-anaphorischer definiter und indefiniter Nominalphrasen kann im Rahmen dieser
Einführung aus Platzgründen nicht eingegangen werden. Stattdessen wird in Kapitel 6
als Beispiel für semantisch-pragmatische Prozesse im Verarbeitungsabschnitt 'Generierung' die Erzeugung definiter und indefiniter Nominalphrasen behandelt. Auf zwei der
wichtigsten Problemkreise im Bereich der Referenzsemantik, die in dieser Form nur bei
der Analyse und nicht bei der Generierung von Deskriptionen auftreten, sei dennoch
kurz hingewiesen.

Die Verwendung einer nicht-anaphorischen definiten Nominalphrase wie *die berühmte
Forschungsstelle am Mittelweg* in (58) ist mit der impliziten Voraussetzung (Fachwort:

(58) *Liegt Ihr Hotel in der Nähe der berühmten Forschungsstelle am Mittelweg?*

Präsupposition) des Sprechers verbunden, daß in der Diskurswelt ein Objekt existiert,
auf das die angegebene Beschreibung zutrifft. Außerdem verbindet der Sprecher mit der
Äußerung der definiten Nominalphrase u.a. die Annahme, daß der Hörer das intendierte
Objekt kennt und es aufgrund der angegebenen Beschreibung eindeutig identifizieren kann.
Es ist daher eine wesentliche Aufgabe der Referenzanalyse so früh wie möglich die mit
definiten Nominalphrasen verbundenen Präsuppositionen zu überprüfen und ggf. zurückzu-
weisen (vgl. (59)) oder in einem Klärungsdialog eine Disambiguierung der Referenz herbeizuführen (vgl. (60), (61)).

(59) *Ich kenne keine berühmte Forschungsstelle am Mittelweg.*
(60) *Welche Forschungsstelle meinen Sie?*
(61) *Meinen Sie die Forschungsstelle KI?*

Durch die frühzeitige Präsuppositionsüberprüfung kann verhindert werden, daß im Falle
von *Präsuppositionsverletzungen* unnötiger Verarbeitungsaufwand durch aufwendige Such-
und Inferenzprozesse bei der von vornherein zum Scheitern verurteilten Auswertung der
Eingabe entsteht oder gar aufgrund einer gescheiterten Auswertung eine für den Benutzer
irreführende Antwort erzeugt wird (z.B. *Nein* als Antwort auf (58)). Eng verbunden mit
der frühzeitigen Präsuppositionsprüfung ist als zweites wichtiges Problem die *generische
Interpretation* von Nominalphrasen mit bestimmtem Artikel. Es muß z.B. verhindert werden,
daß die Referenzanalyse für die Eingabe (62) eine Rückfrage wie *Welches moderne Hotel
meinen Sie?* generiert, da die Nominalphrase in diesem Fall generisch, d.h. wie *aller
modernen Hotels*, zu interpretieren ist. In der sprachorientierten KI-Forschung wurde

(62) *Ein anspruchsvolles Restaurant ist das Aushängeschild des modernen Hotels.*

eine Reihe von Heuristiken untersucht, mit denen generische und nicht-generische Nominalphrasen unterschieden werden können. (vgl. z.B. Sidner 1979, v. Hahn et al. 1980).
Beispielsweise kann ein NSS leicht feststellen, daß in (58) eine generische Interpre-

tation für *die berühmte Forschungsstelle am Mittelweg* nicht sinnvoll ist, da sie als
räumlicher Bezugspunkt für ein anderes Referenzobjekt (das Hotel in (58)) dienen soll.

5. REPRÄSENTATION UND AUSWERTUNG DER SEMANTIK NATÜRLICHSPRACHLICHER AUSDRÜCKE

Der Kern des Verarbeitungsabschnittes 'Auswertung' eines NSS ist stark von der jeweiligen Repräsentationssprache abhängig, die zur Darstellung der semantischen Struktur
der natürlichsprachlichen Eingabe verwendet wird. Da im Rahmen der vorliegenden Einführung in die sprachorientierte KI-Forschung nicht zusätzlich die Ergebnisse und
Methoden des umfangreichen KI-Teilgebietes *Repräsentation von Wissen* (vgl. z.B. Bobrow/
Collins 1975, Brachman/Smith 1980) vermittelt werden können, muß sich der folgende Abschnitt darauf beschränken, auf einige für NSS typische Darstellungsprobleme, Reprä-
sentations- und Auswertungstechniken hinzuweisen.

Zunächst ist festzustellen, daß nicht alle in der KI verwendeten Wissensrepräsentationssprachen zur Darstellung der Semantik von natürlichsprachlichen Eingaben geeignet sind.
Beispielsweise sind *Produktionensysteme* und *Actor-Systeme* für diese spezielle Aufgabe
ungeeignet, was nicht ausschließt, daß sie sich in anderen Komponenten eines NSS zur
Codierung von Wissensquellen durchaus bewähren[1].

Außerdem wirft die Darstellung der Semantik natürlichsprachlicher Eingaben einige Probleme auf, die sich bei der Wissensrepräsentation für bildverstehende Systeme, Expertensysteme oder Theorembeweiser nicht in dieser Weise stellen. Zu den schwierigsten
und in den bisherigen NSS stets nur ansatzweise oder punktuell gelösten Darstellungs-
problemen gehört die *formale Repräsentation der Semantik* von:

- Vagen Quantoren (z.B. *mehrere, viele, einige*)
- Frageoperatoren (z.B. *Warum, Wie*)
- Konjunktionen von Termen (z.B. *Peter und Maria heiraten* vs.
  Peter und Maria gehen zur Uni)
- natürlichsprachlichen Junktoren (z.B. *nicht X oder Y, nicht nur X sondern
  auch Y*)
- komplexen Quantifikationen (z.B. *ungefähr zehn von den rund 100 bis 200
  Bestellungen*)
- Hecken (z.B. *fast alle, einigermaßen groß, außerordentlich teuer*)
- Modalpartikel (z.B. *Leider, Selbstverständlich, Hoffentlich*)
- Komparativkonstruktionen (z.B. *Der Sieg beruhte mehr auf Kraft als auf Können*)
- deiktischen Ausdrücken (z.B. *hier, jetzt, später*)
- Kontinua (z.B. *Wasser, Verkehr, Musik*)

---

[1] Beispielsweise haben sich Produktionensysteme u.a. für das Syntagmen-Lexikon (vgl.
Abschnitt 3.1.) und Actor-Systeme u.a. zur Darstellung von lexikalisch-pragmatischem
Wissen (z.B. im Wortexperten-Parser, vgl. Abschnitt 4.4) bewährt.

Die in NSS zum Aufbau semantischer Repräsentationskonstruktionen verwendeten Darstellungstechniken lassen sich in folgende vier Gruppen einteilen:

- Prozedurale Repräsentation mithilfe von KI-Programmiersprachen (z.B. PLANNER (vgl. Hewitt 1971); FUZZY (vgl. LeFaivre 1977))
- Netz-basierte Repräsentation (z.B. Semantische Netze (vgl. Findler 1979), CD-Graphen, vgl. Abschnitt 5.2.)
- Frame-basierte Repräsentation (z.B. FRL (vgl. Roberts/Goldstein 1977), KRL (vgl. Bobrow/Winograd 1977), KL-ONE (vgl. Brachman 1978), AIMDS (vgl. Sridharan 1978))
- Logik-orientierte Repräsentation (z.B. die für deutschsprachige NSS entwickelten Sprachen KS (vgl. Kolvenbach et al. 1979), MSRL/SRL (vgl. Habel et al. 1980), SURF/DEEP (vgl. Jameson et al. 1980))

Trotz der unterschiedlichen Syntax und Semantik der genannten Klassen von Repräsentationssprachen treten bei der Darstellung der Semantik natürlichsprachlicher Eingaben in allen angeführten Sprachen bestimmte Grundkonstruktionen in entsprechend angepaßter Form immer wieder auf. Zu diesen Grundkonstruktionen gehört die *Kasusrahmen-Darstellung* für Verben (vgl. auch Abschnitt 4.3.). Da sich die Anwendung von *Frames* als semantische Repräsentationssprache fast ausschließlich auf die Kasusrahmen-Darstellung erstreckt, braucht im folgenden nicht näher auf diese Darstellungstechnik eingegangen zu werden.

5.1. DIE VERWENDUNG VON DATENBANKANFRAGESPRACHEN UND KI-PROGRAMMIERSPRACHEN IM VERARBEITUNGSABSCHNITT 'ANALYSE'

Bevor anhand von drei Beispielen auf wichtige Repräsentations- und Auswertungstechniken eingegangen wird, sei noch auf die Möglichkeit hingewiesen, die Semantik der natürlichsprachlichen Eingabe in einer konventionellen *Datenbankanfragesprache* oder einer KI-Programmiersprache zu erfassen.

Bei der Entwicklung von *natürlichsprachlichen Schnittstellen* (z.B. USL, vgl. Ott 1979) besteht häufig das Hauptziel des NSS darin, die Eingabe möglichst direkt und effizient in eine gegebene Datenbankanfragesprache zu übersetzen (z.B. ISBL und SQL in USL, vgl. (63) - (66)[1]). Da diese Sprachen im Gegensatz zu einigen in der KI entworfenen Repräsentationssprachen nicht speziell als Zielsprachen für das Parsing natürlichsprachlicher Eingaben entwickelt wurden, ist eine direkte Überführung in eine Datenbankanfragesprache meist mit einer drastischen Beschränkung der möglichen semantischen Konstruktionen

    (63) BEN: *Welcher Mitarbeiter des Managers Schmidt wohnt in Heidelberg?*

            ISBL-Ausdruck:

            ((WOHN; C2 = 'HEIDELBERG')*(MITARBEITER * (MANAGER; C1 = 'SCHMIDT'; C2 = C3); C1 = C3)%C1

    (64) SYS: *Braun.*

---

[1] Die ISBL-Ausdrücke werden über einer relationalen Datenbank ausgewertet. Mit Cn wird die n-te Spalte einer Relation angesprochen und '*' entspricht dem Join-Operator, ';' dem Selektionsoperator und '%' dem Projektionsoperator.

(65) BEN: *Wer verdient mehr als sein Manager?*

     ISBL-Ausdruck:

     ((VERDIEN * MANAGER; C1 = C3); C2 > C4); C1 = C6)%C1

(66) SYS: *Niemand.*

verbunden[1]. Der Verarbeitungsabschnitt 'Auswertung' wird in solchen Systemen vollständig vom Datenbankverwaltungssystem übernommen, so daß auf die Semantik des natürlichsprachlichen Ausdrucks abgestimmte Auswertungstechniken (z.B. für vage Quantoren) von vornherein ausgeschlossen sind.

Am meisten Ähnlichkeit mit der genannten Verwendung von Datenbankanfragesprachen hat die u.a. in Winograds System SHRDLU (vgl. Winograd 1972) erfolgreich erprobte Technik *Ausdrücke einer KI-Programmiersprache* wie PLANNER als semantische Repräsentationssprache zu verwenden (vgl. Fig. 17[2]). Auch in diesem Fall ist der Auswertungsprozeß durch den vorgegebenen Interpreter der Programmiersprache bestimmt. Allerdings können im Gegensatz zu konventionellen Datenbankanfragesprachen alle für die Auswertung relevanten Inferenzregeln und Heuristiken ebenfalls in der KI-Programmiersprache formuliert werden. Außerdem sind KI-Programmiersprachen so flexibel, daß in ihnen ohne weiteres spezielle Auswertungsverfahren für natürlichsprachliche Konstrukte formuliert werden können.

```
(FIND ALL ?X1 (X1)
    (GOAL (IS ?X1 PYRAMIDE))
    (FIND 3 ?X2 (X2)
        (GOAL (IS ?X2 BLOCK))
        (GOAL (STUETZT ?X2 ?X1)))))
```

Fig. 17: PLANNER-Ausdruck für *Welche Pyramiden werden von drei Blöcken gestützt?*

Der wesentliche Nachteil dieser Form der *prozeduralen Repräsentation*, der dazu führte, daß diese Technik in neueren Systementwürfen kaum noch verwendet wird, besteht darin, daß die Repräsentationskonstruktionen aufgrund ihrer prozeduralen Anteile (z.B. FIND ALL, FIND 3, GOAL in Fig. 17) selbst nicht Gegenstand der im übrigen System ablaufenden Inferenzprozesse sein können. Dies hat sich aber in der neueren Forschung als notwendig erwiesen, da aus der Tatsache, daß z.B. eine bestimmte Frage vom Benutzer in einer bestimmten Form gestellt wurde, mithilfe von Inferenzregeln wichtige Konsequenzen[3] für das Partnermodell des Systems (vgl. Abschnitt 2.1.) und die Beantwortungsstrategie abgeleitet werden können. Im Gegensatz zu Datenbankanfragesprachen und KI-Programmiersprachen wurden die meisten netz-basierten Repräsentationssprachen, die im

---

[1] Beispielsweise lassen sich die oben angeführten Repräsentationsprobleme kaum in konventionellen Datenbankanfragesprachen lösen.

[2] Die Syntax des PLANNER-Ausdrucks wurde etwas vereinfacht.

[3] Beispielsweise kann ein Hotelier aus der Frage des Gastes *Ist vielleicht ein Zimmertelephon vorhanden?* schließen, daß der Gast kein Luxushotel erwartet, in dem ein Zimmertelephon selbstverständlich vorausgesetzt werden kann.

folgenden am Beispiel der CD-Graphen eingeführt werden, speziell in Hinblick auf die
semantische Repräsentation natürlichsprachlicher Ausdrücke entworfen und mit einem auf
diese Aufgabe abgestimmten Inventar von Sprachkonstrukten ausgestattet.

5.2. CD-GRAPHEN ALS BEISPIEL FÜR NETZ-BASIERTE REPRÄSENTATIONSSPRACHEN

In der von R. Schank innerhalb der letzten dreizehn Jahre entwickelten Theorie der
konzeptuellen Dependenz (Abk. CD-Theorie) werden als semantische Repräsentationssprache für natürlichsprachliche Ausdrücke sog. *CD-Graphen*[1] verwendet. Charakteristisch
für die CD-Theorie ist der Anspruch, daß CD-Graphen weniger die reine Semantik der
natürlichsprachlichen Eingabe als die aus dem Verstehen der Eingabe resultierende Repräsentation des beschriebenen Ereignisses, Zustands oder Handlungsablaufs erfassen.
Weitere Entwurfsziele für CD-Graphen sind die Unabhängigkeit der Elemente der Repräsentationssprache von Ausdrucksformen der natürlichen Sprachen und die daraus resultierende Universalität der Repräsentation sowie die Eindeutigkeit der Interpretations-
konstruktionen.

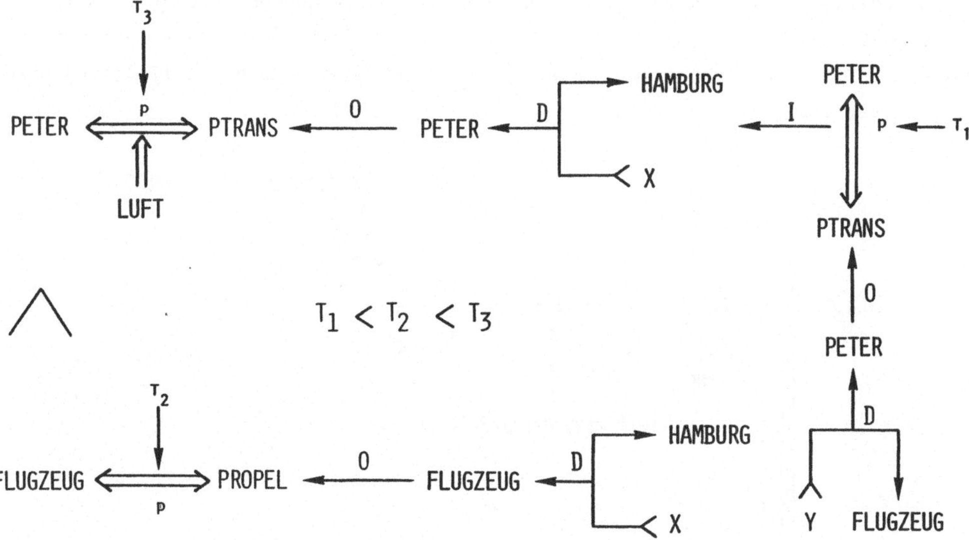

Fig. 18: CD-Repräsentation für *Peter flog nach Hamburg*

---

[1] Durch die für die KI typische experimentelle Vorgehensweise haben sich Einzelheiten der CD-Darstellung durch die Erfahrungen bei der Konstruktion von NSS vielfach geändert und auch der z.Zt. verwendete Repräsentationsformalismus wird von
Schank nicht als endgültige Version betrachtet (vgl. Schank/Riesbeck 1981, S. 11).

Jeder Knoten eines CD-Graphs kann einer der folgenden, in der CD-Theorie unterschiedenen *konzeptuellen Kategorien* zugeordnet werden (in eckigen Klammern werden Beispiele aus den Figuren 18 und 19 genannt): PP (Picture Producer) für Objekte [PETER, HAMBURG, FLUGZEUG], PA (Picture Aider) für Eigenschaften von Objekten [PART(MARIA)], ACT (Action) für eine von 11 primitiven Aktionen [PTRANS, PROPEL, GRASP, INGEST], AA (Action Aider) zur Modifikation von ACTs [ENG], LOC (Location) für Orte [LUFT], T (TIME) für Zeitpunkte [T_1, T_2, T_3].

In Abhängigkeit von der konzeptuellen Kategorie der beteiligten Knoten werden unterschiedliche Typen von Kanten zur Verbindung von Knoten verwendet. Beispielsweise werden Knoten vom Typ PP und PA durch einen dreigliedrigen Doppelpfeil verbunden (vgl. die Verbindung zwischen HANS und PART(PETER) in Fig. 19), während zwischen Knoten vom Typ AA und ACT ein eingliedriger Pfeil als Kante dient (vgl. die Verbindung zwischen ENG und GRASP in Fig. 19). Die Kanten eines CD-Graphs werden zusätzlich durch Angaben über Tiefenkasus (z.B. 0 = Object), Kausalitätstypen (z.B. ɇ = 'Wird verhindert durch'), Zeiten (z.B. p = Vergangenheit) und Modalitäten (z.B. c = konditional) bewertet.

Teilstrukturen von CD-Graphen, in denen ein ACT durch einen zweigliedrigen Doppelpfeil mit einem als Actor fungierenden PP verbunden ist, werden zusammen mit den PPs für die Tiefenkasusrollen Objekt und dem aus Source und Goal bestehenden Directive (Abk.: D) als *Konzeptualisierung* bezeichnet. Durch logische Junktoren und Kausalrelationen sowie durch die Tiefenkasusrolle Instrumental (Abk.: I) können Konzeptualisierungen zueinander in Beziehung gesetzt werden (vgl. Fig. 18 und 19).

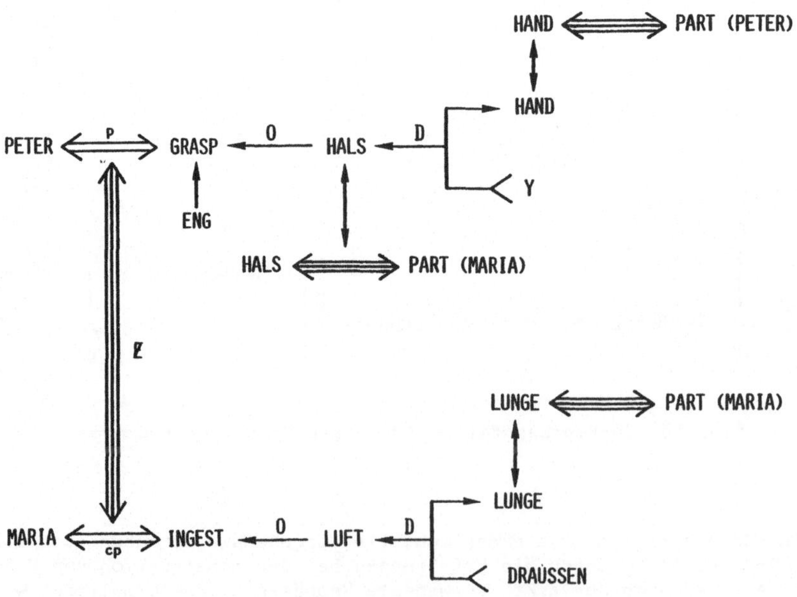

Fig. 19: CD-Repräsentation für *Peter würgte Maria*

Beispiele für *primitive Aktionen* in der CD-Theorie sind PTRANS (den Ort von etwas verändern), PROPEL (eine Kraft auf ein Objekt ausüben), GRASP (etwas greifen) und INGEST
(einem Lebewesen etwas einverleiben), die alle in Fig. 18 und 19 verwendet werden. Mit
jeder primitiven Aktion ist eine Menge von Inferenzregeln assoziiert. Beispielsweise
ist (67) eine der mit INGEST assoziierten Inferenzregeln. Aus Gründen der Beschrei-

> (67) Falls das OBJEKT von INGEST eine FLÜSSIGKEIT ist, dann negiere
> 'ACTOR ist DURSTIG' und
> falls das OBJECT von INGEST nicht GASFÖRMIG ist, dann negiere
> 'ACTOR ist HUNGRIG'

bungsökonomie wird in der CD-Theorie versucht, das Inventar von primitiven Aktionen
möglichst klein zu halten. Neue ACTs werden nur eingeführt, wenn die Menge der damit
assoziierten Inferenzregeln nicht durch bereits eingeführte ACTs abgedeckt werden kann.

Natürlichsprachliche Ausdrücke, die komplexe Sachverhalte, Handlungen oder Ereignisse
beschreiben, werden in der CD-Theorie nach dem Prinzip der *lexikalischen Dekomposition*
auf eine relationale Struktur von Konzeptualisierungen abgebildet und damit in eine
Reihe primitiver Aktionen zerlegt. So wird dem Satz *Peter flog nach Hamburg* in der
CD-Theorie eine aus drei Konzeptualisierungen bestehende Struktur zugeordnet (vgl. auch
Fig. 18):

(C1) Peter verändert den Ort von Peter in Richtung von Y zum Flugzeug
(C2) Das Flugzeug übt eine Kraft auf das Flugzeug aus in Richtung von X nach Hamburg
(C3) Peter verändert in der Luft den Ort von Peter in Richtung von X nach Hamburg

Dabei wird die Relation zwischen den Konzeptualisierungen (C1) und (C3) durch den Tiefenkasus Instrumental (Abk.: I) charakterisiert und für die durch (C1), (C2) und (C3)
beschriebenen Teilereignisse wird eine zeitliche Reihenfolge spezifiziert.

Das in der CD-Theorie realisierte Dekompositionsprinzip wirft die Frage auf, welcher
Detaillierungs- und Ausführlichkeitsgrad bei einer CD-Darstellung jeweils zu wählen
ist, d.h. ob beispielsweise noch Konzeptualisierungen für *Peter kaufte ein Flugticket*
und *Peter saß im Flugzeug* in dem durch Fig. 18 dargestellten CD-Graph zu ergänzen sind.
Wie in Abschnitt 5.4. gezeigt wird, sieht die CD-Theorie den in Fig. 18 dargestellten
Graph nur als Teil einer umfassenderen Struktur, in der die für einen Flug typischen
Szenarios und Handlungsschemata als sog. *Scripts* erfaßt werden.

In Fig. 19 wird der Satz *Peter würgte Maria* auf zwei durch die Relation 'wird verhindert durch' verbundene Konzeptualisierung abgebildet:

(C4) Maria verleibt Maria Luft ein von draußen in Marias Lunge
(C5) Peter greift mit Peters Hand eng um den Hals von Maria.

Dieses Beispiel zeigt, daß bei der Überführung einer natürlichsprachlichen Eingabe in
eine CD-Darstellung auch auf Weltwissen des Systems beruhende Standardannahmen ein-
fließen. In (C5) ist nämlich als Annahme die in der Eingabe nicht enthaltene Information angeführt, daß Peter Maria mit der Hand und nicht etwa mit einem Strick würgte.

CD-Graphen[1] haben sich als semantische Repräsentationssprache bei der Konstruktion einer ganzen Serie von experimentellen NSS (u.a. MARGIE, SAM, QUALM, PAM, TALE-SPIN, POLITICS, FRUMP, IPP, BORIS) und vereinzelt auch in Anwendungsprojekten (z.B. CADHELP, vgl. Cullingford et al. 1982) bewährt.

Allerdings wurden in anwendungsorientierten Systemen CD-Graphen bisher kaum zur Repräsentation der Semantik natürlichsprachlicher Anfragen an Datenbanksysteme oder Expertensysteme eingesetzt, weil die für diesen Bereich typischen Probleme der *Quantifikation* (z.B. Bestimmung des Skopus von natürlichsprachlichen Quantoren) in der bisherigen Entwicklung der CD-Theorie bewußt ausgeklammert wurden (vgl. Schank/Riesbeck 1981, S. 25/26). Allgemein kann man feststellen, daß verglichen mit logik-orientierten Repräsentationskonstruktionen, deren Auswertung im folgenden an einem Beispiel eingeführt wird, alle in der KI bekannten netz-basierten Repräsentationssprachen im Bereich der Quantifikation entweder nur einfachste Strukturen zulassen oder zu relativ aufwendigen Repräsentationskonstruktionen (vgl. z.B. Hendrix 1976) führen.

5.3. EIN VERFAHREN ZUR AUSWERTUNG LOGIK-ORIENTIERTER REPRÄSENTATIONSKONSTRUKTIONEN

Das im folgenden zu erläuternde Beispiel für die Auswertung einer logik-orientierten Repräsentationskonstruktion geht zunächst wieder von der bereits in Abschnitt 4.1. als Zielsprache für einen semantisch orientierten Parser verwendeten Repräsentationssprache SURF aus. Wie für alle in der sprachorientierten KI-Forschung verwendeten logik-orientierten Repräsentationssprachen ist die Syntax und in einigen Teilen auch die Semantik von SURF speziell auf die Repräsentationsaufgabe abgestimmt, so daß sich gegenüber der üblichen Form der Prädikatenlogik erster Stufe z.T. erhebliche Unterschiede ergeben.

Dem Beispielsatz (68), dessen Auswertung in Fig. 20 auszugsweise wiedergegeben wird, können aufgrund des nicht explizit markierten Skopus der darin auftretenden natürlichsprachlichen Quantoren, zwei Lesarten zugeordnet werden, die durch (69) und (70) para-

(68) *Befindet sich eine Lampe neben jedem Bett?*

(69) Gibt es eine einzige Lampe, für die gilt, daß sie neben jedem Bett steht?

(70) Gibt es mehrere Lampen, so daß für jedes Bett gilt, daß eine Lampe neben ihm steht?

phrasiert werden können. In dem vom Parser erzeugten SURF-Ausdruck (vgl. Fig. 20[2]) wird zunächst der Skopus der Quantoren 'E' (für *'Eine'*) und 'Jed' nicht explizit dargestellt. Dies entspricht der Funktion von SURF als oberflächennaher Darstellung, die im System

---

[1] Für die maschinelle Speicherung und Verarbeitung werden CD-Graphen in eine Listendarstellung überführt. In Abschnitt 4.4. wurde bereits ein Beispiel für die linearisierte Darstellungsform gegeben.

[2] Das erste Element der in einem SURF-Ausdruck enthaltenen Listen markiert jeweils den syntaktischen Typ des folgenden Teilausdrucks (z.B. af-d für atomare Formel vom Typ Deskription) und dient zur effizienten Selektion der Komponenten des SURF-Ausdrucks).

HAM-ANS sowohl Zielsprache für den Parser als auch Quellsprache für die Generierungskomponente ist (vgl. Jameson et al. 1980). Da eine semantische Auswertung aber nur für
eindeutige Strukturen erfolgen kann, muß der SURF-Ausdruck zunächst in eine Darstellung
mit eindeutigen Skopusmarkierungen überführt werden.

Die logik-orientierte Repräsentationssprache DEEP, die speziell als Quellsprache für
effiziente Auswertungs- und Inferenzprozesse und als Zielsprache für die Komposition
der Auswertungsergebnisse entworfen wurde, unterscheidet sich von SURF im wesentlichen
dadurch, daß der Skopus von Quantoren, Negations- und Modalpartikeln markiert ist und
alle aus Lambda-Ausdrücken gebildeten Deskriptionen aufgelöst sind.

Die Überführung von SURF-Ausdrücken in DEEP-Ausdrücke wird durch die *Normalisierungs-
komponente* (vgl. auch Fig. 7) vorgenommen, in der u.a. aufgrund von Information über
Quantorenränge, die der intrinsischen Stärke natürlichsprachlicher Quantoren wie *alle,
jede, beide, einige, eine, mehrere, etliche* entsprechen (vgl. Hendrix 1976), und der
relativen Position der im Satz auftretenden Quantoren in einem rekursiv und top-down
arbeitenden Verfahren Skopusmarkierungen und ggf. Quantorenumordnungen vorgenommen
werden. In Fig. 20 entsteht nach der Normalisierung eine DEEP-Formel, die der plausi-
bleren Lesart entspricht.

Die Auswertung erfolgt in einem rekursiven Verfahren mit zwei Gruppen durch *pattern-
gesteuerten Prozeduraufruf* aktivierter Prozeduren, den sog. TEST- und GENERATE-Prozeduren. Die TEST-Prozeduren überprüfen unter Verwendung aller dem System zur Verfügung
stehenden Wissensquellen und Inferenzkapazitäten den Wahrheitswert voll instantiierter
DEEP-Formeln und ordnen dem Auswertungsergebnis eine Zahl aus dem reellen Intervall
[0,1] zu, die vom System als Sicherheitsfaktor für die Zuordnung des Wahrheitswertes
interpretiert wird (vgl. Fig. 20). Die GENERATE-Prozeduren erzeugen nacheinander Konstanten, durch deren Substitution für eine bestimmte Variable einer DEEP-Formel der
Wahrheitswert 'wahr' zugeordnet werden kann. TEST- und GENERATE-Prozeduren rufen sich
bei der Top-down-Auswertung einer DEEP-Formel gegenseitig rekursiv auf, wobei die Auswertung stets mit einer TEST-Prozedur begonnen wird (vgl. Fig. 20). Während der Auswertung wird eine eingegebene DEEP-Formel immer weiter dekomponiert, um dann anschließend durch einen Kompositionsprozeß ggf. in veränderter Form als Auswertungsergebnis
aufgebaut zu werden.

Für das Beispiel in Fig. 20 wird zunächst im referentiellen Wissen des Systems durch
eine GENERATE-Prozedur nach einem Bett gesucht und dann für das gefundene BETT1 mithilfe einer TEST-Prozedur geprüft, ob eine Lampe neben ihm steht. Mit LAMPE1 wird eine
Lampe gefunden, die ungefähr neben BETT1 steht. Die Flexibilität der Auswertungskompo-
nente zeigt sich u.a. darin, daß dabei auch Modifikationen von Prädikationen durch
Hecken wie *ungefähr* berücksichtigt werden können, die unsichere Ergebnisse von *appro-
ximativen Inferenzprozessen* oder Unsicherheiten bei der Verbalisierung der Ergebnisse
visueller Suchprozesse signalisieren. Nachdem mit BETT1 und LAMPE1 eine erfolgreiche

```
SURF-AUSDRUCK

    (af-d: IS
       (t-s: (q-qt: E-)(lambda:x1 (af-a: ISA x104 LAMPE)))
       (lambda: x2
             (af-a: RAEUMLICH NEBEN x2
                   (t-s: (q-w: JED) (lambda: x3 (af-a: ISA x3 BETT)))))))


                            |
                            |  NORMALISIERUNG
                            v

DEEP-AUSDRUCK

    (f-d: (t-q: (for: (q-w: JED) x3) (af-a: ISA x3 BETT))
          (f-d: (t-q: (for: (q-qt: E-) x1) (af-a: ISA x1 LAMPE))
          (af-a: (RAEUMLICH NEBEN x1 x3))))


AUSWERTUNG

   --> TEST: <Vollständiger DEEP-Ausdruck>

     --> GENERATE: x3: (ISA x3 BETT)

     <-- GENERATE = (ISA BETT1 BETT)

     --> TEST: (f-d: (t-q: (for: (q-qt: E-) x1) (af-a: ISA x1 LAMPE))
                 (af-a: (RAEUMLICH NEBEN x1 BETT1)))

        --> GENERATE: x1: (ISA x1 LAMPE)


                        .
                        .
                        .


        --> GENERATE: x1: (RAEUMLICH NEBEN x1 BETT1)

        <-- GENERATE = ((UNGEFAEHR (RAEUMLICH NEBEN LAMPE1 BETT1)) 0.6)


                        .
                        .
                        .


     --> GENERATE: x3: (ISA x3 BETT)


                        .
                        .
                        .


        Erfolge = (BETT1 BETT3 BETT4) Misserfolge = (BETT2)


   <-- TEST = ((f-d: (t-q: (for: (q-w: (FAST JED) x3) (af-a: ISA x3 BETT))
                 (f-d: (t-q: (for: (q-qt: E-) x1) (af-a: ISA x1 LAMPE))
                 (af-a: (RAEUMLICH NEBEN x1 x3)))) 0.6)
```

Fig. 20: Beispiel für die Auswertung eines SURF-Ausdruckes

Instantiierung der eingebetteten Formel gefunden ist, wird durch die bereits einmal durchlaufene GENERATE-Prozedur eine weitere Individuenkonstante der Sorte BETT erzeugt. Nachdem für die vier im referentiellen Wissen gefundenen Betten nur drei erfolgreiche und eine nicht erfolgreiche Instantiierungen der eingebetteten Formel gefunden wurde, überführt ein Kompositionsprozeß schließlich den eingegebenen Quantor 'Jed' in den durch eine Hecke modifizierten Quantor-Ausdruck 'Fast Jed'.

Im Gegensatz zu der üblichen prädikatenlogischen Auswertung eines Allquantors braucht das System die Frage *Befindet sich eine Lampe neben jedem Bett* trotz eines Gegenbeispiels (vgl. BETT2 in Fig. 20) also nicht mit *Nein* zu beantworten, sondern kann kommunikativ adäquat mit der Formulierung *Ja, neben fast jedem* reagieren.

Das charakteristische Pattern von TEST- und GENERATE-Prozeduren bestimmt eine mehr oder weniger große Klasse von DEEP-Ausdrücken, auf deren Auswertung die Prozeduren jeweils spezialisiert sind. Dadurch, daß mehrere alternative oder neben sehr speziellen auch sehr allgemeine Prozeduren für eine Klasse von DEEP-Ausdrücken vorhanden sind, können kontextabhängig verschiedene *Auswertungsstrategien* gewählt werden. Beispielsweise gibt es zusätzlich zu der üblichen Interpretation der Konjunktion in der Prädikatenlogik bei dem hier vorgestellten Auswertungsverfahren die Möglichkeit, für die Konjunktion (AND (REF x1 BEQUEM) (ISA x1 STUHL) zunächst durch eine spezielle GENERATE-Prozedur Konstanten der Sorte Sessel durch (ISA x1 SESSEL) zu erzeugen.

Auf diese Weise wird es möglich, Wissen in den Auswertungsprozeß einzubringen und somit auch die Evaluation komplexer Repräsentationskonstruktionen für natürlichsprachliche Eingaben effizient zu gestalten.

5.4. SCRIPTS ZUR UNTERSTÜTZUNG DER AUSWERTUNG VON SATZFOLGEN

Es gehört auch zu den Aufgaben des Verarbeitungsabschnitts 'Auswertung', jede einzelne analysierte Eingabe in den größeren Zusammenhang des bereits gelesenen Textes bzw. des vorausgegangenen Dialoges einzubetten und daraus Erwartungen bezüglich weiterer Eingaben abzuleiten. Eine Möglichkeit solche größeren Zusammenhänge zu erkennen, die besonders in textverstehenden Systemen wie SAM (vgl. Schank/Abelson 1977) verwendet wurde, besteht darin zu versuchen, jede einzelne Eingabe auf eine als allgemeines Hintergrundwissen gespeicherte Beschreibung einer *stereotypen Ereignisfolge* zu beziehen.

Solche stereotypen Ereignisfolgen können in NSS durch sog. *Scripts* erfaßt werden, die ähnlich wie Frames (vgl. Minsky 1975) speziell zur Unterstützung erwartungsgesteuerter Verarbeitungsprozesse entwickelt wurden. Fig. 21 zeigt ein Script[1] für Restaurantbesuche, dessen Hauptbestandteil eine Folge von Ereignisbeschreibungen ist.

---

[1] Für die maschinelle Verarbeitung müssen entgegen der vereinfachten Darstellung in Fig. 21 die Ereignisbeschreibungen in einer formalen Repräsentationssprache (z.B. CD-Graphen) vorliegen.

```
Beteiligte Personen:    Gast, Kellner

Beteiligte Objekte:     Restaurant, Tisch, Speisekarte, Mahlzeit,
                        Rechnung, Trinkgeld

Ereignisse:             1. Gast geht ins Restaurant

                        2. Gast geht an Tisch

                        3. Kellner bringt Speisekarte

                        4. Gast bestellt Mahlzeit

                        5. Kellner bringt Mahlzeit

                        6. Gast ißt Mahlzeit

                        7. Kellner bringt Rechnung

                        8. Gast zahlt Rechnung

                        9. Gast hinterläßt Trinkgeld für Kellner

                       10. Gast verläßt Restaurant

Kennsatz:               Ereignis 1

Hauptkonzept:           Ereignis 6
```

Fig. 21: Beispiel für ein Script

Bei der Verarbeitung einer Satzfolge wie (71) - (72) wird zunächst die für Satz (71) erzeugte semantische Repräsentationskonstruktion mit den Kernsätzen aller verfügbaren

(71) *Fritz ging in die Pizzeria Casa Mia und bestellte eine große Portion Tortellini.*

(72) *Verärgert durch die überhöhte Rechnung verließ er nach einer halben Stunde das Restaurant.*

Scripts verglichen. Im vorliegenden Beispiel instantiiert das erste Konjunkt von Satz (71) den Kernsatz des Restaurant-Scripts, wodurch dieser aktiviert wird. Danach sind einige Script-Variable mit Werten belegt (Gast: = Fritz, Restaurant: = (Pizzeria Casa Mia), Mahlzeit: = (eine große Portion Tortellini)) und als weitere Eingaben werden die Ereignisbeschreibungen 5-10 des Restaurant-Scripts erwartet. Durch die Auswertung von (72) wird der Script-Variablen 'Rechnung' die Deskription 'eine überhöhte Rechnung' zugewiesen und der Script nach Instantiierung der Ereignisbeschreibung 10 ('Fritz ver- läßt die Pizzeria Casa Mia') deaktiviert. Einige Vorteile einer script-gesteuerten Auswertung sind:

- das System kann Fragen (z.B. *Was hat Fritz gegessen?* nach (71) - (72)), für die eine Antwort nicht explizit im Eingabetext enthalten ist, aufgrund eines parti- ell instantiierten Scripts beantworten (*eine große Portion Tortellini*)

- das System kann Schlußfolgerungen ziehen, die nur durch eine script-basierte Ergänzung von in der verbalen Beschreibung fehlenden Handlungsschritten ausge- löst werden können (z.B. *Fritz aß eine große Portion Tortellini* ➡ *Fritz ist danach nicht sehr hungrig*)

- das System kann aufgrund der im Kontext eines Scripts vorausgesetzten Personen und Objekte einige Nominalphrasen mit bestimmtem Artikel anaphorisch deuten, obwohl die entsprechenden Referenzobjekte im Text nicht explizit vorerwähnt sind (z.B. *die überhöhte Rechnung* in (72))

Da für eine Vielzahl von weniger standardisierten Szenarios keine Scripts gespeichert sind, kann die Auswertung solcher Ereignisbeschreibungen nicht script-basiert erfolgen, sondern muß über das Erkennen von *Handlungsmotiven, Handlungszielen* und *Plänen* der beteiligten Personen laufen (vgl. Schank/Abelson 1977, Schank/Riesbeck 1981).

Außerdem hat sich inzwischen gezeigt, daß Scripts Weltwissen oft nicht auf der angemessenen Abstraktionsstufe erfassen. Beispielsweise könnte man einerseits spezielle Scripts für Luxusrestaurants und Selbstbedienungsrestaurants postulieren, andererseits könnte man Teile des Restaurant-Scripts in Fig. 21 als Ausprägung eines allgemeinen Dienstleistung-Scripts auffassen. Mit dem Konzept der *MOPs* (Memory Organization Packages) erprobt Schank zur Zeit eine Organisation von Wissen, in der die Probleme der Vermischung, Überlappung, Interferenz und Vererbung auf Erfahrung beruhender Wissensbereiche gelöst werden sollen (vgl. Schank 1982).

6. VERFAHREN ZUR GENERIERUNG NATÜRLICHER SPRACHE

Der Verarbeitungsabschnitt 'Generierung' (vgl. Kapitel 2) ist in den meisten NSS weniger ausgeprägt und wesentlich leistungsschwächer als die Verarbeitungsabschnitte 'Analyse' und 'Auswertung'[1]. Die Tatsache, daß der menschliche Hörer dazu in der Lage ist, auch schlecht formulierte, ungrammatische und kaum verständliche Äußerungen (z.B. Äußerungen eines Kindes, das Sprechen lernt) mithilfe von Weltwissen und Kontextinformation zu interpretieren, legte es zunächst nahe, in anwendungsorientierten NSS die Sprachgenerierungskomponente nur so weit auszubauen, daß die Qualität der Äußerungen des NSS vom Benutzer gerade noch toleriert werden könnte. Als Standardverfahren zur Sprachausgabe, die aus dem Blickwinkel der KI zu undifferenziert sind und daher im folgenden nicht behandelt werden, verwenden viele NSS folgende Techniken:

- Ausgabe vorgefertigter Textteile
- Formatierte Ausgabe von Auszügen aus der Wissensbasis des Systems
- Kontextsensitive Instantiierung von vorgefertigten Textschemata

Inzwischen stellte man fest, daß die fehlende Kohärenz, zu starke Stilisierung und Monotonie, zu hohe Redundanz und schlechte Lesbarkeit der ausgegebenen Äußerungen die Akzeptanz von natürlichsprachlichen KI-Systemen erheblich beeinträchtigen kann. Man hat daher begonnen, Komponenten für den Verarbeitungsabschnitt 'Generierung' zu entwickeln, die neben dem allgemeinen Hintergrundwissen besonders dialog- bzw. textbezogene Wissensquellen ausnutzen, um *kommunikativ-adäquate*, verständliche und kohärente Äußerungen zu erzeugen (vgl. Mann et al. 1981).

---

[1] Beispielsweise bestehen in USL die Antworten des Systems neben Partikeln wie *Ja, Nein, Doch* nur aus formatierten Ausgaben von Datenbankinhalten (vgl. Ott 1979, S. 129).

6.1. WORTWAHL UND NP-GENERIERUNG ALS AUFGABEN DER VERBALISIERUNGSKOMPONENTE

Um eine im Verarbeitungsabschnitt 'Auswertung' erzeugte semantische Repräsentationskonstruktion (vgl. Fig. 6 in Kapitel 2), deren Elementen nur kontextabhängig ein Lemma oder ein natürlichsprachlicher Ausdruck zugeordnet werden kann (z.B. semantische
Primitive, vgl. Abschnitt 5.2), verbalisieren zu können, muß die Generierungskomponente eines NSS über Prozeduren zur Realisierung der *Wortwahl* verfügen.

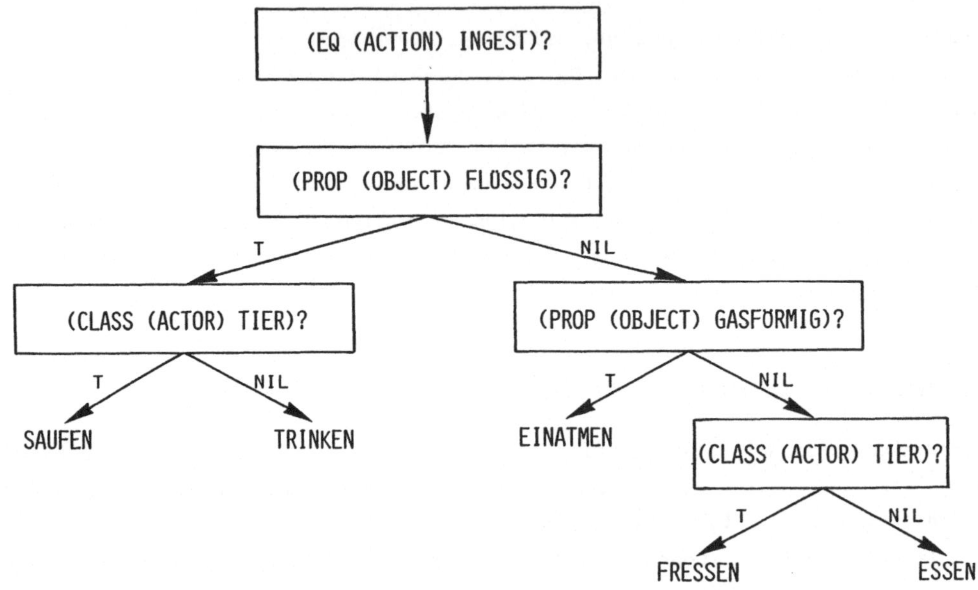

Fig. 22: Diskriminationsnetz zur Steuerung der Wortwahl

In dem von Goldman entwickelten System BABEL, das als Generierungskomponente von MARGIE
verwendet wurde (vgl. Schank 1975), werden primitive Aktionen der CD-Theorie wie INGEST
(vgl. Fig. 19) mithilfe von *Diskriminationsnetzen* kontextabhängig in ein Verb überführt
(vgl. Fig. 22). Dabei werden die Eigenschaften von 'Picture Producers' (vgl. Abschnitt
5.2), die eine bestimmte Tiefenkasusrolle in der mit der primitiven Aktion verbundenen
Konzeptualisierung übernehmen, sukzessive überprüft, bis eine eindeutige Wortwahl möglich ist. Beispielsweise wird die primitive Aktion INGEST genau dann als *Einatmen* ver-
balisiert, wenn in der entsprechenden Konzeptualisierung das Objekt nicht flüssig und
gasförmig ist (vgl. Fig. 22). Nach der Wortwahl für eine primitive Aktion wird in BABEL
der mit dem Verb assoziierte Kasusrahmen instantiiert und anschließend mithilfe einer
ATN-Generierungsgrammatik in einen natürlichsprachlichen Satz überführt.

Falls die zu verbalisierende Repräsentationskonstruktion einen systeminternen Objektbezeichner wie BETT1 als Individuenkonstante erzeugt, muß dieser durch die Verbalisie-
rungskomponente in eine Nominalphase überführt werden. Solche Individuenkonstanten treten nur dann in den Repräsentationskonstruktionen für die natürlichsprachliche Ausgabe
auf, wenn wie in (73) und (74) für die zu generierende NP eine *extensionale Lesart* und

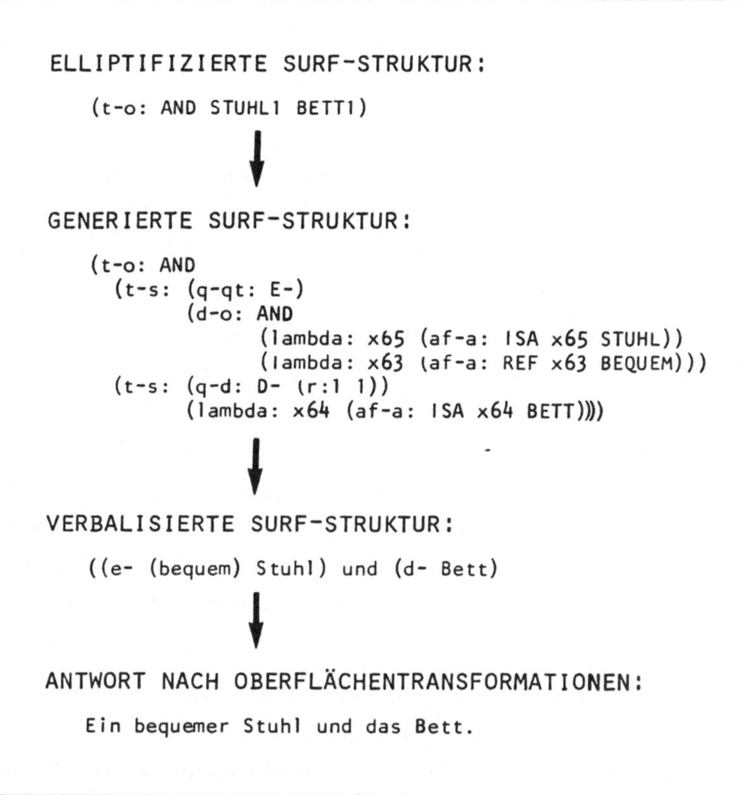

Fig. 23: Beispiel für einen NP-Generierungsprozeß

(73) *Das Fernsehgerät* steht direkt neben dem Bett.

(74) *Auf der ersten Etage befindet sich* eine Dusche.

nicht wie in (75) und (76) eine *intensionale Lesart* intendiert ist. Aufgabe der NP-Ge-

(75) *Der Farbfernseher* gehört zur Standardausstattung eines Luxushotels.

(76) *Eine Dusche* ist leider nicht vorhanden.

nerierungskomponente ist es, einen systeminternen Objektbezeichner durch die semantische Struktur einer NP zu ersetzen, die dem Hörer die Identifikation des intendierten
Referenzobjektes ermöglicht (vgl. Fig. 23 und Jameson/Wahlster 1982). NP-Generierungs-
komponenten greifen zur Bewältigung dieser Aufgabe typischerweise auf folgende Wissensquellen zu:

- Referentielles Wissen
- Begriffliches Wissen
- Inferenzregeln
- Partnermodell

In Dialogsystemen hängt die Komplexität der NP-Generierungskomponente von der gewählten *Dialogsituation* ('Beide Dialogpartner kennen bzw. sehen Details der Diskurswelt'

vs. 'Dem Hörer ist die konkrete Diskurswelt unbekannt') und den *Konversationszielen*
des Systems ab ('System hat keine speziellen Ziele, sondern soll nur möglichst 'objektiv' und kooperativ antworten' vs. 'System soll eine Entscheidung des Benutzers beeinflussen').

Wenn die NP-Generierung aufgrund vorgegebener Konversationsziele zum *interessengelei-
teten kognitiven Entscheidungsprozeß* wird (z.B. bei der Beschreibung eines angebotenen
Hotelzimmers, das durch das System vermietet werden soll) sind folgende Komponenten
des Partnermodells von besonderer Bedeutung:

- Existenzvoraussetzungen und Partnererwartungen (a priori Partnermodell)
- Spezielle Wünsche und Einstellungen des Partners (dialogbasiertes Partnermodell)
- Referentielles Wissen des Partners (dialogbasiertes Partnermodell)
- Dimensionspräferenzen

Falls das Referenzobjekt beim Partner als unbekannt vorausgesetzt werden muß, wird es
zunächst meist durch die NP-Generierungskomponente als indefinite NP eingeführt, um
dann im weiteren Dialog bzw. Text durch referenzidentische Pronomen oder anaphorisch
gebrauchte NPs wieder aufgegriffen zu werden (z.B. '... *neben einem antiken Sessel*... .
Der Sessel...').

Bei der Generierung einer indefiniten NP muß das System unter Verwendung des Partner-
modells eine angemessene Anfangscharakterisierung auswählen. Wenn z.B. das intern als
STUHL1 bezeichnete Objekt mithilfe der NP *ein beschädigter Stuhl* oder *ein bequemer
Stuhl* eingeführt werden kann, muß das System aufgrund des Partnermodells die zweite
Verbalisierungsmöglichkeit wählen, da nur diese mit dem Handlungziel 'Vermietung eines
Hotelzimmers' vereinbar ist. Mit einer solchen Erzeugung einer indefiniten NP muß stets
eine entsprechende Ergänzung des referentiellen Wissens im *dialogbasierten Partnermo-
dell* verbunden sein. Wenn die Existenz bestimmter Objekte aufgrund des *a priori
Partnermodells* vorausgesetzt werden muß (z.B. ein Bett, eine Tür und ein Fenster in
einem Hotelzimmer) sollte das System ohne vorherige Verwendung einer indefiniten NP
gleich definite NPs wie *das Bett* als sog. *pragmatische Anaphern* (d.h. Anaphern ohne
sprachliches Antezedens) erzeugen. Sonst werden erst nach der Verwendung indefiniter
NPs anaphorisch gebrauchte definite NPs verwendet.

Auf ein und dasselbe Objekt kann in verschiedenen Dialogabschnitten durch unterschiedliche definite NPs verwiesen werden. Dabei wird nach dem *Prinzip der Verwechslungsver-
meidung* das zu benennende Objekt jeweils von der Menge aller Objekte abgegrenzt, von
denen das System annimmt, daß der Benutzer sie in der gegebenen Dialogsituation mit
dem Referenzobjekt verwechseln könnte. Wenn das Referenzobjekt eines von mehreren Objekten ist, die als referentielles Wissen des Partners gespeichert sind und zur selben konzeptuellen Klasse gehören, muß das System eine Teilmenge der für das Referenzobjekt gespeicherten Merkmale auswählen, die es von den anderen Objekten dieser Klasse
unterscheidet (z.B. *der rote, gepolsterte Sessel*). Dabei müssen die in der Eingabe des

Benutzers präsupponierten Eigenschaften des Referenzobjektes blockiert werden (z.B. *Welches von den drei Betten ist hart?* nicht: *das harte Bett,* sondern z.B. *das mittlere).*

Im Fall der *multiplen Benennbarkeit,* d.h. wenn dem System bei der Generierung einer definiten NP alternativ mehrere Merkmale zur Verfügung stehen, muß das System für eine nicht redundante Codierung nacheinander folgende Kriterien auswerten bis ein Merkmal eindeutig gewählt worden ist:

- Wähle das Merkmal, welches gemäß Partnermodell am besten den speziellen Wünschen und Einstellungen des Benutzers entspricht.
- Wähle das Merkmal mit dem höchsten Ausprägungsgrad, welches die beste Diskrimination des Referenzobjektes ermöglicht.
- Wähle das Merkmal mit der höchsten Dimensionspräferenz (z.B. Farbe vor Größe).

Eines der schwierigsten Probleme der NP-Generierung bei visuell präsenten Diskurswelten ist die eindeutige Abgrenzung eines Objektes, in dessen unmittelbarer Umgebung sich eine Gruppe äußerlich mit dem Referenzobjekt identischer Objekte befindet. In diesem Fall müssen in der definiten NP komplexe räumliche Relationen zur Abgrenzung des Referenzobjektes in der Objektgruppe und zur Identifikation der entsprechenden Objektgruppe verwendet werden (z.B. *der hintere braune Stuhl, welcher sich rechts neben dem mittleren roten Bild befindet,* vgl. auch v. Hahn et al. 1980).

6.2. VERFAHREN ZUR VERBREITERUNG DER KOMMUNIKATIVEN LEISTUNGEN DER GENERIERUNGS-KOMPONENTE

Die im letzten Abschnitt eingeführten Module zur Wortwahl und NP-Generierung sind notwendige Grundbausteine des Verarbeitungsabschnitts 'Generierung', die alleine allerdings noch kein kommunikativ-adäquates, kohärentes und kooperatives Ausgabeverhalten des Systems garantieren. Dazu muß der Verarbeitungsabschnitt 'Generierung' zusätzlich z.B. noch Komponenten zur Überbeantwortung, Elliptifizierung und zur Verbalisierung von Teilen der Wissensbasis enthalten, wie sie im folgenden kurz charakterisiert werden sollen.

Die Systemreaktion in (79) ist ein typisches Beispiel für *kooperatives Dialogverhalten:* Es wird nicht nur die eigentlich erfragte Abfahrtzeit sondern zusätzlich auch noch das Abfahrtsgleis genannt, womit eine sog. *Überbeantwortung* vorliegt. Das gezeigte Systemverhalten mag gerade wegen seiner hohen Plausibilität und Natürlichkeit zu-

(78) BEN: *Wann fährt der nächste Zug nach Frankfurt ab?*

(79) SYS: *16.34, Gleis 13.*

nächst trivial erscheinen. Doch wie die Arbeit von Cohen 1978 überzeugend nachweist, erfordert die formale Rekonstruktion dieses Verhaltens in einem NSS aufwendige *Planerkennungs- und Planerzeugungsprozesse.* Um zu der in (79) angegebenen Überbeantwortung zu gelangen, muß das System ein allgemeines Verfahren mit folgender Grobstruktur anwenden:

(S1) Beobachte das Benutzerverhalten

(S2) Erkenne den Plan des Benutzers

(S3) Suche nach evtl. Hindernissen für den inferierten Plan, indem du die geplanten Schritte in einer gedachten Welt des Benutzers ausführst

(S4) Mache dir die entdeckten Hindernisse zum eigenen Ziel

(S5) Erzeuge einen Plan zum Erreichen dieses Ziels

(S6) Führe den Plan aus und gehe nach (S1)

Bei Anwendung des skizzierten Verfahrens auf die Benutzerfrage (78) inferiert das System zunächst als Plan des Benutzers, daß dieser mit dem Zug nach Frankfurt fahren will. Das System stellt dann fest, daß die fehlende Information über das Abfahrtsgleis ein Hindernis für den Plan des Benutzers darstellen könnte, und beseitigt dieses durch die Zusatzinformation. Das Beispiel verdeutlicht die Abhängigkeit kommunikativer Leistungen wie der Überbeantwortung von kognitiven Fähigkeiten der Planerkennung und -erzeugung.

Neuere Arbeiten zeigen, daß zur Generierung kommunikativ adäquater Äußerungen in allen Phasen des Verarbeitungsabschnitts 'Generierung' Planungsprozesse benötigt werden. Beispielsweise benutzt das System KAMP (vgl. Appelt 1981) nicht nur auf der Ebene der Sprechaktplanung sondern auch zur Wortwahl und syntaktischen Strukturierung der Äußerung eine Planungskomponente. Im System TEXT (vgl. McKeown 1982) werden bei der Planung eines Textes verschiedene Wissensquellen wie semantisches Dialoggedächtnis, Fokus und Regeln zur Textstrukturierung ausgewertet.

Wenn NSS überhaupt natürlichsprachliche Ausgaben erzeugen, so sind diese meist elliptisch. Im Gegensatz zum Verarbeitungsabschnitt 'Analyse', für den spezielle Komponenten zur Ellipsenverarbeitung entworfen wurden (vgl. Abschnitt 4.5.1), sind bei der Generierung Ellipsen in den meisten NSS nicht das Ergebnis eines expliziten Elliptifizierungsprozesses über der semantischen Repräsentationskonstruktion eines nicht elliptischen Auswertungsergebnisses, sondern entstehen als Seiteneffekt dadurch, daß von der Auswertung nur einzelne Objektnamen oder Prädikate an die Generierungskomponente übergeben werden. Man kann sich am Beispiel der kotextuellen Ellipsen (vgl. Abschnitt 4.5.1) leicht klar machen, daß kooperatives und kommunikativ-adäquates Antwortverhalten aber einen expliziten Elliptifizierungsprozeß voraussetzt, in dem u.a. die Struktur der Bezugsäußerung berücksichtigt wird (vgl. Jameson/Wahlster 1982). Wenn das System z.B. auf die Frage (80) mit (81) als Überbeantwortung reagiert, weil es tatsächlich drei

(80) BEN: *Gibt es drei Betten und mindestens einen Schreibtisch im Zimmer?*

(81) SYS: *Ja, drei.*

Betten und drei Schreibtische gibt, so ist dieses Antwortverhalten inadäquat, weil der Benutzer *drei* entweder auf die Zahl der Betten bezieht oder unsicher ist, welche Interpretation vorliegt. Andererseits ist die elliptische Antwort *Ja, zwei* genau dann adäquat, wenn tatsächlich drei Betten und zwei Schreibtische im Hotelzimmer vorhanden sind. Dies zeigt, daß es nicht ausreicht, die während der Auswertung vorgenommene Änderung der Quantifikation (in (80) - (81) *mindestens ein → drei*) einfach zu verbalisieren. Von einer *Elliptifizierungskomponente* muß jede mögliche Form der Elidierung daraufhin überprüft werden, ob die erzeugte Ellipse für den Benutzer verständlich ist, d.h. ob sie durch einen Vergleich mit der Bezugsäußerung eindeutig rekonstruierbar ist.

So gehört es zu den Aufgaben der Elliptifizierungskomponente festzustellen, daß (81) als Antwort auf (80) mehrdeutig und damit 'zu elliptisch' ist, während (82) eine

    (82) SYS: *Ja, drei Betten und drei Schreibtische.*

korrekte Elliptifizierung des Auswertungsergebnisses 'Ja, es gibt drei Betten und drei Schreibtische im Zimmer' darstellt.

Durch die von Jameson entwickelte Elliptifizierungskomponente von HAM-ANS (vgl. Jameson/Wahlster 1982) wird das Auswertungsergebnis top-down analysiert und mit der semantischen Struktur der Eingabe verglichen, um nacheinander alle Teilketten in der Repräsentationskonstruktion für die Antwort zu tilgen, die mit der Repräsentationskonstruktion für die Eingabe übereinstimmen. Ausgehend von der kürzesten möglichen Ellipse wird dann die für den Verarbeitungsabschnitt 'Analyse' entwickelte Komponente zur Ellipsenrekonstruktion angewendet, um zu überprüfen, ob die geplante Äußerung verständlich ist.

Hier handelt es sich um eine *lokale Rückkopplungsschleife*, in der ein Teil des Verstehensprozesses auf der Hörerseite antizipiert wird. Dieses Beispiel zeigt auch deutlich, daß die bis vor wenigen Jahren weit verbreitete Annahme, die automatische Generierung natürlicher Sprache sei einfacher als die Analyse und unabhängig von anderen Systemkomponenten, unbegründet ist, da eine leistungsfähige Generierungskomponente aus den vielen Verbalisierungsalternativen eine in Bezug auf das jeweilige Konversationsziel optimale Formulierung nur dadurch auswählen kann, daß die Analysekomponenten des Systems zur *Antizipation des nachfolgenden Verstehensprozesses* auf der Hörerseite verwendet werden.

Häufig ist es erforderlich, daß ein NSS auch Auszüge aus den von ihm verwendeten Wissensquellen verbalisieren kann (z.B. zur Beantwortung metakommunikativer Fragen des Benutzers). Besonders wichtig ist diese Systemfähigkeit für den Aufbau einer *Erklä-*

```
(PROC DEMON: MDEMON ZVAL: 0.8
      (REF  <AUTO BILLIG)
      (OR*  ⌐(GOAL (REF !AUTO TUEV-FAELLIG))
            (GOAL (REF !AUTO REPARATURBEDUERFTIG)))
      (END?))
```

Fig. 24: Als DEDUCE-Prozedur codierte Inferenzregel

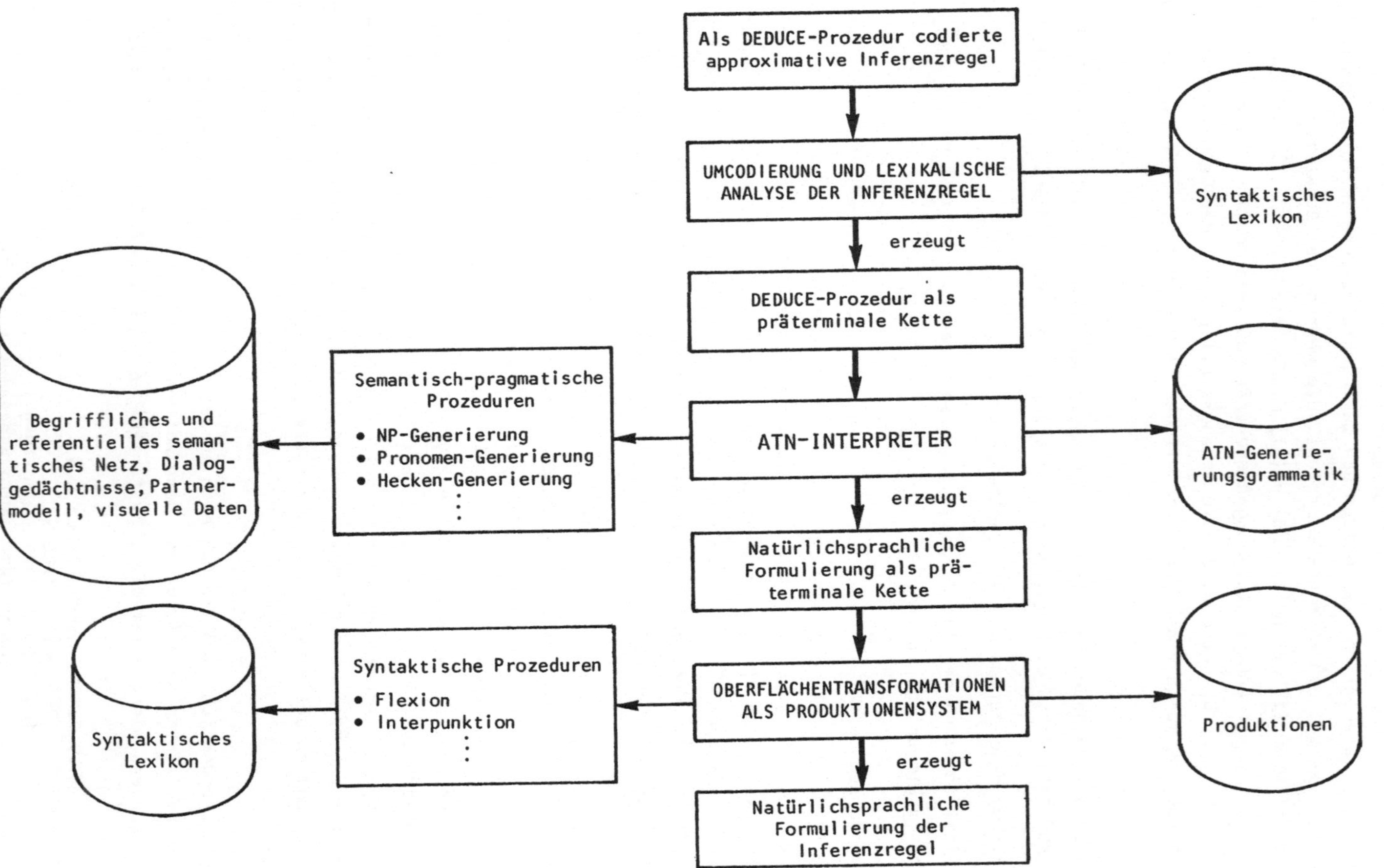

Fig. 25: Architektur einer Komponente zur Verbalisierung von Inferenzregeln

rungskomponente, durch die inferenzbasierte Systemantworten aufgrund von 'Warum'-Fragen des Benutzers erklärt werden sollen (vgl. Wahlster 1981 b). Aufgabe des Verarbeitungsabschnittes 'Generierung' ist es dabei, eine z.B. in der KI-Programmiersprache FUZZY als sog. DEDUCE-Prozedur codierte Inferenzregel (vgl. Fig. 24) in eine natürlichsprachliche Formulierung wie (83) zu überführen.

(83) *Ein Auto ist meist billig, wenn es TÜV-fällig oder reparaturbedürftig ist.*

Fig. 25 zeigt die Grobstruktur des Teils der Sprachgenerierungskomponente, der für die *Verbalisierung von Inferenzregeln* verantwortlich ist. Der Quelltext der Inferenzregel wird zunächst umcodiert und lexikalisch analysiert. Voraussetzung für dieses Verfahren ist die Program/Daten-Äquivalenz, wie sie in LISP und LISP-basierten KI-Programmiersprachen verwirklicht ist. Durch Zugriff auf das Wort-Lexikon wird eine präterminale Kette erstellt, die dem ATN-Generator übergeben wird. Die mit den Zustandsübergängen in der ATN-Generierungsgrammatik assoziierten Aktionen (vgl. auch Abschnitt 4.1.) lösen semantisch-pragmatische Prozesse wie die Generierung von definiten und indefiniten NPs, Pronomen und linguistische Hecken aus. Nach einem erfolgreichen Durchlauf durch die Generierungsgrammatik wird eine vorläufige Formulierung der Inferenzregel als präterminale Kette (vgl. (84) für die in Fig. 24 dargestellte Inferenzregel) an ein Produktionensystem übergeben, das durch *Oberflächentransformationen* einen wohlgeformten deutschsprachigen Satz wie (83) erzeugt.

```
(84) ((DET (E-)) (NOM (AUTO)) (VRB (SEIN)) (ADV (MEIST)) (ADJ (BILLIG)) (KON (WENN))
     (PRN (ES)) (ADJ (TUEV-FAELLIG)) (VRB (SEIN)) (KON (ODER)) (PRN (ES)) (ADJ
     (REPARATURBEDUERFTIG)) (VRB (SEIN)))
```

Mit Hilfe des Produktionensystem-Interpreters werden solange Tilgungs-, Insertions- und Permutationstransformationen über der präterminalen Kette ausgeführt, bis keine der in der Wissensbasis gespeicherten Produktionen (vgl. Fig. 25) mehr angewendet werden kann. Auf die in (84) angegebene präterminale Kette kann z.B. die in (85) darge-

```
(85) ((PRN (?PRN)) ??ADJOBJ (VRB (?VRB)) (KON ((*ANY ?KON '(UND ODER))))
     (PRN (!PRN)) (ADJ (?ADJ)) (VRB (!VRB)))
  →    ((PRN (!PRN)) !!ADJOBJ (KON (!KON)) (ADJ (!ADJ)) (VRB (!VRB)))
```

stellte Produktion angewendet werden, die eine *Tilgung identischer Pronomen* bewirkt. Beim Vergleich der linken Seite dieser Regel mit der in (84) angegebenen Struktur, wird an die Variable ?PRN der Wert ES und an die Variable ?VRB der Wert SEIN gebunden. Durch die wertabgebenden Variablen !PRN und !VRB wird dabei gesichert, daß die in (85) formulierte Tilgungstransformation nur auf koordinierte Teilstrukturen mit identischem Pronomen und Verb angewendet wird. Nach Ausführung dieser Tilgungstransformation enthält der Arbeitsspeicher des Produktionensystems die in (86) angegebene Struktur. Auf

```
(86) ((DET (E-)) (NOM (AUTO)) (VRB (SEIN)) (ADV (MEIST)) (ADJ (BILLIG))
     (KON (WENN)) (PRN (ES)) (ADJ (TUEV-FAELLIG)) (KON (ODER)) ADJ (REPA-
     RATURBEDUERFTIG)) (VRB (SEIN)))
```

diese Struktur werden dann weitere Produktionen zur Kommainsertion und Flexion angewendet, um schließlich als Verbalisierung der Inferenzregel die Formulierung in (83) zu erhalten.

Zu den Oberflächentransformationen gehören neben der *Flexion* (vgl. Busemann 1982) und *Interpunktion* auch die Erzeugung feststehender Redewendungen und stilistischer Variationen der Wortstellung (z.B. Topikalisierungstransformationen, wie sie in der Generierungskomponente MUMBLE realisiert sind, vgl. McDonald 1980). Mit den Oberflächentransformationen wird der Sprachgenerierungsprozeß in natürlichsprachlichen Systemen und damit auch das letzte Kapitel dieser Einführung abgeschlossen.

AUSBLICK

Im vorliegenden Aufsatz wurde versucht, einen einführenden Überblick zu den wichtigsten Fragestellungen, Methoden und Resultaten des Forschungsgebietes 'Natürlichsprachliche Systeme' zu geben. An dieser Stelle sei der Anfänger davor gewarnt, natürlichsprachliche Systeme als 'Allheilmittel' für sämtliche Probleme der Mensch-Maschine-Kommunikation anzusehen. Selbstverständlich gibt es neben der natürlichen Sprache eine Reihe anderer Kommunikationsformen, deren Vor- und Nachteile gegenüber natürlichsprachlicher Kommunikation nicht prinzipiell festgestellt werden können, sondern nur durch die Evaluierung der jeweiligen Kommunikationserfordernisse in einer konkreten Anwendungssituation herausgearbeitet werden können.

Andererseits hoffe ich, den Leser durch diese Einführung dazu in die Lage versetzt zu haben, die in den letzten Jahren erfreulicherweise seltener zu hörenden Pauschalargumente gegen jegliche Form natürlichsprachlicher Systeme leicht entkräften zu können. Im folgenden werden einige der am häufigsten geäußerten Thesen und Antithesen zu natürlichsprachlichen Systemen, wie sie in Wahlster/v. Hahn 1981 zusammengestellt sind, nochmals wiedergegeben:

These: Die natürliche Sprache ist nicht den spezifischen Bedingungen der
Mensch-Maschine-Kommunikation angepaßt.

Antithese: Die natürlichen Sprachen haben bei erweiterten Möglichkeiten zeitlicher
und räumlicher Dilation (z.B. Brief, Telephon) je spezifische Register entwickelt,
die sich schnell konventionalisiert haben. Ähnlich wird sich auch für die neuen
Informationstechnologien eine spezielle 'Rhetorik' entwickeln. Bisher hat sich
die natürliche Sprache noch jedem Medium angepaßt.

These: Natürlichsprachliche Ein- und Ausgaben sind gegenüber formalsprachlichen
zu lang.

Antithese: Die breite Beherrschung von implizitem Wissen über Situation, Dialog-
stadium, Partnereigenschaften etc. führt in NSS zu stark elliptischem und ana-
phorischem Sprechen. Ausdrücke bisheriger formaler Anfragesprachen müssen dagegen
bei Fehlern oder sachlicher Unrichtigkeit meist vollständig wiederholt werden.
Außerdem können in der natürlichsprachlichen Kommunikation jederzeit Abkürzungen

im Dialog definiert werden. Durch die Möglichkeiten zur Elliptifizierung und Ana-
phorisierung sind natürlichsprachliche Formulierungen gegenüber formalsprachlichen
'konzeptuell kürzer'.

These: Die Vagheit der natürlichen Sprache ist ein Defekt, der die natürliche
   Sprache für die Mensch-Maschine Kommunikation ungeeignet macht.
Antithese: Die Vagheit vieler natürlichsprachlicher Ausdrücke ist kein Defekt,
sondern trägt entscheidend zur Nützlichkeit des Kommunikationswerkzeuges natürliche
Sprache bei. Oft können die Griceschen Konversationsmaximen (z.B. 'Mache Deinen
Beitrag nicht informativer als erforderlich', 'Sei relevant', vgl. Grice 1975) nur
durch die Verwendung von Vagheit befolgt werden.

These: Das Verhalten natürlichsprachlicher KI-Systeme ist u.a. durch die Verwendung
   komplexer Inferenzverfahren für den Benutzer nicht transparent und kontrol-
   lierbar (vgl. z.B. Shneiderman 1980).
Antithese: Gerade die natürlichsprachliche Kommunikation ermöglicht argumentative
Dialoge, in denen alle Äußerungen und Verhaltensweisen der Kommunikationspartner
kritisch hinterfragt und argumentativ abgesichert werden können. Erklärungskompo-
nenten, deren Aufgabe es ist, auf Anfrage eine für den Benutzer verständliche und
im jeweiligen Dialogzustand angemessene Erklärung für inferenz-basiertes Systemverhalten zu erzeugen, erhöhen die Transparenz und Kontrollierbarkeit von natürlichsprachlichen KI-Systemen gegenüber konventionellen Dialogsystemen ganz erheblich.

These: Die Menü-Technik ist effizienter als natürlichsprachliche Kommunikation.
Antithese: Stark standardisierte Kommunikation ist ein Sonderfall von natürlicher
Kommunikation, z.B. Telephongesprächseröffnungen, Begrüßungen, Geschäftsbrief.
Insofern hängt der Grad der Ritualisierung und damit der Einsatz von Menü-Techniken
davon ab, wie tief strukturiert und wie verzweigt die Handlungsmuster in der spe-
ziellen Anwendungssituation sind.

Obwohl für die Hauptkomponenten eines natürlichsprachlichen Systems heute eine Auswahl
von bewährten Methoden und Techniken zur Verfügung stehen, von denen einige in dieser
Einführung vorgestellt werden konnten, sind noch viele Einzelprobleme, auch in klassischen Gebieten wie der lexikalischen Analyse und des Parsing ungeklärt und erfordern
Grundlagenforschung von Informatikern mit guten KI-Kenntnissen in enger Zusammenarbeit
mit Linguisten und Psychologen. Wie bereits in Abschnitt 1.1. festgestellt wurde, ist
man beim derzeitigen Forschungsstand von einem 'natürlichsprachlichen Universalsystem'
noch weit entfernt. Andererseits sind für viele industrielle Anwendungen, die eine ge-
ringe Komplexität der Sprachverstehens- bzw. Generierungsprozesse erfordern, heute
produktreife NSS realisierbar.

Nach Hart 1982 läßt sich der derzeitige Entwicklungsstand durch die in Fig. 26 dargestellte Graphik charakterisieren. Es gibt einerseits effiziente und mit relativ gerin-

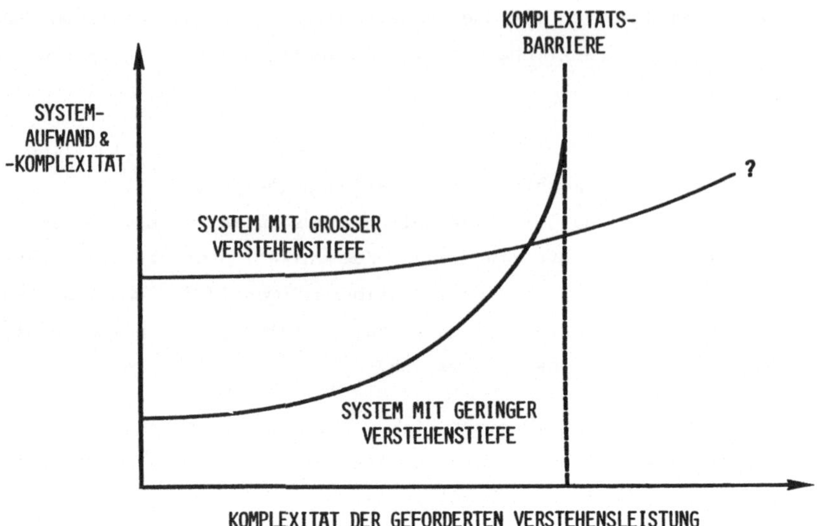

Fig. 26: Zusammenhang zwischen Systemkomplexität und geforderter Verstehensleistung

gem Betriebsmittelaufwand realisierbare Verfahren für Aufgaben, die Verstehensleistungen von geringerer Komplexität erfordern, und andererseits Verfahren mit sehr hohen Betriebsmittelanforderungen, durch die auch schwierige Aspekte des menschlichen Sprachverhaltens rekonstruiert werden können. Während man mit dem erstgenannten Typ von Verfahren bei steigender Komplexität der geforderten Verstehensleistung recht bald an eine *Komplexitätsbarriere* stößt, gelingt es mit dem zweiten Typ von Verfahren, der für einfache Aufgaben unnötig aufwendig ist, diese Komplexitätsbarriere zu durchbrechen. Als mittelfristige Forschungsstrategie schlägt Hart daher vor, in anwendungsorientierten Systemen bewährte Techniken aus Systemen mit geringer Verstehenstiefe und Systemen mit großer Verstehenstiefe in mehrstufigen Systemen zu kombinieren.

Ich hoffe, daß sich einige der Leser dieser Einführung den faszinierenden Fragestellungen der sprachorientierten KI-Forschung zuwenden und mithelfen, die angesprochenen mehrstufigen Systeme zu realisieren, die anwendungsorientierten Verfahren weiter zu verbessern und die zahlreichen offenen Probleme der sprachorientierten KI-Forschung zu lösen.

DANKSAGUNG

Für zahlreiche Anregungen und Hinweise möchte ich allen Mitarbeitern der Forschungsstelle für Informationswissenschaft und Künstliche Intelligenz an der Universität Hamburg danken. Mein besonderer Dank gilt Frau A. Carstensen, Frau A. Scherff und Frau M. Mühlenberg für die sorgfältige Ausführung der Schreibarbeiten sowie Herrn

J. Gottschalk und Frau S. Vogt für die gewissenhafte Ausführung von graphischen Arbeiten.

Die vorliegende Einführung möchte ich meiner Frau Doris Wahlster widmen, die meiner Schreibtischarbeit auch an Wochenenden und Abenden dieses Sommers großes Verständnis entgegengebracht hat.

LITERATUR

1) WICHTIGE SAMMELBÄNDE UND MONOGRAPHIEN

Obwohl Berichte, Mitteilungen und Memos der KI-Forschungszentren und als Institutsberichte veröffentlichte Dissertationen die aktuellste und detaillierteste Information beinhalten, wird zunächst auf allgemein in Buchform zugängliche Sammelbände und Monographien hingewiesen, da Institutsberichte oft schwer zugänglich, schnell vergriffen und teilweise sogar geheim (Industrie, Militär) sind.

Für eine erste Einführung sind die im folgenden genannten Bücher ausreichend; für eine eigenständige Forschungstätigkeit ist das Studium der einschlägigen Institutsberichte, Tagungsbände und Fachzeitschriften allerdings unerläßlich. Bei der notwendigen Selektion wurden neuere Publikationen sowie deutschsprachige Werke bevorzugt.

Barr, A., Feigenbaum, E.A. (eds.) (1981): The handbook of artificial intelligence. Vol. I, Kap. IV: Understanding natural language. S. 223-321; Kap. V: Understanding spoken language, S. 323-361, Los Altos: Kaufmann.

Barr, A., Feigenbaum, E.A. (eds.) (1982): The handbook of artificial intelligence. Vol. II, S. 164-170, S. 238-239, S. 247-253, S. 370-374, Los Altos: Kaufmann.

Bobrow, D., Collins, A.M. (eds.) (1975): Representation and understanding: Studies in cognitive science. New York: Academic.

Bolc, L. (ed.) (1978): Natural language communication with computers. Berlin, Heidelberg, New York: Springer.

Bolc, L. (ed.) (1980): Natural language question answering systems. München/London: Hanser/Macmillan.

Bolc, L. (ed.) (1980): Natural language based computer systems. München/London: Hanser/Macmillan.

Bolc, L. (ed.) (1980): Representation and processing of natural language. München/London: Hanser/Macmillan.

Brady, M. (ed.) (1982): Computational theories of discourse. Cambridge: MIT Press.

Charniak, E., Wilks, Y. (eds.) (1976): Computational semantics. An introduction to artificial intelligence and natural language comprehension. Amsterdam: North-Holland.

Christaller, T., Metzing, D. (eds.) (1979, 1980): Augmented transition network Grammatiken, Teil I und II, Berlin: Einhorn.

Cohen, P.R., Feigenbaum, E.A. (eds.) (1982): The handbook of artificial intelligence.
    Vol. III, S. 65-74, Los Altos: Kaufmann.

Colby, K.M. (1975): Artificial paranoia: a computer simulation of paranoid processes.
    New York: Pergamon.

Davey, A. (1978): Discourse production. A computer model of some aspects of a speaker.
    Edinburgh: Univ. Press.

Eisenberg, P. (ed.) (1976): Maschinelle Sprachanalyse. Beiträge zur automatischen
    Sprachverarbeitung 1. Berlin, New York: de Gruyter.

Eisenberg, P. (ed.) (1977): Semantik und Künstliche Intelligenz. Beiträge zur automa-
    tischen Sprachverarbeitung 2. Berlin, New York: de Gruyter.

Findler, N.V. (ed.) (1979): Associative networks. Representation and use of knowledge
    by computers. New York: Academic.

Freedle, R.O. (ed.) (1977): Discourse production and comprehension. Norwood: Ablex.

Gallaire, H., Minker, J. (eds.) (1978): Logic and data bases. New York: Plenum.

Gregg, L.W. (ed.) (1974): Knowledge and cognition. New York: Wiley.

Hirst. G. (1981): Anaphora in natural language understanding: a survey. Berlin,
    Heidelberg, New York: Springer.

Joshi, A., Webber, B.L., Sag, I. (eds.) (1981): Elements of discourse understanding.
    Cambridge: Cambridge Univ. Press.

Kolvenbach, M., Lötscher, A., Lutz, H.D. (eds.) (1979): Künstliche Intelligenz und
    natürliche Sprache. Sprachverstehen und Problemlösen mit dem Computer.
    Tübingen: Narr.

Krause, J. (1982): Mensch-Maschine-Interaktion in natürlicher Sprache. Evaluierungs-
    studien zu praxisorientierten Frage-Antwort-Systemen und ihre Methodik.
    Tübingen: Niemeyer.

Lea, W. (ed.) (1980): Trends in speech recognition systems. Englewood Cliffs: Prentice
    Hall.

Lehnert, W.C. (1978): The process of question answering: a computer simulation of
    cognition. Hillsdale: Lawrence Erlbaum.

Lehnert, W.C., Ringle, M. (eds.) (1981): Knowledge representation for natural
    language processing. Hillsdale: Lawrence Erlbaum.

Marcus, M.P. (1980): A theory of syntactic recognition for natural language.
    Cambridge: MIT Press.

Metzing, D. (ed.) (1980): Frame conceptions and text understanding. Berlin,
    New York: de Gruyter.

Metzing, D. (ed.) (1981): Dialogmuster und Dialogprozesse. Hamburg: Buske.

Minsky, M. (ed.) (1968): Semantic information processing. Cambridge: MIT Press.

Morik, K. (1982): Überzeugungssysteme der Künstlichen Intelligenz. Validierung vor
    dem Hintergrund linguistischer Theorien über implizite Äußerungen.
    Tübingen: Niemeyer 1982.

Norman, D. A., Rumelhart, D.E. and the LNR Research Group (eds.) (1975): Explorations
    in cognition. San Francisco: Freeman.

Rieger, B. (ed.) (1982): Empirical semantics. Bochum: Brockmeyer.

Ritchie, G.D. (1980): Computational grammar. An artificial intelligence approach to
    linguistic description. Sussex: Harvester.

Rollinger, C.-R., Schneider, H.-J. (eds.) (1980): Inferenzen in natürlichsprachlichen
    Systemen der Künstlichen Intelligenz. Berlin: Einhorn.

Rustin, R. (ed.) (1973): Natural language processing. Englewood Cliffs: Prentice Hall.

Sager, N. (1981): Natural language information processing: a computer grammar for
    English and its application. Reading: Addison-Wesley.

Schank, R.C. (ed.) (1975): Conceptual information processing. Amsterdam: North-Holland.

Schank, R.C., Abelson, R.P. (1977): Goals, plans, scripts and understanding: an enquiry into human knowledge structures. Hillsdale: Lawrence Erlbaum.

Schank, R.C., Colby, K.M. (eds.) (1973): Computer models of thought and language. San Francisco: Freeman.

Schank, R.C., Riesbeck, C.K. (1981): Inside computer understanding. Hillsdale: Lawrence Erlbaum.

Schank, R.C. (1982): Dynamic memory. New York: Cambridge Univ. Press.

Spiro, R., Bruce, B., Brewer, W. (eds.) (1980): Theoretical issues in reading comprehension. Hillsdale: Lawrence Erlbaum.

Tennant, H. (1981): Natural language processing. An introduction to an emerging technology. New York: Petrocelli.

Wahlster, W. (1981b): Natürlichsprachliche Argumentation in Dialogsystemen. KI-Verfahren zur Rekonstruktion und Erklärung approximativer Inferenzprozesse. Berlin, Heidelberg, New York: Springer.

Walker, D.E. (ed.) (1978): Understanding spoken language. New York: North-Holland.

Waterman, D., Hayes-Roth, F. (eds.) (1978): Pattern-directed inference systems. New York: Academic.

Wettler, M. (1980): Sprache, Gedächtnis, Verstehen. Berlin, New York: de Gruyter.

Winograd, T. (1972): Understanding natural language. New York: Academic.

Winograd, T. (1983): Language as a cognitive process. Vol. I: Syntax, Reading: Addison-Wesley.

Woods, W.A. (1979): Semantics for a question answering system. New York: Garland. (Buchveröffentlichung der Dissertation von 1967).

Zampoli, A. (ed.) (1977): Linguistic structures processing. Amsterdam: North-Holland.

2) NEUERE ÜBERSICHTEN

Die folgende Auswahl enthält Übersichten zur sprachorientierten KI-Forschung, die seit 1979 erschienen sind:

Charniak, E. (1981): Six topics in search of a parser: An overview of AI language research. In: Proc. of the IJCAI-81, Vancouver, S. 1079-1087.

Eisenberg, P. (1980): Computerlinguistik. In: Althaus, H.P., Henne, H., Wiegand, H.E. (eds.): Lexikon der germanistischen Linguistik. Tübingen: Niemeyer, S. 809-815.

Fauser, A., Roesner, D. (1979): Computational Linguistics in West-Germany - a selected bibliography. Univ. Stuttgart, Institut für Informatik.

Fauser, A., Rathke, Chr. (1981): Studie zum Stand der Forschung über natürlichsprachliche Frage/Antwort-Systeme. Univ. Stuttgart, Institut für Informatik. BMFT-Forschungsbericht ID-81-006.

Grosz, B.J. (1979): Utterance and objective: Issues in natural language communication. In: Proc. of the IJCAI-79, Tokio, S. 1067-1076.

Hendler, J., Kehler, T.P., Michaelis, P.R., Philips, B., Ross, K.M., Tennant, H.R. (1981): Issues in the development of natural-language front-ends. In: Proc. of the National Computer Conference, Chicago, Arlington: AFIPS Press, S. 643-648.

Hendrix, G.G. (1980): Future prospects for computational linguistics. In: Proc. of the Annual Conference of the ACL, Philadelphia.

Kaplan, S.J. (ed.) (1982): Special Section-Natural Language. In: SIGART Newsletter,
        Nr. 79, Januar 1982, S. 27-109.

Lenders, W. (1980): Linguistische Datenverarbeitung - Stand der Forschung: In: Deutsche
        Sprache, 3, S. 213-264.

Mann, W.C., Bates, M., Grosz, B., McDonald, D.D., McKeown, K.R., Swartout, W.R. (1981):
        Text generation: The state of the art and the literature. Univ. of Southern
        California, Information Sciences Institute, Report ISI/RR-81-101.

Schank. R.C., Lehnert, W. (1979): Review of natural language processing. In: Wegner, P.
        (ed.): Research Directions in Software Technology. Cambridge: MIT Press,
        S. 750-766.

Wahlster, W. (1981a): Natürlichsprachliche KI-Systeme: Entwicklungsstand und Forschungs-
        perspektive. In: Siekmann, J.H. (ed.): GWAI-81. German Workshop on Artificial
        Intelligence, Bad Honnef; Berlin, Heidelberg, New York: Springer, S. 50-68.

Waltz, D.L. (1981): The state of the art in natural language understanding. Coordinated
        Science Laboratory, University of Illinois, Working Paper 27, Januar 1981.

3) ZITIERTE AUFSÄTZE

Appelt, D.E. (1981): Planning natural language utterances to satisfy multiple goals.
        Ph.D. Dissertation, Stanford University, Stanford, Ca.

Bates, M. (1980): Theorie und Praxis der ATN-Grammatiken. In: Christaller, Th., Metzing,
        D. (eds.): Augmented Transition Network Grammatiken. Bd. 2, Berlin: Einhorn.

Birnbaum, L., Selfridge, M. (1979): Problems in conceptual analysis of natural language.
        Yale University, Computer Science Department, Research Report Nr. 168.

Bobrow, D.G., Kaplan, R.M., Kay, M., Norman, D.A., Thompson, H., Winograd, T. (1977):
        GUS - a frame-driven dialog system. In: Artificial Intelligence, 8, 2, S.
        155-173.

Bobrow, D.G., Winograd, T. (1977): An overview of KRL, a knowledge representation
        language. In: Cognitive Science, 1, S. 3-46.

Bobrow, R.J. (1978): The RUS system. In: Webber, B.L., Bobrow, R.J. (eds.): Research
        in natural language understanding. Quarterly progress report Nr. 3, Bolt
        Beranek and Newman, Cambridge, Ma., BBN Report Nr. 3878.

Bobrow, R.J., Webber, B.L. (1980): Knowledge representation for syntactic/semantic pro-
        cessing. In: Proc. of the 1st national conference on Artificial Intelligence,
        Stanford, Ca., S. 316-323.

Brachman, R.J. (1978): A structural paradigm for representing knowledge. Bolt Beranek
        and Newman, Cambridge, Ma., BBN Report Nr. 3605.

Brachman, R.J., Bobrow, R.J., Cohen, P.R., Klovstadt, J.W., Webber, B.L., Woods, W.A.
        (1979): Research in natural language understanding. Annual report. Bolt Bera-
        nek and Newman, Cambridge, Ma., BBN Report Nr. 4274.

Brachman, R.J., Smith, B.C. (1980): Special issue on knowledge representation. In:
        SIGART Newsletter Nr. 70.

Burton, R.R. (1976): Semantic grammar: An engineering technique for constructing natu-
        ral language understanding systems. Bolt Beranek and Newman, Cambridge, Ma.,
        BBN Report Nr. 3453.

Busemann, S. (1982): Probleme der automatischen Generierung deutscher Sprache. Universi-
        tät Hamburg, Forschungsstelle für Informationswissenschaft und Künstliche
        Intelligenz, Memo ANS-8.

Christaller, T., Metzing, D. (1982): Parsing interactions and a multi-level parser
        formalism based on cascaded ATNs. In: Sparck Jones, K., Wilks, Y. (ed.):
        Automatic natural language parsing. Cognitive Studies Center, Essex.

Church, K. (1980): On memory limitations in natural language processing. MIT, LCS,
    Cambridge, Mass., Technical Report Nr. 245.

Cohen, P. (1978): On knowing what to say: Planning speech acts. University of Toronto,
    Toronto, Technical Report Nr. 118.

Collins, A., Warnock, E.H., Aiello, N.E., Miller, M.C. (1975): Reasoning from incomplete
    knowledge. In: Bobrow, D.G., Collins, A. (eds.): Representation and understan-
    ding: Studies in cognitive science. N.Y.: Academic.

Cullingford, R.E., Krueger, M.W., Selfridge, M., Bienkowski, M.A. (1982): Automated
    explanations as a component of a computer-aided design system. In: IEEE
    Transactions on Systems, Man and Cybernetics, Vol. SMC-12, Nr. 2, S. 168-181.

Eisenstadt, M. (1979): Alternative Parser für konzeptuelle Abhängigkeitsgrammatiken.
    In: Christaller, Th., Metzing, D. (eds.): Augmented Transition Network Gram-
    matiken, Bd. 1, Berlin: Einhorn.

Fauser, A. (1979): Überlegungen zu einer Theorie des Parsing. In: Christaller, Th,
    Metzing, D. (eds.): Augmented Transition Network Grammatiken, Bd. 1, Berlin:
    Einhorn.

Fauser, A. (1980): Inferenz und Kohärenz in KIPUS. In: Rollinger, C.-R., Schneider, H.-
    J. (eds.): Inferenzen in natürlichsprachlichen Systemen der Künstlichen Intel-
    ligenz. Berlin: Einhorn.

Fillmore, C. (1968): The case for case. In: Bach, E., Harms, R. (eds.): Universals in
    linguistic theory. N.Y.: Holt, Rinehart and Winston.

Görz, G. (1979): Kontrollstrukturen und ATN. In: Christaller, Th., Metzing, D. (eds.):
    Augmented Transition Network Grammatiken. Bd. 1, Berlin: Einhorn.

Görz, G., Beckstein, C. (1980): GLP: Ein linguistischer Prozessor. Universität Erlangen-
    Nürnberg, Rechenzentrum, Interner Arbeitsbericht Nr. 125.

Grice, H.P. (1975): Logic and conversation. In: Cole, P., Morgan, J.L. (eds.): Syntax
    and semantics. Vol. 3, Speech acts, N.Y.: Academic.

Grosz, B. (1977): The representation and use of focus in dialog understanding. SRI Inter-
    national, Menlo Park, Ca., Technical Note Nr. 151.

Haas, N., Hendrix, G.G. (1980): An approach to acquiring and applying knowledge. In:
    Proc. of the 1st national conference on Artificial Intelligence, Stanford, Ca.,
    S. 235-239

Habel, C.U., Rollinger, C.-R., Schmidt, A., Schneider, H.-J. (1980): A logic-oriented
    approach to automatic text understanding. In: Bolc, L. (ed.): Natural language
    based computer systems. München, London: Hanser/Macmillan.

Hahn, U., Kuhlen, R., Reimer, U. (1982): Konzeption und Aufbau des automatischen Text-
    kondensierungssystems TOPIC. Universität Konstanz, Informationswissenschaft,
    Bericht TOPIC-1/82.

v. Hahn, W. (1978): Überlegungen zum kommunikativen Status und der Testbarkeit von na-
    türlichsprachlichen Artificial-Intelligence-Systemen. In: Sprache und Daten-
    verarbeitung 1, S. 145-169.

v. Hahn, W. (1979): Über Dialogkohärenz in natürlichsprachlichen AI-Systemen. Universi-
    tät Hamburg, Germanisches Seminar, HAM-RPM Bericht Nr. 8.

v. Hahn, W., Hoeppner, W., Jameson, A., Wahlster, W. (1980): The anatomy of the natural
    language dialogue system HAM-RPM. In: Bolc, L. (ed.): Natural language based
    computer systems. München, London: Hanser/Macmillan.

Hart, P.E. (1982): Directions for AI in the eighties. In: SIGART Newsletter, Nr. 79,
    S. 11-16.

Hayes, P.J., Carbonell, J.J. (1981): Multi-strategy construction-specific parsing for
    flexible data base query and update. In: Proc. of the 7th International Joint
    Conference on Artificial Intelligence, Vancouver, S. 432-439.

Hein, H.W. (1981): A system for understanding continuous German speech. In: Siekmann,
    J. (ed.): GWAI-81. German workshop on Artificial Intelligence, Bad Honnef,
    Berlin, Heidelberg, N.Y.: Springer.

Hendrix, G.G. (1976): Semantic aspects of translation. In: Walker, D.E. (ed.): Speech
    understanding research. SRI International, Menlo Park, Ca., final technical
    report.

Hendrix, G.G. (1977): The LIFER manual: A guide to building practical natural language
    interfaces. SRI International, Menlo Park, Ca., Technical Note 138.

Hewitt, C. (1971): Procedural embedding of knowledge in PLANNER. In: Proc. of the 2nd
    International Joint Conference on Artificial Intelligence, S. 169-182.

Hobbs, J.R. (1976): Pronoun resolution. City University of New York, Dept. of Computer
    Science, Research Report Nr. 76-1.

Hoeppner, W. (1982a): A multilayered approach to the handling of word formation. In:
    Horecky, J. (ed.): COLING-82. The ninth International Conference on Computatio-
    nal Linguistics, Prague. Amsterdam: North-Holland.

Hoeppner, W. (1982b): ATN-Steuerung durch Kasusrahmen. In: Wahlster, W. (ed.): GWAI-82.
    German workshop on Artificial Intelligence, Bad Honnef, Berlin, Heidelberg,
    N.Y.: Springer.

Hussmann, M., Genzmann, H. (1982): Performanz-orientiertes Parsing - Ansätze zur robu-
    sten Analyse natürlicher Sprache. Universität Hamburg, Forschungsstelle für
    Informationswissenschaft und Künstliche Intelligenz, Memo GEN-5.

Jameson, A., Hoeppner, W., Wahlster, W. (1980): The natural language system HAM-RPM as
    a hotel manager: Some representational prerequisites. In: Wilhelm, R. (ed.):
    GI-10. Jahrestagung, Saarbrücken, Berlin, Heidelberg, N.Y.: Springer, S. 459-
    473.

Jameson, A., Wahlster, W. (1982): User modelling in anaphora generation: Ellipsis and
    definite description. In: Proc. of the 1st European Conference on Artificial
    Intelligence, Orsay, S. 222-227.

Kaplan, R.M. (1973): A general syntactic processor. In: Rustin, R. (ed.): Natural lan-
    guage processing. N.Y.: Algorithmics.

Kay, M. (1973): The MIND system. In: Rustin, R. (ed.): Natural language processing. N.Y.:
    Algorithmics.

Kwasny, S.C. (1980): Treatment of ungrammatical and extra-grammatical phenomena in natu-
    ral language understanding. Ph.D. Dissertation, Ohio State University.

LeFaivre, R.A. (1977): FUZZY reference manual. Rutgers University, New Brunswick,
    Dept. of Computer Science.

Liebisch, G. (1980): Das Konzept der natürlichsprachlichen Datenbankschnittstelle NATAN.
    In: Krallmann, D. (ed.): Dialogsysteme und Textverarbeitung. Essen.

McDonald, D.D. (1980): Natural language production as a process of decision making under
    constraint. Ph.D. Dissertation, MIT, Cambridge, Mass.

McKeown, K.R. (1982): Generating natural language text in response to questions about
    database structure. Ph.D. Dissertation, University of Pennsylvania, Philadel-
    phia.

Metzing, D. (1981): Tools for a procedural dialog model and some problems of application.
    In: Hägglund, S., Hein, U. (eds.): Proc. of the International Workshop on Mo-
    dels of Dialogue: Theory and Application. Linköping University.

Minsky, M. (1975): A framework for representing knowledge. In: Winston, P. (ed.): The
    psychology of computer vision. N.Y.: McGraw-Hill.

Nebel, B., Marburger, H. (1982): Das natürlichsprachliche System HAM-ANS: Intelligenter
    Zugriff auf heterogene Wissens- und Datenbasen. In: Nehmer, J. (ed.): GI-12.
    Jahrestagung, Kaiserslautern. Berlin, Heidelberg, N.Y.: Springer.

Ott, N. (1979): Das experimentelle auf natürlicher Sprache basierende Informationssystem USL. In: Nachrichten für Dokumentation, 30, 3, S. 129-139.

Parkison, R.C., Colby, K.M., Faught, W.S. (1977): Conversational language comprehension using integrated pattern-matching and parsing. In: Artificial Intelligence, 9, S. 111-134.

Reddy, R., Erman, L., Fennell, R., Neely, R. (1976): The HEARSAY speech understanding system: An example of the recognition process. In: IEEE Transactions on Computers, C-25, S. 427-431.

Rieger, C., Small, S. (1979): Word expert parsing. In: Proc. of the 6th International Joint Conference on Artificial Intelligence, S. 723-728.

Riesbeck, C. (1975): Conceptual analysis. In: Schank, R.C. (ed.): Conceptual information processing. Amsterdam: North-Holland.

Roberts, R.B., Goldstein, I.P. (1977): The FRL manual. MIT, AI Laboratory, Memo Nr. 409.

Shneiderman, B. (1980): Natural vs. precise concise languages for human operation of computers: Research issues and experimental approaches. In: Proc. of the 18th annual meeting of the ACL, Philadelphia, S. 139-141.

Sidner, C. (1979): Towards a computational theory of definite anaphora comprehension in English discourse. MIT, AI Laboratory, Mass., Report Nr. 537.

Small, S. (1981): Viewing word expert parsing as linguistic theory. In: Proc. of the 7th International Joint Conference on Artificial Intelligence, Vancouver, S. 70-76.

Sridharan, N.S. (1978): AIMDS user manual. Version 2, Rutgers University, New Brunswick, Dept. of Computer Science, Report Nr. CBM-TR-89.

Wahlster, W. (1979): ATNs und die semantisch-pragmatische Steuerung der Analyse und Generierung natürlicher Sprache. In: Christaller, Th., Metzing, D. (ed.): Augmented Transition Network Grammatiken, Bd. 1, Berlin: Einhorn.

Wahlster, W., v. Hahn, W. (1981): Mensch-Maschine-Kommunikation auf der Basis natürlicher Sprache. Universität Hamburg, Forschungsstelle für Informationswissenschaft und Künstliche Intelligenz, Memo GEN-2.

Wahlster, W. (1982): Aufgaben, Standards und Perspektiven sprachorientierter KI-Forschung. Einige Überlegungen aus informatischer Sicht. In: Batori, I., Krause, J., Lutz, H.D. (eds.): Linguistische Datenverarbeitung. Versuch einer Standortbestimmung im Umfeld von Informationslinguistik und Künstlicher Intelligenz. Tübingen: Niemeyer.

Waltz, D.L. (1978): An English question answering system for a large relational database. In: Communications of the ACM, 21, 7, S. 526-539.

Webber, B.L. (1978): A formal approach to discourse anaphora. Bolt Beranek and Newman, Cambridge, Mass., BBN Report 3761.

Wilensky, R. (1978): Understanding goal-based stories. Ph.D. Dissertation, Yale University, Computer Science Department, Report Nr. 140.

Winograd, T. (1974): Five lectures on artificial intelligence. Stanford University, AI Laboratory, Memo 246.

Witschas, W., Zänker, F., Helbig, H. (1980): FAS-80 - A natural language information system. In: Proc. of the 1st International workshop on natural communication with computers, Warschau, S. 120-124.

Woods, W.A. (1970): Transition network grammars for natural language analysis. In: Communications of the ACM, 13, S. 591-606.

Woods, W.A., Kaplan, R., Nash-Webber, B.L. (1972): The lunar sciences natural language information system. Bolt Beranek and Newman, Cambridge, Mass., BBN Report 2265.

Woods, W.A. et al. (1976): Speech understanding systems: Final report. Bolt Beranek and Newman, Cambridge, Mass., Report Nr. 3438.

Woods, W.A. (1980): Cascaded ATN grammars. In: AJCL, 6, 1, January-March 1980, S. 1-12.

<u>**Bildverstehen**</u>

Bernd Neumann
Fachbereich Informatik, Universität Hamburg
Schlüterstr.70, D-2000 Hamburg 13

VORWORT

Mit "Bildverstehen" bezeichnet man ein Teilgebiet der Künstlichen Intelligenz (KI), das sich mit dem Verarbeiten visueller Informationen befaßt. Der Begriff geht auf das englische "image understanding" zurück und hebt dabei hervor, daß es um das "Verstehen" von Bildern geht und nicht schlechthin um Bildverarbeitung - hier liegt der KI-Aspekt des Gebietes. Wenn in dem vorliegenden Beitrag Bildverarbeitungsprobleme mit Begriffen und Methoden der KI betrachtet werden, so hat dies mehrere Gründe. Zum einen ist es das erklärte Ziel dieses Bandes, wichtige Teilgebiete der KI darzustellen - damit ist der KI-Blickwinkel vorgegeben. Darüberhinaus ist jedoch zu bemerken, daß Fragestellungen aus dem Bereich Bildverarbeitung in den letzten Jahren zunehmend Gemeinsamkeiten mit KI-Fragestellungen gezeigt haben, etwa im Bereich der modellgesteuerten Objekterkennung oder der Strukturierung von Suchprozessen. Es ist eines der Ziele dieses Beitrags, diese Gemeinsamkeiten aufzuzeigen und damit den Zusammenhang von Bildverarbeitung und KI zu verdeutlichen.

Der KI-Blickwinkel erweist sich jedoch auch bei ganz elementaren Aufgaben der Bildverarbeitung als nützlich, etwa beim Kantenfinden oder bei der Bewegungsdetektion. Hier können z.B. durch Explizierung der zugrundeliegenden Modellvorstellungen klarere Aussagen über Möglichkeiten und Grenzen verschiedener Verfahren gemacht werden. Dafür ist eine genaue Analyse der für die Bildentstehung maßgeblichen Gesetzmäßigkeiten erforderlich, z.B. des Reflektionsverhaltens von Objektoberflächen. Dem wird auch hier in einem besonderen Abschnitt Rechnung getragen.

Der vorliegende Beitrag gibt den Inhalt einer fünfteiligen Vorlesungsreihe über Bildverstehen wieder und gliedert sich entsprechend in fünf Teile. Teil 1 ist eine Einführung, in der wesentliche Begriffe geklärt werden und die bisherige Entwicklung anhand wichtiger Meilensteine aufgezeigt wird. Das heutige Verständnis vom Aufbau eines bildverstehenden Systems wird durch ein Strukturdiagramm wiedergegeben, in dem die wichtigsten Repräsentationsebenen und Prozesse sichtbar werden.

Teil 2 befaßt sich mit der Beschreibung von Objektformen zum Zwecke der Objekterkennung. Der Akzent liegt auf Fragen der Repräsentation. Objekterkennung wird konzeptionell als Vergleich zwischen der Beschreibung eines unbekannten Objektes und der von Objektmodellen aufgefaßt. Ausgehend von einfachen Formmerkmalen werden strukturelle Beschreibungsformen vorgestellt, insbesondere Relationalstrukturen. Hier zeigen sich deutlich Übereinstimmungen mit Formalismen, die von der KI zur allgemeinen Wissensrepräsentation entwickelt wurden.

Die für eine Repräsentation erforderlichen Beschreibungselemente müssen aus Bildern berechnet werden. Teil 3 stellt einige hierfür entwickelte Verfahren vor, insbesondere Techniken zur Kantenextraktion und Bereichszerlegung. Von den zahlreichen bisher veröffentlichten Verfahren können nur einige wenige exemplarisch vorgestellt werden. Die Auswahl erfolgte jedoch so, daß die wichtigsten Techniken abgedeckt sind.

In Teil 4 wird untersucht, welche Rolle die allgemeinen - von einem speziellen Anwendungsproblem unabhängigen - Gesetzmäßigkeiten der Bildentstehung bei der Bilddeutung spielen. Dies sind zum einen die geometrischen Abbildungsgesetze, die den Ort im Bild bestimmen, auf den ein Punkt der sichtbaren Welt abgebildet wird. Dazu kommen die photometrischen Abbildungsgesetze, die bestimmen, wie hell (bzw. mit welcher Farbe) dieser Punkt im Bild erscheint. In bestimmten Situationen lassen sich diese Gesetze (invertiert) auf Bilder anwenden und erlauben die Berechnung von Eigenschaften der abgebildeten Objekte. Es werden Ansätze zum Binokularstereo, Bewegungsstereo und zur Schattierungsanalyse vorgestellt.

Im letzten Teil werden zwei konkrete, wenn auch noch in Entwicklung befindliche bildverstehende Systeme beschrieben. Das erste Beispiel ist das VISIONS-System (HANSON und RISEMAN 78a), das einzelne Ansichten natürlicher Szenen interpretieren soll. Als zweites Beispiel und gleichzeitig als Ergänzung zum ersten wird das MORIO-System zur Analyse von Bildfolgen mit bewegten Objekten vorgestellt (DRESCHLER und NAGEL 81).

Der Beitrag schließt mit einem Ausblick auf die weitere Entwicklung bildverstehender Systeme und die wichtigsten noch zu bewältigenden Probleme.

1. EINFÜHRUNG ZUM BILDVERSTEHEN

1.1 Was ist "Bildverstehen"?

Bildverstehen (image understanding) bezeichnet das Teilgebiet der KI, in dem es um die maschinelle Auswertung visueller Daten geht. Gleichermaßen üblich im englischen Sprachraum ist die Bezeichnung "Computer Vision". Das Forschungsgebiet Bildverstehen läßt sich durch folgende Zielsetzung definieren:

● die Bedeutung von Bildern mithilfe von exakt definierten Prozessen ermitteln

Diese Definition spricht bestimmte Eingabedaten (Bilder) und Ausgabedaten (Bedeutungen) an, die noch näher charakterisiert werden können.

Als Eingabedaten sollen vorzugsweise Bilder unserer natürlichen Umwelt dienen, mit all ihrer Vielfalt, Variabilität und Komplexität. Typische Beispiele:

- Vorortszene (Ansicht von Haus mit Garten, Zufahrt, etc.)
- Verkehrsszene (Bildfolge über Fahrzeug- und Fußgängerbewegungen an einer Ampel)
- Interieurszene (Ansicht eines möblierten Zimmers)

Untypische Beispiele:

- mikroskopische Zellbilder
- Schaltpläne
- handschriftlicher Text

Dies schließt jedoch nicht aus (und erfordert es derzeit geradezu), daß einzelne Projekte nur eingeschränkte Eingabewelten (Domänen) untersuchen, z.B. Einzelbilder, in denen Bewegungsaspekte ausgeklammert sind.

Die angestrebten Ausgabedaten eines bildverstehenden Systems (die Bedeutung der Bilder) sind viel weniger klar einzugrenzen. Ein verbreitetes Paradigma ist das Lokalisieren und Klassifizieren aller sichtbaren Objekte. Es wird also "erkannt", welche Bildteile ein Haus, welche einen Baum darstellen etc. Im allgemeinen geht Bildverstehen jedoch über Objektklassifikation hinaus. Dies wird besonders bei Bildfolgen deutlich, die ja in ihrer Aussagekraft mit Stummfilmen zu vergleichen sind. Man stelle sich z.B. eine Bahnhofsszene vor. Objektklassifikation würde wohl eine Aufzählung der beteiligten Objekte, nicht jedoch das Erkennen von Ereignissen wie "Winken", "Begrüßen", "Warten", etc. umfassen. Bei diesen Beispielen wird auch deutlich, daß Bildverstehen im allgemeinen nicht nur Wissen über Objektformen sondern auch Weltwissen verschiedenster Art erfordern kann, wie in Abb. 1.1 angedeutet ist. Fortschritte in Bildverstehen sind deshalb eng mit den Möglichkeiten verknüpft, umfangreiches und vielfältiges Wissen geeignet zu repräsentieren.

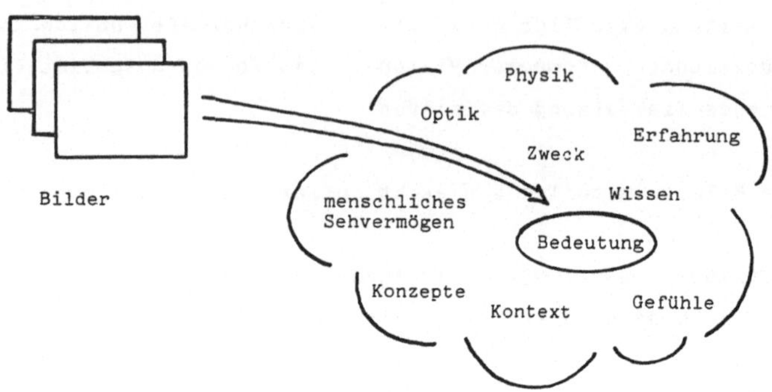

Abb. 1.1: Wovon hängt die Bedeutung von Bildern ab?

Innerhalb des Forschungsgebietes Bildverstehen lassen sich folgende Untersuchungsrichtungen erkennen:

● Zerlegen des Verstehensprozesses in geeignete Teilprozesse, Analysieren von Teilprozessen.

● Suche nach geeigneten Repräsentationsformen für Zwischen- und Endresultate

● Analysieren und Ausnutzen der relevanten physikalischen Gesetzmäßigkeiten

● Identifizieren, Repräsentieren und Ausnutzen von Erfahrung und Wissen

● Systemimplementierung, Ablaufsteuerung

Das Hauptinteresse gilt nach wie vor Teilprozessen und den damit verbundenen Repräsentationsformen; nur wenige Forschungsgruppen versuchen derzeit, Teilprozesse zu einem umfassenden bildverstehenden System zusammenzubinden, siehe dazu BINFORD 81. Es ist jedoch generell eine Abkehr von adhoc-Lösungen (häufig mit begrenzter Gültigkeit) hin zu fundierteren Ansätzen zu beobachten, die sehr wohl für die Entwicklung von allgemeinen bildverstehenden Systemen von Bedeutung sein können. Die Arbeiten von BARROW und TENENBAUM 78 sowie LOWE und BINFORD 81 über Kanteninterpretation sind Beispiele dafür.

1.2 **Bildverstehen in der KI-Landschaft**

Das folgende Diagramm zeigt die KI, gegliedert in Kerngebiete (innerer Kreis) und unmittelbare Anwendungsgebiete (1. Schicht um den Kern). Bildverstehen ist eines dieser Anwendungsgebiete, mit zahlreichen Entsprechungen zum Sprachverstehen ("natürlichsprachliche Systeme"). Zusätzlich sind Verbindungen zu Disziplinen außerhalb der KI eingetragen.

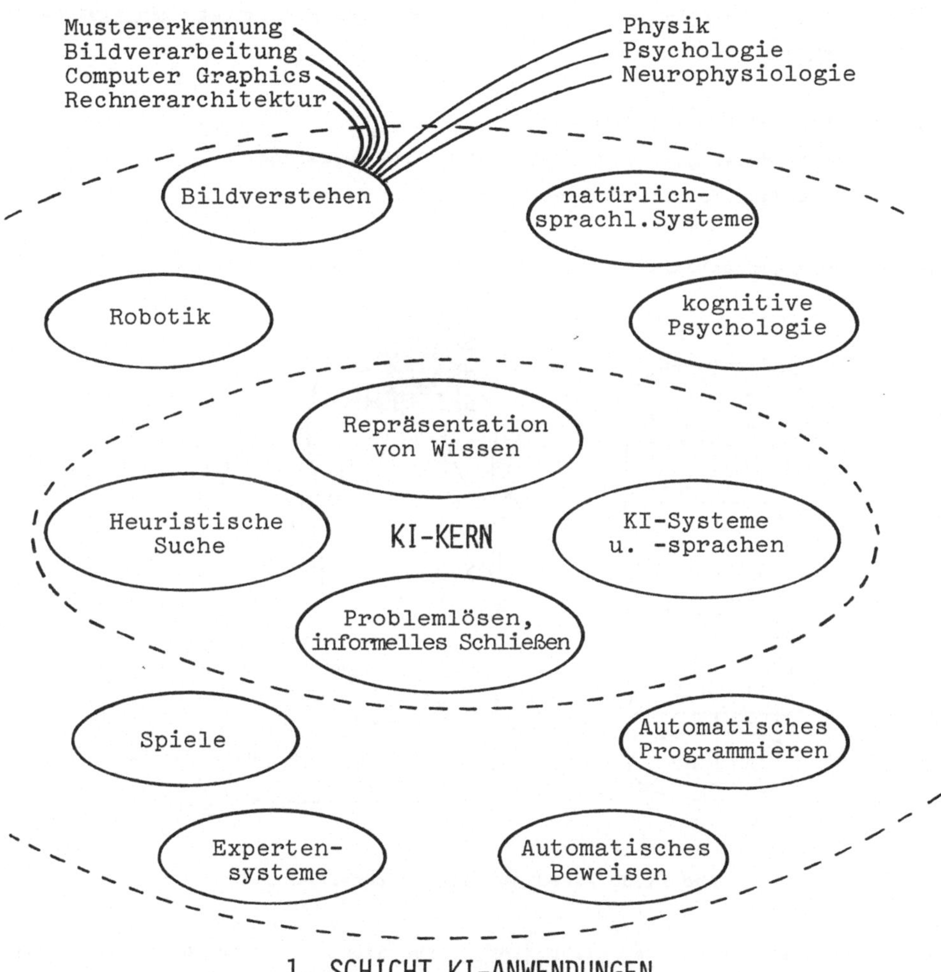

Abb. 1.2: Bildverstehen in der KI-Landschaft

1.3 **Abgrenzung gegen andere Gebiete**

Mustererkennung

Mustererkennung (pattern recognition) wird manchmal noch als übergreifende Bezeichnung für Erkennungsprozesse aller Art verwendet, auch für solche, die beim Bildverstehen eine Rolle spielen. In der Tat bezeichnete Mustererkennung zunächst die ersten Versuche, mit einem Digitalrechner perzeptive Fähigkeiten des Menschen zu simulieren (vergl. SELFRIDGE 55: "Augen und Ohren für den Computer"). Daraus wurde dann jedoch bald das Problem abstrahiert, _verschiedene Manifestationen gleichartiger Objekte zu erkennen_, z.B.

- handgeschriebene Druckzeichen lesen
- seismographische Messungen auf Erdbebengefahr hin auswerten
- Börsenkursbewegungen für Investitionsentscheidungen deuten.

Ein Mustererkennungsproblem hat folgende beispielshafte Struktur:

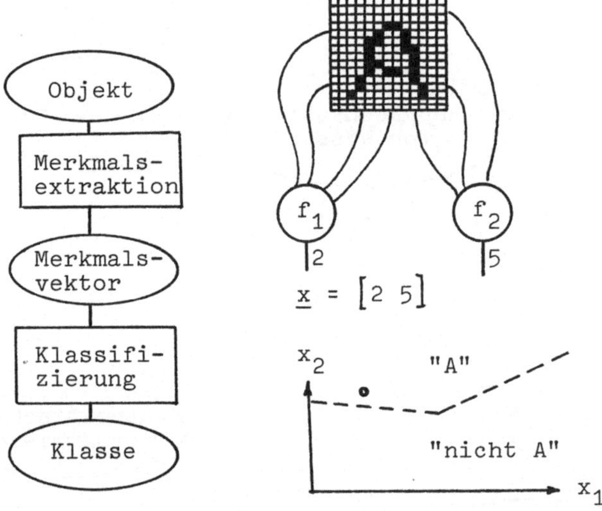

Abb. 1.3: Paradigma der Mustererkennung

Objekte werden stets durch _Merkmalsvektoren_ repräsentiert, im Gegensatz etwa zu strukturellen Objektrepräsentationen (s. Abschnitt 2). Das Gebiet Mustererkennung bietet eine ausgereifte Theorie für _Klassifikationsverfahren_ auf der Basis dieser vektoriellen Repräsentation; es gibt jedoch a priori wenig Hinweise, welche Merkmale bei einem konkreten Problem berechnet werden sollten. Eine Merkmalsselektion kann nur a posteriori aus einer Menge vorgegebener Merkmale geschehen.

Bildverarbeitung

Bildverarbeitung im <u>weiteren Sinn</u> (picture processing) umfaßt alle Rechenverfahren zur Manipulation von Bilddaten, im <u>engeren Sinn</u> solche, die Bilder in Bilder überführen, z.B.

- Filtern
- Glätten
- Kontrastverbesserung
- Geometrieentzerrung
- Codierung

Bildverarbeitung im engeren Sinn beinhaltet also keine Auswertung - diese ist dem Menschen (oder einem bildverstehenden System) vorbehalten. Techniken zur Bildverarbeitung wurden seit etwa 1955 entwickelt, begünstigt durch Rechenkapazität und Nachfrage seitens der Weltraumforschung.

Kognitive Psychologie

Die kognitive Psychologie erforscht Wahrnehmungs- und Denkprozesse des <u>Menschen</u>. Sie benutzt dazu informationsverarbeitende Modelle, z.B. algorithmische Beschreibungen oder Rechnersimulation. Die Modelle zielen auf eine <u>strukturelle</u> Übereinstimmung mit dem menschlichen Vorbild ab (sie sind nicht nur Performanzmodelle). Ein gutes Beispiel stellen die Arbeiten der Gruppe um David Marr dar (MARR 78, BRADY 82).

Auch viele Beiträge zum Bildverstehen, die nicht der Kognitiven Psychologie zugerechnet werden, sind in einem losen Sinn am Menschen orientiert. Dies hat hauptsächlich zwei Gründe:

1. Der Mensch ist ein gut funktionierendes Beispiel für ein bildverstehendes System. Es wäre töricht, nicht von ihm lernen zu wollen.

2. Die Bedeutungskategorien und Konzepte, in die ein bildverstehendes System seine Ergebnisse abbilden muß, sind vom Menschen vorgegeben. Spätestens also bei den Ausgabedaten ist eine strukturelle Übereinstimmung erforderlich.

1.4 Meilensteine

Die folgenden Daten markieren wichtige Stationen auf dem Weg zu bildverstehenden Systemen. Dabei erfolgte die Auswahl eher im Hinblick auf wegweisende Konzepte als auf erzielte Ergebnisse.

1963   - Analyse von 3D-Blockkonfigurationen
        - Kantenfinden
        - Einbeziehen der Abbildungsgleichungen
          (ROBERTS 65)

1971   Relationale Bildbeschreibung
        (BARROW und POPPLESTONE 71)

1973   Semantisch gesteuerte Bereichsanalyse
        (YAKIMOVSKY und FELDMAN 73)

1975   3D-Formanalyse von abschattierten Oberflächen
        (HORN 75)

1976   Symbolische Repräsentation eines Bildes durch die Urskizze
        (primal sketch, MARR 76)

1976   Relaxationstechniken für die Bilddeutung
        (ROSENFELD et al. 76)

1978   Detaillierter Entwurf eines bildverstehenden Systems
        (HANSON und RISEMAN 78a)

1979   Theorie menschlichen Stereo-Sehens
        (MARR und POGGIO 79)

1979   1. Arbeitstagung über die Analyse von Szenen mit Bewegung

1981   spezielle Hardware für Marr's Stereo-Verfahren
        (NISHIHARA und LARSON 81)

1.5 Stand der Kunst

Ausführliche Übersichten finden sich u.a. in BINFORD 81 und BRADY 82 (letzterer mit besonderer Berücksichtigung der Arbeiten am MIT). In diesem einführenden Kapitel soll zunächst nur pauschal festgestellt werden:

● Es gibt noch _keine_ bildverstehenden Systeme mit hinreichend _allgemeiner_ Anwendbarkeit.

Aber: Die bisher entwickelten Verfahren erlauben fortgeschrittene <u>spezielle</u> Anwendungen, z.B. in den Bereichen

- Robotik
- industrielle Automatisierung
- Luftbildauswertung
- Navigation
- militärische Anwendungen
- Biomedizin

Dennoch zeichnen sich die Umrisse eines allgemeinen bildverstehenden Systems ab. Im folgenden wird versucht, Aufbau und Wirkungsweise in groben Zügen zu erläutern. Als Diskussionsgrundlage soll Abb. 1.4 dienen, die den schematischen Aufbau eines Systems zum Verstehen von Bildfolgen zeigt. Ähnliche Diagramme finden sich auch in KANADE 78 und NAGEL 79 für Einzelbildverstehen.

Allgemeine Anmerkungen zum Diagramm

● Die Blöcke stellen Repräsentationsformen von Bilddaten mit nach oben zunehmendem Abstraktionsgrad dar. Die Suche nach geeigneten Repräsentationsformen ist aktueller Forschungsgegenstand (siehe dazu besonders MARR 78), entsprechend vage sind die Inhalte der Blöcke definiert. Ein Block faßt meist mehrere Repräsentationsformen zusammen, insbesondere muß man sich den Block "Szenenrepräsentation" in zahlreiche weitere Ebenen unterteilt denken, die den unterschiedlichen Abstraktionsgraden einer Szeneninterpretation entsprechen.

● Die zwischen den Repräsentationen vermittelnden Prozesse sind als gerichtete Dopellinien eingetragen. In vertikaler Richtung lassen sich ihre Aufgaben meist als Hypothesengenerierung ("bottom-up") und Hypothesenverifizierung ("top-down") verstehen.

● Die zeitliche Dimension wird erst seit wenigen Jahren in Systementwürfe einbezogen (NEUMANN und RADIG 79). Das gezeigte System enthält sowohl Blöcke und Prozesse, die zu Einzelbildinterpretation erforderlich sind, als auch solche, die zeitabhängige Konzepte betreffen. Letztere erstrecken sich im Diagramm in Richtung der Zeitachse.

● Es ist ungeklärt, inwieweit das in einzelnen Prozessen prozedural verankerte Wissen auch deklarativ repräsentiert werden kann. Ggf. müssen zusätzliche Verbindungen von Weltwissen zu niedrigeren Repräsentationsebenen und zu den sie bearbeitenden Prozessen geschaffen werden.

- Das Diagramm enthält (darstellungsbedingt) keinerlei Hinweis auf einen wichtigen Aspekt eines bildverstehenden Systems: die Ablaufsteuerung der verschiedenen Prozesse. Man muß im allgemeinen davon ausgehen, daß es sich um einen Suchprozeß handelt, der Teilergebnisse mit vorläufigem Charakter ("Hypothesen") verwalten kann. Hierauf wird am Beispiel des VISIONS-Systems (HANSON und RISEMAN 78a) näher eingegangen.

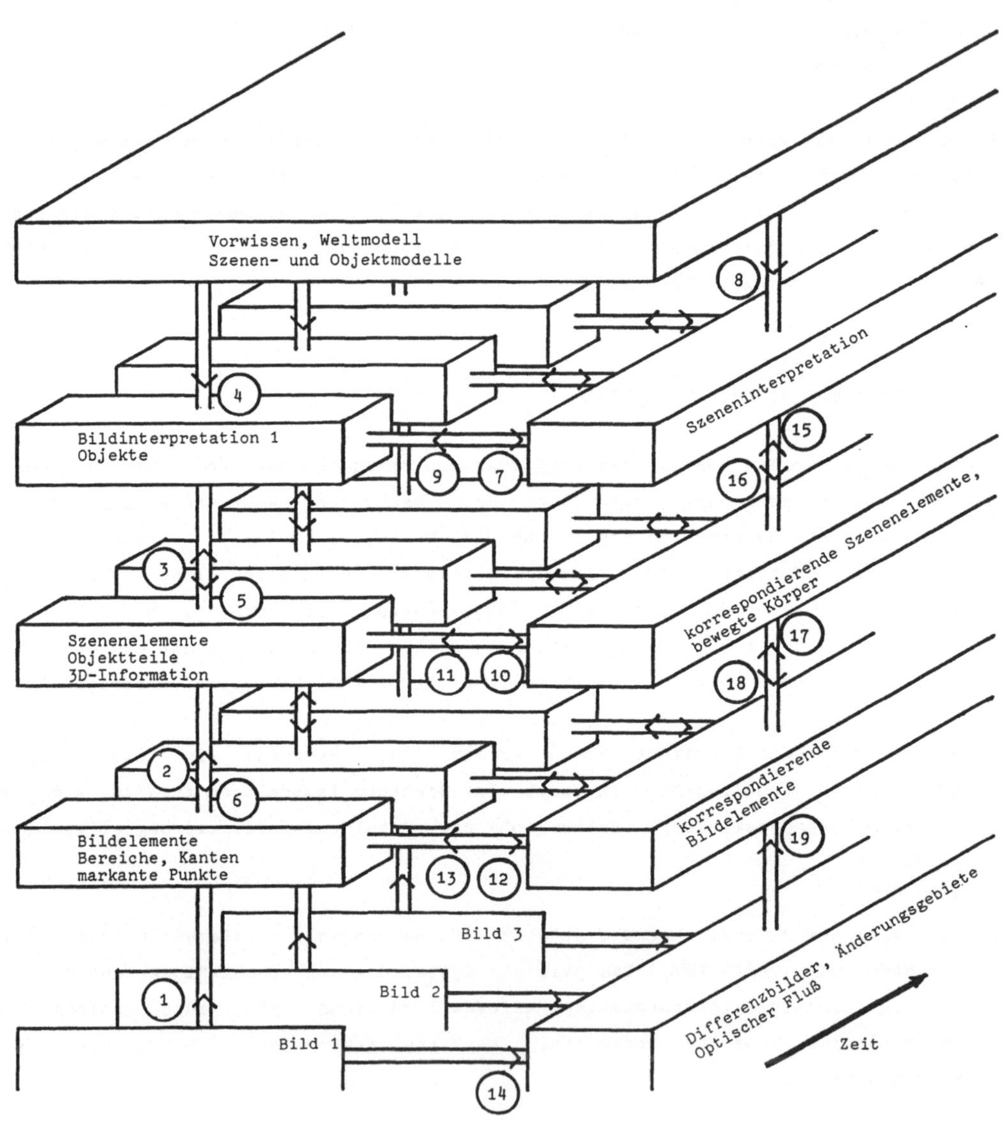

Abb. 1.4: Schematischer Aufbau eines bildverstehenden Systems

Zu den Prozessen

Im folgenden werden die im Diagramm dargestellten Prozesse in groben Zügen charakterisiert. Die Nummern im Text beziehen sich dabei auf die entsprechenden Nummern im Diagramm.

1: Segmentierung. Zerlegung eines Bildes in geeignete Bildelemente, dabei Übergang von ikonischer zu symbolischer Repräsentation, wesentliche Datenreduktion. Im Laufe der letzten 15 Jahre wurden zahlreiche Segmentierungsverfahren vorgeschlagen, meist nur geeignet für spezielle Anwendungen. Nach wie vor kritischer Prozeß, allgemeingültige Vorschläge z.B. in HANSON und RISEMAN 78b, MARR 76.

2: Deutung von Bildelementen als Szenenbestandteile, z.B. Interpretation einer Helligkeitsdiskontinuität als verdeckende Kontur. Übergang von 2D nach 3D (oder nach $2\frac{1}{2}$D bei MARR 78). Identifizierung von Beleuchtungsphänomenen, z.B. Schatten (BARROW und TENENBAUM 78). Zusammenwirken zahlreicher Teilprozesse, insgesamt noch nicht vollständig gelöst. Neuere Vorstellungen z.B. in LOWE und BINFORD 81, BARROW und TENENBAUM 80.

3+4: Generieren von Objekthypothesen und Einzelbildinterpretationen. Prozeß 3 bringt Szenenhinweise, Prozeß 4 bringt Weltwissen, z.B. über typische Objektformen, ein. Realisierbar durch Vergleich ("match") einer unbekannten Beschreibung mit Modellbeschreibungen (BARROW et al. 72, BROOKS und BINFORD 80) oder durch Relaxationstechniken (ROSENFELD et al. 76). Gefahr kombinatorischer Explosion bei umfangreichem Modellrepertoire.

5: Hypothesenverifikation. Prüfen, ob (vermutete) Objekt- oder Szenenansichten in einem Bild vorliegen, ggf. Zurückweisung einer durch die Prozesse 3 und 4 erzeugten Hypothese. Bewertungskriterium erforderlich.

6: Rückprojektion eines (vermuteten) 3D-Objektes in die Bildebene. Hypothesenverifikation oder "interpretationsgesteuerte Segmentierung" (TENENBAUM und BARROW 77).

7+8: Aufbau einer Szeneninterpretation für die gesamte Bildfolge. Erzeugen von Bewegungshypothesen mithilfe von zeitspezifischen Modellen. Bisherige Ansätze sind in NEUMANN 82 dargestellt.

9: Generieren von Einzelbildhypothesen aus dem zeitlichen Kontext heraus. Wichtige Komponente für Szenen mit Bewegung: Sobald eine Szeneninterpretation vorliegt, können weitere Bilder vorwiegend top-down interpretiert werden.

10+11: entsprechen den Prozessen 7 und 8 auf niedrigerer Repräsentationsebene. Aus zeitlich korrespondierenden Szenenelementen können volumetrische Objektbeschreibungen abgeleitet werden (Gruppierung in 3D: NEUMANN 80a).

12+13: Bewegungsanalyse durch Vergleich von Bildelementen, z.B. von Bereichen (RADIG 81) oder markanten Punkten (DRESCHLER 81). Korrespondenzproblem (ULLMAN 79).

14: Bewegungsanalyse auf Pixelebene. Erzeugen von Differenzbildern, Änderungsgebieten, Masken für bewegte Objekte und dergl. (NAGEL 81). Berechnen von Verschiebungsvektorfeldern ("Optischer Fluß", z.B. HORN und SCHUNCK 81).

15+16: Generieren und Verifizieren von Bewegungshypothesen in 3D, auch mithilfe von Modellwissen (Prozeß 8).

17: 3D-Rekonstruktion einer Objektform durch Verfolgen bewegter Bildelemente (Bewegungsstereo). Ausnutzen der _geometrischen_ Abbildungsgesetze für orthographische Projektionen (ULLMAN 78) bzw. perspektivische Projektionen (NAGEL 80). Die _photometrischen_ Abbildungsgesetze können auf ähnliche Weise zur Formbestimmung herangezogen werden (NEUMANN 80b, WESTPHAL und NAGEL 81).

18: Rückprojektion von bewegten Szenenelementen. Prädiktion von Trajektorien.

19: Bewegungsgesteuerte Segmentierung. Aus Änderungsgebieten oder Diskontinuitäten im optischen Fluß können Objektgrenzen abgeleitet werden. Steuerung höherer bewegungsspezifischer Prozesse, z.B. von Gruppierungsverfahren.

Dies beendet die einführende Darstellung eines Systems zum Verstehen von Bildfolgen. Trotz der notwendigerweise stichwortartigen Charakterisierungen sollte es möglich sein, die in den folgenden Abschnitten im Detail vorgestellten Verfahren und Repräsentationsformen ihrer Rolle entsprechend in das in Abb. 1.4 gezeigte Gerüst einzuordnen.

2. REPRÄSENTATION VON FORM UND OBJEKTERKENNUNG

2.1 Vorbemerkungen

Grundsätzlich sollten zur Deutung einer Szene alle Informationen bereitstehen, die dafür wichtig sind. Dies sind:

- das Bild (die Bildfolge)

- der zeitliche Kontext
  (was weiß ich über die Vorgeschichte der Szene?)

- der räumliche Kontext
  (was weiß ich über die Umgebung der Szene?)

- Weltwissen
  (was weiß ich a priori?)

Schon bei einer einfachen Szene, etwa dem Schnappschuß einer Torwartparade in einem Fußballspiel, erweisen sich alle vier Informationsquellen als bedeutsam. Z.B. könnte Bewegungsinformation aus dem engeren zeitlichen Kontext herangezogen werden, oder Wissen über die räumliche Umgebung (Fußballstadion). Natürlich spielt auch Weltwissen eine Rolle, z.B. in Gestalt von Fußballregeln oder physikalischen Schwerkraftgesetzen. Diese Beobachtungen lassen sich in einer einfachen Formel zusammenfassen:

● Bildverstehende Systeme müssen über wohlorganisiertes, umfassendes Wissen verfügen.

Wissensrepräsentation ist ein zentrales KI-Problem, das bisher erst in Teilbereichen gelöst worden ist. Die Anforderungen seitens eines hinreichend allgemeinen bildverstehenden Systems sind jedenfalls noch nicht zu befriedigen - ähnlich wie bei sprachverstehenden Systemen.

Bildverstehen beschränkt sich deshalb derzeit meist auf <u>Objekterkennung</u>. Dieses Teilproblem kann nämlich häufig ohne Kontext und nur mit Wissen über Form und Aussehen eines Objektes gelöst werden. Objekterkennung ist ein Klassifizierungsvorgang, der einen Bildbereich als Ansicht eines zu einer bestimmten Klasse gehörigen Objektes deutet. Zweifelsohne ist Objekterkennung ein zentrales Problem des Bildverstehens, wenn auch nicht das ganze.

In diesem Abschnitt werden verschiedene Möglichkeiten vorgestellt, Objekte im Hinblick auf eine Erkennung zu repräsentieren. Dazu wird zunächst der Begriff des Objektmodells erläutert. Dann werden einfache Verfahren zur Formbeschreibung und die damit verbundenen Erkennungstechniken dargestellt. Für bildverstehende Systeme sind jedoch **strukturelle Beschreibungen** geeigneter, diese werden entsprechend ausführlich behandelt. Schließlich wird noch eine derzeit in der Literatur diskutierte spezielle Repräsentationsform vorgestellt.

2.2 **Objektmodelle**

Ein Objektmodell (OM) ist die Beschreibung einer Klasse von Objekten, die man nicht weiter unterscheiden will. Ein OM soll diejenigen Eigenschaften explizit machen, die für die Erkennung entsprechender Objekte erforderlich sind. Hieraus lassen sich zwei Forderungen ableiten:

● Ein OM soll von Unwesentlichem abstrahieren (z.B. nicht-diskriminierenden Eigenschaften).

● Ein OM soll eine einfache Klassifizierung ermöglichen (z.B. durch Vergleich).

Wie sich aus der folgenden Betrachtung ersehen läßt, stehen diese zwei Forderungen im Widerspruch zueinander. Zunächst zur ersten Forderung: Ein OM sollte offenbar von allem abstrahieren, was unterschiedliche Erscheinungsformen von Objekten derselben Klasse verursacht. Dies sind

- Lage und Orientierung in 3D
- Bewegungszustand
- Betrachterstandpunkt und -orientierung
- Beleuchtungsverhältnisse
- Oberflächeneigenschaften (bedingt)
- Größe (bedingt)
- Formvarianten (bedingt)
- verdeckende Objekte

Um der zweiten Forderung zu genügen, müßte ein OM jedoch möglichst so repräsentiert werden wie die Erscheinungsform eines Objektes, d.h. als Teil einer Szene, in Form einer Ansicht. OM dieser Art sind als "Schablonen" bekannt. Sie erlauben Klassifizierung auf der Basis eines einfachen Vergleichs, der jedoch nur dann völlige Übereinstimmung ergeben kann, wenn das OM keine der genannten Abstraktionen leistet.

Eine Grundsatzentscheidung zugunsten der einen oder anderen Forderung ist bisher nicht gefallen. Bildverstehende Systeme experimentieren mit einem breiten Spektrum von OM, die üblicherweise in die zwei Kategorien "betrachterabhängig" und "betrachterunabhänging" eingeordnet werden, je nachdem, ob vom Betrachter (Standpunkt und Orientierung) abstrahiert wird. Diese Abstraktionsschwelle bedingt besonders krasse Unterschiede sowohl bei den Modellen als auch bei den Klassifikationsverfahren. Im folgenden werden einige Charakteristika beider Kategorien aufgeführt.

Eigenschaften <u>betrachterabhängiger</u> OM:

- typische Ansichten (2 oder $2\frac{1}{2}$ D)
- "niedrige" Beschreibungselemente (z.B. Pixel)
- zahlreiche Alternativbeschreibungen (Aufzählung statt Abstraktion)
- Klassifikation kann 3D-Analyse ersetzen
- kombinatorische Explosionsgefahr
- speicherineffektiv

Eigenschaften <u>betrachterunabhängiger</u> OM:

- translations-, rotations-, skalierungsinvariant
- beleuchtungsinvariant
- kein unmittelbarer Vergleich mit Bildelementen möglich
- speichereffektiv
- geeignet für nicht-starre Objekte

Die größeren Vorteile für einen Einsatz in bildverstehenden Systemen liegen (nach Meinung des Autors) bei betrachterunabhängigen OM. Dennoch können betrachterabhängige OM für bestimmte Anwendungsfälle günstiger sein, z.B. im <u>industriellen Bereich</u>:

- Objekte haben wenige stabile Lagen
- die Beleuchtung ist konstant
- nur wenige Objektklassen müssen unterschieden werden
- die Klassifikation muß in kurzer Zeit erfolgen.

2.3 <u>Schablonen</u>

Im folgenden werden einige Varianten des Schablonentests dargestellt. Dabei soll gezeigt werden, inwieweit Schablonen als Objektmodelle in bildverstehenden Systemen tauglich sind.

Sowohl Bild als auch Schablone liegen in Form von Bildmatrizen vor. Dabei sind

g_{ij} Pixel des Bildes

t_{ij} Pixel der Schablone

D   Definitionsbereich von t_{ij}

Die Schablone beschreibt als Objektmodell alle Objekte, deren Ansicht mit der Schablone hinreichend gut übereinstimmt. Als Maße für "Übereinstimmung" sind gebräuchlich:

- Absoluter Abstand:
$$a_{mn} = \sum_{ij \in D} |t_{ij} - g_{m+i,n+j}|$$

- Euklid'scher Abstand (quadriert):
$$e_{mn} = \sum_{ij \in D} (t_{ij} - g_{m+i,n+j})^2$$

- Maximalabstand:
$$b_{mn} = \max_{ij \in D} |t_{ij} - g_{m+i,n+j}|$$

Das Indexpaar m,n gibt an, an welcher Stelle im Bild die Schablone aufgelegt ist. Im allgemeinen sind nur solche Positionen zulässig, wo die Schablone voll innerhalb des Bildes liegt.

Auf "hinreichend gute" Übereinstimmung wird mithilfe eines (möglicherweise schablonenabhängigen) Schwellwertes geprüft:

Abstand < Schwellwert   ==>   Objekt erkannt

Die Berechnung des Euklid'schen Abstandes kann in manchen Fällen vereinfacht werden:

$$e_{mn}^2 = \sum_{ij \in D} (t_{ij}^2 - 2t_{ij}g_{m+i,n+j} + g_{m+i,n+j}^2)$$

Der erste Klammerterm ist die "Schablonenenergie" (ein Ausdruck aus der Zeit, als Bildverarbeitung noch Domäne von Elektrotechnikern war). Sie hängt nicht von der Bildposition ab und braucht daher nicht berücksichtigt zu werden. Der letzte Klammerterm ist die Bildenergie, die durchaus mit m,n variieren kann. Nur für die Fälle, wo die Bildenergie annähernd konstant ist, kann der mittlere Klammerterm als Ähnlichkeitsmaß (nicht Abstand) zwischen g und t herangezogen werden. Dieses Maß ist auch als <u>Kreuzkorrelation</u> bekannt:

$$r_{mn} = \sum_{ij \in D} t_{ij}g_{m+i,n+j}$$

Bessere Eigenschaften hat die <u>normalisierte Kreuzkorrelation</u>:

$$\dot{r}_{mn} = \frac{r_{mn}}{\sqrt{\sum_{ij \in D} t_{ij}^2 \cdot \sum_{ij \in D} g_{m+i,n+j}^2}}$$

Hier gilt die Cauchy-Schwartz'sche Ungleichung

$$|\dot{r}_{mn}| \leqslant 1$$
$$= 1 \quad \text{wenn } t_{ij} = c \cdot g_{m+i,n+j} \text{ für alle } ij \in D$$

Maximale Ähnlichkeit wird also signalisiert, wenn Schablone und Bild bis auf einen konstanten Faktor übereinstimmen.

Betrachtet man die Schablone als einen Vektor mit $|D|$ Komponenten, so läßt sich der Schablonentest auch als Klassifizierung im $|D|$-dimensionalen Merkmalsraum interpretieren. Der Schwellwertvergleich auf der Basis der normalisierten Kreuzkorrelation entspricht dabei einer kegelförmigen Entscheidungsfläche mit dem Schablonenvektor als Kegelachse.

Bei der Implementierung der Kreuzkorrelation kann der formale Zusammenhang mit der __Faltung__ ausgenutzt werden. Für die Faltung gilt:

$$h_{mn} = \sum_{ij \in D} t_{ij} \, g_{m-i,n-j} \quad \text{(Definitionsbereich von } t_{ij} \text{ durch Nullen erweitert)}$$

Die Kreuzkorrelation ist also eine Faltung mit einem gespiegelten Bild $g_{-i,-j}$. Sie kann mithilfe der Schnellen Fouriertransformation (FFT) berechnet werden.

$$g_{ij} \xrightarrow{\text{spiegeln}} g_{-i,-j} \xrightarrow{\text{FFT}} G_{uv} \left. \begin{array}{c} \\ \\ t_{ij} \xrightarrow{\text{FFT}} T_{uv} \end{array} \right\} R_{uv} = G_{uv} \cdot T_{uv} \xrightarrow{\text{FFT}^{-1}} r_{mn}$$

Der Rechenaufwand bei Verwendung dieses "Umwegs" beträgt $O(N\log N)$ anstelle $O(NM)$, wobei N die Anzahl der g_{ij} und M die Anzahl der t_{ij} sind. Dies kann in konkreten Situationen eine Verbesserung bedeuten.

Abschließend sei die Frage aufgegriffen, inwieweit Schablonen als Objektmodelle geeignet sind. Sie sind

- konzeptionell einfach
- leicht zu gewinnen
- stark beleuchtungsabhängig

- empfindlich gegen perspektivische Verzerrung
- nicht rotations- und skalierungsinvariant
- rechenintensiv

Schablonen kommen als Objektmodelle für bildverstehende Systeme im allgemeinen nicht in Frage. Viele ihrer Nachteile sind jedoch weniger gravierend, wenn es um häufig vorkommende Objekt_teile_ geht, z.B. Ecken oder Kanten. Hier kann ein Schablonentest durchaus sinnvoll verwendet werden.

2.4 Einfache Formmerkmale

Als eine erste Abstraktion gegenüber Schablonen werden im folgenden einige einfache Formmerkmale vorgestellt. Sie beziehen sich ausschließlich auf Objekt_ansichten_, also auf 2D-Gebilde. Sie können mithin nur zur betrachterabhängigen Formrepräsentation verwendet werden. Keines der Merkmale stützt sich auf Grauwerteigenschaften – damit wird die Forderung nach Invarianz bezüglich Beleuchtung und Oberflächeneigenschaften erfüllt. Inwieweit weitere Invarianzen erfüllt sind, insbesondere Translations- und Rotationsinvarianz, wird noch im Einzelen diskutiert werden.

Eine Ansicht möge in Form eines _Bereiches_ vorliegen, d.h. einer zusammenhängenden Menge von Pixeln (s. Abb. 2.1).

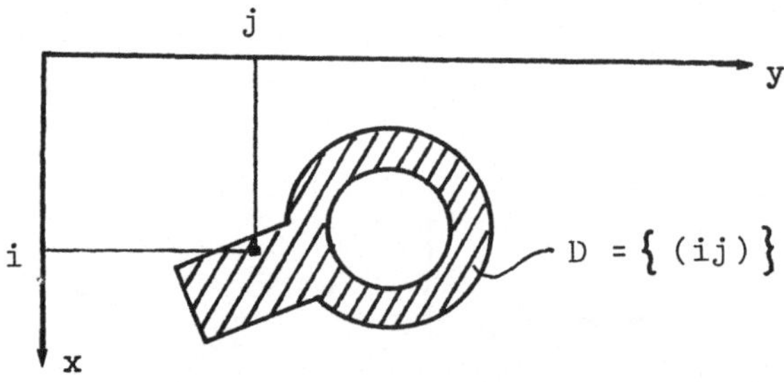

Abb. 2.1: Beispiel eines Bereiches

Fläche

Die Fläche wird durch die Anzahl der Pixel des Bereiches angegeben.

$$F = |D|$$

Dieses Merkmal ist nur insoweit translations- und rotationsinvariant, als die Rasterung vernachlässigt werden kann, also bei großen, kompakten Bereichen. Bei kleinen oder sehr schlanken Bereichen können die Flächenwerte jedoch stark variieren, je nachdem, wie der (analoge) Bereich vom Raster überdeckt wird. Man kann leicht Bereichsformen angeben, wo sich die Fläche bei Verschiebung in eine andere Rasterposition verdoppelt!

Ausdehnung

Das umschreibende achsenparallele Rechteck gibt die Ausdehnung in x- und y-Richtung an.

$$d_x = \max_{ij \in D} i - \min_{ij \in D} i$$

$$d_y = \max_{ij \in D} j - \min_{ij \in D} j$$

Offenbar ist dieses Merkmal im allgemeinen nicht rotationsinvariant.

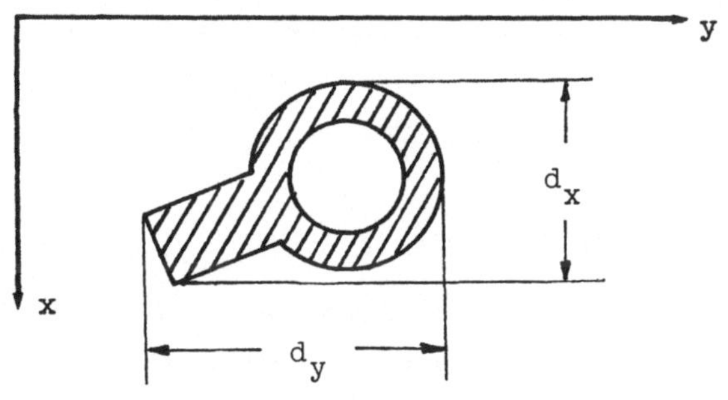

Abb. 2.2: Ausdehnung in x- und y-Richtung

Konturlänge

Die Konturlänge ist gleich der Anzahl von Pixeln eines Bereiches, die einen Nachbarn außerhalb des Bereiches haben.

$$L = |\{(ij) \in D \text{ mit } (kl) \in N(ij) \text{ und } (kl) \in \bar{D}\}|$$

Als Nachbarschaft N(ij) kann entweder die 4- oder die 8-Umgebung gewählt werden (s. Abb. 2.3). Ähnlich wie bei der Fläche hängt die Konturlänge stark von der Lage zum Raster ab. Der Effekt ist jedoch nicht auf kleine oder schlanke Formen beschränkt. Ein beliebig großes Rechteck kann z.B. in einer rasterparallelen Position eine um den Faktor $\sqrt{2}$ größere Konturlänge haben als in einer um 45 Grad verdrehten Position. Das Merkmal Konturlänge ist also nicht rotationsinvariant.

Abb. 2.3: 4- und 8-Nachbarschaft von (ij)

Kompaktheit

Als Kompaktheit wird der Quotient von Fläche und quadrierter Konturlänge definiert.

$$K = \frac{F}{L^2}$$

Durch die Quadrierung der Konturlänge wird eine gewisse Skalierungsinvarianz erreicht. Dies schließt jedoch nicht aus, daß sich die Kompaktheit kleiner Bereiche deutlich von geometrisch ähnlichen Bereichen anderer Größe unterscheidet. Bei einem mit 45 Grad zum Raster geneigten Quadrat ergibt sich z.B. $K = 0.2$ für $F = 13$ und $K = 0.15$ für $F = 61$.

Flächenträgheitsmomente

Das Flächenträgheitsmoment gibt an, wie die Pixel eines Bereiches zu einer vorgegebenen Achse liegen. Meist wählt man Achsen durch den Bereichsschwerpunkt und parallel zu den Koordinatenachsen. Hierfür gelten folgende Definitionen:

$$i_s, \ j_s = \text{Schwerpunktskoordinaten}$$

$$i_s = \frac{1}{F} \sum_{ij \, \in D} i \qquad j_s = \frac{1}{F} \sum_{ij \, \in D} j$$

m_x = Flächenträgheitsmoment in x-Richtung
(bezüglich horizontaler Achse durch den Schwerpunkt)

m_y = dto. in y-Richtung
(bezüglich vertikaler Achse durch den Schwerpunkt)

m_{xy} = "gemischtes" Flächenträgheitsmoment

$$m_x = \sum_{ij \, \in D} (i - i_s)^2 = \sum_{ij \, \in D} i^2 - i_s^2 \, F$$

$$m_y = \sum_{ij \in D} (j-j_s)^2 = \sum_{ij \in D} j^2 - j_s^2 \, F$$

$$m_{xy} = \sum_{ij \in D} (i-i_s)(j-j_s) = \sum_{ij \in D} ij - i_s j_s \, F$$

Je ausgedehnter D (bei gleichem F) in x-Richtung ist, desto größer wird m_x, analog zur Schwungmasse einer Scheibe.

Das gemischte Moment m_{xy} ist Null, wenn eine der Bezugsachsen mit der Hauptachse des Bereichs zusammenfällt. Ist dies nicht der Fall, so kann man den Drehwinkel (s. Abb. 2.4) mit dem folgenden Ausdruck berechnen:

$$\tan(2\alpha) = \frac{2m_{xy}}{m_y - m_x}$$

Nach Rotation des Koordinatensystems in die Hauptachsenlage können dann rotationsinvariante Eigenschaften berechnet werden. Dies ist allerdings nur dann zuverlässig möglich, wenn der Bereich eine ausgeprägte Hauptachse hat.

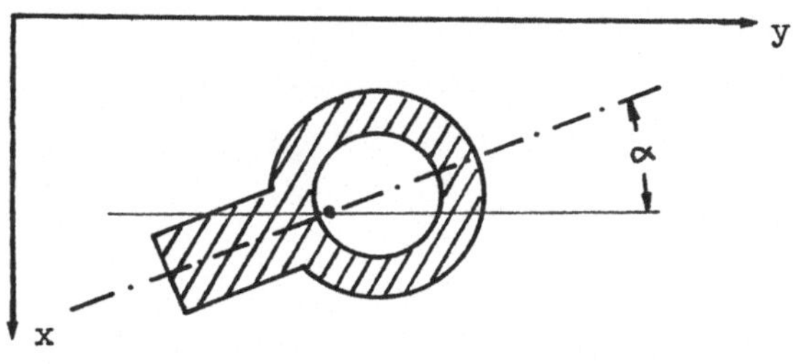

Abb. 2.4: Hauptachse eines Bereiches

Polarsignatur

Im Gegensatz zu den bisher genannten Merkmalen werden hier keine skalaren Zahlenwerte sondern diskrete charakteristische Funktionen berechnet. Sie geben an, wo fest vereinbarte Testkreise innerhalb und wo sie außerhalb eines Bereiches verlaufen. Der Schwerpunkt des Bereiches wird dabei als Kreismittelpunkt gewählt. Abb. 2.5 zeigt ein konkretes Beispiel mit 3 Testkreisen. Die Merkmale sind zunächst nicht rotationsinvariant. Sie erlauben aber ein einfaches rotationsinvariantes Klassifizierungsverfahren: Man vergleicht Modellsignaturen mit allen zyklischen Verschiebungen einer unbekannten Signatur. Die Vorauswahl geeigneter Radien ist kritisch, besonders dann, wenn zahlreiche Objektformen unterschieden werden müssen.

Durch genügend viele Testkreise kann jedoch eine beliebig genaue Formbeschreibung erreicht werden.

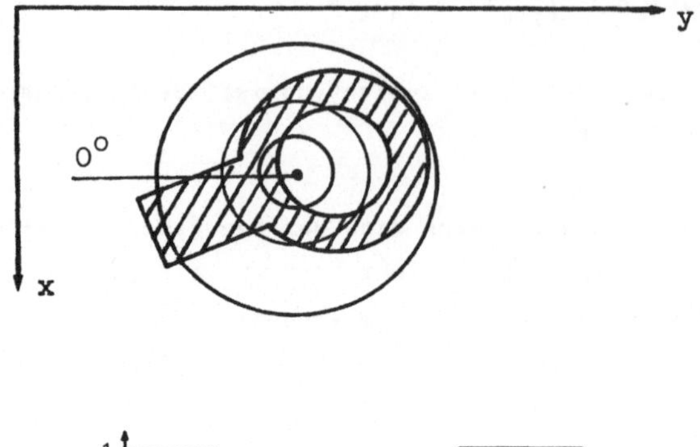

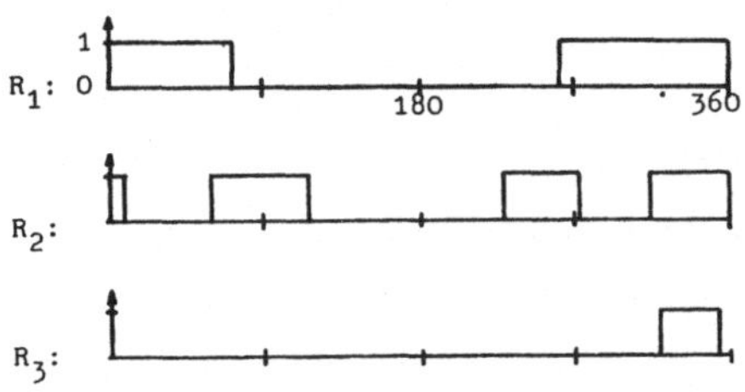

Abb. 2.5: Polarsignatur

Fourier-Koeffizienten

Der Krümmungsverlauf entlang einer Kontur ist eine periodische Funktion mit der Konturlänge L als Periode und eignet sich deshalb zur Fourier-Reihenentwicklung. Diese wiederum kann durch Auswahl einer begrenzten Zahl von Koeffizienten angenähert werden. Das ist die Grundidee eines Verfahrens zur Repräsentation von Objektkonturen. Um Schwierigkeiten bei der Krümmungsberechnung zu vermeiden, kann man statt der Krümmung eine "intrinsische Steigungsfunktion" verwenden:

$$\theta'(s) = \theta(s) - \frac{2\pi s}{L} - \mu$$

$$\theta(s) = \text{Tangentenwinkel}$$

$$s = \text{Koordinate entlang Kontur}$$

$\dfrac{2\pi s}{L}$ sorgt für Periodizität

$\mu = \dfrac{1}{L} \int_{0}^{L} [\,\theta(s) - \dfrac{2\pi s}{L}\,]\,ds$ Mittelwert, macht partiell startpunktunabhängig

Nähert man die Fourier-Reihenentwicklung von $\theta'(s)$ durch die ersten 10 bis 20 Koeffizienten an, so werden damit hochfrequente Anteile im Steigungsverlauf unterdrückt - eine häufig vertretbare Abstraktion.

Fourier-Koeffizienten sind im allgemeinen nicht rotationsinvariant. Dies kann erst durch kanonische Wahl des Konturstartpunktes erreicht werden. Weitere Schwierigkeiten hängen mit der Steigungsfunktion $\theta(s)$ zusammen, die bei diskreten Konturen häufig stark vom Raster gestört wird.

2.5 Strukturelle Beschreibungen

Ein reichhaltiges Repertoire von Repräsentationsformen ergibt sich, wenn Objektformen mittels ihrer Bestandteile und der Beziehungen dieser Teile zueinander beschrieben werden. Diese sog. strukturellen Beschreibungen haben zwei wesentliche Vorteile gegenüber den bisher genannten Formmerkmalen:

● Lokale Formveränderungen betreffen nur Teile der Beschreibung. Zur Objekterkennung können einfache Vergleichsverfahren auch bei Störungen (z.B. teilweiser Verdeckung) eingesetzt werden.

● Rekursive Zerlegung in Bestandteile führt zu hierarchischen Strukturen. Damit werden Zugriffsmöglichkeiten zu unterschiedlichen Repräsentationsebenen unterstützt.

Man unterscheidet __Beschreibungselemente__ und ihre __Beziehungen__ zueinander. Im folgenden werden zunächst einige Beispiele für Beschreibungselemente aufgeführt.

        Intensitätsdiskontinuität
        Kantenelement
        Bereich, Fleck
        gerade Kante
        Bogen
        Kreis
                        2D
        Polygonzug
        Oberflächenelement   --------
        3D-Gerade   3D
        Kugel
        Ellipsoid
        Quader
        Polyeder
        verallgemeinerter Zylinder

Die Elemente sind nach Deskriptivität geordnet. Im allgemeinen gilt:

deskriptiveres Beschreibungselement

↓

mehr Rechenaufwand

↓

größere Immunität gegen Störungen

↓

höhere hierarchische Ebene

Zwischen Beschreibungselementen können vielfältige Beziehungen bestehen. Sie lassen sich in Dekompositions-, Aggregations- und Spezialisierungsbeziehungen einteilen. Einige Beispiele für

- Dekomposition: "besteht aus"
                      "hat Teil"

- Aggregation: Konkatenation
                      "grenzt an"
                      "parallel zu"
                      "umschließt"

- Spezialisierung: "hat Eigenschaft x"

Ein einfaches Beispiel für eine strukturelle Formbeschreibung ist der <u>Kettencode</u>. Als Beschreibungselement dienen 8 gerichtete Linienelemente, als Beziehung die Konkatenation.   Abb. 2.6   zeigt   einen   diskreten   Bereich   und   die Kettencode-Repräsentation seiner Kontur.

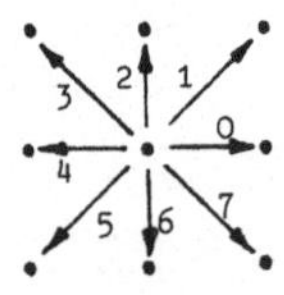
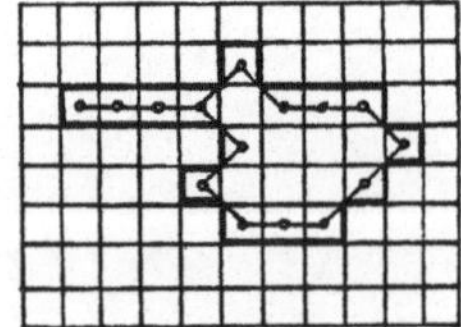

Abb. 2.6: Konturrepräsentation durch Kettencode

Die Codierung erfolgte durch Verbinden aller Randpunkte (Randpunkt = 4-benachbart mit einem Punkt außerhalb des Bereichs). Alternative Codierungen entstehen, wenn man eine 8-Nachbarschaft für Randpunkte zugrundelegt oder Rasterkreuzungspunkte (statt -mittelpunkte) verbindet.

Relationale Modelle

Relationengebilde stellen einen allgemeinen Formalismus zur strukturellen Wissensrepräsentation und speziell auch zur Repräsentation von Formen dar. Sie stehen in enger Beziehung zu semantischen Netzen und damit auch zu anderen KI-Repräsentationsformen wie z.B. Schemata (s. NILSSON 80). Relationengebilde wurden von BARROW und POPPLESTONE 71 zum ersten Mal für Bildverstehen vorgeschlagen.

Eine Relation ist eine Menge von Tupeln, deren Komponenten in einer bestimmten Beziehung zueinander stehen. Je nach Komponentenzahl spricht man von

- Eigenschaften   (= 2-stellige Relationen)
- Beziehungen   (= mehrstellige Relationen)

Eigenschaften lassen sich gut graphisch darstellen:

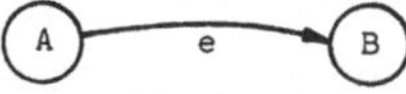

Die Knoten entsprechen den Beschreibungselementen, die Kante der Eigenschaft, also hier: "Die Eigenschaft e von A hat den Wert B." Für mehrstellige Relationen ist die folgende graphische Darstellung möglich:

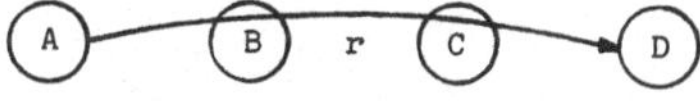

"Zwischen A, B, C und D besteht Beziehung r."

Es gibt noch keine standardisierten relationalen Beschreibungsformen für Bildverstehen. Im folgenden sollen nur einige Möglichkeiten illustriert werden.

Das erste Beispiel zeigt die relationale Beschreibung eines Vierecks. Die Knoten repräsentieren Geraden (mittels symbolischer Bezeichner) sowie Zahlenwerte. Die Kanten stellen eine 2-stellige Relation "Länge" sowie eine 3-stellige Relation "Winkel" dar.

1. Beispiel:

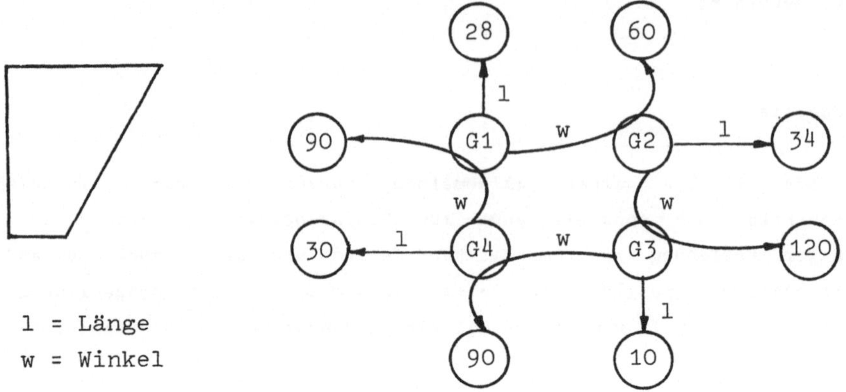

Abb. 2.7: Relationale Beschreibung eines Vierecks

2. Beispiel:

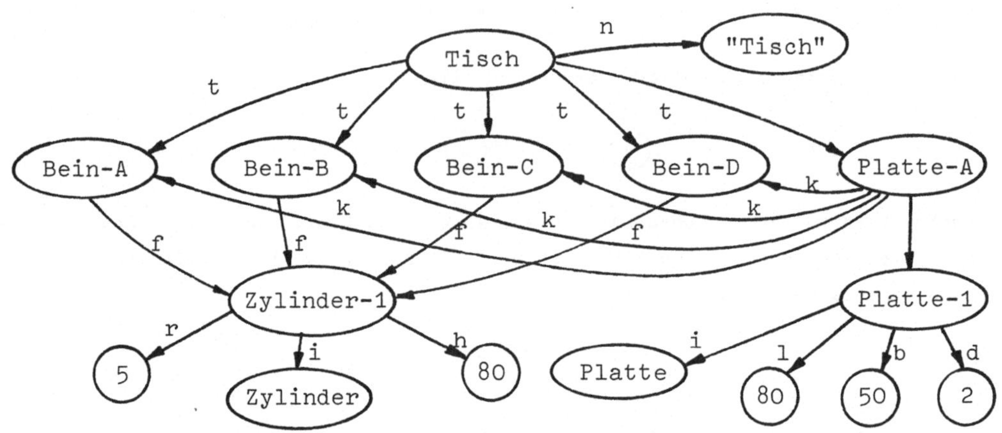

Abb. 2.8: Tischmodell

Das zweite Beispiel besteht lediglich aus 2-stelligen Relationen (man kann zeigen, daß sich alle mehrstelligen Relationen äquivalent durch zweistellige Relationen darstellen lassen). Die obige Struktur stellt das Modell für eine Objektklasse "Tisch" dar. Zusätzlich zur Formbeschreibung tritt auch eine Eigenschaft "hat Namen" auf, mit der exemplarisch gezeigt werden soll, daß die Formbeschreibung Teil einer umfassenderen Wissensrepräsentation sein kann.

Auf welche Weise unbekannte Objekte mithilfe eines solchen Modells klassifiziert werden können, soll durch das folgende Beispiel erläutert werden. Es zeigt das fiktive Ergebnis einer Szenenanalyse unter Verwendung derselben Relationen wie in Beispiel 2. Verschiedene zusammenhängende Körper (K1 bis K4) sind gefunden worden, teils zylinderförmig, teils plattenförmig.

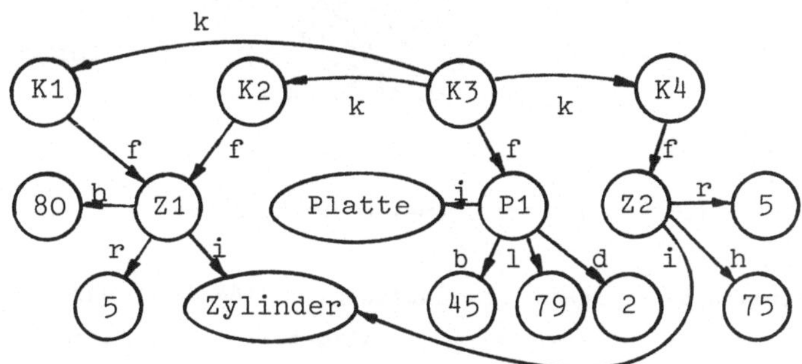

Abb. 2.9: Szenenbeschreibung

Zur Klassifikation muß eine <u>hinreichend gute strukturelle Übereinstimmung</u> zwischen Szene (Abb. 2.9) und Modell (Abb. 2.8) festgestellt werden. Dabei gelten folgende grundsätzliche Regeln:

● Nur identische Relationen (Kanten) dürfen aufeinander abgebildet werden.

● Die Komponenten (Knoten) sind entweder Konstante, die für sich selbst stehen (z.B. 80, "Tisch", Zylinder, K1), oder Platzhalter (z.B. Bein-A, Zylinder-1). Konstante dürfen nur aufeinander abgebildet werden, wenn sie identisch sind.

● Die Übereinstimmung ist um so besser, je vollständiger das Modell auf die Szene abgebildet werden kann.

Die Abbildung kann im Prinzip als Morphismus beschrieben werden (BARROW et al. 72, HARALICK 78). Für konkrete Anwendungen müssen die oben genannten Regeln jedoch noch erheblich verfeinert werden, z.B. um numerische Ungenauigkeiten oder Formvarianten in angemessener Weise tolerieren zu können. Hier ergeben sich deutliche Parallelen zu den Match-Regeln, wie sie für Deduktionsprobleme in anderen Bereichen der KI vorschlagen wurden, s. z.B. BOBROW und WINOGRAD 77 oder NILSSON 80.

2.6 <u>Verallgemeinerte Zylinder</u>

Zur Beschreibung von 3D-Oberflächen eignet sich auch die folgende Repräsentationsform: Eine Oberfläche wird definiert durch eine (i.a. krummlinige)

Achse und eine Querschnittsfläche mit konstanter Form, die entlang der Achse ihre Größe ändern darf.

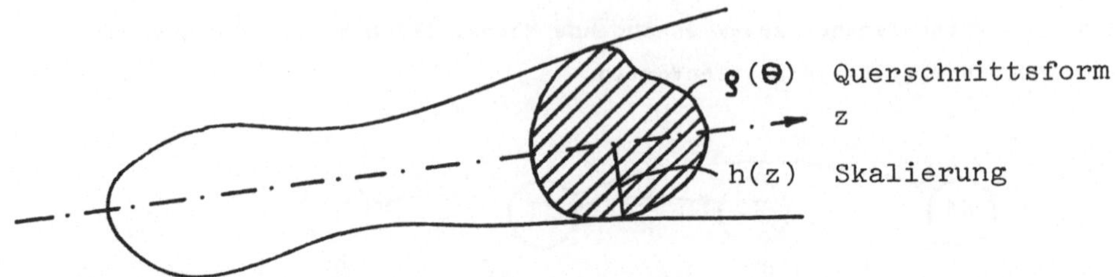

Abb. 2.10: Verallgemeinerter Zylinder

Speziellere Definitionen sehen geradlinige Achsen und/oder lineare Skalierungsfunktionen vor. Aber auch Verallgemeinerungen sind denkbar, etwa allgemeine Querschnittsformen anstelle der Winkelfunktion $\varrho(\theta)$.

Verallgemeinerte Zylinder wurden von BINFORD 71 eingeführt und in jüngerer Zeit wiederholt für bildverstehende Systeme vorgeschlagen (MARR 78, BROOKS 81). Sie sind aus folgenden Gründen interessante Repräsentationsformen:

- Verallgemeinerte Zylinder stellen einen Kompromiß zwischen Allgemeinheit und mathematischer Beschreibbarkeit dar.

- Komplexe Körper können aus mehreren Zylindern zusammengesetzt werden.

- Fordert man, daß sich die Gestalt eines Körpers durch Betrachten lediglich seiner Konturen eindeutig ermitteln läßt, so muß der Körper ein verallgemeinerter Zylinder sein (MARR 77).

Wie man Zylindercharakteristika aus einem Bild bestimmen kann, ist bisher lediglich vorgeschlagen aber noch nicht erprobt worden.

3. BILDSEGMENTIERUNG

Im vorhergehenden Abschnitt wurde dargestellt, wie man Objektformen im Hinblick auf Objekterkennung repräsentieren kann. Dabei wurde angenommen, daß die Rohdaten einer Szene in die betreffende Repräsentationsform überführt werden können. Für einen Schablonentest ist dies natürlich kein Problem, da er direkt auf eine Bildmatrix zugreift. Alle anderen Repräsentationsformen enthalten jedoch Beschreibungselemente, die mit besonderen Verfahren aus den Rohdaten berechnet werden müssen (in Abb. 1.4 durch Prozeß 1 symbolisiert). In diesem Abschnitt werden einige grundlegende Techniken vorgestellt, die dazu erforderlich sind:

- Glätten
- Ermitteln von Grauwertdiskontinuitäten
- Bereichszerlegung

Zunächst sollen jedoch Gesichtspunkte genannt werden, die von übergeordneter Bedeutung sind.

3.1 Allgemeine Gesichtspunkte

Zerlegung in sinnvolle Einheiten

Zur Objekterkennung müssen objektbezogene Eigenschaften, z.B. einfache Formmerkmale berechnet werden. Dies erfordert eine Segmentierung des Bildes in Bereiche, die potentiell Objekten oder Objektteilen entsprechen. Der Begriff "Segmentierung" bezeichnet also speziell Verarbeitungsschritte, die Bildmatrizen partitionieren. Er wird jedoch in losem Sinn auf alle Verfahren angewandt, die lokale Beschreibungselemente aus einer Bildmatrix berechnen.

Den meisten Segmentierungsverfahren liegt eine Uniformitätsannahme zugrunde:

● Objekte entsprechen Bildbereichen, für die ein Uniformitätsprädikat gilt.

Hieraus folgen Verfahren zur Bereichszerlegung. Die duale Aussage lautet:

● Objektgrenzen entsprechen Diskontinuitäten eines Uniformitätsprädikates.

Hieraus folgen Verfahren zum Kantenfinden. Bisher haben sich beide Verfahrensklassen, Bereichszerleger und Kantenfinder, gleichermaßen für die Segmentierung als nützlich erwiesen. Typische Uniformitätsprädikate sind:

- Grauwerte innerhalb fester Schranken

  (sinnvoll z.B. bei Schwarzweißbildern)

- kleiner Betrag des Grauwertgradienten

  (Bereichsgrenzen an Stellen, wo der Gradientenbetrag extremal ist)

- uniforme statistische Eigenschaften

  (gleiche lokale Verteilung, gleiche Textur)

- Glattheit in 3D

  (Grenzen an Diskontinuitäten der Bildtiefe)

- Bewegungsuniformität

  (gleichbewegte Bildbereiche gehören zu einem Objekt)

Auflösung

Für weiterverarbeitende Prozesse kann es nützlich sein, wenn Beschreibungen unterschiedlicher Auflösung oder unterschiedlichen Detaillierungsgrades zur Verfügung stehen, z.B. eine grobe und eine feine Bereichszerlegung. Prozesse, die im allgemeinen eine grobe Auflösung benötigen, sind

- Analyse des Bildaufbaus (Horizont, Vordergrund, etc.)
- Steuerung der Aufmerksamkeit
- Planung der Feinanalyse

Eine feine Auflösung benötigen z.B.

- Detailbeschreibung
- Binokularstereo
- Bewegungsanalyse

Ein Segmentierungsverfahren sollte in der Lage sein, Beschreibungen mit der jeweils erforderlichen Auflösung zu generieren.

Datenreduktion

Rohbilder sind auch wegen ihres Datenvolumens nicht als grundlegende Datenstruktur für die Bildanalyse geeignet. Dies sei an zwei Beispielen veranschaulicht:

- Farbbild in TV-Raster, 6-Bit Quantisierung: 3 x 512 x 512 x 6 ≈ 4.7 Mbit
- Bildfolge von 10 Sek. Dauer: 10 x 25 x 4.7 ≈ 1000 MBit

Ein sehr praktischer Zweck von Segmentierungsverfahren ist deshalb auch, das anfängliche Datenvolumen auf einen leichter zu manipulierenden Umfang zu reduzieren.

3.2 Glätten

Es ist häufig sinnvoll, digitisierte Rohbilder vor ihrer Weiterverarbeitung zu glätten. Damit können zwei Ziele erreicht werden:

- Technisch bedingtes Rauschen wird beseitigt. Rauschen hat in der Regel starke hochfrequente Anteile und stört besonders bei differenzierenden Operatoren, wie sie z.B. zum Kantenfinden eingesetzt werden.

- Feinstruktur des Bildes wird unterdrückt. Dies ist häufig ein unbeabsichtigter Nebeneffekt bei der Bekämpfung technischen Rauschens, kann aber für Grobsegmentierungen erwünscht sein.

Glättungsverfahren werden meist durch lokale Operationen nach folgendem Schema implementiert:

Ein Fenster mit Breite B und Höhe H wird mit horizontaler Schrittweite Δj und vertikaler Schrittweite Δi über das Quellbild geschoben. Für jede Fensterposition wird der Grauwert

$$g_{mn}' = f(g_1 \ldots g_M)$$

berechnet und in das Zielbild eingetragen ($g_1 \ldots g_M$ sind die Pixel innerhalb des Fensters).

Die Parameter B und H bestimmen die Stützmenge des Operators und damit den Grad der erzielbaren Glattheit; Δi und Δj erlauben eine Formatreduktion; f ist der eigentliche Operator. Im folgenden werden 4 gängige Verfahren vorgestellt.

Mitteln ("Integration")

$$g_{mn}' = \frac{1}{M} \sum_{k=1}^{M} g_k = \bar{g}_{mn}$$

Beispiel: Hat das Quellbild additives, unkorreliertes Rauschen mit Varianz σ^2, so ist das Rauschen im Zielbild auf σ^2/M reduziert.

Beseitigen von Ausreißern

(i)   berechne $\bar{g}_{mn}$

(ii) $g_{mn}' = \begin{cases} \bar{g}_{mn} & \text{falls } |g_{mn} - \bar{g}_{mn}| > \text{Schwellwert} \\[2ex] g_{mn} & \text{andernfalls} \end{cases}$

Bimodales Mitteln

(i)   berechne $\bar{g}_{mn}$

(ii) $A = \{g_k \mid g_k > \bar{g}_{mn}\}$

       $B = \{g_k \mid g_k < \bar{g}_{mn}\}$

(iii) $g_{mn}' = \begin{cases} \dfrac{1}{|A|} \Sigma g_k \, \varepsilon \, A \text{ falls } |A| > |B| \\[2ex] \dfrac{1}{|B|} \Sigma g_k \, \varepsilon \, B \text{ andernfalls} \end{cases}$

Bimodales Mitteln versucht, Kantenschärfe zu bewahren.

Medianfilter

$$g_{mn}' = \text{Median} (g_1 \ldots g_M)$$

$$= \max a, \text{ so daß } |\{g_k < a\}| < \frac{M}{2}$$

Die Grauwerte eines Fensters werden der Größe nach in M Felder sortiert. g_{mn}' ist der Inhalt des $\lceil M/2 \rceil$-ten Feldes.

3.3 Grauwertdiskontinuitäten

Grauwertdiskontinuitäten - im folgenden kurz "Kanten" oder "Kantenelemente" genannt - stellen einen wesentlichen, wenn nicht den wichtigsten Segmentierungshinweis dar. Denn unsere tägliche Erfahrung zeigt, daß sich Objektgrenzen in Bildern als Kanten abzeichnen. Folglich liegt es nahe, von Kanten auf Objektgrenzen zu schließen. Dies ist jedoch eine Heuristik, die in vielen Fällen nicht zutrifft! Kanten können auch anders entstehen, wie die folgenden Überlegungen zeigen.

Man kann 4 Ursachen für Kanten unterscheiden:

1. Änderung der physikalischen Oberflächeneigenschaften, z.B. Farbe, Material, Glattheit ("Reflektivität").

2. Änderung der Oberflächenorientierung zum Betrachter, z.B. starke Krümmung, Verdeckung, Glanzlichter (!).

3. Änderung der Beleuchtung, z.B. Schatten, Sekundärbeleuchtung durch reflektierende Objektoberflächen.

4. Technische Effekte, Rauschen, Quantisierung.

An Objektgrenzen befinden sich meistens sowohl Material- als auch Orientierungsdiskontinuitäten, häufig auch Beleuchtungsdiskontinuitäten. Deshalb gilt der Schluß

$$\text{Objektgrenze} \implies \text{Kante}$$

mit beträchtlicher Sicherheit. Jeder der Gründe 1 bis 4 kann jedoch auch innerhalb eines Objektes zu Kanten führen. Der Umkehrschluß ist also fragwürdig:

$$\overset{?}{\text{Kante}} \implies \text{Objektgrenze}$$

Korrekte Kanteninterpretation ist ein nichttriviales Problem, das bisher noch nicht hinreichend erforscht worden ist. Diesbezügliche Beiträge finden sich z.B. in BARROW und TENENBAUM 78 und LOWE und BINFORD 81.

Kanten im Sinne der obigen Definition sind Stellen maximaler Grauwertänderung der diskreten Bildfunktion g_{ij}. Operatoren zum Kantenfinden stützen sich deshalb entweder auf die 1. Ableitung (maximale Gradientenbeträge) oder die 2. Ableitung (Nulldurchgänge). Abb. 3.1 zeigt die entsprechenden Verläufe für eine typische Kante.

318

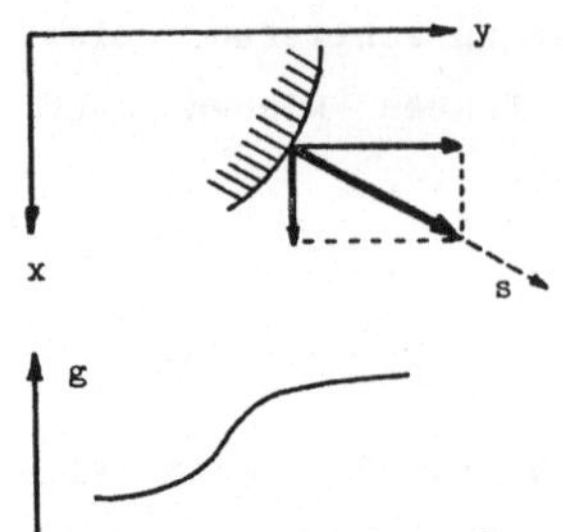

Gradient = [dg/dx dg/dy]

(Vektor in Richtung der größten Steigung)

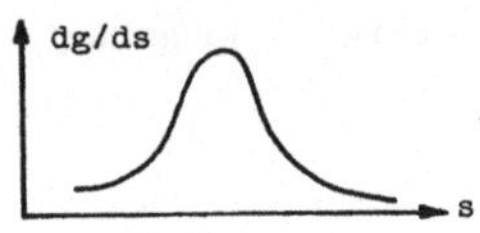

Grauwertverlauf senkrecht zu einer Kante

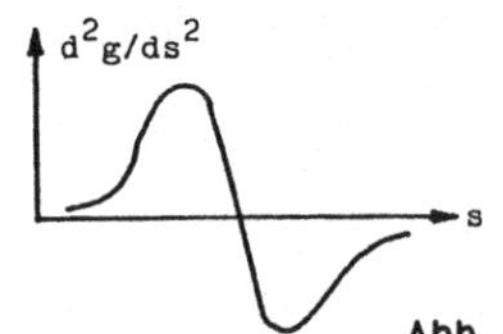

Verlauf des Gradientenbetrages

Verlauf der 2. Ableitung

Abb. 3.1: Ableitungen der Bildfunktion an einer Kante

Es folgen 4 gängige Operatoren für die 1. bzw. 2. Ableitung einer Bildfunktion.

"Roberts cross"

Berechnung des Gradienten durch kreuzweise Grauwertdifferenzen.

Komponenten (in um 45 Grad verdrehtem u,v-System):

$$\Delta g_u = g_{ij} - g_{i-1,j-1}$$
$$\Delta g_v = g_{i,j-1} - g_{i-1,j}$$

Betrag:

$$|\nabla g_{ij}| = \sqrt{\Delta g_u^2 + \Delta g_v^2}$$
$$\approx |\Delta g_u| + |\Delta g_v|$$
$$\approx \max(\ |\Delta g_u|, \ |\Delta g_v|\ )$$

Richtung (im verdrehten System):

$$\tan\gamma = \frac{\Delta g_v}{\Delta g_u}$$

Sobel-Operator

Stützmenge:

$$
\begin{array}{ccc}
g_5 & g_6 & g_7 \\
g_4 & g_{ij} & g_0 \\
g_3 & g_2 & g_1
\end{array}
$$

Komponenten:

$$\Delta g_x = (g_1 + 2g_2 + g_3) - (g_7 + 2g_6 + g_5)$$
$$\Delta g_y = (g_1 + 2g_0 + g_7) - (g_3 + 2g_4 + g_5)$$

Betrag und Richtung sind analog zum Roberts Cross Operator.

Kirsch-Operator

Der Kirsch-Operator stützt sich wie der Sobel-Operator auf ein 3 x 3 Feld.

Betrag:

$$
|\nabla g_{ij}| = \max_{\substack{k=0..7 \\ \mathrm{mod}\,8}} \{\, 3(g_k + g_{k+1} + g_{k+2} + g_{k+3} + g_{k+4}) - 5(g_{k+5} + g_{k+6} + g_{k+7}) \,\}
$$

Richtung:

$$\gamma = 180^{\circ} + k_{max} \cdot 45^{\circ}$$

Laplace-Operator

$$\nabla^2 g = d^2 g/dx^2 + d^2 g/dy^2$$

Der Laplace-Operator ist ein richtungsunabhängiges Maß für die 2. Ableitung. Eine diskrete Näherung entsteht durch Differenzen von Differenzen:

$$
\begin{aligned}
\nabla^2 g_{ij} &= (g_{i+1,j} - g_{ij}) - (g_{ij} - g_{i-1,j}) \\
&\quad + (g_{i,j+1} - g_{ij}) - (g_{ij} - g_{i,j-1}) \\[2mm]
&= g_{i+1,j} + g_{i-1,j} + g_{i,j+1} + g_{i,j-1} - 4g_{ij}
\end{aligned}
$$

Der Operator berechnet also die Differenz zwischen dem Grauwert eines Punktes und dem Mittelwert seiner Umgebung.

Es ist interessant, daß Untersuchungen zur Modellierung des menschlichen Sehens auch auf diesen Operator geführt haben. MARR und HILDRETH 80 schlagen vor dem Hintergrund physiologischer Befunde eine Kombination von Laplace-Operator und Gauß-Filter vor. Verschiedene Filtercharakteristiken erbringen Hinweise sowohl auf grobe als auch auf feine Kanten. Der Operator ist als $\nabla^2 G$-Operator oder - wegen seines Querschnittes in umgedrehter Form - als "mexican-hat" Operator bekannt.

"Maximum-Likelihood" Kantenfinden

Das folgende Verfahren zum Kantenfinden (vorgeschlagen von YAKIMOVSKY 76) fällt etwas aus dem Rahmen dadurch, daß es nicht unmittelbar auf Grauwertdiskontinuitäten sondern auf einem statistischen Modell der Bildfunktion basiert. Die Entscheidung über eine Kante zwischen zwei Bereichen D_1 und D_2 wird dabei als Hypothesentest formuliert:

H_0: Pixel in D_1 und D_2 stammen aus derselben statistischen Quelle.

H_1: Pixel in D_1 und D_2 stammen aus verschiedenen statistischen Quellen.

Unter der Annahme, daß die Grauwerte eines Bereiches normalverteilt sind (mit unbekanntem Mittelwert und unbekannter Varianz), läßt sich ein Maximum-Likelihood-Test angeben, der zwischen den Hypothesen unterscheidet. Es seien μ_k und σ_k Mittelwert bzw. Varianz der Bereiche D_k (k = 0, 1, 2) mit $D_0 = D_1 \cup D_2$.

1. Schritt: Maximum-Likelihood-Schätzung von μ_k und σ_k.

$$\tilde{\mu}_k = \frac{1}{|D_k|} \sum_{ij\epsilon D_k} g_{ij} \quad \text{(empirischer Mittelwert)}$$

$$\tilde{\sigma}_k^2 = \frac{1}{|D_k|} \sum_{ij\epsilon D_k} (g_{ij} - \tilde{\mu}_k)^2 \quad \text{(empirische Varianz)}$$

$$k = 0, 1, 2$$

2. Schritt: Die Berechnung des Wahrscheinlichkeitsquotienten führt auf die Entscheidungsregel:

Wähle H_0, wenn

$$\frac{\tilde{\mu}_0^{|D_0|}}{\tilde{\mu}_1^{|D_1|} \cdot \tilde{\mu}_2^{|D_2|}} < \text{Schwellwert}$$

andernfalls wähle H_1.

Das Verfahren hat einen großen Vorteil gegenüber Kantenfindern auf Gradientenbasis. Während letztere mit einem Schwellwert auf die Kontrastverhältnisse eines Bildes eingestellt werden müssen, hat hier der Schwellwert die Bedeutung eines Konfidenzmaßes und kann a priori festgesetzt werden. NAGEL 76 berichtet über Experimente mit diesem Verfahren.

3.4 Bereichszerlegung

Während die bisher beschriebenen Operatoren auf Kantenverläufe führen, zielen die im folgenden behandelten Verfahren auf Bereiche ab. Auch Bereiche implizieren "Kanten" an ihren Grenzen, jedoch werden diese Grenzen im allgemeinen unter Berücksichtigung sämtlicher Grauwerte innerhalb eines Bereiches und nicht nur derer in der Umgebung seiner Grenze bestimmt.

Histogrammzerlegung

Das Verfahren entspricht im wesentlichen einer Ballungsanalyse aufgrund von pixelbezogenen Merkmalen, etwa Helligkeit und Farbe. Abb. 3.2 illustriert die Grundidee.

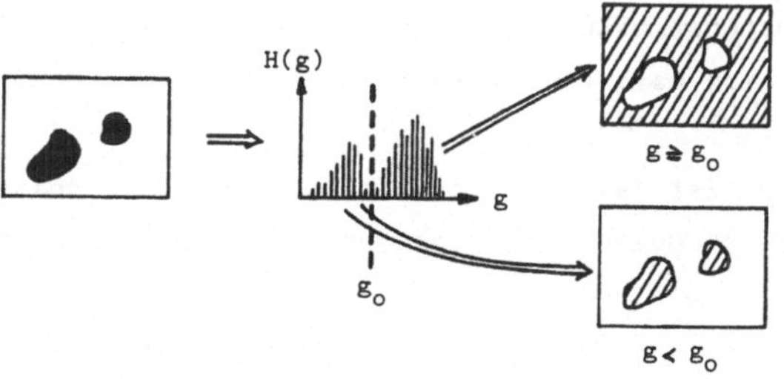

Abb. 3.2: Prinzip der Histogrammzerlegung

Von OHLANDER 75 wurde eine rekursive Variante vorgeschlagen:

A Berechne je ein Histogramm für alle Merkmale von Pixeln eines Bereiches (z.B. Rot-, Grün- und Blauanteil).

B Das "klarste" Histogramm bestimmt die Teilung.

C Wende das Verfahren rekursiv auf Teilbereiche an.

Ohlander hat mit diesem Verfahren eindrucksvolle Ergebnisse erzielt, jedoch sind auch einige Nachteile deutlich geworden:

- Histogramme erfassen keinen örtlichen Zusammenhang. Dieser sollte jedoch die Teilung beeinflussen.

- Die Histogrammzerlegung ist häufig mehrdeutig oder unscharf.

- Falsche frühe Entscheidungen können später schlecht korrigiert werden.

Eine weiterentwickelte Form der Histogrammzerlegung wird im VISIONS-System verwendet. Abschnitt 5 berichtet darüber.

"split-and-merge"

Dieses von HOROWITZ und PAVLIDIS 76 vorgeschlagene Verfahren ist in verschiedener Hinsicht interessant:

- Es kombiniert eine Zerlegungsphase mit einer Verschmelzungsphase und kann dadurch frühe Fehlentscheidungen korrigieren.

- Es verwendet zwei Datenstrukturen, die auch für andere Verfahren nützlich sein können und deshalb hier dargestellt werden.

Die erste Datenstruktur ist der quartäre Bildbaum oder "Quadbaum", mit dem ein Bild als eine Hierarchie von Quadranten repräsentiert wird. Abb. 3.3 zeigt die ersten 3 Ebenen und die Verzweigungsstruktur.

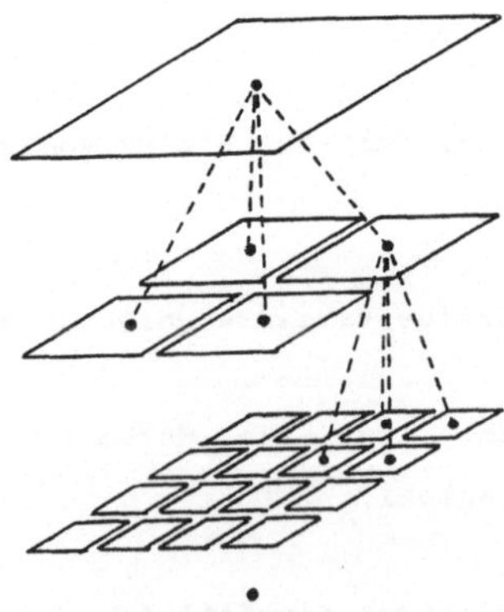

Abb. 3.3: Struktur eines Quadbaumes

Jeder Quadrant einer Ebene ist durch einen Verzweigungscode gekennzeichnet, aus dem hervorgeht, wie man von der Wurzel des Quadbaums (der obersten Ebene) absteigen muß, um zu dem betreffenden Quadranten zukommen. Abb. 3.4 zeigt den Verzweigungscode für einige Quadranten eines Quadbaums aus 3 Ebenen.

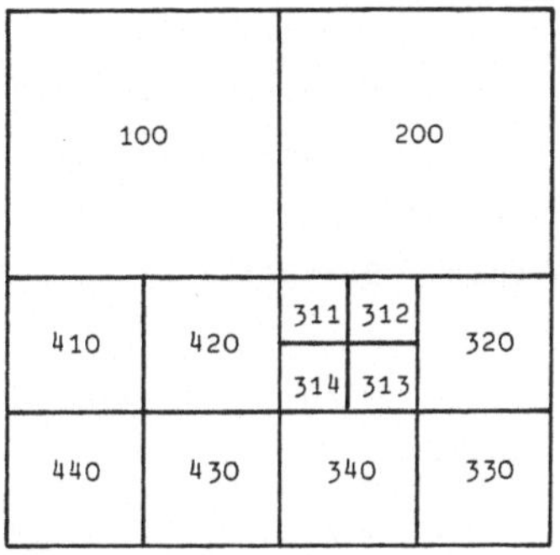

Abb. 3.4: Verzweigungscode

Die zweite interessante Datenstruktur ist der Bereichs-Nachbarschaftsgraph. Er erlaubt den direkten Zugriff auf alle Bereiche, die mit einem Bereich benachbart sind. Wichtige topologische Eigenschaften einer Bereichszerlegung werden darin explizit gemacht, z.B. welche Bereiche umschlossen sind ("Löcher") oder welche am Rande größerer Bereiche liegen.

Der split-and-merge Algorithmus läuft wie folgt ab:

A Beginne mit einer willkürlichen Anfangszerlegung in Quadranten einer Quadbaum-Ebene.

B <u>Verschmelze</u> rekursiv Viereguppen von Quadranten in ihren Quadbaum-Vater, falls die Söhne gemeinsam das Uniformitätsprädikat befriedigen.

C <u>Teile</u> rekursiv jeden Quadranten in seine 4 Quadbaum-Söhne, falls er das Uniformitätsprädikat verletzt.

D <u>Verschmelze</u> rekursiv alle benachbarten Bereiche, die gemeinsam das Uniformitätsprädikat befriedigen.

E Verbessere das Ergebnis durch Beseitigen von Minibereichen.

Die ersten 3 Schritte ergeben eine Segmentierung in Blätter des Quadbaumes, also nur in quadratische Bereiche. Schritt D beseitigt ungerechtfertigte Teilungen mithilfe des Bereichs-Nachbarschaftsgraphen. Eine detaillierte Beschreibung des Verfahrens findet sich in PAVLIDIS 77.

4. DOMÄNENUNABHÄNGIGE SZENENANALYSE

Im vorangehenden Abschnitt wurden Verfahren beschrieben, mit denen nützliche Bildeigenschaften berechnet werden können. Als nächster Schritt (Prozeß 2 im Strukturdiagramm Abb. 1.4) wird versucht, diese _Bild_eigenschaften als Eigenschaften einer realen _Szene_ zu deuten. Dieser Vorgang wird "Szenenanalyse" (im engeren Sinn) genannt. Dabei muß im allgemeinen der Übergang von 2D-Bildstrukturen zu 3D-Szenenstrukturen geleistet werden. Beispiel:

Ein trapezförmiger Bildbereich wird als perspektivische Abbildung einer rechteckigen Oberfläche gedeutet.

Je mehr a priori über die Szene oder allgemeiner: über die Domäne bekannt ist, desto leichter ist dieser Schritt. Sind z.B. nur ganz bestimmte Objekte zu erwarten, so kann ggf. von einem Bildbereich direkt auf die Identität eines Objektes geschlossen werden. Für ein bildverstehendes System kann solches Vorwissen im allgemeinen jedoch nicht vorausgesetzt werden. Deshalb sind hier besonders Verfahren interessant, die _ohne domänenspezifisches Vorwissen_ Aussagen über die Szene erlauben. Sie nutzen dabei auch Wissen aus, jedoch wesentlich allgemeingültigeres, z.B.

- geometrische Abbildungsgesetze (3D → 2D)

- photometrische Abbildungsgesetze (Schattierung, Farbe)

- Interpretationsregeln (Auflösung von Mehrdeutigkeiten)

Die ersten beiden Wissensquellen werden in diesem Abschnitt ausführlicher behandelt. Die dritte Kategorie sei kurz anhand eines Beispiels (aus BARROW und TENENBAUM 80) illustriert.

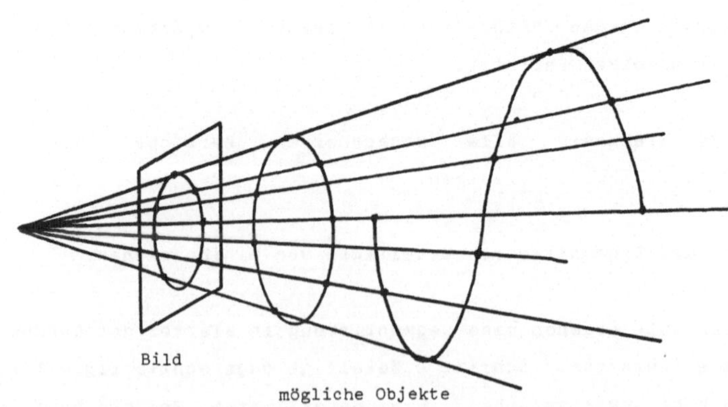

Abb. 4.1: Mehrdeutige Interpretation eines Kreises

Offenbar ist es sinnvoll, wenn man den Kreis in der Bildebene trotz seiner inhärenten Mehrdeutigkeit als Kreis in 3D interpretiert. Regeln dieser Art sind von WERTHEIMER 45 erstmals untersucht worden ("Gestaltgesetze").

4.1 Geometrische Abbildungsgesetze

Die geometrischen Abbildungsgesetze bestimmen, an welcher Bildposition ein Szenenpunkt erscheint, wenn er durch einen Sensor abgebildet wird. Für Bildverstehen sind zwei Projektionsformen von Bedeutung:

● **Perspektivische** (oder Zentral-)Projektion beschreibt die Abbildung mittels einer Lochblendenkamera. Sie ist eine gute Näherung für viele optische Systeme.

● **Orthographische** (oder Parallel-)Projektion geht aus perspektivischer Projektion im Grenzfall eines großen Sensorabstandes hervor. Hauptsächlicher Verwendungsgrund ist die einfache Mathematik.

Im folgenden wird die perspektivische Projektion zugrundegelegt. Die dazugehörigen Abbildungsgleichungen werden so formuliert, daß Aussagen über die geometrischen Beziehungen zwischen Szene und Bild in zwei Richtungen möglich werden:

● Gegeben ein Objekt, wie sieht sein Bild aus?

● Gegeben ein Bild, welches Objekt kann es verursacht haben?

Da Objekte häufig in einem eigenen, betrachterunabhängigen Koordinatensystem beschrieben werden, schließen die Abbildungsgesetze eine Transformation vom **objektbezogenen** in ein **sensorbezogenes** Koordinatensystem ein. Das Abbildungsschema ist in Abb. 4.2 dargestellt. Das Sensorsystem x', y', z' hat seinen Ursprung im optischen Zentrum. x'- und y'-Achse sind parallel zum Bildrand. Die z'-Achse fällt mit der optischen Achse zusammen. Bildpunkte werden als 3D-Punkte im Sensorsystem aufgefaßt und mit dem Index p gekennzeichnet. x'_p und y'_p sind die üblichen Bildkoordinaten, $z'_p = f$ ist der Abstand der Bildebene vom optischen Zentrum (die Brennweite). Das objektbezogene Koordinatensystem x, y, z ist gegenüber dem Sensorsystem verschoben (Translationsvektor $\underline{v}_o$) und verdreht (Rotationsmatrix R).

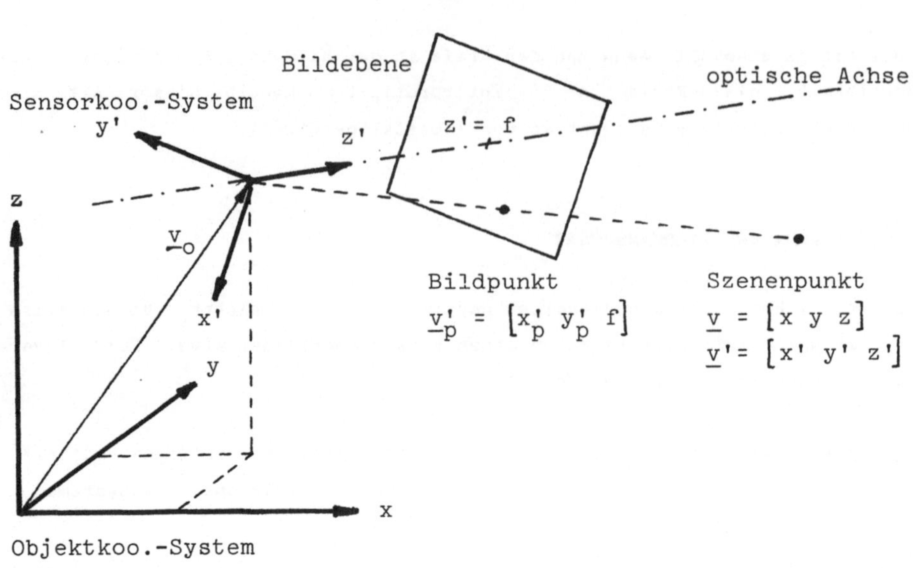

Abb. 4.2: Perspektivische Abbildung in 2 Koordinatensystemen

Perspektivische Abbildungsgleichungen

Die Abbildung eines Punktes im Objektsystem auf die Bildebene kann in zwei Schritte zerlegt werden.

(i) Projektion vom Sensorsystem auf die Bildebene

(ii) Transformation vom Objektsystem ins Sensorsystem

Zunächst wird der erste Schritt behandelt. Die Bildkoordinaten für einen vorgegebenen Szenenpunkt $\underline{v}'$ ergeben sich aus dem Strahlensatz:

$$x'_p = f\,\frac{x'}{z'} \qquad y'_p = f\,\frac{y'}{z'} \qquad z'_p = f$$

Dies ist eine nichtlineare Transformation, die durch Verwendung <u>homogener Kooordinaten</u> linearisiert werden kann. Der Übergang erfolgt durch Multiplikation aller Komponenten mit einer willkürlichen Konstante w und Hinzufügen dieser Konstanten als vierte Komponente.

$$\underline{v}' = [x'\ y'\ z'] \qquad ==> \qquad \tilde{\underline{v}}' = [wx'\ wy'\ wz'\ w]$$

Damit läßt sich die Projektion als Matrixmultiplikation schreiben

$$\tilde{v}' = \tilde{v}'\ \tilde{P} = [wx'\ wy'\ wz'\ wz'/f]$$

$$\text{mit } \tilde{P} = \begin{bmatrix} 1 & 0 & 0 & 0 \\ 0 & 1 & 0 & 0 \\ 0 & 0 & 1 & 1/f \\ 0 & 0 & 0 & 0 \end{bmatrix}$$

Die Rückrechnung in reguläre Koordinaten erfolgt, indem man durch die vierte Komponente dividiert.

Perspektivische Projektion hat die nichttriviale Eigenschaft, daß 3D-Geraden in 2D-Geraden abgebildet werden. Sei

$$\underline{v}' = \underline{v}'_1 + \lambda \underline{n}'$$

die 3D-Geradengleichung ($\underline{n}'$ ist Einheitsvektor in Geradenrichtung). Dann folgt die zugehörige 2D-Geradengleichung aus der Koplanaritätsbedingung

$$\underline{v}'_p \, (\underline{v}'_1 \times \underline{n}')^T = 0$$

Die Abbildungen **paralleler** 3D-Geraden schneiden sich alle in einem Punkt, dem sog. Fluchtpunkt. Seine Bildkoordinaten ergeben sich durch Projektion eines gedachten Szenenpunktes mit den Koordinaten $\underline{n}'$. Fluchtpunkte können für die Szenenanalyse nützlich sein:

(i) Schneiden sich mehr als 2 Bildgeraden in einem Punkt, so sind die zugehörigen Szenengeraden parallel. (Heuristik für Prozeß 2, Abb. 1.4.)

(ii) Parallele Szenengeraden ergeben Bildgeraden, die sich in einem Punkt schneiden. (Hypothesentest für Prozeß 6, Abb. 1.4.)

Für die vollständigen Abbildungsgleichungen fehlt noch die Koordinatentransformation vom objektbezogenen System in das sensorbezogene System. Sie kann zerlegt werden in eine Rotation um den Ursprung des Objektsystems, gefolgt von einer Translation.

$$\underline{v}' = \underline{v}R + \underline{v}_0$$

Die Rotation läßt sich als 3 sukzessive Drehungen um Koordinatenachsen beschreiben.

1) Drehung θ um die x-Achse ("Schwenkwinkel")
2) Drehung φ um die neue y-Achse ("Neigungswinkel")
3) Drehung γ um die neue z-Achse ("Kippwinkel")

Entsprechend läßt sich R schreiben als

$$R = R_x \cdot R_y \cdot R_z$$

$$= \begin{bmatrix} 1 & 0 & 0 \\ 0 & \cos\theta & \sin\theta \\ 0 & -\sin\theta & \cos\theta \end{bmatrix} \begin{bmatrix} \cos\varphi & 0 & \sin\varphi \\ 0 & 1 & 0 \\ -\sin\varphi & 0 & \cos\varphi \end{bmatrix} \begin{bmatrix} \cos\gamma & \sin\gamma & 0 \\ -\sin\gamma & \cos\gamma & 0 \\ 0 & 0 & 1 \end{bmatrix}$$

$$= \begin{bmatrix} \cos\varphi\cos\gamma & -\cos\varphi\sin\gamma & -\sin\theta \\ -\sin\theta\sin\varphi\cos\gamma + \cos\theta\sin\gamma & \sin\theta\sin\varphi\sin\gamma + \cos\theta\cos\gamma & -\sin\theta\cos\varphi \\ \cos\theta\sin\varphi\cos\gamma + \sin\theta\sin\gamma & -\cos\theta\sin\varphi\sin\gamma + \sin\theta\cos\gamma & \cos\theta\cos\varphi \end{bmatrix}$$

Damit ist die Transformation $\underline{v}' = f(\underline{v}, \underline{v}_o, \theta, \varphi, \gamma)$ definiert. Sie ist nichtlinear und schwer analysierbar. Homogene Koordinaten helfen hier auch nichts, obschon sie eine übersichtlichere Darstellung ermöglichen:

$$\underline{\tilde{v}}' = \underline{\tilde{v}}\,\tilde{R}\,\tilde{T}$$

$$\tilde{R} = \begin{bmatrix} & & & 0 \\ & R & & 0 \\ & & & 0 \\ 0 & 0 & 0 & 1 \end{bmatrix} \qquad \begin{bmatrix} 1 & 0 & 0 & 0 \\ 0 & 1 & 0 & 0 \\ 0 & 0 & 1 & 0 \\ -x_o & -y_o & -z_o & 1 \end{bmatrix}$$

Mit der Projektionsmatrix $\tilde{P}$ ergeben sich die vollständigen perspektivischen Abbildungsgleichungen in homogenen Koordinaten:

$$\underline{\tilde{v}}'_p = \underline{\tilde{v}}\,\tilde{R}\,\tilde{T}\,\tilde{P}$$

Inverse perspektivische Abbildungsgleichungen

Ein typisches Problem für den bottom-up Prozeß 2 (Abb. 1.4) ist das folgende:

● Gegeben der Bildpunkt $\underline{v}'_p$, wo ist der Szenenpunkt $\underline{v}$?

Die 3D-Kooordinaten eines Szenenpunktes lassen sich im allgemeinen natürlich nicht aus den 2D-Koordinaten eines Bildpunktes rekonstruieren, jedoch ergibt der Abbildungsstrahl durch den Bildpunkt eine Ortslinie, auf der sich der Szenenpunkt befinden muß. Sie lautet

$$\underline{v}' = \lambda \, \underline{v}'_p$$

in Sensorkoordinaten oder

$$\underline{v} = \lambda \, \underline{v}'_p \, \tilde{T}^{-1} \, \tilde{R}^{-1}$$

in Objektkoordinaten. Für den Fall $\gamma = 0$ (Sensor nicht um optische Achse verdreht) ergeben sich die vereinfachten Beziehungen:

$$x = x_0 + \lambda \, (x'_p \cos\varphi - f \sin\varphi)$$
$$y = y_0 + \lambda \, (-x'_p \sin\theta \, \sin\varphi + y'_p \cos\theta - f \sin\theta \, \cos\varphi)$$
$$z = z_0 + \lambda \, (x'_p \cos\theta \, \sin\varphi + y'_p \sin\theta + f \cos\theta \, \cos\varphi)$$

Binokularstereo

Als eine erste Anwendung der inversen perspektivischen Abbildungsgleichungen soll untersucht werden, wie man mit zwei optischen Systemen, jeweils in bekannter Position und Orientierung, die objektbezogenen 3D-Koordinaten eines Szenenpunktes ermitteln kann. Bei Benutzung der vereinfachten inversen perspektivischen Abbildungsgleichungen ergeben sich 6 lineare Gleichungen für die 5 Unbekannten x, y, z, λ_1, λ_2. Im Idealfall ist das Gleichungssystem konsistent, und eine eindeutige Lösung existiert. Im praktischen Fall muß man allerdings immer mit Meß- oder Quantisierungsfehlern rechnen, so daß die Gleichungen inkonsistent sind. Dies entspricht der Situation, wo sich die von den beiden optischen Systemen gelieferten Ortslinien nicht schneiden. Als Lösung wählt man dann einen Punkt mittig zwischen den Ortslinien an der Stelle ihrer dichtesten Annäherung. Die Rechnung ist elementar, wenn auch unübersichtlich in der hier gewählten Notation. Eine alternative Lösung wird in DUDA und HART 73 präsentiert.

Die Überbestimmtheit der Binokularstereo-Gleichungen kann zum Bestimmen weiterer Parameter benutzt werden. Sind z.B. die relativen Winkel zwischen den optischen Systemen unbekannt,

$$\Delta\varphi = \varphi_2 - \varphi_1$$
$$\Delta\theta = \theta_2 - \theta_1$$

so lassen sich diese möglicherweise aus den 12 Gleichungen für die insgesamt 12 Unbekannten bestimmen, die sich für zwei Punkte ergeben. Die Lösung muß wegen der Nichtlinearität der Gleichungen nicht eindeutig sein.

Bewegungsstereo

Eine zweite Anwendung der perspektivischen Abbildungsgesetze betrifft bewegungsbedingte Bildveränderungen. Diese können sowohl Aufschluß über die nicht unmittelbar zu beobachtende Bewegung in die Tiefe als auch über die 3D-Gestalt eines unbekannten Körpers geben. Im folgenden wird angenommen, daß

- N (verschiedene) monokulare Ansichten von
- M Punkten eines starren Körpers

vorliegen. Aus den 2D-Verschiebungen der Punkte sollen die vollständigen 3D-Koordinaten errechnet werden. Das Problem läßt sich wie folgt mathematisch formulieren.

$\underline{a}_m$ m = 1..M   unbekannte 3D-Koordinaten von M Punkten eines Objektes in einem objektbezogenen Koordinatensytem

$\underline{b}_{mn}$ m = 1..M   bekannte Bildkoordinaten von M Punkten

      n = 1..N b_{mnz} = f (bekannnte Brennweite)

$$s_{mn}\underline{b}_{mn} = (\underline{a}_m + \underline{t}_n)R_n \qquad m = 1..M, \; n = 1..N$$

s_{mn} m = 1..M   unbekannte skalare Faktoren

      n = 1..N   (definieren Position eines Punktes auf Ortslinie)

R_n n = 1..N   unbekannte Rotationsmatrizen (je mit 3 Freiheitsgraden)

$\underline{t}_n$ n = 1..N   unbekannte Translationsvektoren

Die obige Gleichung drückt Objektbewegung durch eine zeitabhängige Translation und Rotation aus, die zur Überführung des Objektkoordinatensystems in das Sensorkoordinatensystem erforderlich ist. Ein Objektpunkt in Sensorkoordinaten (rechte Seite der Gleichung) muß auf dem Abbildungsstrahl durch den Bildpunkt liegen (linke Seite).

Die Aufgabe lautet jetzt: bestimme s_{mn}, R_n, $\underline{t}_n$, $\underline{a}_m$ aus $\underline{b}_{mn}$!

Zwei Beobachtungen sind hilfreich:

(i) Wenn s_{mn}, R_n, $\underline{t}_n$, $\underline{a}_m$ eine Lösung darstellen, so sind qs_{mn}, R_n, $q\underline{t}_n$, $q\underline{a}_m$ auch eine Lösung. q ist ein Skalierungsfaktor, der zwangsläufig unbekannt bleiben muß (und frei gewählt werden kann).

(ii) Die relative Anfangslage von Objekt- und Sensorkoordinatensystem ist frei wählbar. Hier:

$$\underline{t}_1 = 0 \qquad R_1 = I \text{ (Einheitsmatrix)}$$

Damit ergeben sich $3MN + 1 + 3 + 3$ Gleichungen für $MN + 3N + 3N + 3M$ Unbekannte. Eine notwendige Bedingung für ihre Lösung ist

$$M > 3 + \frac{2}{2N-3}$$

also z.B. mindestens 5 Punkte in 2 Ansichten. Die Gleichungen sind nichtlinear und im allgemeinen nicht geschlossen lösbar. Für den Fall N=2, M=5 läßt sich jedoch ein Gleichungssystem ableiten, das nur noch die unbekannte Rotationsmatrix enthält:

$$[\underline{b}_{m1} \times \underline{b}_{m2}R^T] \cdot \{ [\underline{b}_{11} \times \underline{b}_{12}R^T] \times [\underline{b}_{21} \times \underline{b}_{22}R^T] \}^T = 0 \qquad \text{für } m = 3, 4, 5$$

Dies sind 3 (nichtlineare) Gleichungen für die 3 Rotationswinkel von R. Sie lassen sich wie folgt deuten: Zwischen den eckigen Klammern stehen jeweils Bildpunktvektoren zum Zeitpunkt 1 und die entsprechenden um R <u>zurück</u>gedrehten Vektoren zum Zeitpunkt 2. Jedes Paar spannt eine Ebene auf, die den Translationsvektor enthalten muß. Die Gleichung drückt aus, daß sich all diese Ebenen in einer Geraden (in Richtung $\underline{t}$) schneiden müssen.

Eine Lösung R kann z.B. durch iterative Verfahren gefunden werden. Daraus folgen dann im allgemeinen eindeutig der Translationsvektor $\underline{t}$ sowie die 3D-Koordinaten der Objektpunkte (bis auf Skalierung). Ein derartiges Verfahren ist Bestandteil von MORIO, über das im letzten Abschnitt dieses Beitrags berichtet wird.

4.2 <u>Photometrische Abbildungsgesetze</u>

Komplementär zu den geometrischen Beziehungen, die den <u>Ort</u> eines abgebildeten Punktes bestimmen, stehen photometrische Beziehungen, die seine <u>Intensität</u> an dieser Stelle betreffen. Unter Bildintensität soll die vom Sensor gemessene Amplitude verstanden werden, also im allgemeinen die Amplitude eines bestimmten Farbauszugs. Genau genommen gelten die folgenden Betrachtungen stets nur für eine bestimmte Lichtfrequenz, ohne daß dies ausdrücklich vermerkt ist.

332

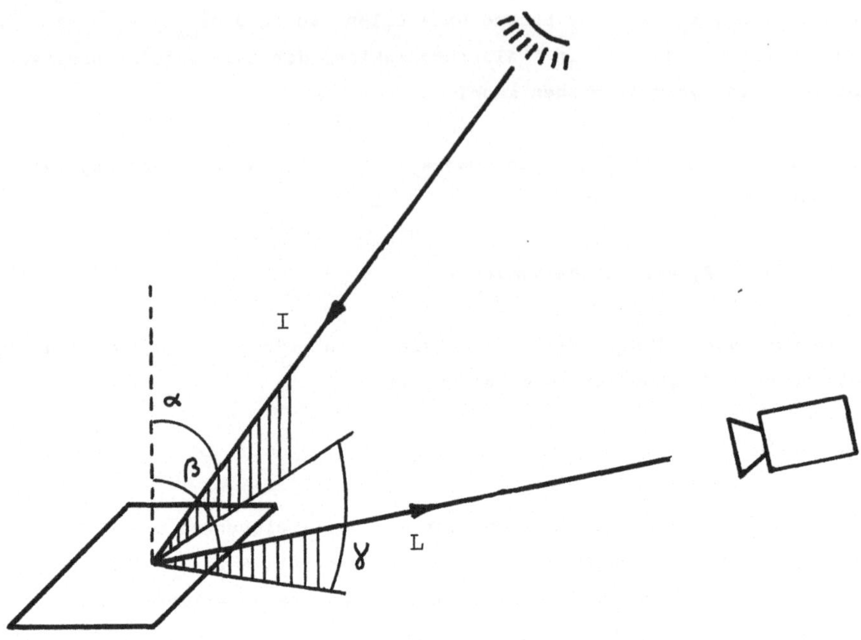

Abb. 4.3: Reflektierendes Flächenelement

Der Abbildungsvorgang ist in Abb. 4.3 schematisch dargestellt. Ein Lichtstrahl geht von einer Beleuchtungsquelle aus, wird von einem Oberflächenelement reflektiert und gelangt zu einem Sensor. Die dort gemessene Intensität hängt im wesentlichen von folgenden Größen ab:

- Strahlungsintensität der Beleuchtungsquelle I, gemessen am Oberflächenelement als Leistung je Flächeneinheit <u>senkrecht</u> zum Strahl

- Einfallswinkel α zwischen einfallendem Strahl und Flächennormaler

- photometrische Oberflächencharakteristik ✦ des Flächenelementes (Reflektivität)

- Ausfallswinkel β zwischen reflektiertem Strahl und Flächennormaler

- Azimuthwinkel γ zwischen Einfalls- und Ausfallsebene

- Leuchtkraft L des Oberflächenelementes; sie ergibt sich aus den obigen Größen als Abstrahlungsleistung je Flächeneinheit und je Raumwinkeleinheit

- Abstand des Sensors vom Flächenelement

- Sensorcharakteristika

Die Sensoreigenschaften können im allgemeinen als bekannt vorausgesetzt und aus der Diskussion ausgeklammert werden. Es verbleiben 3 Gruppen von Einflußgrößen:

1) **Beleuchtung**

In Realweltszenen wird ein Oberflächenelement im allgemeinen von mehreren Lichtquellen aus unterschiedlichen Richtungen beleuchtet (Sekundärbeleuchtung durch reflektierende Flächen, Schatten). Für bildverstehende Systeme wurden bisher nur stark vereinfachte Beleuchtungsmodelle angenommen (parallele homogene Strahlung, zusätzlich ggf. ein diffuser Anteil).

2) **Reflektivität**

Die photometrischen Oberflächeneigenschaften eines Objektes sind durch den Quotienten von einfallender und ausfallender Strahlung charakterisiert und hängen von den drei Winkeln α, β, γ ab.

$$\Phi(\alpha,\beta,\gamma) = \frac{L}{I}$$

Die Reflektivitätsfunktion Φ kann nur in idealisierten Fällen a priori angegeben werden. Z.B. gilt:

$$\Phi_{Lambert} = \Phi_o \cos\alpha$$

Ein Lambert'scher Strahler streut gleichmäßig in alle Richtungen.

$$\Phi_{Reflektor} = \Phi_o \, \delta(\alpha - \beta) \, \delta(\pi - \gamma)$$

Ein idealer Reflektor gibt die Einstrahlung nur bei $\alpha=\beta$ und $\gamma=\pi$ ab. Reale Oberflächen haben im allgemeinen sowohl einen streuenden als auch einen spiegelnden Anteil.

3) **Geometrie**

Bei vorgegebenen Eigenschaften von Beleuchtung, Objektoberfläche und Sensor bleibt als letzte Gruppe von Einflußgrößen die räumliche Anordnung der drei genannten Komponenten, insbesondere die Neigung der Objektoberfläche. Veränderungen der Oberflächenneigung rufen in der Regel Abschattierungen hervor, und diese wiederum können bildverstehenden Systemen Rückschlüsse über den Oberflächenverlauf ermöglichen.

Angesichts der zahlreichen Unbekannten kann im allgemeinen nicht von Bildintensitäten auf Objekteigenschaften geschlossen werden. Dies unterstreicht die Aussage in

Abschnitt 3.3, wo auf den heuristischen Zusammenhang zwischen Grauwertdiskontinuitäten und Objektgrenzen hingewiesen wurde.

Dennoch können Interpretationsregeln mit potentieller Nützlichkeit und beschränkter Gültigkeit angegeben werden, z.B. aus LOWE und BINFORD 81:

"Bilde den Quotienten von Bildintensitäten links und rechts einer Kante. Ist er konstant trotz veränderlicher Intensitäten, so handelt es sich um eine Schattenkante".

Hier liegt der multiplikative Zusammenhang zwischen Bildintensität, Reflektivität und Beleuchtung zugrunde.

$$L = \phi \cdot I$$

Der Quotient der Bildintensitäten gibt das Verhältnis der Beleuchtungsstärken an, wenn man annimmt, daß die Reflektivität links und rechts der Kante gleich ist, entlang der Kante aber variieren kann.

Wesentliche Beiträge zur photometrischen Analyse von Bildern stammen von Horn, insbesondere rechnerische Verfahren zur Schattierungsanalyse ("shape from shading", HORN 75). Im folgenden wird die von ihm eingeführte Reflektanzkarte vorgestellt.

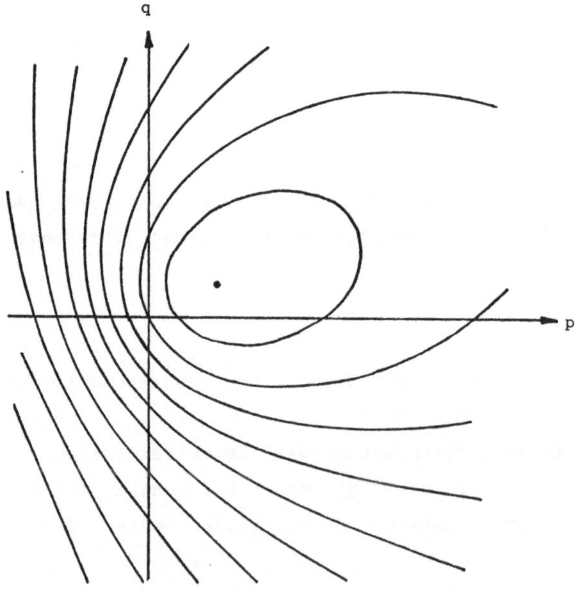

Abb. 4.4: Beispiel einer Reflektanzkarte

Sie zeigt, wie sich die zu einem Oberflächenelement gehörige Bildintensität in Abhängigkeit der Oberflächenneigung verändert, wenn alle anderen Größen (Beleuchtung, Sensor, Geometrie) vorgegeben und bekannt sind. Die Oberflächenneigung wird im sensorbezogenen Koordinatensystem gemessen. Sei

$$z = f(x,y)$$

der Verlauf der sichtbaren Oberfläche, dann ist die Neigung durch die zwei Komponenten

$$p = \frac{df}{dx} \quad \text{und} \quad q = \frac{df}{dy}$$

definiert. Abb. 4.4 zeigt eine Reflektanzkarte in Gestalt von Linien gleicher Intensität für eine Lambert-ähnliche Oberfläche. Die Beleuchtungsquelle liegt rechts oberhalb des Sensors (in Richtung der Oberflächennormalen mit maximaler Intensität).

Sei g(x,y) der Verlauf der Bildintensität und R(p,q) die Reflektanz. Dann stellt

$$g(x,y) = R(p,q)$$

eine nichtlineare partielle Differentialgleichung 1. Ordnung für z = f(x,y) dar. Lösungsmethoden finden sich in HORN 75.

Zum Abschluß dieses Abschnitts sollen die wichtigsten derzeit bekannten Einsatzmöglichkeiten von photometrischen Verfahren für bildverstehende Systeme genannt werden. Dabei wird auf die entsprechenden Prozesse in Abb. 1.4 Bezug genommen.

Prozeß 2:   - Interpretation von Intensitätsdiskontinuitäten als Beleuchtungs-, Orientierungs- oder Materialkanten.
(BARROW und TENENBAUM 78, LOWE und BINFORD 81).
- Formanalyse, Interpolation gekrümmter Oberflächen zwischen Stützwerten.
(HORN 75, BRADY 81)

Prozeß 6:   Synthetische Bilderzeugung zur Hypothesenverifikation.

Prozeß 17: Photometrisches Bewegungsstereo
(SILVER 80, NEUMANN 80, WESTPHAL und NAGEL 81).

Es ist zu erwarten, daß sich diese Liste noch erweitern läßt, besonders angesichts der Tatsache, daß umfangreiches Wissen aus dem Bereich der Photogrammetrie bisher nur wenig Eingang in die KI-Forschung gefunden hat.

5. SYSTEME

Es wäre ein passender Abschluß für diese Einführung ins Bildverstehen, wenn anhand von Ergebnissen demonstriert werden könnte, daß man mit den beschriebenen Verfahren Bilder tatsächlich verstehen kann. Diese Demonstration ist noch nicht möglich und wird wohl auch in einigen Jahren noch nicht möglich sein, wenn man sich nicht auf Bilder einer speziellen Domäne beschränkt. Dennoch ist dieser Abschnitt zwei implementierten Systemen gewidmet, nicht um der experimentellen Ergebnisse willen, sondern um den Zusammenhang zwischen den vorher isoliert betrachteten Verfahren am Beispiel zu illustrieren. Eine kritische Würdigung des Leistungsstandes von bildverstehenden Systemen folgt am Ende des Abschnittes.

5.1 VISIONS

Das VISIONS-System ("Visual Integration by Semantic Interpretation Of Natural Scenes") ist seit 1974 an der University of Massachusetts, Amherst, USA, unter der Leitung von A.R. Hanson und E.M. Riseman in Entwicklung. Zusammenfassende Berichte finden sich in HANSON und RISEMAN 78 und PARMA 80. Ziel des Systems ist die Ermittlung einer bedeutungsvollen Beschreibung für eine natürliche, statische Szene. Abb. 5.1 gibt einen Systemüberblick (die Diagramme sind von HANSON und RISEMAN 78 frei übernommen).

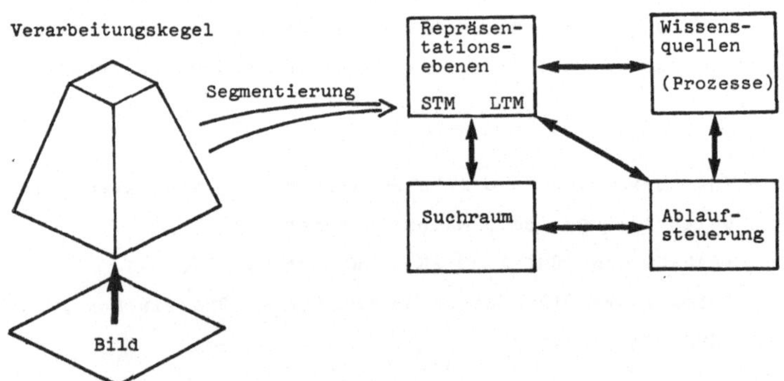

Abb. 5.1: Aufbau des VISIONS-Systems

Die Systemstruktur entspricht dem in Abb. 1.4 dargestellten Schema in wesentlichen Punkten (Segmentierung als reiner bottom-up Prozeß, Trennung von Prozessen und Repräsentationen, Unterscheidung von Weltwissen und Szenenbeschreibung), zeigt jedoch auch Komponenten der Kontrollstruktur (Ablaufsteuerung, Instanzensuchraum), die in Abb. 1.4 nicht enthalten sind. Im folgenden sollen die Bestandteile einzeln erläutert werden.

Segmentierung

Die Segmentierung wird mithilfe eines simulierten "Verarbeitungskegels" (processing cone) durchgeführt. Dabei handelt es sich um eine hierarchische Mikroprozessorstruktur, die auf Matrixformate mit abgestufter Auflösung zugreifen kann. Die feinste Auflösung ist 256 x 256, danach folgt 128 x 128, 64 x 64, usw. Die (simulierten) Mikroprozessoren können innerhalb des Kegels Datenflüsse in drei Richtungen erzeugen:

- aufwärts (Reduktion)
- horizontal (Iteration)
- abwärts (Projektion)

Die Segmentierung besteht aus folgenden Verarbeitungsschritten:

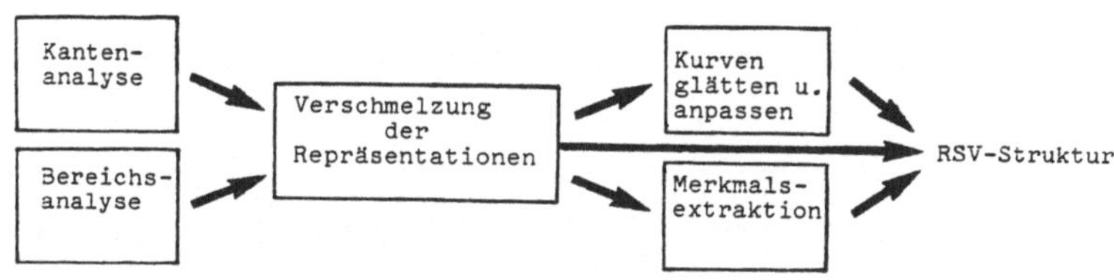

Kanten- und Bereichsanalyse werden unabhängig und parallel eingesetzt, um die Zuverlässigkeit dieses kritischen Schrittes zu erhöhen. Die verwendeten Verfahren sind wesentliche Verfeinerungen von Techniken, wie sie in Abschnitt 3 vorgestellt wurden.

Kantenfinden

Kantenelemente werden durch getrennte Analyse des Grauwertverlaufes in horizontaler und vertikaler Richtung gefunden. Dabei werden anhand von lokalen Grauwertdifferenzen zunächst potentielle Kantenbereiche in Gestalt von monoton steigenden und fallenden Teilstücken der Bildfunktion ermittelt. Ein Kantenelement wird im Schwerpunkt eines solchen Teilstückes gesetzt (s. Abb. 5.2) und mit einem Konfidenzwert in Abhängigkeit von der Grauwertdifferenz zwischen Anfang und Ende des Teilstücks versehen. Das Verfahren vermeidet dadurch mehrfache, parallele Kantenelemente an Stellen, wo nur eine Kante resultieren soll. Gleichzeitig wird durch den Konfidenzwert wichtige Kontrastinformation aufbewahrt, aufgrund derer auch kontrastarme Kantenverläufe gefunden werden können. Dazu dient ein Relaxationsverfahren, das die Kantenkonfidenzen mithilfe von Kompatibilitätsregeln iterativ modifiziert. Eine Kompatibilitätsregel bezieht sich auf die Umgebung eines

Kantenelementes und verstärkt oder schwächt seine Konfidenz je nachdem, mit welcher Wahrscheinlichkeit ein bestimmter Kontext vorliegt. Abb. 5.3 zeigt den Katalog von Kontexttypen, jeweils entsprechend ihrem Einfluß auf die Konfidenz des zentralen Kantenelementes mit +, - oder 0 gekennzeichnet. Nach mehreren Iterationen sind isolierte Kantenelemente verschwunden und Löcher gefüllt (die Beispiele in HANSON und RISEMAN 78b konvergieren nach ca. 10 Iterationen).

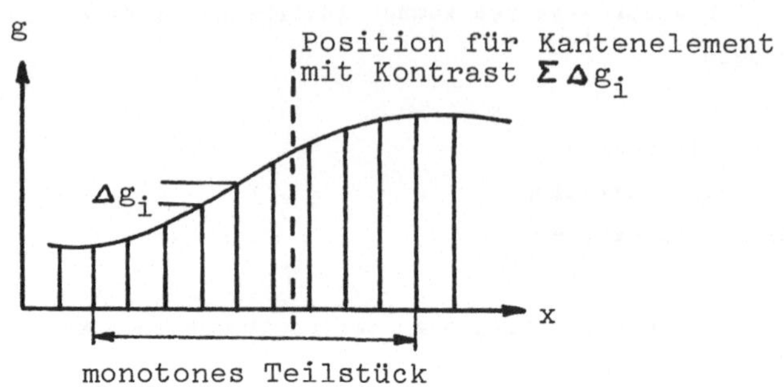

Abb. 5.2: Setzen eines Kantenelementes

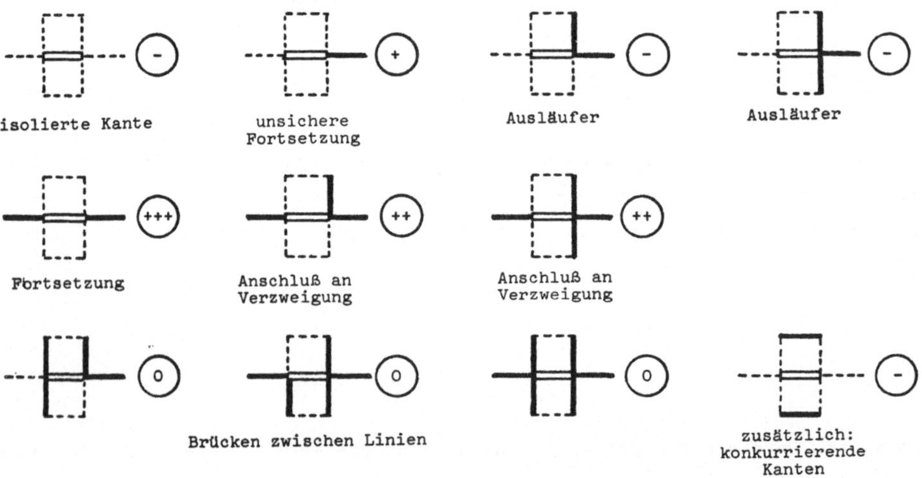

Abb. 5.3: Kontext-Typen für ein Kantenelement

Bereichszerlegung

Eine alternative Segmentierung wird durch Bereichszerlegung erreicht (dadurch ergibt sich ein konkurrierender Kantenverlauf, der nachfolgend mit dem Ergebnis des Kantenfinders verschmolzen wird). Das Zerlegungsverfahren kombiniert die in 3.3 beschriebene Histogrammtechnik mit einer Relaxation. Folgende Verarbeitungsschritte finden statt:

A   Ballungsanalyse der Pixel im mehrdimensionalen Merkmalsraum. Als Merkmale werden
die Farbauszüge R, G, B, die Intensität (Mittelwert von R, G, B), sowie
abgeleitete normalisierte Farbkomponenten verwendet. Auch Textureigenschaften
der Pixelumgebung können herangezogen werden (hierzu liegen jedoch keine
Resultate vor). Abb. 5.4 illustriert die Ballungsanalyse für einen
zweidimensionalen Merkmalsraum.

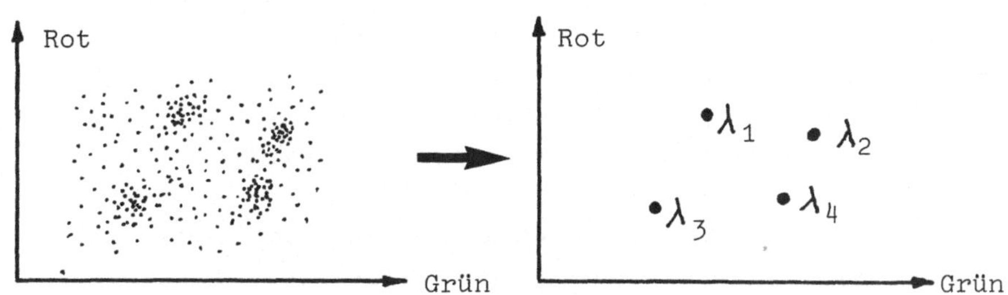

Abb. 5.4: Ballungsanalyse aufgrund von Pixeleigenschaften

B   Markierung von jedem Pixel mit der Ballungswahrscheinlichkeit

$$P_i = \frac{1/d_i}{\sum_{k=1}^{N} 1/d_k} \qquad i = 1..N$$

d_i ist der Euklid'sche Abstand des Pixel-Merkmalsvektors vom Ballungszentrum λ_i.

C   Iterative Relaxation der P_i. Gleiche Markierungen benachbarter Pixel verstärken
sich den Wahrscheinlichkeiten entsprechend, ungleiche schwächen sich.

D   Bereichszerlegung durch Zuordnung von jedem Pixel zur Ballung λ_i mit der größten
Wahrscheinlichkeit P_i.

E   Rekursive Anwendung des Verfahrens auf die entstandenen Teilbereiche.

Über Details der Ballungsanalyse - im wesentlichen eine mehrdimensionale
Histogrammzerlegung - ist nichts bekannt. Interessant ist die Kombination mit dem
Relaxationsverfahren. Es bringt "lokale Kontinuität" als Zerlegungskriterium ein und
versucht damit, eine wesentliche Schwäche aller Histogrammzerlegungsverfahren - die
fehlende Berücksichtigung lokalen Zusammenhangs - auszugleichen.

Durch rekursive Anwendung des Verfahrens auf Teilbereiche entsteht eine
Zerlegungshierarchie. Dies hat zwei Vorteile. Zum einen wird dadurch das "hidden
cluster" Problem gemindert: die Gefahr, daß sich kleine Teilbereiche in Histogrammen

größerer Bereiche nicht abzeichnen. Zum anderen stellt die Zerlegungshierarchie eine Beschreibung mit abgestufter Detaillierung dar - eine generell erstrebenswerte Eigenschaft von Segmentierungsergebnissen.

<u>RSV-Graph</u>

Aus den Ergebnissen der Kanten- und Bereichsanalyse wird eine relationale Datenstruktur aufgebaut. Sie besteht aus:

- Symbolen für Bereiche (<u>r</u>egions), Linien (<u>s</u>egments) und Endpunkte (<u>v</u>ertices)

- topologischen Beziehungen, die Bereiche mit Linien und Linien mit Endpunkten verbinden, sowie weiteren nützlichen Beziehungen (z.B. "umgibt")

- Eigenschaften von Bereichen, Linien und Endpunkten

Die Beschreibung mittels Eigenschaften kann nach Belieben ausgebaut werden. Im folgenden sind einige Beispiele genannt.

R: Ort, Farbe, Sättigung, Helligkeit, Textur, Größe, Form, Orientierung, Schwerpunkt, umschreibendes Rechteck

S: Ort, Länge, Kontrast, Flankensteilheit, Orientierung, Form

V: Ort, Typ, Orientierung

Der Rohbau der RSV-Struktur geht unmittelbar aus der Kanten- und Bereichsanalyse hervor. (Als Linie wird der Kantenverlauf zwischen zwei Endpunkten bezeichnet. Endpunkte sind Verzweigungen oder Enden von Kanten). Die Berechnung der vollständigen RSV-Struktur erfordert jedoch nichttriviale Verarbeitungsschritte, die noch nicht ausgereift sind und hier nur kurz angesprochen werden.

(i) Verschmelzen von Kanten und Bereichsgrenzen. Aus den konkurrierenden Ergebnissen der Kanten- und Bereichsanalyse wird ein konsistentes Ergebnis abgeleitet, indem die Konfidenzwerte von Kantenverläufen bei Übereinstimmung erhöht, andernfalls erniedrigt werden.

(ii) Anpassen von Geraden, Kreisbögen und Spline-Funktionen. Hierzu ist es einerseits erforderlich, Kanten an geeigneten Stellen aufzubrechen (z.B. an Stellen extremaler Krümmung). Andererseits müssen Kanten ggf. über Verzweigungspunkte hinweg verschmolzen werden (s. Abb. 5.5).

(iii) Anpassen von Dreiecken, Rechtecken, Kegelschnitten und Polygonen an Bereiche.
Analog zu (ii) müssen hier Bereiche ggf. geteilt werden (z.B. an Stellen, wo
eine Kante wegen mangelnden Kontrasts fehlt) oder verschmolzen werden (z.B. wo
eine Schattengrenze den Bereich geteilt hat).

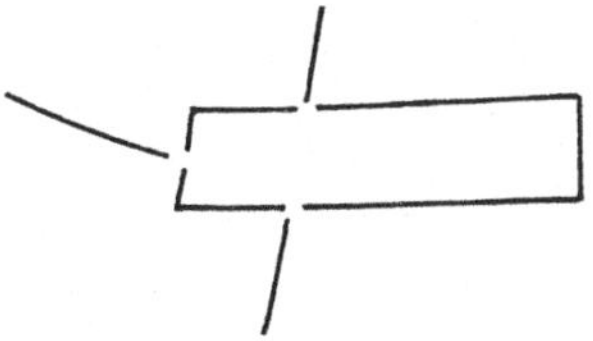

Abb. 5.5: Kantenverlauf vor Geradenanpassung

<u>Repräsentationsebenen</u>

Die RSV-Struktur stellt eine symbolische Bildbeschreibung auf niedrigster Ebene dar,
die durch einen reinen bottom-up Prozeß berechnet wird. Das Berechnen höherer
Repräsentationsformen, insbesondere das Erkennen von Objekten, erfolgt
modellgesteuert, d.h. unter Mitwirkung von Vorwissen über Szenen, Objekte und
Objektformen. Der Interpretationsprozeß besteht im wesentlichen darin, Verbindungen
zwischen prototypischen Beschreibungen ("Modellen" - hier stets in anderem Sinn
gebraucht als in HANSON und RISEMAN 78) und der Szenenbeschreibung ("Instanzen")
herzustellen.

Sowohl Modelle als auch Instanzen werden in einer Hierarchie von
Repräsentationsebenen mit nach oben hin zunehmendem Abstraktionsgrad dargestellt.
Vergleiche hierzu die in Abb. 1.4 gezeigten Repräsentationsebenen: Bereiche, Linien
und Endpunkte sind "Bildelemente", die darüberliegenden Ebenen entsprechen
"Szenenelementen". Objekte und Schemata sind Konzepte, die über eine
Formbeschreibung hinausgehen und Fragen der Wissensrepräsentation im allgemeinen
berühren. Auffällig ist die Mehrfachrepräsentation gewisser Dinge. Z.B. kann ein
Baum als Objekt, als Teil von Schemata sowie auch als ein eigenes Schema (nicht
gezeigt) beschrieben werden. Die jeweilige Rolle eines Baumes bestimmt die zu
erwartenden Eigenschaften und damit auch die Beschreibung auf darunterliegenden
Repräsentationsebenen.

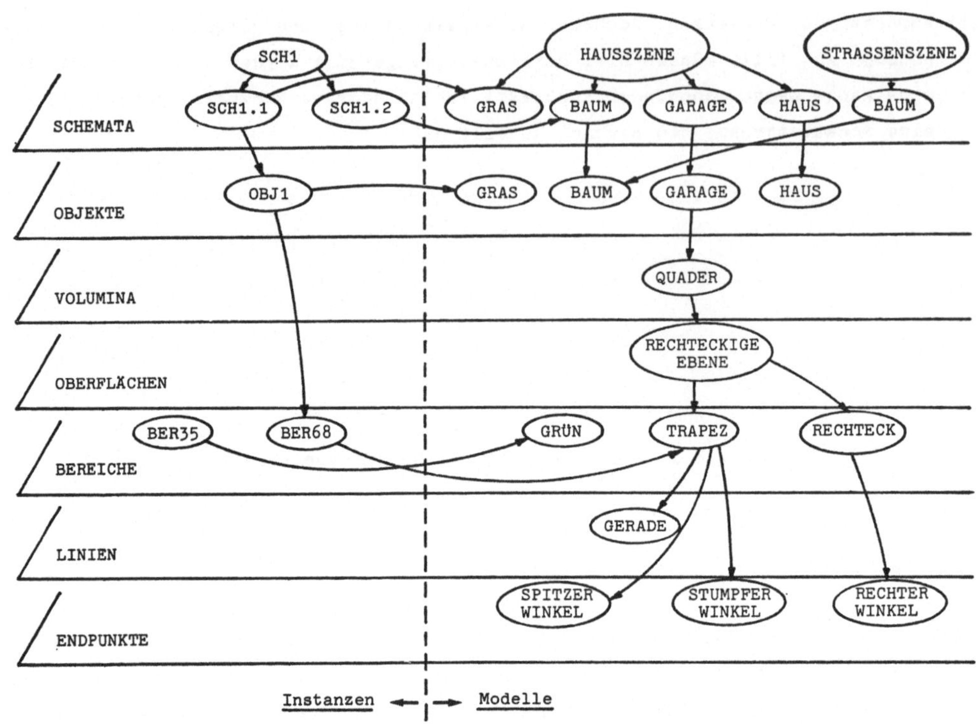

Abb. 5.6: Repräsentationsebenen in VISIONS

Prozesse

Die zwischen den Repräsentationsebenen vermittelnden Prozesse sind in Abb. 5.7 symbolisch dargestellt.

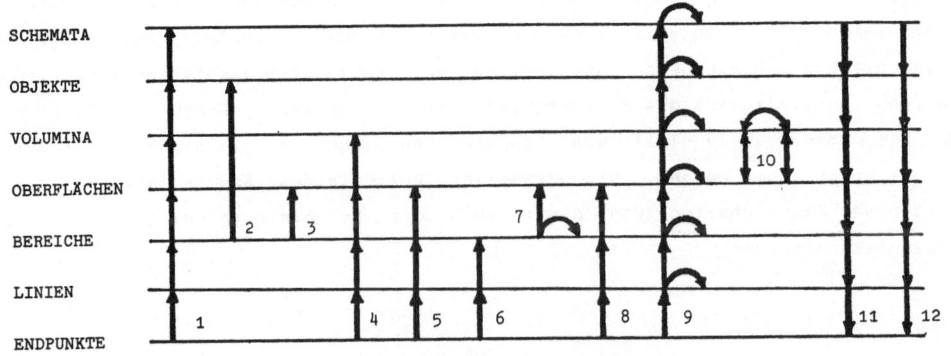

Abb. 5.7: Prozesse in VISIONS

Sie können sowohl Modelle als auch Instanzen betreffen. Z.B. kann die Projektion von 3D auf 2D sowohl zur Erzeugung von Modellansichten für bestimmte Betrachterstandpunkte als auch zur Überprüfung von 3D-Hypothesen über Bildelemente benutzt werden. Die Zahlen kennzeichnen folgende Prozesse:

1) Hypothesengenerierung mithilfe der Modellhierarchie
2) Objekthypothesen durch Eigenschaftsvergleich
3) Oberflächenneigung durch Texturanalyse
4) 3D-Rekonstruktion durch perspektivische Hinweise
5) Relative Abstände durch Verdeckung und Farbverschiebung
6) 2D-Formanalyse
7) Bereichsgrenzen und Oberflächenneigung aus Schattierung
8) Polyederflächen durch Endpunktanalyse
9) Konsistenzüberprüfung von Modellen und Instanzen
10) Konsistenzüberprüfung von 3D-Volumina
11) Vorhersage mithilfe gespeicherter Modelldaten
12) Vorhersage durch Rotation und Projektion von 3D-Modellen

Einige der Prozesse sind in VISIONS bereits erprobt worden, über andere liegen noch keine Ergebnisse vor (3, 7, 8, 9, 10).

<u>Suchbaum und Ablaufsteuerung</u>

Die meisten bottom-up Prozesse liefern kein eindeutiges Ergebnis, sondern führen zu alternativen Hypothesen. Z.B. generiert Prozeß 2 in der Regel zahlreiche Objekthypothesen, die den vorliegenden Eigenschaften entsprechen. Dieses grundlegende Charakteristikum des Interpretationsvorgangs hat entscheidende Konsequenzen für den Kontrollfluß: Alternativhypothesen induzieren einen Suchbaum und machen Backtracking erforderlich. Problemlösungsstrukturen dieser Art sind in der KI wohlbekannt, und viele KI-Programmiersprachen enthalten Mechanismen zum automatischen Backtracking. Dabei entsteht hier jedoch ein Effektivitätsproblem: Backtracking kann zum Verlust gültiger Teilergebnisse führen. Abb. 5.8 illustriert dies an einem Ausschnitt eines fiktiven Suchbaumes. Die Knoten des Suchbaumes sind mit den jeweils dazugewonnenen Teilergebnissen markiert. Der linke Zweig erweist sich als inkonsistent. Backtracking zur falschen Hypothese "BR35 ist Wasser" löscht gleichzeitig die richtige Hypothese "BR68 ist Haus" aus. Diese muß nach Aufstellen der Alternativhypothese "BR35 ist Himmel" neu berechnet werden.

In VISIONS wird der gesamte Suchraum aufbewahrt, und zwar mithilfe eines Kontextmechanismus, der zu jedem Knoten im Suchbaum die Änderungen gegenüber seinem Vorgänger abspeichert. Diese Maßnahme unterstützt auch das experimentelle Arbeiten, da die Suchhistorie zu jedem Zeitpunkt zur Verfügung steht.

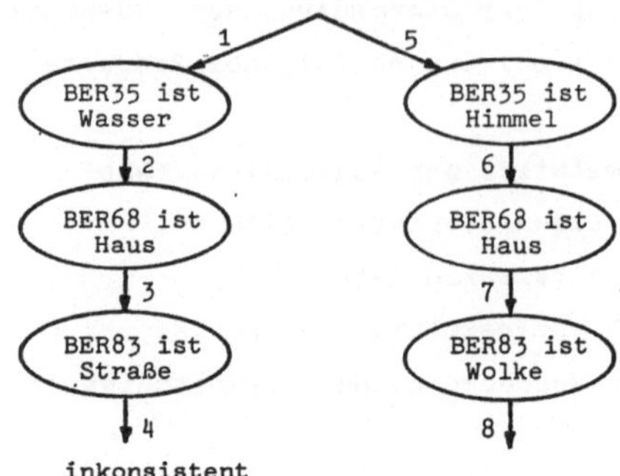

Abb. 5.8: Verlust gültiger Teilergebnisse beim Backtracking

Die Ablaufsteuerung bestimmt,

- welcher Knoten im Suchbaum expandiert werden soll
  (Wahl einer erfolgversprechenden Teilinterpretation),
- welche Repräsentationsebene innerhalb einer Teilinterpretation gewählt werden soll,
- welches Element der gewählten Repräsentationsebene bearbeitet werden soll.

Dieser Auswahlschritt wird "Focussieren" genannt und ist seinerseits eine von drei möglichen Aktionen:

- Focussieren (Auswahl eines Elementes)
- Expandieren (Generieren neuer Hypothesen)
- Verifizieren (von ungeprüften Hypothesen)

Somit ergibt sich die folgende hierarchische Modularisierung für die Ablaufsteuerung:

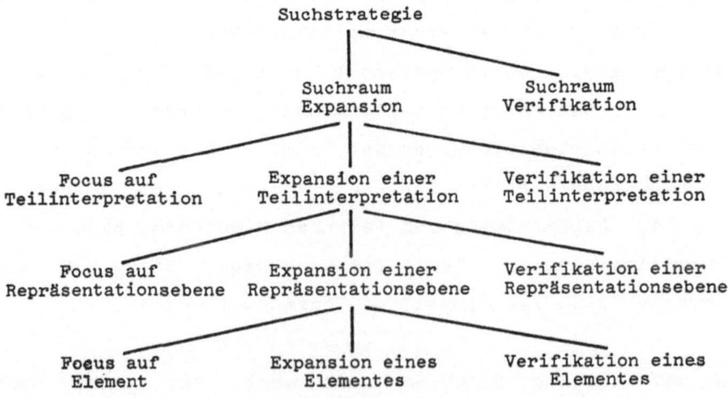

Die nicht-atomaren Moduln rufen ihre Söhne in der Reihenfolge von links nach rechts

auf.   Jedes der atomaren Moduln hat die Aufgabe, einen geeigneten Prozeß (aus dem in
Abb. 5.7 gezeigten Repertoire) auszuwählen und anzustoßen.   Ein   Aufruf   der
Suchstrategie kann z.B. folgenden Ablauf nach sich ziehen:

    1) Auswahl von Teilinterpretation TI47
    2) Auswahl der Bereichsebene
    3) Auswahl von BR35
    4) Erzeuge Objekthypothese durch Attributvergleich
    5) Verifiziere diese Hypothese
    6) Verifiziere die Bereichsstruktur
    7) Verifiziere die Teilinterpretation

Dies beendet die Darstellung des VISIONS-Systems. Zahlreiche Einzelheiten konnten aus
Platzgründen nicht angesprochen werden.   Hier muß auf die bereits   zitierten   Quellen
verwiesen werden.

5.2 MORIO

Das System MORIO ("Moving Rigid Objects") stellt einen Ansatz   zur   Bewegungsanalyse
von Bildfolgen dar.   Es ist ein weit weniger anspruchsvolles System als VISIONS,
gewissermaßen nur die Bewegungskomponente eines allgemeinen bildverstehenden Systems.
Wesentliche Teile sind in NAGEL 81 und DRESCHLER und NAGEL 81 beschrieben. Die
Aufgabe von MORIO besteht darin, Bildfolgen ohne domänenspezifisches Wissen zu
analysieren, insbesondere ohne Wissen über konkrete Objektformen. Es leistet daher
auch keine Objekterkennung im üblichen Sinn, sondern zielt lediglich auf eine
Beschreibung bewegter Szenenbestandteile ab (im folgenden "Objekte" genannt).

Die Komponenten des Systems lösen folgende Teilaufgaben:

- Entdecken und Verfolgen von Änderungsgebieten
- Extraktion markanter Punkte
- Korrespondenzbestimmung
- Gruppieren von Punkten zu Objektkandidaten
- Bewegungsstereo: Berechnen von 3D-Punktkoordinaten und 3D-Objekttrajektorien
- Ableiten einer volumetrischen Beschreibung

Experimentelle Ergebnisse wurden für Straßenszenen von 1 bis 5 Sekunden Dauer
vorgelegt.   Abb. 5.9 zeigt das erste und letzte Bild aus einer typischen Sequenz von
22 Bildern. Die Bildfolgen wurden mit einer Schwarzweiß-Fernsehkamera aufgenommen,
auf einer Analogplatte zwischengespeichert und mit einer Auflösung von 512 x 574 x 8
Bit je Bild verarbeitet.

Abb. 5.9: Erstes und letztes Bild einer Sequenz von 22 Bildern

Änderungsanalyse

Die Änderungsanalyse zielt darauf ab, Masken für diejenigen Bildbereiche zu ermitteln, die bewegte Objekte darstellen. Dazu wird jedes Halbbild in ein quadratisches Raster zerlegt. Die Quadrate ("Geopixel") bestehen jeweils aus 12 Rohpixeln. Für Geopixel aufeinanderfolgender Halbbilder wird nun mit einem Likelihood-Test geprüft, ob Bewegung vorliegt. Dies geschieht mit dem in 3.3 beschriebenen Yakimovsky-Kriterium, hier allerdings auf _zeitlich_ und nicht _örtlich_ benachbarte Bereiche angewandt. (Über eine Verbesserung des Verfahrens wird in NAGEL und REKERS 82 berichtet.)

Als "bewegt" klassifizierte Geopixel werden zu Änderungsgebieten zusammengefaßt, aus denen sich nach wenigen Halbbildern Objektmasken gewinnen lassen. Das Verfahren kann im allgemeinen keine genauen Objektkonturen liefern, da Schatten, verschwindender Kontrast und andere natürliche Störeffekte mit in die Änderungsanalyse eingehen. Für die nachfolgenden Schritte ist eine angenäherte Objektmaske jedoch ausreichend.

Extraktion markanter Punkte

Durch Verfolgen einzelner Punkte eines bewegten Objektes sollen quantitative Aussagen über seine 3D-Gestalt gewonnen werden. Voraussetzung dafür ist die Möglichkeit, _objektfeste_ Punkte _reproduzierbar_ zu lokalisieren. Dies wird in MORIO durch einen Operator angestrebt, der markante Punkte an Stellen extremaler Krümmung des Grauwertverlaufes setzt. Im Einzelnen werden folgende Schritte durchlaufen:

- Berechnen der Gauß-Krümmung für alle Pixel innerhalb einer Objektmaske. Dazu wird ein 5x5 Operator nach BEAUDET 78 verwendet.

- Bestimmen von Krümmungsextrema, Verfeinerung durch einen 3x3 Operator.

- Markanter Punkt liegt zwischen benachbartem Maximum und Minimum an der Stelle des Nulldurchgangs einer Hauptkrümmung (entspricht stärkster Grauwertänderung).

Nicht alle von diesem Verfahren gefundenen Punkte sind objektfest: Durch Schatten, Verdeckung (auch Selbstverdeckung), abgerundete Kanten, etc. können untaugliche Kandidaten entstehen. Diese müssen durch die nachfolgenden Prozesse ausgesondert werden.

Korrespondenzbestimmung

In diesem Verarbeitungsschritt wird festgestellt, welche markanten Punkte dasselbe Oberflächenelement eines bewegten Objektes beschreiben. Dazu dient ein ursprünglich von BARNARD und THOMPSON 80 vorgeschlagenes, von DRESCHLER 81 wesentlich verbessertes Relaxationsverfahren. Es versucht, die Punkte zweier aufeinanderfolgender Bilder so zu paaren, daß die bewegungsbedingten Verschiebungsvektoren (in der Bildebene) möglichst klein sind und sich möglichst wenig unterscheiden. Das Verfahren besteht aus folgenden Schritten:

A Paare alle Punkte aus einem Mild zur Zeit t mit Punkten aus t+1, wenn sie

   (i) denselben Typ haben (Grauwertecke oder -nische)
   (ii) nicht weiter als R' voneinander entfernt sind

   Berechne für jedes Paar eine Anfangskonfidenz durch Vergleich der 5x5 Punktumgebungen.

B Modifiziere die Konfidenz eines jeden Paares entsprechend seiner Konsistenz mit benachbarten Paaren im Umkreis von R". (Das Konsistenzkriterium ist umgekehrt proportional zum Differenzbetrag der Verschiebungsvektoren.)

C Führe ca. 10 Iterationszyklen von B durch. Wähle die Paare mit höchster Konfidenz als Ergebnis.

D Führe das Verfahren für t = 1,2 .. durch. Verkette die Ergebnisse. Eliminiere Ketten mit Länge < 4.

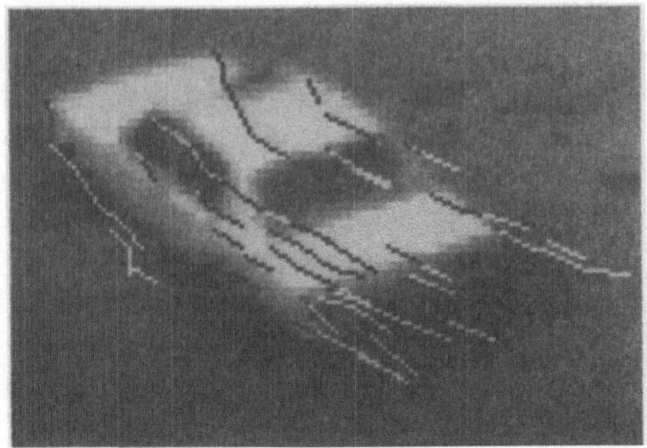

Abb. 5.10: Ketten korrespondierender Punkte

Bewegungsstereo

Ketten korrespondierender Punkte (Abb. 5.10) stellen die Ausgangsdaten für eine Bewegungsanalyse mithilfe der geometrischen Abbildungsgesetze dar. Das Verfahren ist in 4.1 für 5 Punkte in 2 Ansichten beschrieben worden. Bei den von MORIO analysierten Bildfolgen handelt es sich in der Regel um wesentlich mehr Punkte (z.B. 20) in wesentlich mehr Ansichten (z.B. 16). Es liegt damit ein extrem überbestimmtes Gleichungssystem vor, für das eine Lösung durch iterative Minimierung eines Fehlerquadrates gesucht wird (mithilfe der Davidon-Fletcher-Powell Methode). Als Ergebnis stehen 3D-Punktkoordinaten zur Verfügung (modulo einer Skalierung, die nicht automatisch bestimmbar ist).

Volumetrische Beschreibung

Durch die 3D-Punktkonfiguration ist natürlich noch keine vollständige räumliche Objektbeschreibung gegeben, denn es fehlt eine Spezifikation des Oberflächenverlaufes zwischen den Stützstellen. Es gibt mehrere Möglichkeiten, wie man diese Information gewinnen könnte (ohne Vorwissen über konkrete Objektformen heranzuziehen):

(i)   Annahme einer Standardoberfläche

(ii)   Auswerten der zeitveränderlichen Objektkontur

(iii)   Photometrische Methoden

In MORIO wurde zunächst der erste Weg beschritten: Als Standardoberfläche wird die konvexe Hülle der Stützstellen ausgegeben (Abb. 5.11).

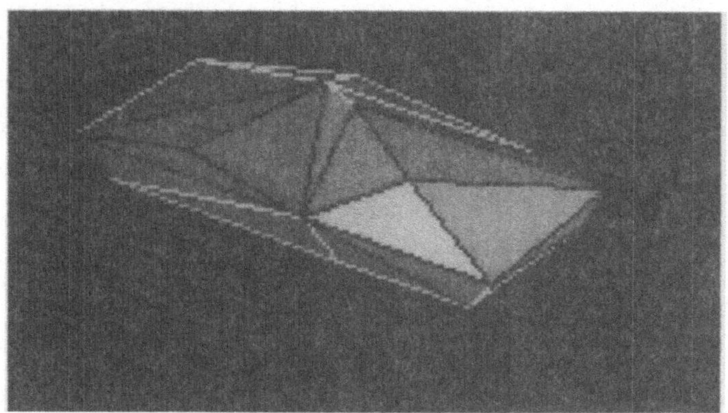

Abb. 5.11: Sichtbare Kanten der konvexen Hülle

Die Abweichungen von der tatsächlichen Oberfläche sind natürlich beträchtlich, da das Auto nicht konvex ist. Die Standardoberfläche ist inzwischen dahingehend verfeinert worden, daß auch nicht-konvexe Polyeder an die Stützstellen angepaßt werden können. Derzeit wird auch der dritte Ansatz verfolgt, bei dem es darum geht, einen gekrümmten Oberflächenverlauf aus den zeit- und ortsveränderlichen Bildintensitäten zwischen den Stützstellen zu berechnen (WESTPHAL und NAGEL 81).

Dies beschließt die Darstellung von MORIO. Das System ist - als ein Vehikel für Experimente - in laufender Weiterentwicklung begriffen, für viele seiner Komponenten gibt es auch alternative Verfahren (z.B. NEUMANN 80a, Radig 81). Die in MORIO zusammengefaßten Prozesse können in einem umfassenderen bildverstehenden System eine wichtige Rolle spielen, weil sie ohne domänenspezifisches Vorwissen 3D-Informationen über Objekte liefern und damit den kritischen Übergang zu einer betrachterunabhängigen Repräsentation (von "Bildelementen" zu "Szenenelementen" in Abb. 1.4) unterstützen. Darüberhinaus könnten die Prozesse von MORIO auch bei einem bisher nicht angesprochenen Problem eine Rolle spielen: dem Erlernen neuer Objektmodelle. Lernvorgänge beim Bildverstehen sind bisher nicht allgemein untersucht worden, allerdings finden sich im Bereich der Robotik einige Arbeiten, die das Lernen von Objektformen betreffen (z.B. MORAVEC 79).

5.3 Ausblick

Die beiden in den vorangehenden Abschnitten dargestellten Beispiele sind nur zwei von etwa zehn größeren Systemen, die im Zusammenhang mit Bildverstehen zu nennen sind. BINFORD 81 gibt einen ausgezeichneten Überblick über die verschiedenen Ansätze. Jedes der Systeme kann nur Bilder aus stark eingeschränkten Domänen "verstehen", obschon die Ansätze häufig auf breitere Anwendbarkeit abzielen. Es ist noch nicht

absehbar, wann es bildverstehende Systeme für größere Domänen geben wird. Zahlreiche
Probleme müssen gelöst werden, insbesondere die folgenden:

● Indentifizieren und Implementieren von Prozessen, die Beleuchtungskanten
  (Schatten), Orientierungskanten (Konturen) und Reflektionskanten (Farbgrenzen)
  unterscheiden.

● Modellieren und Nutzbarmachen von umfangreichem Weltwissen (typische Szenen,
  typische Objektkonfigurationen, Ereignisse, etc.).

● Beherrschen einer notwendigerweise komplexen Ablaufsteuerung, Einengen der
  Hypothesenflut bei bottom-up Prozessen.

● Spezielle Hardware, mit der auch rechenaufwendige Lösungsansätze (z.B. zur
  Interpretation von Bildfolgen) untersucht werden können.

Last not least sind Fortschritte von Sach- und Personalmitteln abhängig, aber auch
von dem Interesse und dem persönlichen Engagement, das diesem faszinierenden Gebiet
entgegengebracht wird. Es wäre erfreulich, wenn letzteres durch diesen Beitrag
gefördert wird.

LITERATURHINWEISE

Bücher

Aggarwal et al. 77
        Computer Methods in Image Analysis
        J.K. Aggarwal, R.O. Duda, und A. Rosenfeld (eds.)
        IEEE Press, 1977
Brady 82
        Computer Vision
        J.M. Brady (ed.)
        North-Holland 1982
Dodd und Rossol 79
        Computer-Vision and Sensor-Based Robots
        G.D. Dodd und L. Rossol (Eds.)
        Plenum, 1979
Duda und Hart 73
        Pattern Classification and Scene Analysis
        R.O. Duda und P.E. Hart
        Wiley-Interscience, 1973
Hall 79
        Computer Image Processing and Recognition
        E.L. Hall
        Academic, 1979
Hanson und Riseman 78a
        Computer Vision Systems
        A.R. Hanson und E.M. Riseman (eds.)
        Academic Press New York 1978

Kittler et al. 82
        Pattern Recognition Theory and Applications
        J. Kittler, K.S. Fu, und L.F. Pau (eds.)
        Reidel, 1982
Marr 81
        Vision
        D. Marr
        Freeman, 1981
Pavlidis 77
        Structural Pattern Recognition
        T. Pavlidis
        Springer, 1977
Rosenfeld und Kak 76
        Digital Picture Processing
        A. Rosenfeld an A.C. Kak
        Academic, 1976
Ullman 79
        The Interpretation of Visual Motion
        S. Ullman
        MIT Press, 1979
Winston 75
        The Psychology of Computer Vision
        P.H. Winston (ed.)
        McGraw-Hill, New York 1975
Winston und Brown 79
        Artificial Intelligence: An MIT Perspective, Vol. II
        P.H. Winston und R.H. Brown (eds.)
        MIT Press, 1979

(s. auch Sammelbände über KI im allgemeinen)

Tagungsbände

AAAI-80/81
        Annual National Conference on AI
        (American Association for Artificial Intelligence)
DAGM-78/79/80/81
        Jahrestagung der Deutschen Arbeitsgemeinschaft fur Mustererkennung
        Proc. als Informatik Fachberichte, Springer
IJCPR-72/74/76/78, ICPR-80/82
        International (Joint) Conference on Pattern Recognition
IJCAI-77/79/81
        International Joint Conference on Artificial Intelligence
IUW-77/78/79/80/81
        Image Understanding Workshop (USA)

Berichte

Barnard und Thompson 80
        Disparity Analysis of Images
        S.T. Barnard und W.B. Thompson
        IEEE-PAMI-2 (1980) 333-340
Barrow und Popplestone 71
        Relational Descriptions in Picture Processing
        H.G. Barrow und R.J. Popplestone
        Machine Intelligence 6 (B. Meltzer, D. Michie, eds.) University Press
        Edinburgh, 1971, 377-396
Barrow und Tenenbaum 78
        Recovering Intrinsic Scene Characteristics from Images
        H.G. Barrow und J.M. Tenenbaum

in: A.R. Hanson and E.M. Riseman (eds.), Computer Vision Systems, Academic,
1978, 3-26
Barrow und Tenenbaum 80
Interpretng Line-Drawings as Three-Dimensional Surfaces
H.G. Barrow und J.M. Tenenbaum
AAAI-80, 11-14
Barrow et al. 72
Some Techniques for Recognising Structures in Picutres
H.G. Barrow, A.P. Ambler, und R.M. Burstall
in: J.K. Aggarwal, R.O. Duda, and A. Rosenfeld (eds.), Computer Methods in
Image Analysis, IEEE Press, 1977, 397-425
Beaudet 78
Rotationally Invariant Image Operators
P.R. Beaudet
ICPR-78, 579-583
Binford 71
Visual Perception by Computer
T.O. Binford
presented to IEEE Conference on Systems and Control (Dec. 1971),
Miami/Florida
Binford 81
Survey of Model-Based Image Analysis Systems
T.O. Binford
in B. Radig (Hrsg.), Modelle und Strukturen 4. DAGM Symposium Hamburg 6.-8.
Oktober 1981 Informatik Fachberichte 49, p. 158 Springer Verlag,
Berlin-Heidelberg-New York 1981
Bobrow und Winograd
An Overview of KRL, a Knowledge Representation Language
D.G. Bobrow und T. Winograd
Cognitive Science, 1, 1 (1977) 3-46
Brady 82
Artificial Intelligence Approaches to Image Understanding
J.M. Brady
in: J.M. Brady (ed.), Computer Vision, North-Holland 1982, 205-264
Brooks 81
Model-Based Three Dimensional Interpretations of Two Dimensional Images
R.A. Brooks
IJCAI-81, 619-624
Brooks und Binford 80
Interpretive Vision and Restriction Graphs
R.A. Brooks und T.O. Binford
AAAI-80, 21-27
Dreschler 81
Ermittlung markanter Punkte auf den Bildern bewegter Objekte und Berechnung
einer 3D-Beschreibung auf dieser Grundlage
L. Dreschler
Dissertation, Fachbereich Informatik, Universität Hamburg, 1981
Dreschler und Nagel 81
Volumetric Model and 3D-Trajectory of a Moving Car Derived from Monocular
TV-Frame Sequences of a Street Scene
L. Dreschler und H.-H. Nagel
IJCAI-81, 692-697
Duda und Hart 72
Use of the Hough-Transformation to Detect Lines and Curves in Pictures
R.O. Duda und P.E. Hart
in: J.K. Aggarwal, R.O. Duda, and A. Rosenfeld (eds.), Computer Methods in
Image Analysis, IEEE Press, 1977, 204-208
Hanson und Riseman 78a
VISIONS: A Computer System for Interpreting Scenes
A.R. Hanson und E.M. Riseman
in: A.R. Hanson and E.M. Riseman (eds.), Computer Vision Systems, Academic,
1978, 303-334

Hanson und Riseman 78b
        Segmentation of Natural Scenes
        A.R. Hanson und E.M. Riseman
        in: Computer Vision Systems A.R. Hanson and E.M. Riseman (eds.) Academic
        Press, New York/NY 1978, 129-163
Haralick 78
        Scene Analysis, Arrangements and Homomorphisms
        R.M. Haralick
        in: A.R. Hanson and E.M. Riseman (eds.), Computer Vision Systems, Academic,
        1978, 199-212
Horn 75
        Obtaining Shape from Shading Information
        B.K.P. Horn
        in: P.H. Winston (ed.), The Psychology of Computer Vision, McGraw-Hill, 1975,
        115-156
Horn und Schunck 81
        Determining Optical Flow
        B.K.P. Horn und B.G. Schunck
        Artificial Intelligence 17 (1981) 185-203
Horowitz und Pavlidis 76
        Picture Segmentation by a Tree Traversal Algorithm
        S.L. Horowitz und T. Pavlidis
        JACM-23 (1976) 368-388
Jain und Nagel 79
        On the Analysis of Accumulative Difference Pictures from Image Sequences of
        Real World Scenes
        R. Jain und H.-H. Nagel
        IEEE Trans. Pattern Analysis and Machine Intelligence PAMI-1 (1979) 206-214
Kanade 78
        Region Segmentation: Signal vs. Semantics
        T. Kanade
        IJCPR-78, 95-105
Lowe und Binford 81
        The Interpretation of Three-Dimensional Structure from Image Curves
        D.G. Lowe und T.O. Binford
        IJCAI-81, 613-618
Marr 76
        Early Processing of Visual Information
        D. Marr
        Phil. Trans. R. Soc. London, B275 (1976) 483-524
Marr 77
        Analysis of Occluding Contours
        D. Marr
        Proc. R. Soc. London, B197 (1977) 441-475
Marr 78
        Representing Visual Information - a Computational Approach
        D. Marr
        in: Hanson and Riseman 78, 61-80
Marr und Hildreth 80
        Theory of Edge Detection
        D. Marr und E. Hildreth
        Proc. R. Soc. London, B207 (1980) 187-217
Marr und Nishihara 78
        Representation and Recognition of the Spatial Organization of Three
        Dimensional Shapes
        D. Marr, H.K. Nishihara
        Proc. Royal Society B 200 (1978) 269-294
Marr und Poggio 79
        A Theory of Human Stereo Vision
        D. Marr und T. Poggio
        Proc. R. Soc. London, B204 (1979) 301-328

Moravec 79
        Visual Mapping by a Robot Rover
        H.P. Moravec
        IJCAI-79, 598-600
Nagel 76
        Experiences with Yakimovsky's Algorithm for Boundary and Object Detection in
        Real World Images
        H.-H. Nagel
        IJCPR-76, 753-758
Nagel 79
        Ueber die Repräsentation von Wissen zur Auswertung von Bildern
        H.-H. Nagel
        in: Angewandte Szenenanalyse, J.P. Foith (ed.) Informatik Fachberichte 20,
        3-21 Springer Verlag, Berlin-Heidelberg-New York 1979
Nagel 80
        From Digital Picture Processing to Image Analysis
        H.-H. Nagel
        Proc. International Conference on Image Analysis and Processing, V. Cantoni
        (ed.) Pavia/Italy, October 22-24, 1980, 27-40
Nagel 81
        Representation of Moving Rigid Objects Based on Visual Observations
        H.-H. Nagel
        IEEE Computer 14, No. 8 (August 1981) 29-39
Nagel und Neumann 81
        On 3D Reconstruction from Two Perspective Views
        H.-H. Nagel und B. Neumann
        IJCAI-81, 661-663
Nagel und Rekers 82
        Moving Object Masks Based on an Improved Likelihood Test
        H.-H. Nagel und G. Rekers
        ICPR-82 (to appear)
Neumann 80a
        Motion Analysis of Image Sequences for Object Grouping and Reconstruction
        B. Neumann
        ICPR-80, 1262-1265
Neumann 80b
        Exploiting Image Formation Knowledge for Motion Analysis
        B. Neumann
        IEEE-PAMI-2 (1980) 550-554
Neumann 82
        Towards Natural Language Description of Real-World Image Sequences
        B. Neumann
        GI - 12. Jahrestagung, Informatik Fachberichte, Springer 1982 (to appear)
Neumann und Radig 79
        Strategien zur Analyse von Szenen mit Bewegung
        B. Neumann und B. Radig
        4. Arbeitstagung der GI-Fachgruppe für Künstliche Intelligenz, Bad Honnef
        (1979), Proc. als Bericht des Inst. f. Informatik, Universität Bonn
Nishihara und Larson 81
        Toward a Real-Time Implementation of the Marr-Poggio Stereo Matcher
        H.K. Nishihara und N.G. Larson
        IUW-81, (1981) 114-120
Ohlander 75
        Analysis of Natural Scenes
        R.B. Ohlander
        Ph.D. Thesis, Comp.Sc. Dept., Carnegie-Mellon Univ., Pittsburgh/Pa., April
        1975
Parma et al. 81
        Experiments in Schema-Driven Interpretation of a Natural Scene
        C. Parma, A.R. Hanson, und E.M. Riseman
        in J.C. Simon and R.M. Haralick (eds.) Digital Image Processing 449-509 D.
        Reidel Publishing Company Dordrecht/Holland, Boston/MA 1981

Radig 81
        Image Region Extraction of Moving Objects
        B.M. Radig
        in Image Sequence Analysis, 311-354 T.S. Huang (ed.) Springer Verlag
        Berlin-Heidelberg-New York 1981
Roberts 65
        Machine Perception of Three-Dimensional Solids
        L. G. Roberts
        in: Optical and Electro-Optical Information Processing (Tippet et al., eds.)
        MIT Press, Cambridge/MA, 1965, 159-197
Rosenfeld et al. 76
        Scene Labelling by Relaxation Operations
        A. Rosenfeld, R.A. Hummel, und S.W. Zucker
        IEEE-SMC-6 (Trans. Syst., Man and Cyb.) 420-433
Selfridge 55
        Pattern Recognition and Modern Computers
        O.G. Selfridge
        Western Joint Comp. Conf. 1955, 91-93
Silver 80
        Determining Shape and Reflectance Using Multiple Images
        W.M. Silver
        MIT-AIM, 1980
Tenenbaum und Barrow 77
        Experiments in Interpretation Guided Segmentation
        J.M. Tenenbaum und H.G. Barrow
        Artificial Intelligence 8 (1977), 241-275
Ullman 79
        The Interpretation of Visual Motion
        S. Ullman
        The MIT Press, Cambridge/Mass., 1979
Wertheimer 45
        Productive Thinking
        M. Wertheimer
        Harper/Row, New York, 1945
Westphal und Nagel 81
        Zur Ermittlung gekrümmter Oberflächen bewegter Objekte aus Bildfolgen
        H. Westphal und H.-H. Nagel
        DAGM-81, Springer, (1981) 123-129
Yakimovsky 76
        Boundary and Object Detection in Real World Images
        Y. Yakimovsky
        J. ACM 23 (1976) 599-618
Yakimovsky und Feldman 73
        A Semantics-Based Decision Theory Region Analyzer
        Y. Yakimovsky und J.A. Feldman
        IJCAI-73, 580-588

ROBOTERTECHNOLOGIE

J. Foith †
Universität Kaiserslautern

Vorbemerkung

Die Niederschrift seiner Vorlesung konnte Herr Foith nicht mehr selbst durchführen. Der folgende Text ist eine Ausarbeitung der Mitschriften von H.P. Christmann und K.H. Döppler, Kaiserslautern, an der W. Bibel, München, H.P. Christmann und B. Neumann, Hamburg, mitgewirkt haben.[*] Dabei wurden im wesentlichen die notierten Stichpunkte in einen zusammenhängenden Text eingebettet, um so wenigstens den inhaltlichen Rahmen erkennbar zu machen. Einige der Figuren sind mit freundlicher Genehmigung des Vogel-Verlages dem Buch /Blume und Dillmann '81/ entnommen.

[*]Herrn G. Hirzinger, Oberpfaffenhofen, sei für Anregungen gedankt.

Inhalt

Einleitung

Weltweit und in rapide steigendem Maße werden programmierbare Roboter in der Industrieproduktion miteingesetzt. Ihre Gesamtzahl (im Jahre 1982) wird auf ca. 24000 geschätzt, wovon 60% allein auf Japan (und nur 6% auf die BR Deutschland) entfallen. Japanische Firmen haben im Jahre 1980 Roboter im Wert von 500 Mill. DM hergestellt. Es läßt sich absehen, daß 1985 die vergleichbare Zahl bei 2,5 Mrd. DM liegen wird. Diese Zahlen deuten an, daß die Produktion und der Einsatz von Robotern von außerordentlicher wirschaftlicher Bedeutung sind.

Ein Roboter, was ist das eigentlich; was etwa unterscheidet ihn von einer Maschine herkömmlicher Bauart? Tatsächlich ist eine solche Unterscheidung nicht exakt angebbar, da die Grenzen fließend sind. Betrachtet man einen Roboter als ein aus zahlreichen Teilsystemen zusammengesetztes und zusammenwirkendes Gesamtsystem, so ist es der (hohe) Grad an Komplexität in diesem System, der einen Roboter etwa vor einer herkömmlichen Steuerungsmaschine auszeichnet. Abgesehen von diesem Komplexitätsmerkmal ist ein Roboter durch die folgenden 3 in ihm unterscheidbaren Teilsysteme charakterisiert:

  (i) Er verfügt über ein mechanisches Konstrukt, zu dem insbesondere ein **Effektor** gehört.

 (ii) Er enthält **Steuer-** und **Regel**einheiten.

(iii) Er ist mit **Sensoren** ausgestattet.

Die Wirkungsweise eines Roboters in der ihn umgebenden Welt läßt sich dementsprechend durch das folgende Bild veranschaulichen.

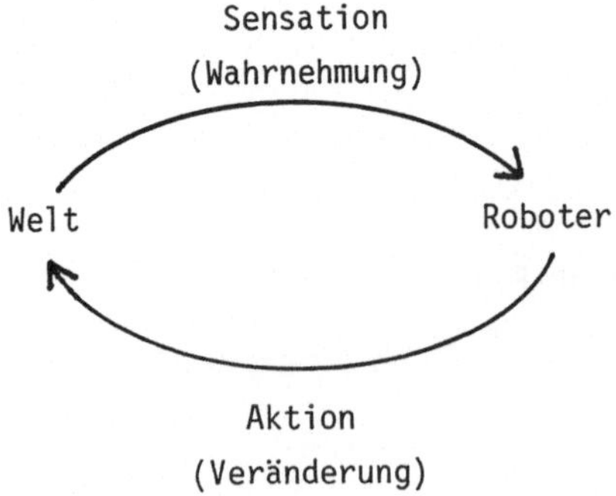

Beim Einsatz kommt es letztlich auf die vom Effektor ausgeführten **Aktionen** (z.B. das Greifen eines Werkstücks) an. Dabei unterscheidet man 2 Grundtypen von Aktionen:

(i) <u>innengesteuerte</u> Aktionen, engl. "goal driven actions" (z.B. das Lackieren von
   Autokarosserien, das nach einem festen Programm abläuft)

(ii) <u>außengesteuerte</u> Aktionen, engl. "event driven actions" (z.B. das Aufnehmen eines
   Werkstücks vom Fließband und anschließende Beschicken einer Maschine).

Eine Aktion kann aus einer Folge primitiverer Teilaktionen bestehen (z.B. ein
Greifvorgang aus Positionieren und Zugreifen). Die Folge kann sich jedoch auch
verzweigen in Teilfolgen, die möglicherweise in Wechselwirkung miteinander stehen
(z.B. beim Greifen mit 2 Händen). Bei außengesteuerten Aktionen können auch die
einzelnen Teilfolgen von sensorischen Informationen abhängen. Das Zerlegen einer
Aktion in Teilaktionen wird im Abschnitt 3 an einem Beispiel weiter erläutert.

1. Historie

Das Wort "Roboter" wurde 1920 durch den Czechischen Dramatiker K. Čapek in seinem
Stück "R.U.R." ("Rossum's Universal Robots") kreiert. Es leitet sich von dem
Czechischen Wort "robota", deutsch "schwer arbeiten", ab. Automaten, insbesondere
solche, die menschen- oder tierähnliche Fähigkeiten simulieren, haben die menschliche
Phantasie und Erfindungskraft schon Jahrtausende vorher beflügelt. Die folgenden
Beispiele sollen dies belegen, wobei hinsichtlich der Details und anderer Beispiele
auf /Cohen '66/ und /Foith '81/ verwiesen wird.

Eine hölzerne Taube soll bereits vom Griechen Archytas (400-350 v.Chr.) konstruiert
worden sein. Aus China wird von einem mechanischen Orchester (3. Jhrh. v.Chr.)
berichtet. Der griechische Mathematiker und Mechaniker Heron von Alexandrien
(1. Jhrh. v.Chr.) soll Vögel gebaut haben, die zwitschern, trinken und fliegen
konnten. Aus dem Mittelalter sind der "talking head" des Engländers R. Bacon
(1214-1292) und der "eiserne Mann" des Deutschen Albertus Magnus (ca. 1193-1280) zu
erwähnen. Vom Italiener G. Torrino (16. Jhrh.) ist eine Mandolinen spielende Dame
erhalten. Im 18. Jhrh. schuf der Franzose J. de Vaucanson einen Flötenspieler, der
ein Dutzend Lieder spielen konnte. Die Schweizer P. und H.-L. Jaquet-Droz (Vater und
Sohn) bauten Figuren, die schreiben, zeichnen oder Musikinstrumente spielen konnten.
Einer der erstaunlichsten "Automaten", nämlich der Schachspieler des Baron W. von
Kempelen (18. Jhrh.), stellte sich jedoch als schlichter Betrug heraus, da er von
einem Menschen gesteuert wurde.

Mögen die Schöpfer dieser Konstrukte bisweilen auch von weiterreichenden Motiven
angespornt gewesen sein, so erschöpfte sich ihre Anwendung doch weitgehend auf die
des Amusements. Dies ist bei modernen Industrierobotern natürlich nicht so. Ihre
Entwicklung läßt sich auf die folgenden beiden Wurzeln zurückführen:

(i) Telemanipulatoren (von Menschen in Fernbedienungstechnik direkt gesteuerte
    Handhabungsgeräte, etwa zur Manipulation von radioaktivem Material)

(ii) NC-Maschinen (numerisch gesteuert, engl. "numerically controlled").

Wichtige Daten dieser Entwicklung sind in der folgenden Liste zusammengefaßt.

ab 1945 Telemanipulatoren
   1947 Servoregelung an Telemanipulatoren
   1948 Kraftrückkopplung an Telemanipulatoren
ab 1950 NC-Maschinen
   1950 NC-Fräsmaschine (MIT)
         "Pic and Place" Roboter
   1956 Patent auf "Unimate"-Roboter (MIT)
ab 1961 Außengesteuerte Roboter (alle bisher genannten sind innengesteuert)
   1961 Kopplung von taktilem Sensor mit Telemanipulator und Computer
   1963 Einbeziehung von Bildauswertung (Roberts: Szenenanalyse der blocks world)
   1967 Steuerung von Greifvorgängen durch optische Rückkopplung
   1970 Lösung des "instant insanity" Puzzle durch ein Stanford hand-eye System
         Einbeziehung von Planungsprozessen beim Robotvehikel "Shakey" (SRI)
   1972 WAVE-Roboter mit 2 Armen, TV-Kamera, Positions- und Momentsensoren.
         Alle Daten werden in einem Weltmodell integriert (Stanford Univ.)
   1973 SIRCH-Montage von flachen Teilen durch Auswertung von Binärbildern
         (Univ. Nottingham)
   1974 Entwicklung der Roboter-Kontrollsprache AL - "Assembly Language"
         (Stanford Univ.)
   1975 "Freddy" - Sortieren und Montage von Teilen zu Spielobjekten
         (Univ. Edinburgh)

Die Roboterentwicklung hat sich weitgehend unabhängig von der Forschung im Gebiet
"Künstliche Intelligenz" (KI) vollzogen. Insbesondere haben NC-Maschinen mit KI so
gut wie nichts gemein. Erst um 1970 sind echte KI-Mechanismen in Roboter einbezogen
worden (z.B. bei Shakey). In der heutigen industriellen Produktion umgeht man noch
komplizierte KI-Aspekte, indem man die Umwelt robotergerecht gestaltet, d.h. die
Randbedingungen so vereinfacht, daß intelligentes Verhalten überflüssig wird. Die
Erfüllung geeigneter Randbedingungen ist jedoch mit hohen Investitionskosten
verbunden, die sich mit "intelligenteren" Robotern vermeiden ließen, da diese sich
wechselnden Randbedingungen anpassen könnten. Aus diesem Grunde haben sich besonders
in letzter Zeit von der Roboterentwicklung her Anstöße an die KI-Forschung ergeben.

2. Anwendungen von Robotern

Roboter werden in den verschiedensten Bereichen zu mannigfaltigen Tätigkeiten eingesetzt. Zum Standard gehören etwa die Manipulation von Werkstücken und die Handhabung von Werkzeugen in der industriellen Fertigung. Beispiele für das erstere sind das Beschicken bzw. Entschicken von Maschinen (z.B. Stanzmaschinen) sowie das Sortieren und Palettieren von Werkstücken; Beispiele für die Handhabung von Werkzeugen sind das Schweißen (z.B. von Autokarosserieteilen), das Lackieren (z.B. von Autokarosserien) und das Bohren, Entgraten, Schleifen und Schmieden von Werkteilen. Jedoch reichen die Anwendungen bereits bis hin zur partiellen Versorgung von Kranken am Krankenbett oder zur partiellen Unterstützung von Behinderten.

Im letzten Abschnitt wurde auf die heute noch nötige Vereinfachung der Randbedingungen beim Einsatz von Robotern hingewiesen. Dies bedingt wesentliche Unterschiede in den Arbeitsplatzprofilen von Menschen einerseits und Robotern andererseits. Am Beispiel eines Arbeitsplatzes am Montageband soll dies verdeutlicht werden.

Der Mensch greift sich das nötige Teil aus einer Kiste; dem Roboter werden die Teile einzeln auf dem Förderband, oft in fester Position zugeführt. Der Mensch kann das Teil auf irgendwelche Mängel hin inspizieren; heutige Roboter könnten nur gröbste Mängel bemerken. Der Mensch ist dem Roboter hinsichtlich einer intelligenten Handhabung und Bearbeitung weit überlegen; beim Roboter muß alles nach genau fixiertem Plan ablaufen. Der Mensch legt die Teile nach ihrer Bearbeitung mit eigener Überlegung in die Kiste ab, während für den Roboter spezielle und fest positionierte Ablagen bereitgestellt werden. Im Gegensatz zum Roboter kann sich der Mensch z.B. auch um die Wartungsaufgaben der eingesetzten Werkzeuge und Maschinen (sogar nach Bedarf) kümmern.

Bei dieser Gegenüberstellung ist allerdings zu bedenken, daß sich diese Unterschiede mit zunehmender technischer Entwicklung noch wesentlich verringern werden. Zudem hätte man in einer eingehenderen Untersuchung auch psychische und soziale Faktoren miteinzubeziehen.

3. Ablauf einer Aktion

In der Einleitung wurde der Begriff der Aktion eingeführt. In diesem Abschnitt wollen wir uns den Ablauf einer solchen Aktion etwas genauer ansehen. Als illustrierendes Beispiel diene der Zusammenbau einer Pumpe, die aus Gehäuse, Deckel und Verbindungsschraue besteht. Ein einarmiger Roboter soll diese Teile zusammenfügen.

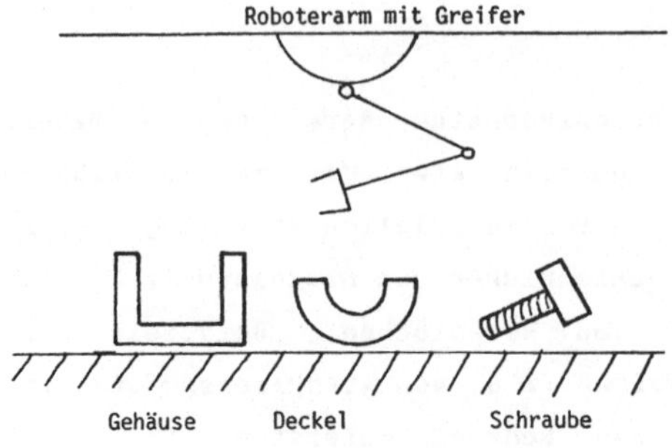

Figur 1: Szenario zur Pumpenmontage

Zur Montage wird man erst den Deckel auf das Gehäuse setzen (PUT), dann die Schraube einführen (FIT) und festdrehen (FAST). Die Folge dieser drei Aktionen bildet den **Aktionsplan**. Jede einzelne davon läßt sich selbst weiter in primitive Aktionen unterteilen (vgl. Einleitung). Die folgende Aufstellung gibt eine solche Unterteilung an.

```
PUT:    PICK     "Greife den Deckel"
        MOVE     "Bewege den Deckel zum Gehäuse"
        DEPOSIT  "Lege den Deckel ab"


FIT:    PICK     "Greife die Schraube"
        MOVE     "Bewege die Schraube zum Loch"
        INSERT   "Stecke die Schraube ein"


FAST:   FAST     "Drehe bis zum Anschlag"
```

Eine Primitivaktion umfaßt die Bestimmung der Position und des Zustandes des Roboters (Roboterrepräsentation) und der Gegenstände (Weltrepräsentation). Erst nach der Verarbeitung dieser Daten kann die eigentliche Aktion vorberechnet und ausgeführt werden. Dies wird durch die folgenden Zerlegungen in Detailbefehle verdeutlicht.

```
    PICK:  HAND-WHERE?     (Bestimmung von Position und Orientierung
                            des Robotergreifers)
           HAND-EMPTY?     (Zustandsbestimmung des Robotergreifers)
           PIECE-WHERE?    (Positionsbestimmung des zu greifenden Teils)
           PIECE-CLEAR?    (Zustandsbestimmung des Teils - es könnte
                            etwa ein weiteres Teil darüber liegen)
           GRIP-POINT?     (Berechnung des Greifpunktes und der Bahn dorthin)
           GRASP!          (Bewegung des Greifers zum Greifpunkt und Zugriff)
```

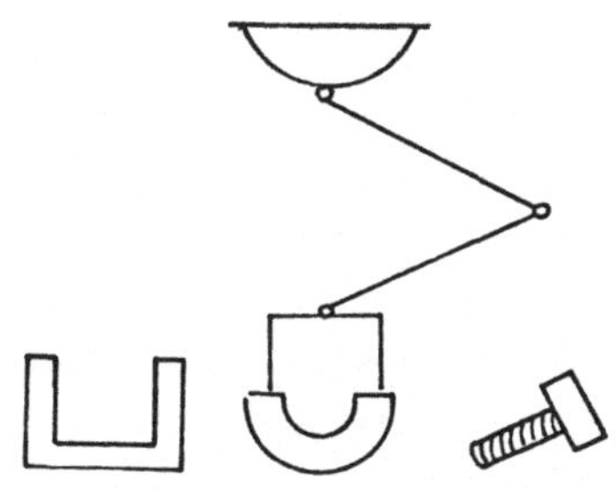

```
MOVE:      TRAJECTORY-BEGIN!      (Der Greifer wird entlang einer Trajektorie bewegt,
                                   d.h. entlang der Bewegungsbahn, die sich aus
                                   der Lage der Teile und dem Aktionsplan ergibt)
           COLLISION?             (Bei der Berechnung muß zur Vermeidung von
                                   Kollisionen die Lage jedes Teils der Szenerie
                                   mitberücksichtigt werden)
           TRAJECTORY-END!        (Abschluß der Bewegung des Greifers)
```

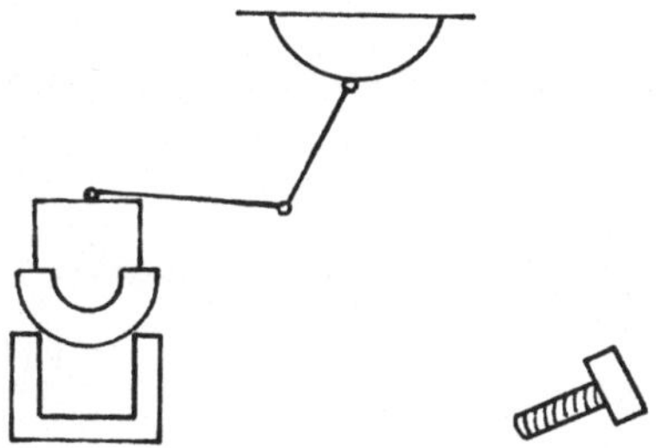

```
DEPOSIT:   CLEAR-TOP?     (Auf dem Gehäuse darf nichts anderes liegen)
           ALIGN!         (Feinpositionierung des Greifers)
           SET-DOWN!      (Ablegen des Deckels auf dem Gehäuse,
                           Lösen des Griffs und Heben des Greifers)
```

Die Reihenfolge dieser Zerlegung entspricht offensichtlich nicht der gewünschten chronologischen Abfolge. So muß z.B. beim Greifen des Deckels bereits das Ablegen mitbedacht werden, sonst könnte es passieren, daß der Deckel mit der falschen Seite auf das Gehäuse aufgesetzt würde - wie in den beiden Skizzen angedeutet. Dies zeigt auch, daß die einzelnen Primitivaktionen i.a. keineswegs voneinander unabhängig sind.

4. Die Mechanik von Robotern

Die grobe Skizze des Ablaufs einer Aktion, die im letzten Abschnitt gegeben wurde, soll im folgenden weitergehend detailliert werden, und zwar gegliedert nach den in der Einleitung genannten 3 charakterisierenden Teilsystemen. Wir beginnen in diesem Abschnitt mit dem mechanischen Teilsystem und besprechen die Sensoren und die Steuerung in den folgenden beiden Abschnitten.

4.1. Bewegungsaufbau

Ein Roboter ist ein 3-dimensionales Gebilde. Die Bewegung seiner Teile läßt sich auffassen als eine Kombination von Bewegungen relativ zu gedachten (jedoch durch die Konstruktion meist nahegelegten) räumlichen Achsen. Dabei hat man zu unterscheiden zwischen

(i) translatorischen Achsen oder T-Achsen, längs derer eine Verschiebung durchgeführt werden kann, und

(ii) rotatorischen Achsen oder R-Achsen, um die eine Drehung ausgeführt werden kann.

Figur 2 zeigt vier Grundkonfigurationen von Manipulatoren, jede mit drei Bewegungsachsen.

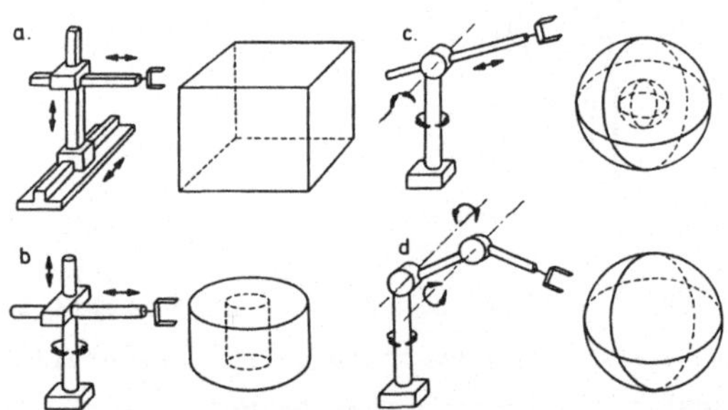

Grundkonfigurationen von Manipulatoren mit jeweils drei Freiheitsgraden
a) Manipulator mit kartesischem Arbeitsraum
b) Manipulator mit zylindrischem Arbeitsraum (Hohlzylinder)
c) Manipulator mit kugelförmigem Arbeitsraum (Hohlkugel)
d) Manipulator mit kugelförmigem Arbeitsraum (Vollkugel)

Figur 2

Die Teilfigur (a) zeigt eine Konfiguration mit drei T-Achsen. Sie erlaubt eine Verschiebung des Effektors (Greifers) zwischen beliebigen Punkten des Innenraumes eines Quaders, wie er daneben eingezeichnet ist. Seine Ausmaße sind durch die Achsenlängen bestimmt. Man spricht vom __Arbeitsraum__ eines Roboters, der in diesem

Fall also ein Vollquader ist. Manipulatoren dieser Konfiguration nennt man kartesische Roboter. Sie eignen sich in gewissen Fällen zur Bestückung von Maschinen.

In der mathematischen Verallgemeinerung dieser Konfiguration auf unbeschränkte Achsenlängen läßt sich offensichtlich jede Translation zwischen beliebigen Punkten des Raumes durchführen, wobei sich aber die Lage des Effektors (d.h. seine Ausrichtung) nie ändern kann. Eine völlig unbeschränkte Bewegungsfreiheit ergäbe sich erst, wenn jede der drei T-Achsen in (a) zugleich R-Achse wäre; dann könnte man den Effektor nicht nur an jeden beliebigen Ort verschieben, sondern ihn dort (oder auf dem Wege dorthin) auch in jede beliebige Lage (Orientierung) drehen. Völlige Bewegungsfreiheit ist also durch 6 <u>Freiheitsgrade</u> (3 translatorische und 3 rotatorische) charakterisiert. Technisch läßt sie sich jedoch nicht auf die soeben beschriebene (mathematische) Weise realisieren, weil der Roboter nicht im Raum frei schweben kann, sondern auf einer fest verankerten Basis operieren muß. Daher werden in der Praxis weitere Freiheitsgrade durch Kombination z.B. der in Figur 2 gezeigten Bewegungsachsen realisiert.

So zeigt die Teilfigur (b) einen Manipulator mit 1R-2T-Achsen, dessen Arbeitsraum ein Hohlzylinder ist ("zylindrischer Roboter"). In (c) sind 2R-1T-Achsen realisiert mit einem hohlkugelförmigen Arbeitsraum. Der Manipulator in (d) schließlich hat 3R-Achsen (und keine T-Achse) mit einem (voll)kugelförmigen Arbeitsraum.

Typisch für heutige Industrieroboter sind insgesamt 5 bis 7 solcher (und weiterer) Achsen. Man beachte in diesen Bildern auch die Analogien mit dem menschlichen Arm (Schulter-, Ellenbogen- und Handgelenk).

4.2. Anforderungen

Je nach Einsatz eines Roboters werden hohe Anforderungen an seine mechanische <u>Stabilität</u> (beim Manipulieren von schweren Teilen), an seine Genauigkeit bei der Positionierung (z.B. auf $\pm$ 1 mm), sowie an seine <u>Ausfallsicherheit</u> ("fail safe", "graceful degradation") gestellt. Letzteres beinhaltet auch ein Verhindern von unkontrollierten Reaktionen - wie denn Fallenlassen eines schweren Teils - bei Ausfällen etwa in der Steuerung. Auf die damit zusammenhängenden Spezialprobleme können wir hier nicht eingehen.

Von prinzipiellem Interesse sind Probleme, die mit der Berechnung der Trajektorien zusammenhängen. Sie beinhalten die Auswahl geeigneter Koordinatensysteme zur Positionsbestimmung des Effektors und der Gegenstände in der Umwelt, sowie Transformationen zwischen solchen Systemen.

4.3. Positionsbestimmung des Effektors

Beginnen wir mit einer 2-dimensionalen Konfiguration eines Greifers mit 2 R-Achsen senkrecht zur Bildebene, wie im folgenden Bild gezeigt.

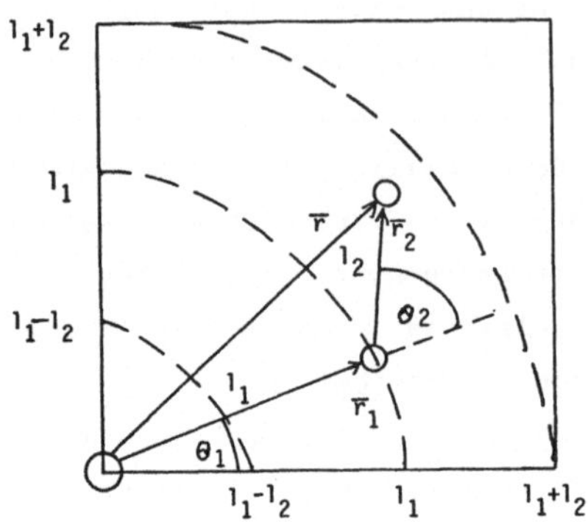

Der Vektor $\bar{r}_1$ ist offenbar durch seine Länge l_1 und den Winkel θ_1 wie folgt bestimmt.

$$\bar{r}_1 = l_1 \; [\cos\theta_1, \; \sin\theta_1]$$

Entsprechend ergibt sich der Vektor $\bar{r}_2$:

$$\bar{r}_2 = l_2 \; [\cos(\theta_1+\theta_2), \; \sin(\theta_1+\theta_2)]$$

Der Positionsvektor $\bar{r}$ des Greifers ist damit gegeben:

$$\bar{r} = \bar{r}_1 + \bar{r}_2$$

Der Arbeitsraum dieser Konfiguration ist die Fläche zwischen den beiden Viertelkreisen mit den Radien l_1+l_2 und l_1-l_2. Aus seinen Abmessungen l_1 und l_2 und den meßbaren Rotationswinkeln kann der Roboter also die Position seines Greifers in diesem Arbeitsraum jederzeit berechnen.

Im Prinzip funktioniert dies im allgemeinen Fall ganz genau so; nur sind die Berechnungen anders, oft wesentlich komplizierter. Für drei der in Figur 2 gezeigten 3-dimensionalen Konfigurationen wollen wir die Positionsbestimmung des Greifers jetzt im Detail besprechen.

Im Falle des kartesischen Roboters der Figur 2a bietet sich natürlich ein kartesisches Koordinatensystem an, dessen Achsen parallel zu den Bewegungsachsen (mit dem Ursprung in der Basis des Roboters) liegen, wie es in Figur 3 gezeigt ist.

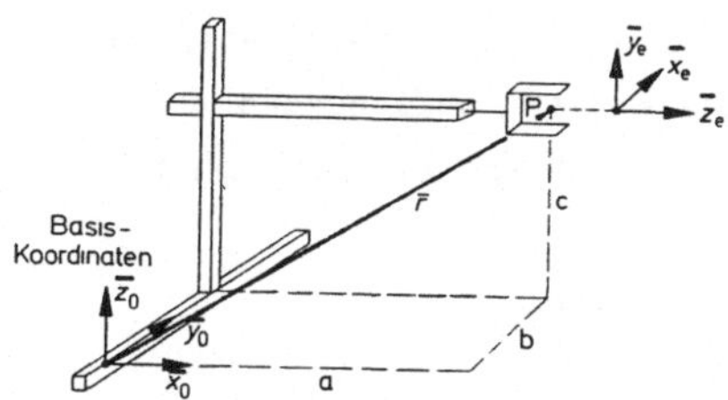

Koordiantensystem eines Industrieroboters mit kartesischem Arbeitsraum

Figur 3

Der Ortsvektor $\bar{r}$ zum Positionspunkt P des Effektors ergibt sich unmittelbar aus den jeweiligen (meßbaren) Verschiebungen zu

$$\bar{r} = a\bar{x}_0 + b\bar{y}_0 + c\bar{z}_0$$

Zur Beschreibung seiner Orientierung legen wir eine orthogonale Vektorbasis ($\bar{x}_e$, $\bar{y}_e$, $\bar{z}_e$) in P, so daß in diesem speziellen Fall der folgende Zusammenhang mit der Roboterbasis besteht:

$$\bar{x}_e = \bar{y}_0, \quad \bar{y}_e = \bar{z}_0, \quad \bar{z}_e = \bar{x}_0.$$

Im Falle des zylindrischen Roboters der Figur 2b bietet sich ein zylindrisches Koordinatensystem an, wie es die Figur 4 zeigt. Die Position P des Effektors ist danach durch die (meßbaren) Koordinaten (s_1, θ_2, s_3) mit $0 \leqslant s_1 < l_1$, $0 \leqslant \theta_2 < 2\pi$ und $0 \leqslant s_3 < l_3$ gegeben, wobei l_1 und l_3 die Achslängen bezeichnen.

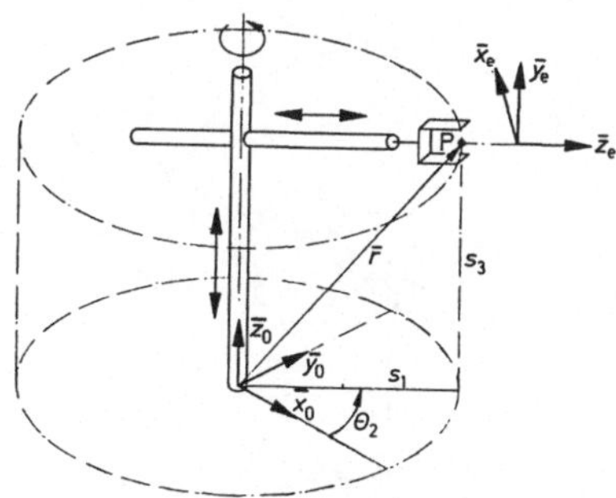

Koordinatensystem eines Industrieroboters mit zylindrischem Arbeitsraum

Figur 4

Natürlich lassen sich diese zylindrischen Koordinaten auch in kartesiche Koordinaten (x, y, z) umrechnen, mittels der Beziehungen $x = s_1 \cdot \cos\theta_2$, $y = s_1 \cdot \sin\theta_2$ und $z = s_3$. Für den Ortsvektor $\bar{r}$ nach P ergibt sich somit

$$\bar{r} = s_1 \cdot \cos\theta_2 \bar{x}_0 + s_1 \cdot \sin\theta_2 \bar{y}_0 + s_3 \bar{z}_0$$

Die Vektorbasis in P zur Orientierung des Effektors berechnet sich zu

$$\bar{x}_e = -\sin\theta_2 \bar{x}_0 + \cos\theta_2 \bar{y}_0$$

$$\bar{y}_e = \bar{z}_0$$

$$\bar{z}_e = \cos\theta_2 \bar{x}_0 + \sin\theta_2 \bar{y}_0.$$

Im Falle eines Roboters mit hohlkugelförmigem Arbeitsraum (Figur 2c) bieten sich Kugelkoordinaten an wie in Figur 5 gezeigt. Die Position P ist hier durch die (meßbaren) Koordinaten $(\theta_1, \theta_2, s_3)$ fixiert. Ihre Umrechnung auf kartesische Koordinaten ergibt sich zu:

$$x = s_3 \sin\theta_2 \cos\theta_1$$

$$y = s_3 \sin\theta_2 \sin\theta_1$$

$$z = s_3 \cos\theta_2 + c$$

$$\bar{r} = s_3 \sin\theta_2 \cos\theta_1 \bar{x}_0 + s_3 \sin\theta_2 \sin\theta_1 \bar{y}_0 + (s_3 \cos\theta_2 + c)\bar{z}_0$$

Die Berechnung der Vektorbasis in P sei dem Leser überlassen.

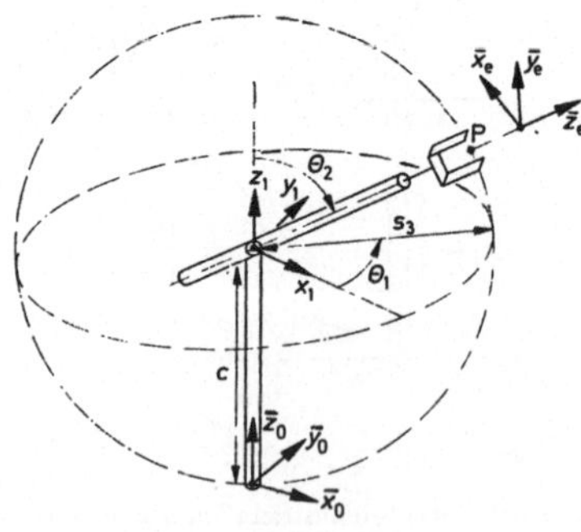

Koordinatensystem eines Industrieroboters mit kugelförmigem
Arbeitsraum

Figur 5

Nach diesen detaillierten Beispielen ergibt sich ein genaueres Verständnis des in Abschnitt 3 unter PICK aufgeführten HAND-WHERE?-Befehls. Er beinhaltet die Messung der entsprechenden Verschiebungen und Drehungen sowie ihre Umrechnung auf kartesische Koordinaten, was durch folgende Unterteilung illustriert wird.

       HAND-WHERE?:   GET-ROB-COORD
                       COORD-TRANSFORM
                       HAND-POS

Beim Bewegungsbefehl GRASP liegen umgekehrt die Koordinaten (x, y, z) des Greifpunktes und seine Orientierung ($\bar{x}_e$, $\bar{y}_e$, $\bar{z}_e$) in kartesischen Koordinaten vor. Die Verschiebungen und Drehungen, die (im Endeffekt) erforderlich sind, um den Greifer von seiner Position zum Greifpunkt zu bewegen, ergeben sich mittels der inversen Transformation. Bei dieser Aufgabe können jedoch die folgenden 3 verschiedenen Fälle eintreten.

(i) Es gibt zu wenig Freiheitsgrade für den Roboter, um die Position in der gewünschten Orientierung einnehmen zu können.

(ii) Die Lösung dieser Aufgabe ist eindeutig möglich.

(iii) Die Lösung ist überbestimmt in dem Sinne, daß es mehrere verschiedene Lösungen gibt, wie es die Figur 6 illustriert.

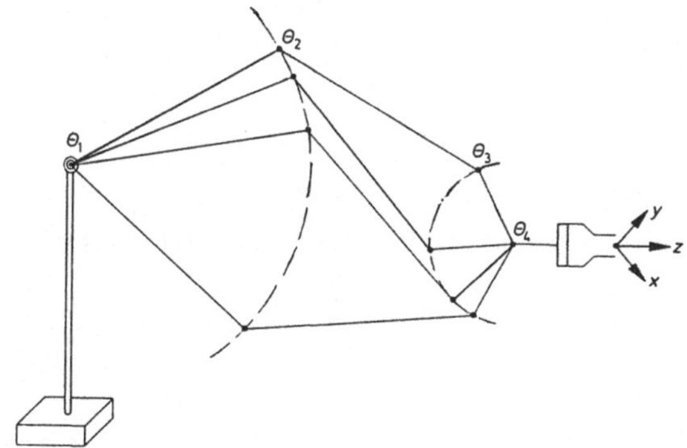

Kinematisch überstimmter Manipulator

Figur 6

Hier führen alle 4 Stellungen zu der gleichen Handposition und -orientierung. Bei überbestimmten Lösungen lassen sich weitere Randbedingungen erfüllen, z.B. Hindernisse umgreifen oder auch günstigere Hebelkräfte erzielen.

4.4. Trajektorienplanung

Wie wir von Abschnitt 3 her wissen, genügt nicht die Bestimmung der Ausgangs- und Endstellung des Effektors. Vielmehr ist auch die Bahn von der einen zur anderen Stellung, die Trajektorie, nicht völlig willkürlich. Sie muß daher vorausgeplant werden, wobei folgende Bedingungen wesentlich sind.

  (i) Sie muß von der Ausgangs- zur Zielstellung führen.

 (ii) Sie muß kollisionsfrei sein.

(iii) Der Zugriff muß aus der Zielstellung möglich sein.

 (iv) Die Ausgangsstellung muß feststehen.

  (v) Der adäquate Geschwindigkeitsverlauf muß spezifiziert werden.

Die einfachste Form der Trajektoriengenerierung geschieht über eine Kette von Zwischenpunkten ("Punkt-zu-Punkt-Steuerung").

Für jeden einzelnen Zwischenpunkt werden die kinematischen Daten manuell oder rechnerisch fixiert. Entsprechend dieser Vorgaben bewegt sich der Effektor dann von Punkt zu Punkt. Die Punktpositionen können durch Transformationsmatrizen in homogenen Koordinaten kompakt repräsentiert werden. Sie beschreiben Rotation(en) und Translation(en), die bezüglich der vorhergehenden Position oder einer Ausgangsposition durchgeführt werden müssen.

4.5. Dynamik und Regelung

Weitere Aspekte ergeben sich aus der Tatsache, daß es sich um die Manipulation von schweren Körpern handelt, bei denen naturgemäß die folgenden physikalischen Phänomene zu berücksichtigen sind.

  (i) Lageabhängige Trägheitsverhältnisse

 (ii) Gravitationskräfte

(iii) Zentrifugal- und Corioliskräfte

 (iv) Reibungskräfte

Sie verursachen an den Gelenken Wechselwirkungen in Form von Kräften und Momenten, die bei der Berechnung der erforderlichen Antriebsmomente ("Achsregelung") zur Bewegungsführung des Effektors mitberücksichtigt werden müssen. Hierfür stehen geeignete mathematische Modelle zur Verfügung, die in /Blume und Dillmann '81/,

Abschnitt 4.4, genauer beschrieben werden. Hinsichtlich ihrer Einbeziehung in das Achsregelungssystem wird auf Abschnitt 5.3 a.a.O. verwiesen.

Zusammenfassend ergibt sich für den GRASP-Befehl die folgende Unterteilung.

GRASP: TRAJECTORY-PLAN   (Planung der Bewegungsbahn)
       TRAJECTORY-CONTROL (Regelung der für die Ausführung erforderlichen
                            Antriebskräfte und -momente)
       ALIGN-GRIPPER   (Feinsteuerung des Greifers in der Zielstellung)
       CLOSE-GRIPPER   (Zugriff ggf. in sensorischer Koppelung mit ALIGN)

4.6. Greifer

Greifer sind eine besonders wichtige Klasse von Effektoren. Es gibt _mechanische_ Greifer, _Sauggreifer_ und _magnetische_ Greifer. Ihre technischen Ausführungen variieren zwischen starren Greifbacken bis hin zu flexiblen Mehrfingersystemen, die selbst zerbrechliche Gegenstände (etwa ein Weinglas) weich umschließen, ohne sie zu beschädigen. Als Vorbild und Modell spielt die menschliche Hand eine wichtige Rolle.

5. _Sensoren_

Die bisher besprochenen Aspekte der Robotertechnologie gelten sowohl für innen- als auch außengesteuerte Roboter. Der entscheidende Schritt zur Außensteuerung gelingt jedoch erst durch die Einbeziehung von _Sensoren_ in das Robotersystem, mittels derer Informationen über die Umwelt in die Planung und Ausführung von Aktionen miteinbezogen werden können.

Genau genommen können auch bei der Innensteuerung bereits (interne) Sensoren beteiligt sein; etwa bei der Ermittlung der Koordinaten des Effektors zur Ausführung des HAND-WHERE?-Befehls ebenso wie beim HAND-EMPTY?-Befehl. Die (ebenfalls in Abschnitt 3 eingeführten) Befehle PIECE-WHERE?, PIECE-CLEAR? und GRIP-POINT? jedoch wären ohne (externe) Sensoren sinnlos, es sei denn, die Umwelt des Roboters ist so fixiert, daß die entsprechenden Informationen schon vorweg in das System hineinprogrammiert werden können.

Im Folgenden sind einige Umweltinformationen aufgeführt, die für Roboter relevant sein können:

  (i) Die Anzahl der zu unterscheidenden Objekte
 (ii) Die jeweilige Klassenzugehörigkeit eines Objektes (z.B. BOX, COVER, ...)
(iii) Der Zustand (STATE) eines Objektes (OK, CLEAR, ...)

(iv) Die Position (x,y,z) eines Objektes (POS) bzgl. des Ursprungs

 (v) Die Lageklasse eines Objektes (wenn mehrere stabile Lagen möglich sind)

(vi) Die Orientierung eines Objektes (OR) in Form von Basisvektoren ($\bar{x}$, $\bar{y}$, $\bar{z}$)

(vii) Der Bewegungszustand eines Objektes (VEL) in Form von Betrag und Richtung (v, $\bar{n}$)

Als Beispiel ziehen wir wieder die Szene aus Figur 1 (Abschnitt 3) heran. In relationaler Form lassen sich die durch sie dargestellten Informationen z.B. auf die folgende Weise beschreiben.

BOX: STATE : OK

POS   : (5, DMY, TT)   (DMY = "Dummy", TT = "Table Top" sind feste Szenenkonstanten)

OR   : ($\bar{x}_0$, NIL, $\bar{z}_0$)   ($\bar{x}_0$ und $\bar{z}_0$ sind Basisvektoren im Szenenkoordinatensystem)

VEL   : NONE

COVER: STATE : OK

POS   : (10, DMY, TT)

OR   : ($-\bar{x}_0$, NIL, $-\bar{z}_0$)

VEL   : NONE

SCREW: STATE : OK

POS   : (25, DMY, TT)

OR   : ($\bar{x}_0\cos\theta + \bar{z}_0\sin\theta$, NIL, $\bar{z}_0\cos\theta - \bar{x}_0\sin\theta$)   (um Winkel θ verdreht)

VEL   : NONE

RELATIONS:

LEFT-OF : BOX, COVER, SREW

RIGHT-OF : SCREW, COVER, BOX

CLOSE   : BOX, COVER

TOP-OF   : NONE

AGAINST : NONE

FITS   : NONE

COPLANAR : NONE

Kurz gesagt, beschreiben all diese Relationen die Szene, in der das Gehäuse, der Deckel und die Schraube entlag der x_0-Achse auf der Unterlage aufgereiht sind, wobei der Deckel umgedreht ist. Letztlich sind es diese relationalen Informationen, auf die es für die Aktionsplanung ankommt. Ihre Extraktion aus dem, was Sensoren an Daten aufnehmen, ist jedoch ein komplizierter Vorgang, der eingehender in der Vorlesung von B. Neumann über Bildverarbeitung (in diesem Band) besprochen wird.

5.1. 3-D Messung

Der Arbeitsraum eines Roboters ist von Natur aus 3-dimensional wie auch das obige Beispiel illustriert. Die direkteste Methode, daraus Informationen zu entnehmen, ist die 3-D Messung. Sie kann mit verschiedenen Techniken erreicht werden, die mit Licht, (Ultra-)Schall oder elektromagnetischen Wellen arbeiten. So mißt man bei der <u>Radar-</u> oder <u>Sonar</u>technik die Laufzeit des ausgesandten und reflektierten Strahls und kann mit solcher Abtastmessung ein grobes Entfernungsraster der Gegenstände erzeugen. Anstelle der Laufzeit können auch Phasenverschiebungen als Meßgrößen verwandt werden. Bei Stereo- oder Triangulationsmethoden lassen sich die Koordinaten der Objekte z.B. durch Winkelmessungen von 2 Beobachtungspunkten aus bestimmen. Eine spezielle Triangulationsmethode ist das Lichtschnittverfahren, bei dem eine Lichtebene mit der Szene geschnitten wird; hier werden die Koordinaten aus dem resultierenden Lichtprofil ermittelt.

5.2. Bildsensoren

Für viele Zwecke sind Fernseh- oder Kamerabilder besonders gut geeignet. Sie werden eingesetzt bei der Sichtprüfung und Handhabung von Werkstücken, bei der Prozeßsteuerung z.B. zur Lichtbogenschweißung, und nicht zuletzt auch bei der Überwachung der Robotstation aus Sicherheitsgründen.

Eine entscheidende Forderung für solche Anwendungen ist die quasi-instantane Analyse der Bilder in einer Zeitspanne von maximal 100 ms bis 2 s, je nach Anwendung. Dabei wird eine extrem hohe Zuverlässigkeit gefordert. Bildverarbeitungssysteme, die solches leisten, kosten annähernd soviel wie die Roboter selbst. Immerhin sind weltweit etwa 20 solcher Systeme im Handel.

Beim heutigen Stand der Technik werden Fernsehbilder überwiegend als Binärbilder (Schwarz = 0, Weiß = 1) ausgewertet. Zur Erkennung und Handhabung von Werkstücken müssen dem System Werkstückmodelle bekannt sein, aus denen das typische Aussehen der entsprechenden Werkstücke hervorgeht. Dabei kann man sich in der Praxis auf sogenannte <u>Aspektmodelle</u> beschränken, worunter man Beschreibungen von Objektansichten in stabilen Lagen versteht (z.B. ein auf einer Ecke stehender Würfel wird <u>nicht</u> beschrieben). Objektmodelle werden bei praktischen Anwendungen in einem <u>Einlernvorgang</u> hergestellt, bei dem der Bildsensor auf einen Prototypen gerichtet wird und der Operateur zusätzliche Informationen interaktiv eingibt. Im <u>Meß-</u> und <u>Erkennungsvorgang</u> (etwa beim Einsatz am Fließband) werden die Bilder des Sensors automatisch analysiert und mit den Modellen verglichen. Neben der Identifikation eines Werkstückes (Klassenzugehörigkeit) ist auch seine Lage (Position und Orientierung) zu bestimmen.

Modelle können die Form eines Werkstückes auf unterschiedliche Weise beschreiben. Eine konzeptionell einfache Möglichkeit stellen Schablonen dar, die mit dem zu analysierenden Bild zur Deckung gebracht werden. Schneller und verbreiteter ist ein spezielles Verfahren, bei dem erst der Flächenschwerpunkt $S=(x_s, y_s)$ durch Summation über die Bildpunkte bestimmt wird. Dann vergleicht man die Anzahl der Bildpunkte innerhalb konzentrischer Kreissegmente um S mit entsprechenden Modellvorgaben, wie es die Figur 7 illustriert.

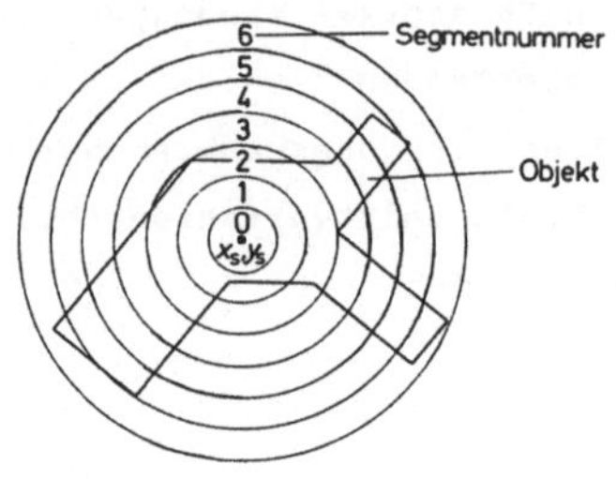

Objektklassifikation durch Bestimmung der Segmentflächen konzentrischer Kreissegmente um den Flächenschwerpunkt S

Figur 7

5.3. Weitere Sensoren

Neben den bisher besprochenen gibt es noch weitere Klassen von Sensoren. Im Nahbereich von Objekten werden z.B. <u>Näherungs-</u>, <u>Abstands-</u> oder <u>Berührungssensoren</u> eingesetzt. Sie arbeiten mit Induktivität, Kapazität, pneumatischen Drucken, optischen Reflexionen oder mechanischen Kräften (z.B. Barthaaren).

Durch den Einsatz solcher Sensoren können aufwendige Bahnberechnungen teilweise vermieden werden, da die Steuerung bis zu einem gewissen Grade von den Sensorinformationen übernommen werden kann. Informationen von verschiedenen Sensoren können dabei parallel verarbeitet werden, wie etwa die ständige Kollisionsüberprüfung (I) durch einen Berührungssensor parallel mit dem Test auf Näherung (II) mittels eines Näherungssensors. Eine solche Steuerung ist etwa durch das folgende Programm gegeben.

```
I  COLLISION?
        SENSOR?
            if TRUE then RETRACT
                        SCENE-ANALYSIS
                        TRAJECTORY-PLAN
                        TRAJECTORY-CONTROL
                else continue
        fi
```

```
II NEAR?

    SENSOR?

        if TRUE then SLOW-DOWN
                     FINE-POSITIONING
                else GO-FAST

        fi
```

Weiter nennen wir <u>taktile</u> (oder Handflächen-)Sensoren. Das einfachste Prinzip hierfür ist das der Drucktaste. So zeigt die Figur 8 ein Feld von Drucktasten an der Innenseite einer Greifbacke. Damit können z.B. durch Feinregulierung des Greifdrucks glatte Gegenstände am Entgleiten gehindert werden.

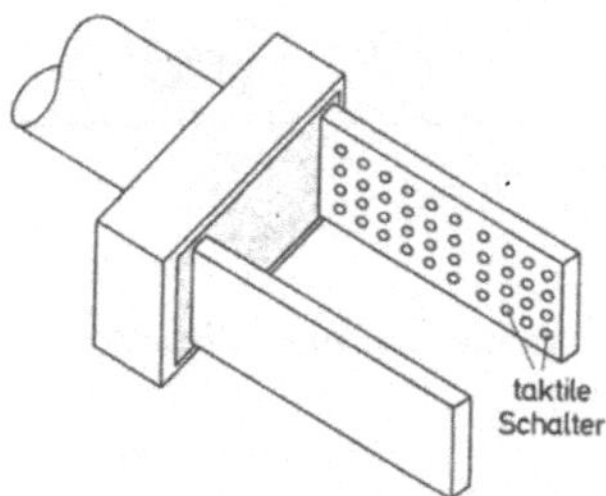

Greifer mit taktilem Sensorfeld

Figur 8

Schließlich erwähnen wir die <u>Kraft-</u> und <u>Momentsensoren</u>. Mit ihnen werden z.B. Kräfte oder Drehmomente gemessen, die beim Zugreifen, Schrauben etc. oder auch in den Gelenken des Roboters auftreten. Mit ihrer Hilfe sollen Beschädigungen an den Werkstücken wie am Roboter selbst vermieden werden.

5.4. Ankopplung von Sensoren an Roboter

In Figur 9 ist die Szene der Figur 1 mit einer zusätzlichen Fernsehkamera als Sensor dargestellt. Die Lage der Gegenstände wird durch Analyse des Kamerabildes gewonnen. Für sie ergeben sich daher Koordinaten im Sensorkoordinatensystem $(\bar{x}^S, \bar{y}^S, \bar{z}^S)$, x_A^S für das Gehäuse, x_B^S für den Deckel, x_C^S für die Schraube (y und z sind in dieser Anordnung durch konstante Abmessungen der Szenerie gegeben). Letztlich müssen zum Einsatz des Effektors diese Sensorkoordinaten in Koordinaten des Robotersystems (θ_1, θ_2, S) umgerechnet werden (S ist Szeneriekonstante). Bei dieser Transformation verwendet man das kartesische Basissystem $(\bar{x}^F, \bar{y}^F, \bar{z}^F)$ (Welt- oder "frame" Koordinatensystem) als Zwischensystem.

$$(x^S, S, z^S) \longleftrightarrow (x^F, S, z^F) \longleftrightarrow (\theta_1, \theta_2, S)$$

Die Transformation zwischen Welt- und Roboter-Koordinaten haben wir in Abschnitt 4.3 besprochen. Der Übergang von Sensorkoordinaten zu Weltkoordinaten erfordert in der Beispielsszenerie lediglich eine Translation, im allgemeinen noch zusätzlich eine Rotation.

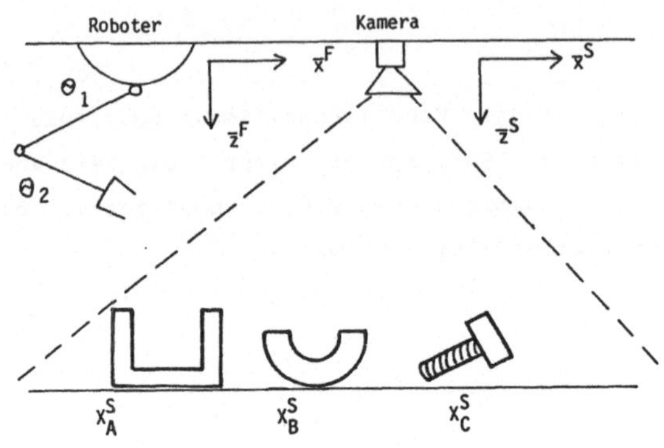

Figur 9: Szenerie mit TV-Sensor

Zur Beschreibung der Orientierung des Effektors ebenso wie der Objekte sind je ein zusätzliches objektbezogenes Koordinatensystem erforderlich, so daß die Transformationskette tatsächlich noch länger ist. Wie aus der analytischen Geometrie bekannt, läßt sich die Gesamttransformation aus den Einzeltransformationen am besten durch den Übergang zu homogenen Koordinaten berechnen. Bezüglich weiterer Einzelheiten zu diesen Koordinatentransformationen sei auf Abschnitt 4.2 in /Blume und Dillmann '81/ verwiesen.

Fassen wir den Gesamtablauf nochmals zusammen: Der Sensor vermittelt die Position des zu greifenden Objektes, sowie dessen Orientierung relativ zum Objektsystem; aus diesen Daten lassen sich der Greifpunkt samt zugehöriger Orientierung, also die vom Effektor anzusteuernde Lage, bestimmen; die Umrechnung auf Roboterkoordinaten mittels der Gesamttransformation liefert die erforderlichen Verschiebungen und Drehungen, die vom Roboter im Endeffekt auszuführen sind (die dabei zu berückichtigenden Aspekte - wie mehrdeutige Lösungen - wurden bereits in Abschnitt 4.3 angesprochen). Das Schema eines derartigen sensorgesteuerten Robotersystems, das unter der Leitung des Autors entwickelt wurde /Foith '79/ ist in Figur 10 abgebildet.

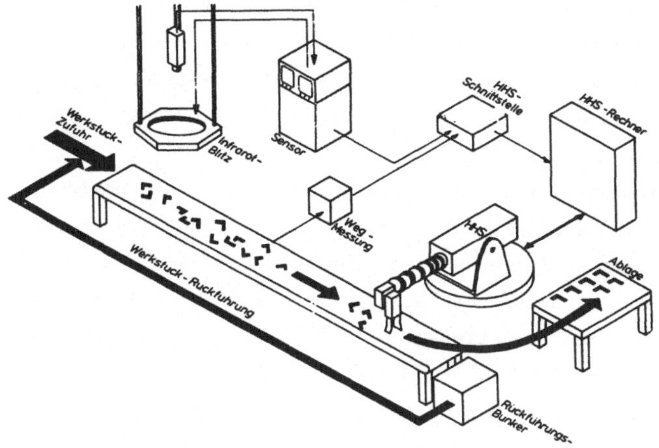

Schematischer Aufbau des Experimentes

Figur 10: Beispiel eines sensorgesteuerten Robotersystems

6. Programmierung von Robotern

Die Programmierung von Robotern unterscheidet sich prinzipiell wenig von anderen Programmierbereichen. Hier wie dort geht es darum, für eine deskriptiv spezifizierte Aufgabe ein Programm, d.h. eine Beschreibung einer Abfolge von Elementaraktionen, zu erstellen, dessen Ausführung die Aufgabe löst. Im Unterschied zu üblichen Computerprogrammen bestehen die Elementaraktionen hier in den vom Roboter ausführbaren Primitivoperationen (dort in den vom Computer ausführbaren Befehlen). Das ist aber auch der einzige bemerkenswerte Unterschied; deshalb sind alle in der Vorlesung von B. Buchberger (in diesem Band) besprochenen Programmentwurfsverfahren auch für die Roboterprogrammierung von Bedeutung.

In einem "top-down" Lösungsverfahren würde sich die Lösung der Pumpenaufgabe (Figur 1) in etwa wie folgt darstellen. Auf der obersten Ebene, der <u>Problemebene,</u> lautet ihre Beschreibung "Baue die Pumpe zusammen". Implizit ist damit das Verständnis dieses Befehls, insbesondere also das Wissen vorausgesetzt, wie eine zusammengebaute Pumpe aussieht (Gehäuse mit aufgesetztem und verschraubtem Deckel). Solches "Weltwissen" muß im System bereits vorhanden sein oder in der Aufgabenstellung explizit mitangegeben werden. Ebenso gehört zur Problemstellung die Beschreibung der Ausgangsszene, wie sie in Figur 1 und 9 abgebildet ist; wie im letzten Abschnitt besprochen, kann sie über einen Sensor vermittelt werden.

Nach der (intern erarbeiteten oder extern gegebenen) Vervollständigung der Problembeschreibung erfolgt die Problemlösung. Sowohl Deckel als auch Schraube befinden sich nicht am gewünschten Platz, so daß das Hauptproblem auf natürliche Weise in zwei Unterprobleme zerfällt. Die Lösung des Schraubenunterproblems setzt aber offensichtlich die Lösung des Deckelunterproblems voraus. Somit ergibt sich als erste Teilaufgabe der Transport des Deckels auf das Gehäuse durch den Roboter. Auf diesem Niveau der Aufgabenstellung spricht man von der <u>Objektebene</u>. Für ein Robotersteuerungssystem mit einer Befehlssprache von hohem Sprachniveau mag dies bereits ein direkt ausführbarer Befehl sein; andernfalls würde man in einer nächsttieferen Ebene zu weiteren Unterproblemen gelangen, wie sie für dieses Beispiel bereits in Abschnitt 3 besprochen wurden, usf. bis schließlich zur Ebene der direkt ausführbaren primitiven Operationen.

Je nach Kompliziertheit der gestellten Aufgabe läßt sich eine solche Problemlösung mit Programmsynthesemethoden automatisch generieren. Soweit sie vom Menschen durchgeführt wird, bietet sich zum einen der aktive Weg der direkten Handprogrammierung des Robotersystems vom Steuerpult aus an - die in der heutigen Praxis meist verwendete Methode. Zum anderen findet auch der passive Weg des "an-die-Hand-Nehmens" Anwendung, bei dem in einer Anlernphase der Effektor vom Menschen per Hand auf einer geeigneten Bahn bewegt wird (z.B. bei Robotern, die Autokarosserien lackieren). Die dabei ausgeführte Trajektorie wird (etwa in Form einer Folge von Achsstellungen) gespeichert und kann dann in einer Näherungsversion (Abweichungen z.B. durch Überschwingen aufgrund von kinetischen Effekten) beliebig oft automatisch wiederholt werden. Dabei bietet sich als Trick manchmal die Umkehrung der Reihenfolge an. So könnte man in der Anlernphase von der vollständigen Pumpe die Schraube herausdrehen und am Tisch ablegen statt umgekehrt, was offenbar exakter ausgeführt werden kann; die Umkehrung in die gewünschte Reihenfolge kann dem Roboter überlassen werden.

Bei all diesen Verfahren stößt man bei zunehmender Kompliziertheit der Aufgabenstellung rasch auf schwierige Probleme. Dies ist insbesondere dann der Fall, wenn neben den Achsstellungen, die die Trajektorie definieren, noch detaillierte Bedingungen hinsichtlich der Orientierung des Effektors, der Geschwindigkeit, Beschleunigung und Dauer der Bewegungen berücksichtigt werden müssen. Insbesondere dürften die Handführungsmethoden vollends versagen, wenn noch Sensoren in die Steuerung eingreifen sollen. Aber auch die von Hand auszuführende Programmierung auf einem Sprachniveau unterhalb der Objektebene wird dann kaum noch realisierbar.

Aus diesen Gründen strebt man die textuelle Programmierung auf der Objekt- oder sogar Problemebene an. Die damit erreichbaren Vorteile liegen auf der Hand. Die Erstellung der Programme wird wesentlich erleichtert. Sie können bequem und verständlich archiviert und damit später auch modifiziert werden. Mit Variablen lassen sich Aktionen parametrisieren; z.B. MOVE-TO-A, wobei der Wert für A etwa vom Sensor geliefert wird. Programmierung, Verifikation des Programms, effiziente

Compilierung erfolgt <u>vor</u> dem tatsächlichen Einsatz.

Mit dem Ziel der textuellen Programmierung arbeitet man daher an der Entwicklung von speziellen <u>Robot-Programmiersprachen.</u> Solche Sprachen sind entweder aus NC-Sprachen (zur Steuerung der im ersten Abschnitt genannten NC-Maschinen) oder aus bekannten (Computer-)Programmiersprachen entwickelt worden. So entstanden RAPT aus der NC-Sprache APT, AL und AUTOPASS aus ALGOL, wieder andere sind aus BASIC hervorgegangen (vgl. /Foith '81/, Abschnitt 3 und die dort zitierten Referenzen). Sie enthalten Anweisungen der Art MOVE FROM A TO B, die der Objektebene zuzurechnen sind. Allerdings können sie meist nur auf das "Handgelenk" des Roboters zur Steuerung lokaler Bewegungen angewendet werden. Insbesondere stellen solche Sprachen Datentypen zur Verfügung, in denen Geometrie und Lage der Werkstücke sowie Position, Orientierung und Aktionen der Effektoren ausgedrückt werden können. Meist sehen sie auch die Formulierung von Sensorbefehlen vor.

Sprachen, die auf die Logik von Szenen und Aktionen zugeschnitten sind, finden in der Praxis noch keine Anwendung. Hierzu müßte man von logikartigen Sprachen wie PROLOG ausgehen. In dieser Richtung arbeiten die Japaner in ihrem <u>Fifth Generation Computer Systems</u> Projekt /Moto-Oka 82/.

Abschließend seien einige für die Praxis brauchbare Regeln zur Roboterprogrammierung angegeben:

(i) Grundsätzlich sollten die Effektoren auf definierte Startpositionen gebracht werden.

(ii) Bei der Planung nach Möglichkeit vorweg definierte feste Zwischenpunkte ansteuern.

(iii) Auch im Nahbereich der Objekte sollten beim Annähern und Abrücken fixierte Punkte angesteuert werden.

(iv) Abgelegte Objekte sollten nicht sofort sondern mit vorsichtigem Tasten aufgegeben werden.

(v) Das Ergebnis einer Aktion sollte immer einer Prüfung unterzogen werden.

7. <u>Zusammenfassung</u>

In dieser Vorlesung wurde zunächst ein kurzer historischer Abriß (Abschnitt 1) gegeben sowie die Vielfalt möglicher Anwendungen von Robotern (Abschnitt 2) angedeutet. An einem einfachen Beispiel (Figur 1) wurde sodann der Ablauf einer Roboteraktion illustriert (Abschnitt 3). Die Teilaspekte dieses Ablaufs wurden dann im einzelnen besprochen, und zwar gegliedert nach den drei charakteristischen Teilsystemen eines Roboters, nämlich seinem mechanischen Teil (Abschnitt 4), den

Sensoren (Abschnitt 5) und seinem Steuerungsteil (Abschnitt 6).

Obwohl sich die Robotertechnik bereits in einer stürmischen Entwicklung befindet, dürfte es bis hin zu wirklich "intelligenten" Robotern noch ein weiter Weg sein. Bis dahin muß sich ihr Einsatz auf relativ genau spezifizierte Aufgabenbereiche beschränken. Ein zusammenfassendes Schema eines komplexen Robotersystems vom heutigen Stand der Technik mit optimierender und fehlertoleranter Steuerung zeigt die Figur 11.

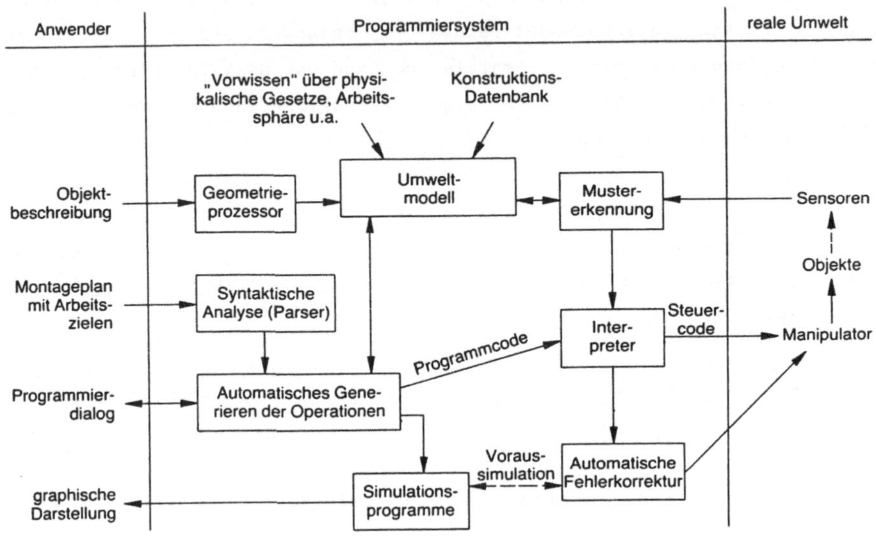

Struktur eines komplexen Programmiersystems

Figur 11: Schema eines komplexen Robotersystems

Referenzen

*/Blume und Dillmann '81/

    Frei programmierbare Manipulatoren

    C. Blume, R. Dillmann

    Vogel-Verlag 1981

/Cohen 66/

    Human Robots in Myth and Science

    J. Cohen

    Allen and Unwin, London, 1966

/Foith '79/

   Eine Sensorkonfiguration aus einem modularen System für den Griff
   auf ein bewegtes Förderband
   J. Foith
   in: Angewandte Szenenanalyse (J. Foith, Hrsg.), Informatik-Fachberichte 20,
   Springer Verlag Berlin/Heidelberg/New York, 1979, 324-329

*/Foith '81/

   Robotics Research: From Toy Worlds to Industrial Applications
   J. Foith
   in: GWAI-81 (J.H. Siekmann, Hrsg.), Informatik-Fachberichte 47,
   Springer Verlag Berlin/Heidelberg/New York, 1981, 30-49

/Moto-Oka '82/

   FGCS-Conference Proceedings
   Moto-Oka (Hrsg.)
   North-Holland 1982

Die mit dem * gekennzeichneten Referenzen überdecken zusammen in etwa den Stoff
dieser Vorlesung und können zur Ergänzung herangezogen werden. Dort finden sich auch
weitere Literaturangaben.

Adressen der Autoren

Dr. W. Bibel
Institut für Informatik
Technische Universität
Postfach 202420
8000 München 2

Prof. Dr. P. Raulefs
Universität Kaiserslautern
Fachbereich Informatik
Postfach 3049
675 Kaiserslautern

Prof. Dr. B. Buchberger
Lehrkanzel Mathematik
Universität Linz
Altenbergerstraße 69
A-4045 Linz

Dr. J. Siekmann
Universität Karlsruhe
Institut für Informatik I
Postfach 6380
75 Karlsruhe 1

Prof. Dr. J. Foith †
Universität Kaiserslautern
Fachbereich Informatik
Postfach 3049
675 Kaiserslautern

Dr. W. Wahlster
Forschungsstelle für
Informationswissenschaft und
Künstliche Intelligenz
Universität Hamburg
Mittelweg 179
2000 Hamburg 13

Prof. Dr. B. Neumann
Universität Hamburg
Fachbereich Informatik
Schlüterstraße 66-72
2000 Hamburg 13

Band 44: Organisation informationstechnik-gestützter öffentlicher Verwaltungen. Fachtagung, Speyer, Oktober 1980. Herausgegeben von H. Reinermann, H. Fiedler, K. Grimmer und K. Lenk. 1981.

Band 45: R. Marty, PISA – A Programming System for Interactive Production of Application Software. VII, 297 Seiten. 1981.

Band 46: F. Wolf, Organisation und Betrieb von Rechenzentren. Fachgespräch der GI, Erlangen, März 1981. VII, 244 Seiten. 1981.

Band 47: GWAI – 81 German Workshop on Artificial Intelligence. Bad Honnef, January 1981. Herausgegeben von J. H. Siekmann. XII, 317 Seiten. 1981.

Band 48: W. Wahlster, Natürlichsprachliche Argumentation in Dialogsystemen. KI-Verfahren zur Rekonstruktion und Erklärung approximativer Inferenzprozesse. XI, 194 Seiten. 1981.

Band 49: Modelle und Strukturen. DAG 11 Symposium, Hamburg, Oktober 1981. Herausgegeben von B. Radig. XII, 404 Seiten. 1981.

Band 50: GI – 11. Jahrestagung. Herausgegeben von W. Brauer. XIV, 617 Seiten. 1981.

Band 51: G. Pfeiffer, Erzeugung interaktiver Bildverarbeitungssysteme im Dialog. X, 154 Seiten. 1982.

Band 52: Application and Theory of Petri Nets. Proceedings, Strasbourg 1980, Bad Honnef 1981. Edited by C. Girault and W. Reisig. X, 337 pages. 1982.

Band 53: Programmiersprachen und Programmentwicklung. Fachtagung der GI, München, März 1982. Herausgegeben von H. Wössner. VIII, 237 Seiten. 1982.

Band 54: Fehlertolerierende Rechnersysteme. GI-Fachtagung, München, März 1982. Herausgegeben von E. Nett und H. Schwärtzel. VII, 322 Seiten. 1982.

Band 55: W. Kowalk, Verkehrsanalyse in endlichen Zeiträumen. VI, 181 Seiten. 1982.

Band 56: Simulationstechnik. Proceedings, 1982. Herausgegeben von M. Goller. VIII, 544 Seiten. 1982.

Band 57: GI – 12. Jahrestagung. Proceedings, 1982. Herausgegeben von J. Nehmer. IX, 732 Seiten. 1982.

Band 58: GWAI-82. 6th German Workshop on Artificial Intelligence. Bad Honnef, September 1982. Edited by W. Wahlster. VI, 246 pages. 1982.

Band 59: Künstliche Intelligenz. Frühjahrsschule Teisendorf, März 1982. Herausgegeben von W. Bibel und J. H. Siekmann. XIII, 383 Seiten. 1982.